An Introduction to Applied Multivariate Analysis with R

R을 활용한
응용 다변량 분석 입문

Brian S. Everitt • Torsten Hothorn 지음

김재희 • 국광호 옮김

KYOWOOSA 교우사

모든 학문 분야에서 연구자들에 의해 수집되는 대부분의 데이터셋은, 데이터셋 내의 각각의 개체에 대해 여러 측정, 관측, 기록이 취해진다는 의미에서 다변량이다. 이러한 개체들은 인간 피실험자, 고고학적인 유물, 국가, 또는 다양한 다른 것이 될 수 있다. 몇몇 경우에는 각 변수들을 분리하고 그것을 별개로 연구하는 것이 합리적일 수 있지만, 대부분의 경우 데이터의 핵심적인 특색과 구조를 전체적으로 파악하기 위해서 모든 변수들이 동시에 검토될 필요가 있다. 이러한 목적으로 한 개 또는 다른 다변량 분석 방법이 도움이 될 수 있는 데, 이 책이 주로 관심을 갖는 것이 이러한 방법이다. 다변량 분석은 그러한 데이터를 기술하고 탐구하는 방법들과 공식적인 추론을 하기 위한 방법들을 포함한다. 모든 기법의 목적은, 일반적인 의미에서, 잡음(noise)을 포함한 데이터 내에 있는 신호를 묘사하고 추출하거나, 명백한 혼돈 속에 있는 데이터가 우리들에게 무엇을 보여주는 지를 발견하는 데 있다.

대부분의 다변량 기법을 적용하는 데 포함되는 계산은 상당한 양이고, 이러한 계산을 위해서는 적절한 소프트웨어 패키지를 필요로 한다. 또한 대부분의 다변량 데이터 분석은 적절한 그래프와 도표를 포함하며, 동일한 패키지를 사용하여 수행될 필요가 있다. R은 강력하고 유연하며 뛰어난 그래프 능력을 갖는 통계적 계산 환경이다. 이 책에서 설명되는 다변량 분석을 위해 R을 사용하는 것은 이러한 이유 때문이다.

이 책에서 비록 적절하고 유용할 때 최근에 개발된 다변량 분석 기법에 대해서도 언급하지만, "핵심적" 또는 "고전적"이라고 부를 수 있는 다변량 방법에도 관심을 집중한다. 그리고 이 책에서 설명되지 않은 다변량 통계 영역이 있는데 다변량 분산분석(MANOVA)과 피셔(Fisher)의 선형판별함수(LDF)와 같은 기법이다. 이들을 생략한 데에는 여러 가지 이유가 있다. 우선 MANOVA가 이전에 관심을 가졌었던 기법 이상이라고 확신하기 힘들기 때문이다. 연구자는 이 기법을 사용하는 것에 대해 말로만 동의하며, 대부분의 경우 실제로 그 이상은 아니다. 곧 각 변수에 대한 결과를 보는 것으로 이동한다. 그리고 반복된 관측값들을 위한 MANOVA는 주로 8장에서 설명할 모형에 의해 대체되었다. 두 번째로 LDF와 같은 분류 기법은 현대의 판별 알고리즘의 관점에서 고려될 필요가 있는 데 이 책과 같은 초보적인 책에서는 다룰 수 없다.

이 책에서 기술하는 각 기법에 대한 이론에 대해 약간의 간단한 설명이 있지만, 각 장의 주된 관심은 갖고 있는 데이터로부터 가능한 한 많은 정보를, 특히 R 소프트웨어를 이용해 그래프로 표현하는 것과 같은 형태로, 추출하기 위한 방법의 올바른 적용이다.

이 책은 가설검정, 신뢰구간, 단순 회귀분석 및 상관관계, 분산분석, 기본적인 최우추정법과 같은 내용을 포함하는 유용한 통계학 개론 과목을 수강한, 학부와 대학원에서 응용 통계학 과목을 공부한 학생들을 목표로 한다. 또한 독자들이 행렬과 벡터를 다루는 방법과 역행렬, 행렬의 계수(rank) 개념을 포함해서 간단한 행렬 연산 방법을 안다고 가정한다. 독자들이 Dalgaard(2002)에서 설명되는 수준만큼 R과 친숙하다고 가정한다. 이러한 독자들과 더불어 다변량 데이터를 다루는 많은 응용 통계학자들이 이 책의 8개 장에서 흥미있는 것을 발견하기를 희망한다.

이 책에서 우리는 다변량 데이터에 다변량 기법을 적용하는 데 사용하는 R 코드의 많은 예를 제시한다. R 명령문 라인(R command line)에서 대화식으로 입력될 수 있는 코드 예제는 다음과 같이 표현된다.

```
R> library("MVA")
```

여기에서 R>은 R 명령문 라인에서의 프롬프트(prompt) 표시를 나타내며 그 다음에 필요한 명령어를 입력한다. + 기호는 연속되는 라인들을 나타내며 적절히 들여쓰기가 된다. 마지막으로 함수 호출에 의해 생성되는 출력은 관련된 코드 아래에 보여준다.

```
R> rnorm(10)
 [1]  1.8808  0.2572 -0.3412  0.4081  0.4344  0.7003  1.8944
 [2] -0.2993 -0.7355  0.8960
```

이 책의 예제에서 사용되는 데이터셋을 접근하기 위해 여러 R 패키지들(많은 것이 **HSAUR2** 패키지에 포함되어 있음), 일반적인 모수적 분석(parametric analysis)을 위한 표준 함수들, 그리고 분석을 수행하기 위한 **MVA** 패키지를 사용한다. 이 책에서 사용되는 모든 패키지들은 http://CRAN.R-project.org로 접속할 수 있는 CRAN(Comprehensive R Archive Network)에서 이용가능하다.

이 책에서 제시되는 분석을 위한 소스 코드(source code)는 **MVA** 패키지에서 얻을 수 있다. 각 장에서 각 결과를 생성하는 R 코드를 포함하는 데모(demo)는 다음에 의해 얻을 수 있다.

```
R> library("MVA")
R> demo("Ch-MVA") ### Introduction to Multivariate Analysis
R> demo("Ch-Viz") ### Visualization
R> demo("Ch-PCA") ### Principal Component Analysis
R> demo("Ch-EFA") ### Esploratory Factor Analysis
R> demo("Ch-MDS") ### Multidimensional Scaling
R> demo("Ch-CA")  ### Cluster Analysis
R> demo("Ch-SEM") ### Structural Equation Models
R> demo("Ch-LME") ### Linear Mixed-Effects Models
```

데이터 처리와 LATEX 입력을 하는 데 많은 도움을 준 Lisa Möst, BSc.에게, 많은 유용한 교정을 해준 사람들에게, 그리고 이 책을 쓰는 동안 인내를 갖고 도움을 준 John Kimmel에게 감사한다.

2011년 1월
Brian S. Everitt, London
Torsten Hothorn, Munchen

역자서문

우리가 만나는 대부분의 데이터는 여러 개의 변수를 포함하므로 다변량 데이터이다. 그러므로 다변량 분석은 정보를 얻기 위한 필수적인 분석이며 여러 분야의 데이터에 적용되는 분석법이다. 예를 들어, 얼굴이나 지문의 인식률을 높이기 위해서 주성분분석 기법이 활용되고 있으며, 사회과학적인 문제들에 대한 설문조사 결과들을 분석할 때 인자분석과 구조방정식 모형 등이 널리 사용된다. 또한 현재와 같이 방대하게 수집되는 빅 데이터 중에서 유용한 정보를 찾아 내는 데 주성분분석과 군집분석 등의 다변량 분석 기법들이 사용된다. 다변량 분석을 통해 변수들이 생성된 시스템에 대해 변수들을 동시에 다루면 변수들의 상호연관된 역할에 대한 정보를 얻을 수 있으며 전체 시스템에 대한 주요한 정보를 얻을 수 있다. 그러므로 다변량 분석은 정보 추출에 있어 도전적일 뿐만 아니라 창의성을 발휘해야한다는 면에서 매력적이다.

다차원 데이터인 다변량 데이터에 대해 그래프적 기법, 분석 방법 등을 구현하기 위해서는 컴퓨터를 이용한 프로그램이 필수적이다. 실제로 컴퓨터 발달이후 다변량 분석법은 더욱 개발되고 더 널리 활용되고 있다. 무료 소프트웨어인 R 프로그래밍 언어는 다양한 그래프 기법과 다변량 분석법을 구현할 수 있는 패키지와 사용자함수들을 포함하고 있어 활용을 권장한다.

이 책은 Brian S. Everitt와 Torsten Hothorn 의 저서 <An Introduction to Applied Multivariate Analysis with R>(Springer 출판사)를 번역한 것으로 다변량 분석을 하고자 하는 통계학 전공자와 비전공자에게 모두 유용하다고 생각한다. 각 장마다 간단한 이론 설명과 현실적인 예제들에 대한 통계 프로그램 R 코드를 보여주고 있으므로 코드를 따라해 보며 실제 다변량 분석을 연습해 볼 수 있다.

이러한 다변량 분석 방법을 번역을 통해 알릴 수 있도록 도와준 교우사에 감사드린다. 프로그램과 그림 작업을 도와준 덕성여대 통계학 전공 서 수민 대학원생에게 감사한다. 이 책이 다변량 분석 활용에 도움이 되면 감사하겠다.

2014년 6월
가장 아름다운 캠퍼스, 덕성여대에서
공동 역자

차 례

제 3 장 주성분분석 / 61

제 4 장 다차원척도법 / 107

제 5 장 탐색적 인자분석 / 139

제 6 장 군집분석 / 169

제 7 장 확인적 인자분석 및 구조방정식 모형 / 207

제 8 장 반복측정데이터 분석 / 233

제 1 장

다변량 데이터와 다변량 분석

1.1 서론

다변량 데이터는 연구자가 관심을 갖는 많은 주체(subject), 피실험자, 대상(object) 또는 여러 가지 다른 개체(일반적으로 "단위(unit)"로 사용한다)에 대해 여러 개의 확률변수 값을 기록할 때 발생하며, 각 단위에 대해 벡터 값을 갖는(vector-valued) 관측이나 다차원(multidimensional)의 관측이 된다. 이러한 데이터는 넓은 범위의 학문분야(discipline)에서 수집되며, 실제로 만나는 데이터셋의 대부분이 다변량이라고 주장해도 될 것이다. 어떤 연구에서는 변수들이 설계(design)에 의해서 선택되는 데, 이러한 변수들은 조사 중인 시스템의 매우 중요한 서술자(descriptor)라고 볼 수 있기 때문이다. 특히 구성하기 어렵거나 비싼 연구에서는 단순히 편리함이나 경제성의 문제로도 가능한 많은 정보를 수집하기 위해서 많은 변수들이 측정된다.

다변량 데이터는 다음 네 가지 예에서 설명되는 바와 같이 여러 분야에서 나타난다.

- 심리학자들과 여러 다른 행동과학자들은 종종 많은 피실험자에 대해 여러 가지 인지변수들에 대한 측정값을 기록한다.
- 교육 연구자들은 다양한 과목들에 대해 학생들이 얻은 시험 점수에 관심이 있을 것이다.
- 고고학자들은 관심있는 유물들에 대해 여러 가지 측정을 할 것이다.

- 환경학자들은 도시와 관련된 기후와 인간 생태계에 관련된 다른 특징에 주목하면서 각 도시의 오염수준을 평가할 것이다.

대부분의 다변량 데이터셋은, 즉 데이터셋에서 각 행(row)의 요소는 특정한 개체의 변수 값에 대응하고 열(column)의 요소(element)는 특정한 변수에 대해 취해진 값에 대응하는, 스프레드시트(spreadsheet)와 같은 직사각형 형태로 표현될 수 있다. 데이터를 다음과 같이 직사각형 형태로 쓸 수 있다.

단위	변수1	⋯	변수q
1	x_{11}	⋯	x_{1q}
⋮	⋮	⋮	⋮
n	x_{n1}	⋯	x_{nq}

여기서 n은 개체의 개수를 나타내며, q는 각 개체에 대해 기록되는 변수의 개수를, x_{ij}는 i 번째 개체의 j 번째 변수 값을 나타낸다. 위 표의 관측된 부분은 일반적으로 $n \times q$ 데이터 행렬 $\boldsymbol{X}$로 표현된다. 관측된 데이터와는 대조적으로, q개 변수는 각각의 일변량 분포와 결합분포를 갖는 확률변수(random variable) $X_1, \cdots, X_q$로 표현된다.

비록 다변량 데이터가 수집되는 어떠한 경우에는 변수들을 분리하고 각각 연구하는 것이 이해하기 쉬울 수도 있지만, 대부분의 경우에는 그렇지 않다. 변수들의 전체 집합이 각 개체에 대해 측정되므로 변수들은 크든 작든 어느 정도로 관련된다. 결과적으로 만약 각 변수가 개별적으로 분석된다면, 데이터의 전체 구조를 드러낼 수 없을 것이다. 다변량 통계분석은 변수들의 집합을 동시에 통계적으로 분석하는 것으로, 변수간 관계에 대한 정보를 사용하여 각 변수를 따로 따로 일변량 분석을 하는 것보다 개선된 결과를 보여준다. 각 변수를 낱개로 분석하는 것은 다변량 데이터의 핵심적인 특징과 흥미있는 "패턴"을 찾아내는 것을 놓칠 가능성이 매우 크다.

다변량 데이터셋 내의 단위는 조사자가 관심있고 어떤 추론을 하고 싶은 모집단으로부터 표본추출(sampling) 된다. 때로는 개체들이 특정 모집단으로부터 의미있게 표본추출 되었다고 말할 수 없으며, 이러한 데이터에 대한 질문은 주로 탐색적이 된다. 또한 일변량 통계에서 사용하는 p-값을 사용하지 않는 것도 주목할 만하다. 그러므로 본질적으로 탐색적인 다변량 분석방법과 통계적 추론에 사용될 수 있는 다변량 분석방법이 있다.

다변량 데이터의 탐구를 위해서는 엄격하게 정의된 문제에 대해 특정한 답을 구하기 위해 설계되는 공식적인 모형이 요구되지 않는다. 대신에 다양한 설명을 제시해주는, 데이터로부터 예상치 못한 패턴을 탐지할 수 있게 하는 방법이 사용된다. 이러한 방법은 일반적으로 데이터에 대한 그래프에 의한 표현과 시각화의 중요성을 강조하게 되며, 공식적인 추론을 위한 확률적 모형은 부족할 수 있다. 주로 탐색적인 다변량 기법은 2장부터 6장에서 설명한다.

좀 더 공식적인 분석은, 다변량 데이터셋의 개체들이 어떤 모집단으로부터 추출되었다고 가정하는 것이 현실성이 있을 때 그리고 조사자가 그 모집단의 확률밀도함수(probability density function)의 모수(parameter)에 대해 잘 정의된 가설을 검정(test)하고자 하는 상황일 때, 가능해진다. 주된 초점은 표본 데이터 자체가 아니고, 모집단에 대한 추론을 이끌어내기 위해 표본 데이터로부터 얻은 정보를 사용하는 것이다. 그리고 다변량 데이터에 대한 추론의 기반으로 거의 보편적으로 가정되는 확률밀도함수는 다변량 정규분포이다.(다변량 정규분포 함수의 간단한 설명과 다변량 데이터셋이 정규분포를 따르는 지를 평가하는 방법에 대해서는 1.6절을 참조하기 바란다.) 공식적인 추론이 중요한 다변량 기법은 7장과 8장에서 설명된다. 그러나 다변량 데이터를 다루는 많은 경우에, 탐색적인 방법과 추론적인 방법 사이의 차이를 고려하는 것은 관심을 딴 데로 돌리는 것이다. 왜냐하면 대부분의 다변량 분석의 목적이, 설명적이거나 추론적이거나 간에, 잡음(noise)의 존재 하에서 데이터에 내재하는 어떤 "신호"를 발견하고, 보여주고, 추출하는 것이며 또한 데이터가 우리에게 말하는 것을 발견하고자하는 것이기 때문이다.

1.2 다변량 분석 개발의 간단한 역사

다변량 분석의 기원은 아마도 19세기 후반에 자손과 부모의 특징간 관계를 계량화하고자 Francis Galton과 Karl Pearson에 의해 수행된 연구와 상관계수의 개발일 것이다. 20세기 초에 Charles Spearman이 상관된 지능지수(IQ) 시험을 연구하면서 인자분석(5장 참조)의 기초를 만들었다. 이후 20년 동안 Spearman의 연구는 Hotelling과 Thurston에 의해 확장되었다.

다변량 방법은 또한 심리학 이외에도 자연과학 분야의 문제에 의해 동기 유발되었다. 1930년대에 Fisher는 여러 식물의 측정값을 사용하여 분류 문제를 풀기 위해서 선형 판별함수 분석을 개발하였다. 그리고 1920년대의 Fisher에 의해 소개된 분산분석은, Bartlett와 Roy의 연구에 의해 바로 다변량의 경우로 일반화되었으며 다변량 분산분석으로 이어졌다.(이러한 기법은 서언에서 언급한 이유 때문에 이 책에서 다루지 않을 것이다.)

초창기에는 다변량 방법의 응용에 포함되는 방대한 양의 계산을 도와줄 수 있는 계산 장치가 매우 제한적이었기 때문에, 방법적 개발은 주로 수학적이었고 다변량 연구는 주로 선형대수의 일부분이었다. 그러나 20세기 후반의 전자 컴퓨터의 개발과 빠른 보급으로 현존하는 다변량 분석 방법에 대한 실제적인 응용이 증가했고, 새로운 기법의 개발에 관심이 재개되었다.

21세기 초에 비교적 값싸고 강력한 개인용 컴퓨터와 랩탑(laptop)이 널리 이용가능하게 되고 유연한(flexible) 통계 소프트웨어를 이용가능함에 따라 다변량 분석의 모든 방법이 일상적으로 유전학, 이미지, 천문학에서 발생되는 것과 같은 매우 큰 데이터셋에 적용될 수 있게 되었다. 이러한 큰 데이터셋에 다변량 기법을 적용하는 것은 데이터 마이닝(data mining)이라는 고유한 이름이 주어졌다. 데이터 마이닝은 "데이터로부터 암시적이고 이전에는 알려지지 않은 잠재적으로 유용한 정보의 사소하지 않은(nontrivial) 추출"이라고 정의된다. 데이터 마이닝에 대한 유용한 설명으로 Fayyal, Piatetsky-Shapior, Smyth와 Uthurusamy(1996) 그리고 Hand, Mannila와 Smyth(2001)의 책이 있다.

1.3 변수의 유형과 결측값의 가능한 문제

가상적인(artificial) 다변량 데이터가 <표 1.1>에 주어진다. NA(Not Available)라는 특별한 약자는 결측값을 나타내며 개인에 대해 해당 변수의 값이 빠졌다는 것을 의미한다.

〈표 1.1〉 hypo 데이터. 다변량 데이터의 가상적인 집합

individual	sex	age	IQ	depression	health	weight
1	Male	21	120	Yes	Very good	150
2	Male	43	NA	No	Very good	160
3	Male	22	135	No	Average	135
4	Male	86	150	No	Very poor	140
5	Male	60	92	Yes	Good	110
6	Female	16	130	Yes	Good	110
7	Female	NA	150	Yes	Very good	120
8	Female	43	NA	Yes	Average	120
9	Female	22	84	No	Average	105
10	Female	80	70	No	Good	100

여기서 단위(unit, 이 경우에는 사람)의 개수는 $n = 10$이고, 변수의 개수는 $q = 7$이며, 예를 들어, $x_{34} = 135$이다. R에서 "data.frame"은 이와 같이 직사각형 데이터를 표현하기에 적절한 데이터 구조이다. 단위들(행)과 변수들(열)의 부분집합은 "["라는 부분집합 연산자를 통해 추출될 수 있다. 즉,

```
R> hypo[1:2, c("health", "weight")]
     health weight
1 Very good    150
2 Very good    160
```

<표 1.1>에 제시된 가상 데이터로부터 x_{15}, x_{16}과 x_{25}, x_{26}을 추출한다. 이 데이터는 다변량 데이터셋을 구성하는 변수들이 반드시 모두 동일한 유형은 아니라는 것을 보여준다. 흔히 다음과 같이 측정값에 대해 네 가지 종류로 구별한다.

- **명목(nominal) 척도** : 순서화되지 않은 범주 변수를 나타낸다. 예를 들어, 처리 배치, 반응자의 성별, 머리색, 우울증의 존재 또는 부재 등이 있다.
- **순서(ordinal) 척도** : 순서는 존재하지만 척도의 서로 다른 값의 차이가 동일한 거리를 의미하지는 않는다. 예를 들어, 사회적인 계급, 건강의 자아 인식(각각이 I부터 V까지 코딩된), 교육수준(교육받지 못함, 초등교육, 중등교육, 고등교육) 등이 있다.
- **구간(interval) 척도** : 척도에서 연속적인 점들 사이에 동일한 차이가 있지만 0의 위치는 임의적이다. 고전적인 예를 들면 섭씨와 화씨 척도를 사용한 온도 측정이다.
- **비(ratio)척도** : 측정값의 관계를 나타내는 척도 중 가장 높은 수준의 척도로 볼 수 있다. 점수들 사이의 차이뿐만 아니라 점수의 상대적인 크기를 조사할 수 있다. 0의 위치가 고정된다. 고전적인 예는 절대온도(Kelvin으로 표현되는)이다. 일반적인 예로는 나이, 무게, 길이 등이 있다.

여러 통계학 교재에서 보면 척도의 서로 다른 유형에 대해 논의한 후 어떤 통계적 기법이 각 유형에 적합한지에 대해 추천한다. 예를 들어, 명목 데이터의 분석은 사례의 개수, 최빈값(mode)등의 요약 통계량에 국한되어야 한다. 그리고 순서 데이터에 대해서는 평균과 표준편차가 적합하지 않다. 그러나 Velleman과 Wilkinson(1993)은 이런 방식으로 통계적 방법에 대한 선택을 제한하는 것은 데이터 분석의 위험한 관행일 수 있다고 지적하였다. 앞서 설명한 측정값의 분류는 때로는 실제의 데이터에 적용하기에는 너무 제한적이다. 여기서 측정값을 자세히 설명할 것은 아니며 그러한 문제에 대해 꽤 실용적인 접근법을 취하고자

한다. 예를 들어, 우울증, 근심, 지능 척도와 같은 변수는, 비록 엄격하게는 순서 척도에 맞지만, 마치 구간 척도인 것처럼 다루는 데 있어서 고민하지 않을 것이다.

1.3.1 결측값

<표 1.1>은 일반적으로 통계분석, 특히 다변량 분석을 수행하는 통계학자들에게 자주 부딪히는 문제들 중의 하나인 데이터내 결측값(missing value)의 존재를 보여준다. 즉 기록되었어야 할 관찰이나 측정이 한 가지 이유 또는 다른 이유에 의해 기록되지 않았을 때의 문제이다. 다변량 데이터에서 결측값은 여러 가지 이유로 발생할 수 있다. 예를 들어, 표본 설문에서의 무응답(non-response), 경시적데이터(longitudinal data)에서의 중도탈락(8장 참조), 또는 설문에서 특정한 질문에 답하는 것을 거절하는 것 등에 의해 발생한다. 결측 데이터를 다루는 가장 중요한 접근 방법은 연구의 데이터 수집 단계에서 결측값을 피하려고 노력하는 것이다. 그러나 연구자가 시도하는 모든 노력에도 불구하고 아직도 많은 결측값을 포함하는 데이터셋에 직면할 것이다. 그러면 무엇이 수행될 수 있는가? 이 문제에 대한 한 가지 대답은 대부분의 통계적 소프트웨어 패키지가 자동적으로 행하는 완전한 사례의 분석(complete-case analysis)을 수행하는 것이다. 다변량 데이터에 완전한 사례의 분석방법을 사용하는 것은 변수들 중 결측값을 갖는 모든 사례를 제외하는 것을 의미한다. 만약 변수의 개수가 크다면 결측값의 희박한(sparse) 패턴조차도 상당한 숫자의 불완전한 사례를 낳게 된다는 것을 쉽게 알 수 있다. 이 문제를 해결하는 한 가지 가능성은 많은 결측값을 갖는 변수를 단순히 제외시키는 것이다. 그러나 완전한 사례 분석은 두 가지 이유로 추천되지 않는다.

- 아마도 상당한 수의 개체을 제외시키는 것은 많은 양의 정보를 버리도록 하고 데이터의 실질적인 표본크기를 작게 할 것이다. 이는 원래의 모든 표본이 이용가능 하였다면 얻을 수 있는 분석을 효율적이지 못하도록 하게 된다.
- 좀 더 우려할 점은 한 개 이상의 변수들에서 결측값을 갖는 사례를 제외하는 것은 기각된 사례가 본질적으로 관측된 데이터의 랜덤한 부표본(subsample)이 아니라면 추정과 추론에서 심각한 편의(bias)를 낳을 수 있다.(완전한 랜덤 결측이란 용어에 대한 자세한 설명을 위해서는 8장과 Little과 Rubin(1987)을 참조하라.)

따라서 적어도 완전한 사례의 분석은 데이터를 폐기함에 의해서 실질적인 손실을 낳게 된다. 그러나 더 나쁜 것은 완전한 사례들만 기초한 분석은 오해를 일으키는(misleading) 결론이나 추론을 낳을 수 있다는 것이다.

자주 사용되는 완전한 사례의 분석에 대한 비교적 간단한 대안은 이용가능한 사례의 분석(available-case analysis)이다. 이것은 흥미있는 양을 추정하기 위해서 이용가능한 모든 사례들을 사용하는, 불완전한 정보를 이용하려는 간단한 시도이다. 예를 들어, 만약 연구자가 다변량 데이터셋의 상관행렬(1.5.2절 참조)을 추정하는 데 관심이 있다면, 이용가능한 사례의 분석은 두 변수간 상관관계를 추정하기 위해서 변수 X_i와 X_j가 존재하는 모든 사례들을 사용한다. 이 접근법은 완전한 사례의 분석보다 데이터를 더 잘 이용하는 것 같다. 그러나 불행하게도 이용가능한 사례의 분석은 그 자체의 문제를 갖는다. 개인을 포함한 표본이 상관관계를 계산할 때마다 변화하므로, 결측값이 완전히 랜덤한 결측이 아니라면 잠재적인 어려움이 발생한다. 추정된 상관행렬이 양정치(positive definite)행렬이라는 보장도 없으며 이것은 연구자가 행렬에 적용하기를 원하는 인자분석(5장 참조)과 구조방정식 모형(7장 참조)과 같은 방법에 대해서 문제를 야기할 수 있다.

완전한 사례의 분석과 이용가능한 사례의 분석은 데이터 내의 결측값의 개수가 "적지" 않다면 매력적이지 못하다. 결측값 문제에 대한 대안적인 방법은 결측 데이터를 그럴듯한 값으로 "채우는" 방법으로 어떤 형태의 대체(imputation)를 고려하는 것이다. 결측값을 대체하는 방법은 완전한 경우의 분석과 달리, 불완전한 사례에 있는 관측된 값이 유지되는 이점을 갖는다. 표면상으로는 대체가 결측 데이터 문제를 해결하는 것처럼 보이고 조사자가 정상적으로 진행할 수 있도록 하는 것처럼 보인다. 그러나 통계적인 관점에서는 대체에 사용되는 방법에 대해서는 조심스럽게 고려할 필요가 있다. 그렇지 않으면 그것이 풀고자 하는 문제보다 더 큰 문제를 야기할 수 있을 것이다. 예를 들어, 변수의 결측값을 관측된 변수의 평균으로 대체하는 것은, 관측된 표본평균은 유지하지만 추정된 분산과 공분산(1.5.1 절 참조)을 0 에 가까이 편향시키면서 공분산행렬(1.5.1절 참조)을 왜곡시킨다. 반면에 회귀모형에 의해 추정된 값으로 대체하는 것은 관측된 상관관계를 부풀리는, 즉 0 에서 멀리 편향시키는 경향이 있다(Little 2005 참조). 예측이나 추정에서 대체된 데이터를 마치 "사실"인 것처럼 다루는 것은, 결측 데이터에 의한 불확실성을 반영하는 데 실패하기 때문에 착오를 일으키는 표준오차와 p-값을 낳을 수 있다.

결측값을 다루는 가장 적절한 방법은 Rubin(1987)에 의해 제안된 다중대체(multiple imputation)라고 알려진 절차이다. 결측값 개수 $m > 1$ 인 모의실험에 의해 대체되는 몬테칼로 기법으로 m이 주로 작은 경우(말하자면 3-10) 사용된다. 모의실험된 완전한 데이터셋 각각은 적절한 방법을 사용해서 분석된다. 그리고 그 결과는 후에 결측 데이터의 불확실성을 포함하는 추정값과 신뢰구간을 산출하기 위해서 결합된다. 자세한 사항은 Rubin(1987)과 더 간결한 설명은 Schafer(1999)에서 볼 수 있다. 다중대체의 큰 장점은 간결성과 일반성이다. 사용자는 만약 데이터가 완전하다면 적절한 어떤 기법을 이용해서도 분석할 수 있다. 그러나 대체된 값이 실제 관측값이 아니라는 것을 마음에 새겨야만 한다. 우리는 아무것도 없는 것에서 어떤 것을 얻을 수는 없다. 그리고 만약 대량의 결측 데이터를 갖는 개체의 비율이 높으면, 어떤 형태의 통계적 분석이 의미가 있는지에 대해서도 분명히 질문해보아야 한다.

1.4 다변량 데이터셋

몇 개의 다변량 데이터셋을 살펴보고 각 경우에 대해 관심이 있을만한 문제 유형을 간단히 생각해본다. 첫 번째 데이터셋은 남자와 여자 표본에서 각 개인별 가슴, 허리, 엉덩이에 대한 측정값으로 <표 1.2>에 20명에 대한 데이터를 얻었다. 이와 같은 데이터에 대해서 두 개의 질문이 있을 수 있다.

- 신체크기와 신체모양이 어떤 방식에 의해 세 개의 관측값이 결합되어 한 개의 숫자로 요약될 수 있을까?
- 남자들 사이에 그리고 여자들 사이에 각 집단 내에서는 유사한 신체모양을 가지고 그 집단 사이에서는 다른 모양을 갖는 신체모양의 하위유형이 있을까?

첫 번째 질문은 주성분분석(3장 참조)에서 다루어지며 두 번째 질문은 군집분석(6장 참조)에서 조사될 것이다.

(실제로 관심있는 문제에 이러한 기법을 적용하여 확신있는 답을 얻기 위해서는 20명보다 훨씬 많이 측정할 필요가 있어 보인다. 다양한 다변량 분석 기법을 사용할 때 합리적인 분석을 하기 위해서 얼마나 많은 개체가 필요할 것인가에 대한 문제는 각 기법을 설명하는 장에서 다룰 것이다.)

〈표 1.2〉 measure 데이터. 20명의 개인에 대한 chest, waist, hip 관측값(인치)

chest	waist	hips	gender	chest	waist	hips	gender
34	30	32	male	36	24	35	female
37	32	37	male	36	25	37	female
38	30	36	male	34	24	37	female
36	33	39	male	33	22	34	female
38	29	33	male	36	26	38	female

두 번째 다변량 데이터셋은 세 개의 다른 지역에서 만들어진 (지역 1은 가마(kiln) 1을 지역 2는 가마 2와 3을 지역 3은 가마 4와 5를 포함) Romano-British 도자기에 대한 화학적 분석 결과로 구성된다. 6장에서 다루게 될 전체 데이터셋으로 <표 1.3>은 45개 항아리에 대한 화학적 분석 결과로 구성된다. 이 데이터에 대한 질문은 각 항아리의 화학적 프로필이 서로 다른 유형의 항아리를 암시하는 지와 그러한 유형이 가마 또는 지역과 관련 여부이다. 이 문제는 6장에서 다룬다.

〈표 1.3〉 pottery 데이터. Romano-British 도자기 데이터

Al2O3	Fe2O3	MgO	CaO	NaO	K2O	TiO2	MnO	BaO	kiln
18.8	9.52	2	0.79	0.4	3.2	1.01	0.077	0.015	1
16.9	7.33	1.65	0.84	0.4	3.05	0.99	0.067	0.018	1
18.2	7.64	1.82	0.77	0.4	3.07	0.98	0.087	0.014	1
16.9	7.29	1.56	0.76	0.4	3.05	1	0.063	0.019	1
17.8	7.24	1.83	0.92	0.43	3.12	0.93	0.061	0.019	1
18.8	7.45	2.06	0.87	0.25	3.26	0.98	0.072	0.017	1
16.5	7.05	1.81	1.73	0.33	3.2	0.95	0.066	0.019	1
18	7.42	2.06	1	0.28	3.37	0.96	0.072	0.017	1
15.8	7.15	1.62	0.71	0.38	3.25	0.93	0.062	0.017	1
14.6	6.87	1.67	0.76	0.33	3.06	0.91	0.055	0.012	1
13.7	5.83	1.5	0.66	0.13	2.25	0.75	0.034	0.012	1
14.6	6.76	1.63	1.48	0.2	3.02	0.87	0.055	0.016	1
14.8	7.07	1.62	1.44	0.24	3.03	0.86	0.08	0.016	1
17.1	7.79	1.99	0.83	0.46	3.13	0.93	0.09	0.02	1
16.8	7.86	1.86	0.84	0.46	2.93	0.94	0.094	0.02	1
15.8	7.65	1.94	0.81	0.83	3.33	0.96	0.112	0.019	1
18.6	7.85	2.33	0.87	0.38	3.17	0.98	0.081	0.018	1
16.9	7.87	1.83	1.31	0.53	3.09	0.95	0.092	0.023	1
18.9	7.58	2.05	0.83	0.13	3.29	0.98	0.072	0.015	1
18	7.5	1.94	0.69	0.12	3.14	0.93	0.035	0.017	1
17.8	7.28	1.92	0.81	0.18	3.15	0.9	0.067	0.017	1
14.4	7	4.3	0.15	0.51	4.25	0.79	0.16	0.019	2
13.8	7.08	3.43	0.12	0.17	4.14	0.77	0.144	0.02	2
14.6	7.09	3.88	0.13	0.2	4.36	0.81	0.124	0.019	2
11.5	6.37	5.64	0.16	0.14	3.89	0.69	0.087	0.009	2
13.8	7.06	5.34	0.2	0.2	4.31	0.71	0.101	0.021	2
10.9	6.26	3.47	0.17	0.22	3.4	0.66	0.109	0.01	2
10.1	4.26	4.26	0.2	0.18	3.32	0.59	0.149	0.017	2
11.6	5.78	5.91	0.18	0.16	3.7	0.65	0.082	0.015	2
11.1	5.49	4.52	0.29	0.3	4.03	0.63	0.08	0.016	2
13.4	6.92	7.23	0.28	0.2	4.54	0.69	0.163	0.017	2
12.4	6.13	5.69	0.22	0.54	4.65	0.7	0.159	0.015	2
13.1	6.64	5.51	0.31	0.24	4.89	0.72	0.094	0.017	2
11.6	5.39	3.77	0.29	0.06	4.51	0.56	0.11	0.015	3
11.8	5.44	3.94	0.3	0.04	4.64	0.59	0.085	0.013	3
18.3	1.28	0.67	0.03	0.03	1.96	0.65	0.001	0.014	4
15.8	2.39	0.63	0.01	0.04	1.94	1.29	0.001	0.014	4
18	1.5	0.67	0.01	0.06	2.11	0.92	0.001	0.016	4
18	1.88	0.68	0.01	0.04	2	1.11	0.006	0.022	4
20.8	1.51	0.72	0.07	0.1	2.37	1.26	0.002	0.016	4
17.7	1.12	0.56	0.06	0.06	2.06	0.79	0.001	0.013	5
18.3	1.14	0.67	0.06	0.05	2.11	0.89	0.006	0.019	5
16.7	0.92	0.53	0.01	0.05	1.76	0.91	0.004	0.013	5
14.8	2.74	0.67	0.03	0.05	2.15	1.34	0.003	0.015	5
19.1	1.64	0.6	0.1	0.03	1.75	1.04	0.007	0.018	5

출처: Tubb, A., et al., Archaeometry, 22, 153-171, 1980. With permission.

세 번째 다변량 데이터셋은 많은 수의 대학생이 얻은 6개 과목에서의 시험 점수 데이터이다. 그중 다섯 사람에 대한 점수를 <표 1.4>에서 볼 수 있다. 여기서 주요 관심 문제는 이러한 시험 점수가 "일반적인 지능"과 같이 직접 측정할 수 없는 학생들의 내재하는 특성을 보여주는가이다. 이 문제는 탐색적 인자분석(exploratory factor analysis)을 사용해서 분석될 수 있다(5장 참조).

〈표 1.4〉 exam 데이터. 5명의 심리학 학생들의 시험 점수

subject	maths	english	history	geography	chemistry	physics
1	60	70	75	58	53	42
2	80	65	66	75	70	76
3	53	60	50	48	45	43
4	85	79	71	77	68	79
5	45	80	80	84	44	46

이 절에서 고려할 마지막 데이터셋은 미국 도시들의 대기오염 연구에서 수집되었다. 41개의 미국 도시에 대해 다음의 변수를 얻었다. 데이터는 <표 1.5>에서 보여준다.

SO2 : 세 제곱미터당 마이크로그램 단위의 대기 중의 SO_2의 양

temp : 화씨온도로 측정된 연 평균온도

manu : 20명 또는 그 이상의 작업자를 가진 제조 공장의 수

popul : 1000명 단위의 인구 수 (1970년 센서스 결과)

wind : 시속 마일로 표현된 연 평균 풍속

precip : 인치로 표현된 연 평균 강수량

predays : 연간 비가 온 날수의 평균

이러한 데이터에 대해 가장 관심이 있는 문제는 무엇일까? 아마도 "이산화황(SO_2) 농도에 의해서 측정된 오염 수준이 6개의 다른 변수와 어떤 관련이 있을까?"일 것이다. 첫 번째로 이 문제는 이산화황을 반응변수로 하고 나머지 6개 변수를 독립변수 또는 설명변수로 갖는("독립"변수들이 서로 거의 독립이지 않기 때문에 후자가 더 받아들일만한 용어이다) 다중 선형회귀 적합을 제안한다. 그러나 다중 회귀의 기본이 되는 모형은 단지 반응변수만 확률변수로 간주되고 설명변수는 확률변수가 아니라 고정이라고 가정된다. 물론 실제로는 드문 경우이고 다중 회귀분석으로부터의 결과는 설명변수들의 관측값에 조건부로 해석되

〈표 1.5〉 USairpollution 데이터. 미국 41개 도시의 대기오염

	SO_2	temp	manu	popul	wind	precip	predays
Albany	46	47.6	44	116	8.8	33.36	135
Albuquerque	11	56.8	46	244	8.9	7.77	58
Atlanta	24	61.5	368	497	9.1	48.34	115
Baltimore	47	55	625	905	9.6	41.31	111
Buffalo	11	47.1	391	463	12.4	36.11	166
Charleston	31	55.2	35	71	6.5	40.75	148
Chicago	110	50.6	3344	3369	10.4	34.44	122
Cincinnati	23	54	462	453	7.1	39.04	132
Cleveland	65	49.7	1007	751	10.9	34.99	155
Columbus	26	51.5	266	540	8.6	37.01	134
Dallas	9	66.2	641	844	10.9	35.94	78
Denver	17	51.9	454	515	9	12.95	86
DesMoines	17	49	104	201	11.2	30.85	103
Detroit	35	49.9	1064	1513	10.1	30.96	129
Hartford	56	49.1	412	158	9	43.37	127
Houston	10	68.9	721	1233	10.8	48.19	103
Indianapolis	28	52.3	361	746	9.7	38.74	121
Jacksonville	14	68.4	136	529	8.8	54.47	116
KansasCity	14	54.5	381	507	10	37	99
LittleRock	13	61	91	132	8.2	48.52	100
Louisville	30	55.6	291	593	8.3	43.11	123
Memphis	10	61.6	337	624	9.2	49.1	105
Miami	10	75.5	207	335	9	59.8	128
Milwaukee	16	45.7	569	717	11.8	29.07	123
Minneapolis	29	43.5	699	744	10.6	25.94	137
Nashville	18	59.4	275	448	7.9	46	119
NewOrleans	9	68.3	204	361	8.4	56.77	113
Norfolk	31	59.3	96	308	10.6	44.68	116
Omaha	14	51.5	181	347	10.9	30.18	98
Philadelphia	69	54.6	1692	1950	9.6	39.93	115
Phoenix	10	70.3	213	582	6	7.05	36
Pittsburgh	61	50.4	347	520	9.4	36.22	147
Providence	94	50	343	179	10.6	42.75	125
Richmond	26	57.8	197	299	7.6	42.59	115
SaltLakeCity	28	51	137	176	8.7	15.17	89
SanFrancisco	12	56.7	453	716	8.7	20.66	67
Seattle	29	51.1	379	531	9.4	38.79	164
St.Louis	56	55.9	775	622	9.5	35.89	105
Washington	29	57.3	434	757	9.3	38.89	111
Wichita	8	56.6	125	277	12.7	30.58	82
Wilmington	36	54	80	80	9	40.25	114

출처: Sokal, R. R., Rohlf, F. J., Biometry, W. H. Freeman, San Francisco, 1981. With permission.

어야 한다. 따라서 이러한 데이터에 대해 가장 관심있는 문제에 답할 때, 실제로는 다변량이라고 간주되어서는 안 되고 - 단지 한 개의 확률변수만 포함됨 - 더 적당한 용어는 다변수(multivariable)(이것이 지나치다고 들릴 것을 알지만 결국 우리는 통계학자이다)가 된다. 이 책에서는 다변수 데이터에 대한 다중 선형모형에 대해서 8장에서 약간만 언급할 것이다. 반복측정데이터와 경시적데이터(longitudinal data)와 같이 다변량 반응이 있는 상황에서 회귀분석을 적용하는 방법을 소개하기 위해서이다.

이 책을 따라 공부해보면 알 수 있듯이, 이러한 문제에 답할 수 있도록 수집된 다변량 데이터 또는 답할 수 있도록 개발된 다변량 분석 방법에 설명된 데이터셋 네 개가 모두 사용되는 것은 아니다.

1.5 공분산, 상관관계, 거리

각 변수를 별개로 우리에게 익숙한 일변량 방법을 사용해서 분석하는 것 대신에, 다변량 방법을 사용해서 다변량 데이터셋을 분석해야 하는가에 대한 주된 이유는, 데이터 내의 어떤 구조나 패턴이 변수들 사이의 "관계"에 의해서 또는 다른 개체들과의 상대적인 "가까움"에 의해서 나타날 수 있을 것인가를 살펴보는 것이다. 어떤 경우에는 아마도 둘 다일 것이다. 첫 번째 경우는 발견되는 어떤 구조나 패턴이 데이터행렬 $\boldsymbol{X}$의 열들을 어떤 방식으로 함께 연결하는 경우이고, 두 번째 경우는 발견될 수 있는 가능한 구조가 개체들의 흥미있는 부분집합을 포함하는 경우이다. 이제 변수들 사이의 관계들을 어떻게 계량화하느냐 문제와 어떻게 다른 개체들 사이의 거리를 측정할 것인가 하는 문제가 발생하는 데 이 문제는 다음의 부절에서 답한다.

1.5.1 공분산

두 확률변수의 공분산(covariance)은 선형 의존성에 대한 측도이다. 두 확률변수 X_i와 X_j의 모집단 공분산(이론상)은 다음과 같이 정의된다.

$$Cov(X_i, X_j) = E(X_i - \mu_i)(X_j - \mu_j)$$

여기서 E는 기대값을 나타내며 $\mu_i = E(X_i)$, $\mu_j = E(X_j)$이다.

만약 $i = j$ 이면 변수의 그 자신과의 공분산은 단순히 그 분산이다. 따라서 다변량의 경우에는 분산과 공분산을 독립적으로 정의할 필요가 없다. 만약 X_i와 X_j가 서로 독립이라면 공분산은 반드시 0 이 되지만 역은 성립하지 않는다. X_i와 X_j의 공분산은 보통 σ_{ij}로서 표시되며 X_i의 분산은 $\sigma_i^2 = E[(X_i - \mu_i)^2]$이다. 공분산이 클수록 두 변수간 선형 의존성의 정도가 더 크다는 것을 의미한다.

q개 관측 변수를 갖는 다변량 데이터셋에는 q개의 분산과 $q(q-1)/2$개의 공분산이 있다. 이러한 값은 편리하게 $q \times q$ 대칭행렬인 $\boldsymbol{\Sigma}$로 정렬된다.

$$\boldsymbol{\Sigma} = \begin{pmatrix} \sigma_1^2 & \sigma_{12} & \cdots & \sigma_{1q} \\ \sigma_{21} & \sigma_2^2 & \cdots & \sigma_{2q} \\ \vdots & \vdots & \ddots & \vdots \\ \sigma_{q1} & \sigma_{q2} & \cdots & \sigma_q^2 \end{pmatrix}$$

$\sigma_{ij} = \sigma_{ji}$임에 주목하라. 이 행렬은 일반적으로 데이터의 분산-공분산행렬로서 또는 단순히 공분산행렬로 알려져 있다.

어떤 모집단에서 추출된 표본에서 다변량 관측값들의 집합에 대해서 행렬 $\boldsymbol{\Sigma}$는

$$\boldsymbol{S} = \frac{1}{n-1}\sum_{i=1}^{n}(\boldsymbol{x}_i - \overline{\boldsymbol{x}})(\boldsymbol{x}_i - \overline{\boldsymbol{x}})^T$$

으로 추정된다. 여기서 $\boldsymbol{x}_i^T = (x_{i1}, x_{i2}, \cdots, x_{iq})$는 i번째 개체의 관측값 벡터이고 $\overline{\boldsymbol{x}} = n^{-1}\sum_{i=1}^{n}\boldsymbol{x}_i$는 표본평균벡터이다. $\boldsymbol{S}$의 대각원소는 s_i^2으로 변수의 표본분산을 나타낸다.

<표 1.2>의 데이터에 대한 공분산행렬은 R에서 `var()` 함수를 사용하여 얻을 수 있다. 그러나 먼저 숫자형 변수들에 대한 부분집합을 취함으로써 `measure` 데이터프레임으로부터 범주 변수 `gender`를 제거해야 한다.

```
R> cov(measure[, c("chest", "waist", "hips")])
          chest     waist     hips
chest 6.631579  6.368421 3.000000
waist 6.368421 12.526316 3.578947
hips  3.000000  3.578947 5.944737
```

만약 남성(male)과 여성(female)에 대해 별개의 공분산행렬을 필요로 한다면 다음과 같이 얻을 수 있다.

```
R> cov(subset(measure, gender=="female")[, c("chest", "waist", "hips")])
        chest  waist  hips
chest   2.278  2.167  1.556
waist   2.167  2.989  2.756
hips    1.556  2.756  3.067

R> cov(subset(measure, gender=="male")[, c("chest", "waist", "hips")])
        chest   waist    hips
chest   6.7222  0.9444  3.944
waist   0.9444  2.1000  3.078
hips    3.9444  3.0778  9.3344
```

여기서 subset() 함수는 female 또는 male에 해당하는 모든 관측값을 뽑아준다.

1.5.2 상관관계

공분산은 두 변수를 측정하는 척도에 의존하기 때문에 때로는 해석하기가 어렵다. 따라서 상관계수(correlation coefficient) ρ_{ij}를 얻기 위해서 각 변수의 표준편차의 곱으로 나누어 다음과 같이 표준화한다.

$$\rho_{ij} = \frac{\sigma_{ij}}{\sigma_i \sigma_j}$$

여기서 $\sigma_i = \sqrt{\sigma_i^2}$ 이다.

상관계수의 이점은 두 변수의 척도에 독립적인 것이다. 상관계수는 -1 과 1 사이의 값을 가지며 변수 X_i와 X_j의 선형 관계의 척도를 제공한다. 만약 X_i의 높은 값이 X_j의 높은 값과 관련된다면 상관계수는 양의 값을 가지며, X_i의 높은 값이 X_j의 낮은 값과 관련된다면 음의 값을 가진다. 두 변수 사이의 관계가 선형이 아니라면 그들의 상관계수는 오해를 불러올 수 있다.

변수가 q개 있다면 $q(q-1)/2$ 개의 상관관계가 있으며 대각원소가 1 인 $q \times q$ 상관행렬로 정렬된다. 관측된 데이터에 대해서 상관행렬은 일반적인 추정값 ρ, 즉 Pearson의 상관계수를 포함하며 일반적으로 $\boldsymbol{R}$로 표현된다. 상관행렬은 표본공분산행렬 $\boldsymbol{S}$에 의해 다음과 같이 표현된다.

$$\boldsymbol{R} = \boldsymbol{D}^{-1/2} \boldsymbol{S} \boldsymbol{D}^{-1/2}$$

여기서 $D^{-1/2} = diag(1/s_1, \cdots, 1/s_q)$이고 $s_i = \sqrt{s_i^2}$ 는 변수 i의 표본표준편차이다.(이 책에서 고려되는 대부분의 상황에서 완전계수(full rank) q를 갖는 공분산과 상관행렬을 다룬다. 이러한 행렬은 정칙(non-singular)이며 역행렬(inverse matrix) S^{-1}과 R^{-1}을 얻는다.)

<표 1.1>의 세 개 변수에 대한 표본상관행렬은 R의 cor() 함수를 이용하여 얻는다.

```
R> cor(measure[, c("chest", "waist", "hips")])
          chest   waist   hips
chest     1.0000  0.6987  0.4778
waist     0.6987  1.0000  0.4147
hips      0.4778  0.4147  1.0000
```

1.5.3 거리

다차원 척도(4장 참조)와 군집분석(6장 참조)과 같은 어떤 다변량 기법에서는 데이터내의 개체들 사이 거리(distance) 개념이 매우 관심있고 중요하다. 따라서 두 개체에 대한, 예로서 개체 i와 개체 j, 변수값이 주어졌을 때 이들 사이의 거리 측도로 무엇이 적당할까? 가장 일반적으로 사용되는 척도는 다음과 같이 정의되는 유클리드 거리(Euclidean distance)이다.

$$d_{ij} = \sqrt{\sum_{k=1}^{q} (x_{ik} - x_{jk})^2}$$

여기서 x_{ik}와 x_{jk}, $k = 1, \cdots, q$는 각각 개체 i와 j의 변수값이다. 유클리드 거리는 R에서 dist() 함수에 의해 계산된다.

다변량 데이터셋내의 변수들이 서로 다른 척도를 갖는 경우 각 변수에 대해 표준화한 후 거리를 계산하는 것이 더 이치에 맞다. 여기서 표준화 과정을 신체 측정 데이터를 통해 설명하는 데, 이는 dist() 함수를 적용하기 전에 scale() 함수를 사용하여 각 변수를 해당 표준편차로 나누어 얻는다. 필요한 R 코드와 결과는 다음과 같다.

```
R> dist(scale(measure[, c("chest", "waist", "hips")],
      center = FALSE))
R> as.dist(round(as.matrix(x), 2)[1:12, 1:12])
     1    2    3    4    5    6    7    8    9   10   11
2  0.17
```

3 0.15 0.08

4 0.22 0.07 0.14

5 0.11 0.15 0.09 0.22

6 0.29 0.16 0.16 0.19 0.21

7 0.32 0.16 0.20 0.13 0.28 0.14

8 0.23 0.11 0.11 0.12 0.19 0.16 0.13

9 0.21 0.10 0.06 0.16 0.12 0.11 0.17 0.09

10 0.27 0.12 0.13 0.14 0.20 0.06 0.09 0.11 0.09

11 0.23 0.28 0.22 0.33 0.19 0.34 0.38 0.25 0.24 0.32

12 0.22 0.24 0.18 0.28 0.18 0.30 0.32 0.20 0.20 0.28 0.06

(단지 처음 12개 관측에 대한 거리만 보여준다.)

1.6 다변량 정규밀도함수

정규분포가 일변량 기법에서 두드러지듯이 다변량 정규분포도 다변량 절차에서 중요한 역할을 한다. 앞에서 언급했듯이 많은 다변량 분석은 통계적 유의성 문제가 비교적 덜 중요하거나 전혀 중요하지 않은 데이터 탐구 정신으로 행해진다. 그럼에도 불구하고, 다변량 데이터의 복잡성을 다루는 연구자는 다변량 확률밀도함수, 특히 다변량 데이터셋이 이러한 확률밀도함수를 갖는다고 가정할 수 있는지 아닌지를 어떻게 평가할 것인가에 대해 알 필요가 있다. 따라서 다변량 정규밀도함수를 정의하고 그 성질들의 일부를 기술하고자 한다.

q개 변수 벡터, $\boldsymbol{x}^T=(x_1,x_2,\cdots,x_q)$에 대해 다변량 정규확률밀도함수는

$$f(\boldsymbol{x};\boldsymbol{\mu},\boldsymbol{\Sigma})=(2\pi)^{-q/2}\det(\boldsymbol{\Sigma})^{-1/2}\exp\left\{-\frac{1}{2}(\boldsymbol{x}-\boldsymbol{\mu})^T\boldsymbol{\Sigma}^{-1}(\boldsymbol{x}-\boldsymbol{\mu})\right\}$$

이다. 여기서 $\boldsymbol{\Sigma}$는 변수들의 모집단 공분산행렬이고 $\boldsymbol{\mu}$는 변수들의 모집단 평균벡터이다. 다변량 정규밀도곡선의 가장 간단한 예는 $q=2$ 인 이변량 정규밀도함수이며 다음과 같이 표현된다.

$$f((x_1, x_2);(\mu_1,\mu_2),\sigma_1,\sigma_2,\rho)=(2\pi\sigma_1\sigma_2(1-\rho^2))^{-1/2}$$

$$\exp\left\{-\frac{1}{2(1-\rho^2)}\times\left(\left(\frac{x_1-\mu_1}{\sigma_1}\right)^2-2\rho\frac{x_1-\mu_1}{\sigma_1}\frac{x_2-\mu_2}{\sigma_2}+\left(\frac{x_2-\mu_2}{\sigma_2}\right)^2\right)\right\}$$

여기서 μ_1, μ_2는 각 변수의 모집단 평균이고 σ_1^2, σ_2^2는 각 변수의 모집단 분산이며 ρ는 두 변수 X_1과 X_2의 모집단 상관계수이다. [그림 1.1]은 두 평균이 모두 0이고 두 분산이 모두 1이며 상관계수가 0.5인 이변량 정규확률밀도함수를 보여준다.

다변량 밀도함수 곡선의 모집단 평균벡터와 모집단 공분산행렬은 앞 절에서 설명하였듯이 다변량 관측들의 표본으로부터 추정된다. 여기에서 언급할 가치가 있는 다변량 정규밀도 곡선의 성질 중 하나는 변수들의 선형결합($y = a_1X_1 + x_2X_2 + \cdots + a_qX_q$, 여기서 a_1, a_2, $\cdots$, a_q는 상수) 자체도 평균 $\boldsymbol{a}^T\boldsymbol{\mu}$이고 분산 $\boldsymbol{a}^T\Sigma\boldsymbol{a}$를 갖는 정규분포를 따른다는 것이다. 변수들의 선형결합은 이후 장들에서 특히 3장에서 중요하다.

앞으로 기술될 많은 다변량 방법에서 다변량 정규성 가정은 분석의 결과에서는 중요하지 않지만 다변량 정규성 검정이 흥미가 있는 경우가 있다. 그 시작은 각 변수에 대해 확률그림(probability plot)을 사용하여 일변량 정규성을 분석하는 것이다. 이러한 그림은 보통 일변량 분석에서 응용되며 관측들을 정렬하고 가정된 누적분포함수(cumulative distribution function)의 적절한 값에 대한 그림을 그리는 것을 포함한다. 두 개의 확률분포를 비교하는 데 있어 두 개의 기본 유형의 그림인 확률-확률 그림(probability-probability plot)과 분위수-분위수 그림(quantile-quantile plot)이 있다. [그림 1.2]에서 각 그래프는 각 유형을 보여준다.

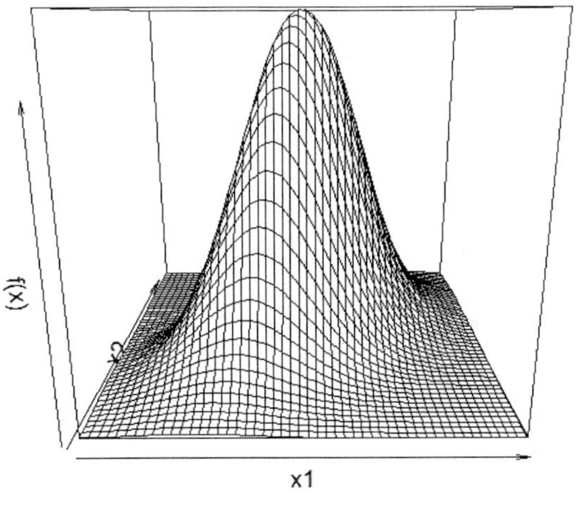

[그림 1.1] 상관계수 $\rho = 0.5$인 이변량 정규분포 확률밀도함수

확률-확률 그림은 확률변수 X_1과 X_2에 대해 서로 다른 q 값에 대해 다음의 누적확률 $p_1(q)$와 $p_2(q)$를 계산하여 좌표를 갖는다:

$$p_1(q) = P(X_1 \le q)$$
$$p_2(q) = P(X_2 \le q)$$

분위수-분위수 그림(quantile-quantile plot)은 p에 대해 분위수 $(q_1(p),\ q_2(p))$ 를 좌표로 갖는다:

$$q_1(p) = p_1^{-1}(p)$$
$$q_2(p) = p_2^{-1}(p)$$

예를 들어, 어떤 데이터셋이 정규분포로부터 발생했다는 가정을 탐구하기 위한 분위수-분위수 그림은 변수1의 정렬된 표본값 $(x_{(1)1},\ x_{(2)1},\ \cdots,\ x_{(n)1})$을 표준 정규분포의 분위수, $\Phi^{-1}(p_i)$에 대해서 점을 찍어 그린다. 여기서

$$p_i = \frac{i - \frac{1}{2}}{n}$$
$$\Phi(x) = \int_{-\infty}^{x} \frac{1}{\sqrt{2\pi}} e^{-\frac{1}{2}u^2} du$$

이며 이러한 그림은 정규확률 그림(normal probability plot)으로 알려져 있다.

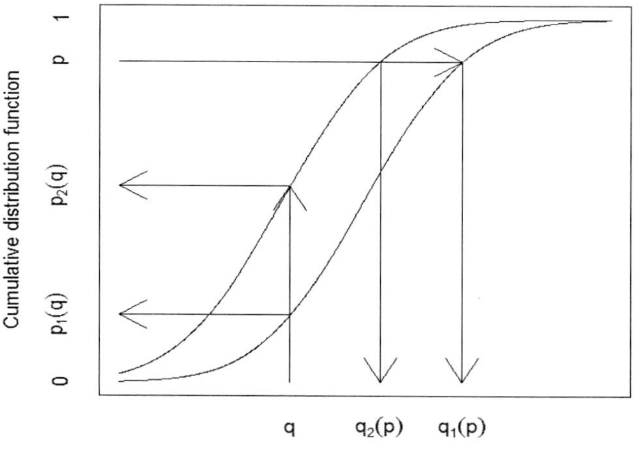

[그림 1.2] 누적분포함수와 분위수

```
R> qqnorm(measure[,"chest"], main="chest");qqline(measure[,"chest"])
R> qqnorm(measure[,"waist"], main="waist");qqline(measure[,"waist"])
R> qqnorm(measure[,"hips"], main="hips");qqline(measure[,"hips"])
```

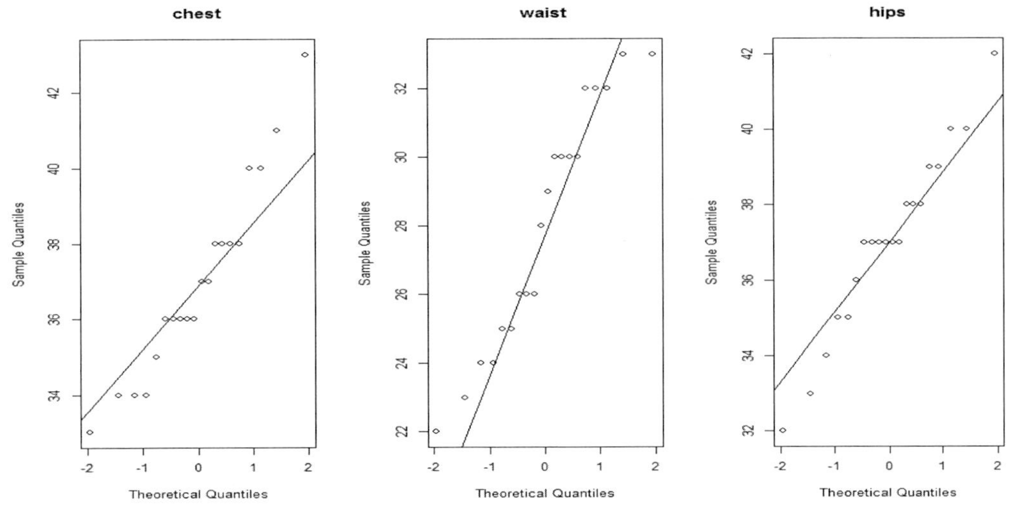

[그림 1.3] chest, waist, hip 관측값에 대한 정규확률그림

비록 각 변수에 대한 주변분포의 정규성이 다변량 벡터가 다변량 정규분포를 따른다는 것을 반드시 의미하지는 않지만, 각 변수에 대한 정규성 조사를 하기 위해서는 정규확률그림이 사용된다. 대안으로 각 다변량 관측값을 그림으로 그리기 위해 어떤 방식으로든 한 개의 숫자로 변환될 수 있다. 예를 들면, 다변량 정규성에 대해 데이터셋를 평가하려는 특정한 경우에 각 q차원 관측값 $\boldsymbol{x}_i$는 전체 표본의 평균벡터 $\overline{\boldsymbol{x}}$ 로부터의 특정 관측까지의 거리 측도를 제공하는 일반화 거리(generalized distance) d_i^2로 변환될 수 있다. $\boldsymbol{S}$가 표본공분산 행렬을 나타낼 때 d_i^2은

$$d_i^2 = (\boldsymbol{x}_i - \overline{\boldsymbol{x}})^T \boldsymbol{S}^{-1} (\boldsymbol{x}_i - \overline{\boldsymbol{x}})$$

과 같이 계산된다. 이 거리 측도는 각 변수의 분산과 변 쌍의 공분산을 고려한다. 만약 관측들이 다변량 정규분포로부터 발생했다면 이들 거리는 근사적으로 자유도 q 를 갖는 카이제곱분포 χ_q^2 를 따른다. 따라서 순서화된 거리를 근사적으로 카이제곱분포의 대응하는 분위수에 대해서 그리는 것은 원점을 지나는 직선으로 나타나게 된다.

표본에 20개의 관측값만 있으므로 어떤 확정적 결론에 도달하기에는 너무 적은 정보이긴 하지만, <표 1.2>의 신체 측정 데이터(body measurements data)를 정규성에 대해 평가할 것이다. [그림 1.3]은 각 변수에 대해 정규확률 그림을 보여주는 데 선형으로부터 벗어난다는 증거는 없는 듯하다. [그림 1.4]는 20개의 일반화 거리에 대한 카이제곱그림으로 선형으로부터 약간 벗어난 듯하지만 그렇게 적은 관측들로는 확신하기가 어렵다. 이러한 그림은

다음의 R 코드를 사용하여 그린다.

먼저 적절한 데이터를 추출한다.

```
R> x <- measure[, c("chest", "waist", "hips")]
```

그리고 모든 세 개 변수(즉, 데이터의 각 열에 대해)의 평균과 공분산행렬을 추정한다.

```
R> cm <- colMeans(x)
R> S <- cov(x)
```

차이 d_i는 데이터내의 모든 개체에 대해 계산되어야 한다. 따라서 x의 행에 대해 인자 MARGIN=1을 갖는 apply() 함수를 반복하여 사용한다. 즉 각 행에 대해 거리 d_i 를 다음과 같이 계산한다.

```
R> d <- apply(x, MARGIN=1, function()
+              t(x-cm) %*% solve(X) %*% (x-cm))
```

정렬된 거리를 qchisq()로부터 얻은 χ_3^2 분포의 적절한 분위수에 대해 그릴 수 있다. [그림 1.4]를 보면 된다.

```
> plot(qchisq((1:nrow(x) - 1/2) / nrow(x), df = 3), sort(d),
+      xlab = expression(paste(chi[3]^2, " Quantile")),
+      ylab = "Ordered distances")
> abline(a = 0, b = 1)
```

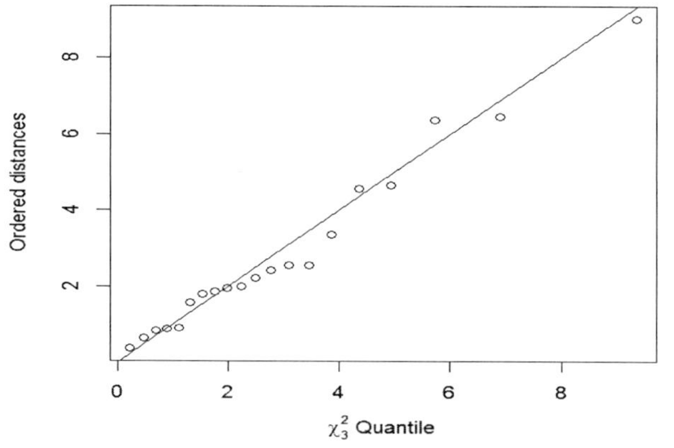

[그림 1.4] measure 데이터의 일반화 거리에 대한 카이제곱그림

이제 이번 장의 초반부에서 소개된 데이터셋으로 즉 미국 도시들의 대기오염 데이터(표 1.5 참조)에 카이제곱그림을 사용하는 것을 살펴보자. 각 변수에 대한 확률그림은 [그림 1.5]에서 보여준다. 이번에는 변수 이름에 대해 반복하는 특별한 함수인 **sapply()**를 사용하여 각 변수에 대해 반복한다.

```
R> layout(matrix(1:8, nc=2))
R> sapply(colnames(USairpollution), funtion(x) {
+       qqnorm(USairpollution[[x]], main=x,)
+       qqline(USairpollution[[x]])
+  })
```

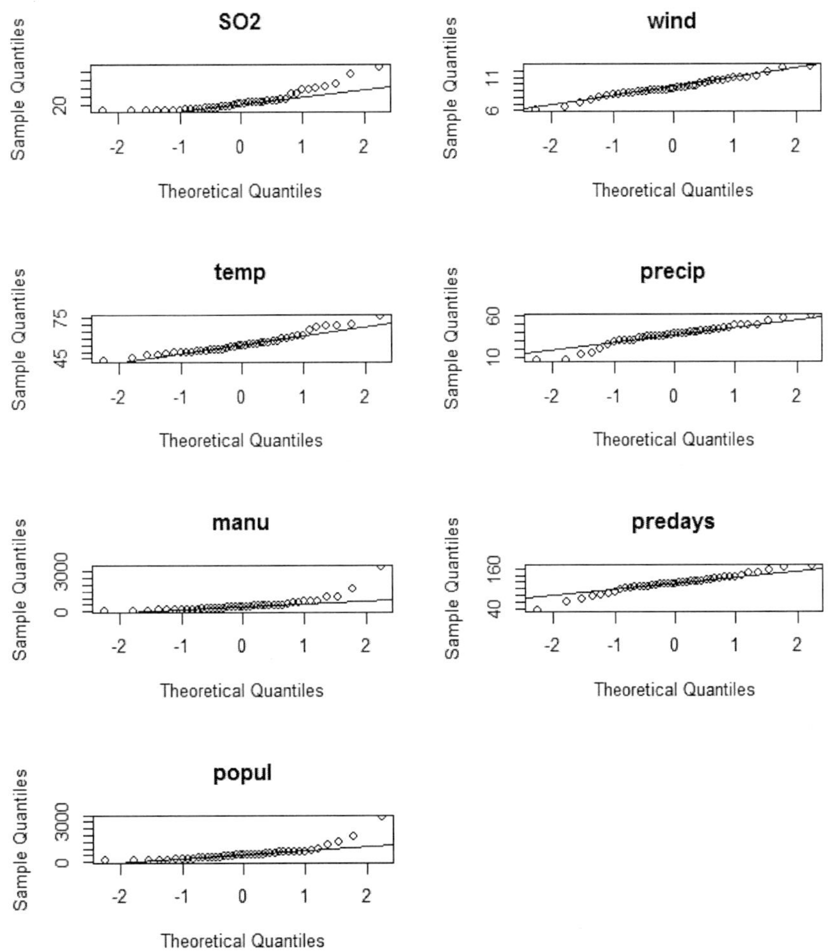

[그림 1.5] USairpollution 데이터에 대한 정규확률그림

결과로 나타나는 7개의 그림은 [그림 1.5]와 같이 layout 행렬을 사용하여 한 페이지에 정렬된다. SO_2 농도와 강수량(precipitation)의 그림은 둘 다 선형으로부터 상당히 벗어남을 볼 수 있다. 그리고 제조공장수와 인구에 대한 그림은 여러 개 이상값(outlier)의 증거를 보여준다. 그러나 더 중요한 것은 [그림 1.6]에 주어지는 데이터에 대한 카이제곱그림이다. R 코드는 신체 측정 데이터에 대해 카이제곱그림을 그리기 위해 사용했던 코드와 동일하다. 또한 그림에서 두 개의 가장 극단적인 점은 text()를 사용해서 해당하는 도시 이름으로 라벨을 붙였다.

```
R> x <- USairpollution
R> cm <- colMeans(x)
R> S <- cov(x)
R> d <- apply(x, 1, function(x) t(x - cm) %*% solve(S) %*% (x - cm))
R> plot(qc <- qchisq((1:nrow(x) - 1/2) / nrow(x), df = 7),
+      sd <- sort(d),
+      xlab = expression(paste(chi[7]^2, " Quantile")),
+      ylab = "Ordered distances", xlim = range(qc) * c(1, 1.1))
R> oups <- which(rank(abs(qc - sd), ties = "random") > nrow(x) - 3)
R> text(qc[oups], sd[oups] - 1.5, names(oups))
R> abline(a = 0, b = 1)
```

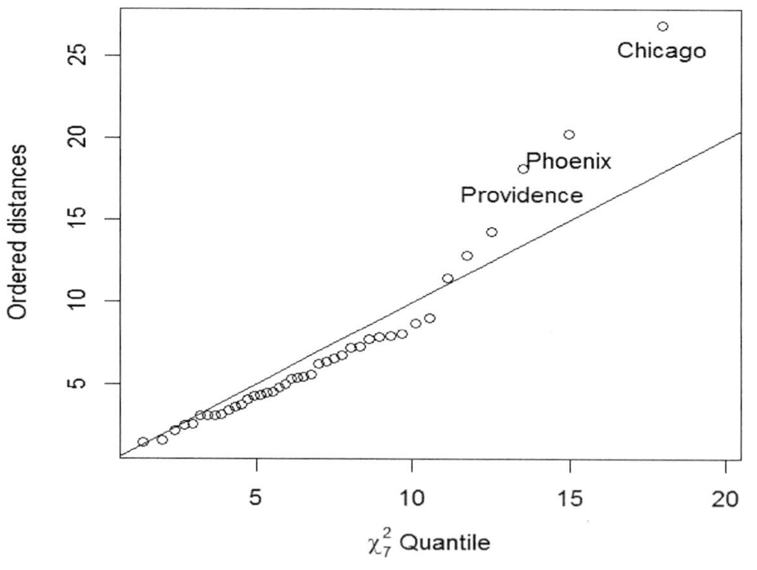

[그림 1.6] USairpollution 데이터의 일반화 거리에 대한 카이제곱그림

이 예는 카이제곱그림이 다변량 데이터에서 가능한 이상값을 탐지하는 데 도움이 될 수 있다는 것을 보여준다. 여기서 이상값은 자연적인 데이터 변동으로부터 벗어난다는 의미에서 비공식적으로 "비정상적"이다. 이상값에 대한 인식은 다변량 분석의 많은 응용에서 중요하다. 이는 비정상적인 관측값을 발견하는 데 어떤 특별한 관심이 있기 때문이기도 하며, 또는 결과에서 이러한 관측값으로부터 발생할 수 있는 오해가능한 효과로부터 보호하기 위해서 어떤 다변량 기법을 적용하기 전에 사전 처리하는 임무로써도 중요하다. 다변량 이상값을 인지하기 위한 여러 방법이 제안되었다. 예를 들어, Rocke와 Woodruff(1996), Becker와 Gather(2001)에서 볼 수 있고, 2장에서 설명되는 여러 그래프 방법이 어떻게 이상값 탐지에 도움이 되는지도 알 수 있다.

1.7 요약

모든 과학적 분야에서 수집되는 데이터의 대부분은 다변량이다. 그러한 데이터셋을 완전히 이해하기 위해서는 변수들을 동시에 분석할 필요가 있다. 이 책의 나머지는 이러한 분석이 가능하도록 개발된 방법에 관심이 있다. 이 방법들 중 어떤 것은 향후 연구에 중요한 의미를 가질 수 있는 데이터 내의 어떤 패턴 또는 구조를 발견하기 위한 목적을 가지며, 어떤 것은 데이터가 어떤 특정한 확률밀도함수, 보통은 다변량 정규분포인, 모집단으로부터 표본이 추출되었다고 가정하면서 데이터에 대한 추론을 도출하고자하는 목적을 가진다.

1.8 연습문제

1.1 <표 1.1>에 있는 데이터의 상관행렬과 공분산행렬을 구하시오.

1.2 <표 1.1>에 적절한 평균값으로 결측값을 채우고 데이터의 상관행렬을 다시 구하시오.

1.3 <표 1.3>에 있는 고고학 데이터의 각 변수의 정규확률그림과 카이제곱그림을 검토하시오. 그림이 데이터에 대해 어떤 특이한 점을 제시하는가?

1.4 다음에 주어진 공분산행렬을 대응하는 상관행렬로 변환하시오.

$$\begin{pmatrix} 3.8778 & 2.8110 & 3.1480 & 3.5062 \\ 2.8110 & 2.1210 & 2.2669 & 2.5690 \\ 3.1480 & 2.2669 & 2.6550 & 2.8341 \\ 3.5062 & 2.5690 & 2.8341 & 3.2352 \end{pmatrix}$$

1.5 다음에 주어진 (10×5) 작은 규모의 다변량 데이터셋에 대해서, 행렬의 행들에 대한 (10×10) 유클리드 거리행렬을 구하시오. 어떤 경우에 사용될 수 있는 유클리드 거리의 대안은 맨하탄 거리로도 알려진 도시 블록 거리(뉴욕을 생각하시오)를 사용하는 것이다. 데이터에 대한 도시 블록 거리를 계산하는 R 코드를 작성하시오.

$$\begin{pmatrix} 3 & 6 & 4 & 0 & 7 \\ 4 & 2 & 7 & 4 & 6 \\ 4 & 0 & 3 & 1 & 5 \\ 6 & 2 & 6 & 1 & 1 \\ 1 & 6 & 2 & 1 & 4 \\ 5 & 1 & 2 & 0 & 2 \\ 1 & 1 & 2 & 6 & 1 \\ 1 & 1 & 5 & 4 & 4 \\ 7 & 0 & 1 & 3 & 3 \\ 3 & 3 & 0 & 5 & 1 \end{pmatrix}$$

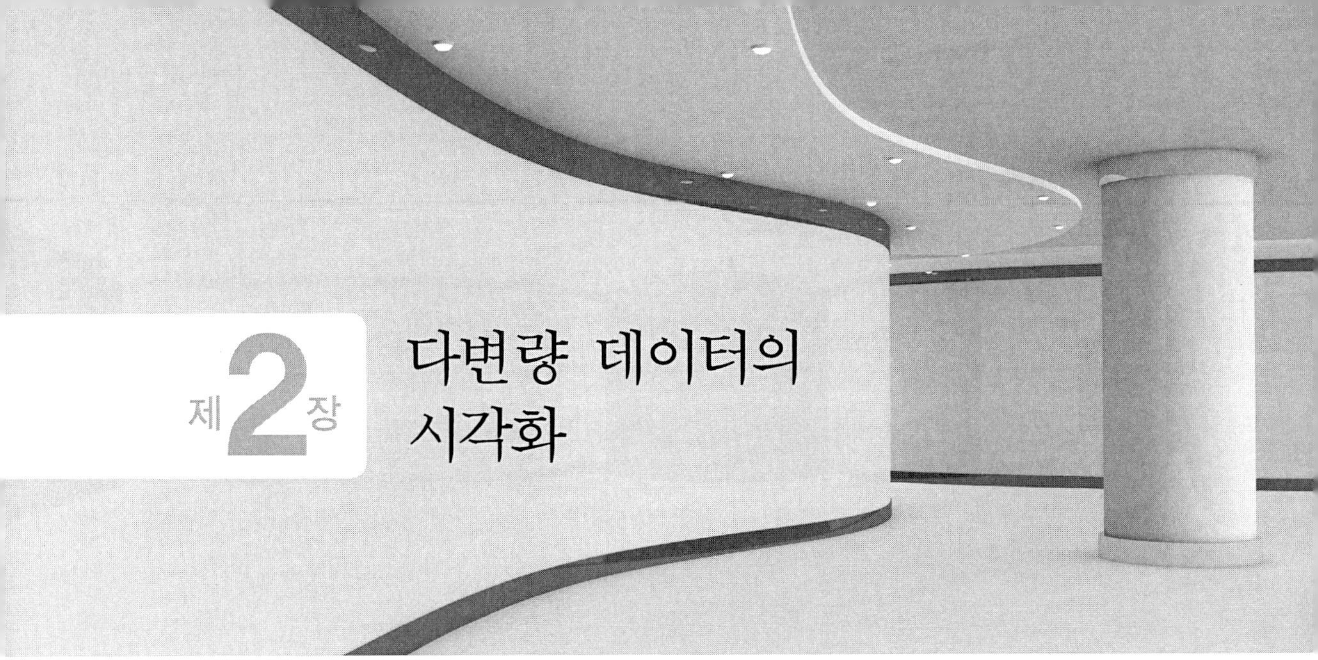

제 2 장 다변량 데이터의 시각화

2.1 서론

Chambers, Cleveland, Kleiner와 Tukey(1983)는 “잘 선택된 그림처럼 강력한 통계적인 도구는 없다”고 한다. 확실히 그림으로 나타내는 것은 숫자로 얻은 결과를 표로 나타내는 것보다 보는 사람의 흥미와 관심을 유발하는 것 이외에도 많은 장점을 갖는다. Tufte(1983)는 다음과 같이 간결하게 설명한다.

> “데이터에 대한 그래프(data graphics)는 관측된 양을 점(point), 선(line), 좌표 시스템(coordinate system), 숫자(number), 기호(symbol), 단어(word), 음영(shading)과 색깔(color) 등을 결합하는 수단에 의해서 시각적으로 나타낸다.”

그래프는 매우 널리 보급되고 있다: 매년 9000억(9×10^{11})과 2조(2×10^{12})개 사이의 통계적 그래프들이 인쇄된다고 추정된다. 그렇게 인기가 많은 주된 이유 중 하나는 데이터를 그래프로 나타내는 것이 때로는 예상치 못한 것을 발견하는 수단을 제공하기 때문이다: 비록 Carl Sagan(그의 책 Contact에서)의 다음의 경고(caveat)를 마음에 새겨야 하지만 인간의 시각 시스템은 패턴을 발견하는 데 매우 강력하다.

> "인간은 실제로 그곳에 존재하는 미묘한 패턴을 잘 구별한다. 그러나 마찬가지로 패턴이 존재하지 않을 때도 상상을 잘 한다."

Schmid(1954)는 그래프 방법의 장점을 다음과 같이 나열한다.

- 다른 유형의 표현과 비교할 때, 잘 디자인된 차트는 독자의 관심과 주의를 끄는 데 더 효율적이다.
- 차트와 그래프에 의해서 표현될 때 시각적 관계는 더 쉽게 파악되고 더 쉽게 기억될 수 있다.
- 차트와 그래프의 사용은 통계적 데이터의 많은 측정값에 대한 본질적인 의미를 한 눈에 볼 수 있도록 시각화할 수 있기 때문에 시간을 절약한다.
- 차트와 그래프는 표나 문자형태의 표현으로부터 얻을 수 있는 것보다 좀 더 완전하고 더 나은 균형 잡힌 이해를 할 수 있도록 문제의 종합적인 그림을 제공한다.
- 차트와 그래프는 숨겨진 사실이나 관계를 꺼내고 분석적인 사고와 조사를 도울 뿐만 아니라 자극할 수 있다.

Schmid의 마지막 장점은 전설적인 John Tukey에 의해 언급된 "그림의 가장 큰 가치는 그것이 우리가 결코 볼 수 있다고 기대하지 못한 것에 주목할 수 있도록 관심을 집중시키는 데 있다"는 것과 같은 맥락이다.

그래프 표현의 주된 목적은 우리들 자신과 그리고 다른 사람들과 의사소통하는 것으로, 그래프 디자인은 이해하는 것을 돕기 위해서 그것이 할 수 있는 모든 것을 해야 한다. 그래프가 비교적 단순하지 않다면 첫 눈에도 살아남을 수 있을 것 같지 않다. 아마도 데이터를 그래프로 표현하는 데에는 네 가지 목표가 있다.

- 개요(overview)를 제공하는 것
- 이야기를 하는 것
- 가설(hypotheses)을 제시하는 것
- 모형을 검토하는 것

이 장에서는 주로 위 목표 중 처음 세 가지 중의 하나 또는 그 이상을 다룰 수 있는 다변량 데이터의 그래프에 관심이 있다. 모형의 가정을 검토하는 데 도움을 주는 그래프는 8장에서 고려된다.

지난 20여 년 동안 데이터를 그래프로 나타내기 위해 새로운 방법이 많이 개발되었다. 이것은 데이터내의 특별한 효과를 찾고자 하며, 이상값을 찾아내고, 패턴을 인지하며, 모형을 진단하고, 일반적으로 새롭고 아마도 예상치 못한 현상을 찾고자 한다. 그래프로 표현할 때 데이터에 대해 이야기하기 위해 필요한 노력과 비교를 하기 위해 필요한 노력을 줄이는 것이 필요하다. 컴퓨터가 일반적으로 빠르고 정확해서 수치적인 분석을 위해 사용되는 것과 동일한 이유로 그래프를 그리기 위해서도 컴퓨터가 필요할 것이다.

따라서 컴퓨터가 그리는 작업을 하기 때문에 문제는 더 이상 "그림을 그릴까?"가 아니고 "무엇을 그릴까?"이다. 컴퓨터 화면상의 대화형이고 동적인 그래프를 포함해서(Cook과 Swayne 2007 참조) 많은 흥미로운 방법들이 있지만, 데이터에 대한 그래프 탐구는 적어도 몇 개의 간단한 정적인 그래프로부터 시작할 수 있다. 다변량 데이터를 위한 그래프의 시작은 산점도가 널리 쓰이며 이것이 다음 절에서의 주제이다.

2.2 산점도

간단한 xy 산점도(scatterplot)는 적어도 18 세기 이래로 사용되어 왔으며 Tufte(1983)에 따르면 실제로 많은 장점을 가지고 있다:

산점도와 같은 관계 그래프는 매우 우수한 그래프이다. 그것은 적어도 2개 변수들을 관련시키고, 그려진 변수들 사이에 가능한 우연한 관계를 평가하도록 권장한다. 그것은 x와 y의 실제 관계에 관한 실험적인 증거를 가지고 x가 y의 원인이 된다는 우연한 이론을 검토할 수 있게 한다.

산점도는 연속형 이변량 데이터(bivariate data)를 나타내는 표준적인 방법이다. 그러나 나중에 보여주겠지만 다른 변수들에 관한 정보를 포함하여 여러 가지 방법으로 이러한 그림을 향상시킬 수 있다.

산점도와 함께 앞으로 설명될 많은 다른 기법의 사용을 예시하기 위해서 이전 장에서 소개된 미국 도시들의 대기오염 데이터(표 1.5 참조)를 사용한다.

두 변수 `manu`와 `popul`의 기본 산점도를 살펴봄으로써 대기오염 데이터의 조사를 시작한다. 이후에도 사용할 수 있도록 우선 두 축에 프린트될 라벨을 포함하는 두 개 변수를 설정한다:

```
R> mlab <- "Manufacturing enterprises with 20 or more workers"
R> plab <- "Population size (1970 census) in thousands"
```

여기서 plot() 함수는 그리고자하는 변수를 나타내는 "formula"와 함께 데이터프레임인 USairpollution 데이터를 가져온다. formula에서 틸다(tilde)의 좌변은 세로좌표의 변수를 정의하며 틸다의 우변은 가로좌표의 변수를 지정한다.

```
R> plot(popul ~ manu, data = USairpollution,
       xlab = mlab, ylab = plab)
```

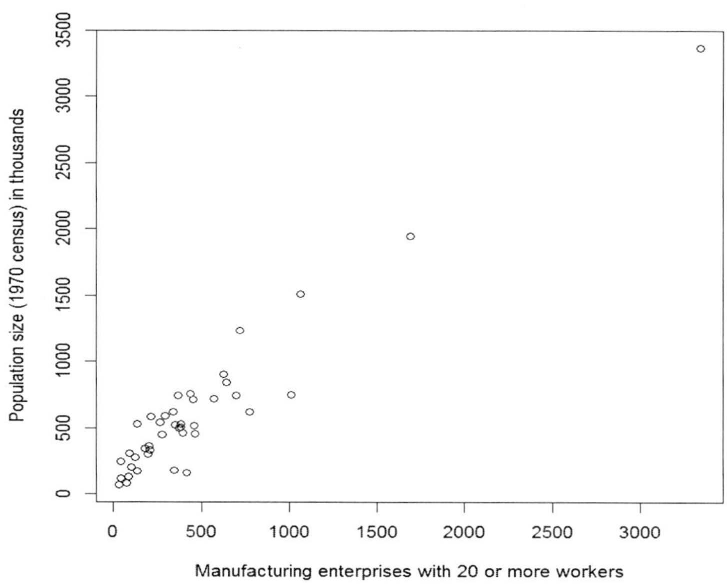

[그림 2.1] manu와 popul에 대한 산점도

결과로 얻은 산점도는 [그림 2.2]에서 보여준다. 이 그림은 나머지로부터 떨어져 있는 하나 또는 그 이상의 도시의 존재를 분명히 보여준다. 가능한 이상값에 대해 언급하기 전에, manu와 popul의 주변분포를 산점도에 어떻게 포함하는지를 보여주기 위해 두 가지 방식으로 산점도를 다시 작성한다. 주변분포와 결합분포를 함께 그리는 것은 일반적으로 좋은 데이터 분석 습관이다. [그림 2.2]에서 주변분포는 각 축에서 러그 그림(rug plot, rug()에 의해 생성되는)으로 보여준다. [그림 2.3]에서 manu의 주변분포는 히스토그램으로 주어지고 popul의 주변분포는 상자그림으로 주어진다. 또한 [그림 2.3]에서 점은 대응되는 도시의 약자 이름으로 표시된다.

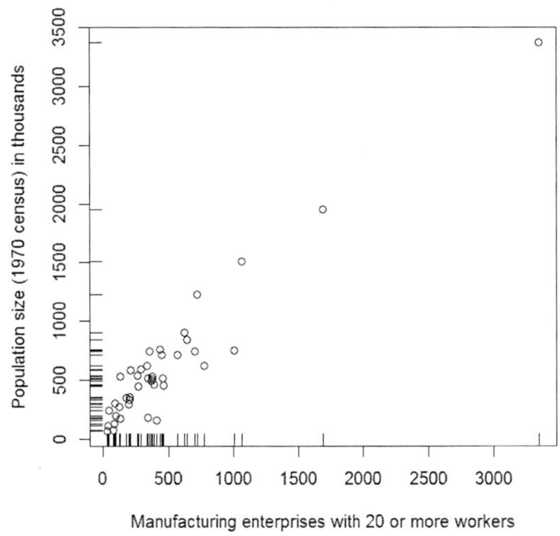

[그림 2.2] 러그 그림에 의해 각 변수의 주변분포를 보여주는 manu와 popul에 대한 산점도

[그림 2.3]을 위해서 필요한 R 코드는 `layout()` 함수에 의해 세 개의 그림 영역으로 나누는 것으로 시작한다. 첫 번째 그림은 기본적으로 [그림 2.1]의 `plot()` 명령문과 유사하나 점 대신에 도시의 약자 이름이 점의 표시로서 사용된다. 마지막으로 `hist()`와 `boxplot()` 명령문이 주변분포를 그리기 위해서 사용된다. `with()` 명령문은 변수를 데이터프레임으로부터 명시적으로 추출할 필요가 없을 때 매우 유용하게 사용된다. 관심있는 명령문인 `hist()`와 `boxplot()`은 `USairpollution` 데이터프레임 안에서 적용된다(즉, 변수 이름은 먼저 데이터프레임 안에서 결정된다).

이러한 그림을 살펴보면, 변수들의 산점도와 각각의 주변분포 둘 다에서 이상점을 볼 수 있다. 가장 극단적인 이상값은 시카고(Chicago)에 대응되며, 약간 덜 극단적인 이상값은 필라델피아(Philadelphia)와 디트로이트(Detroit)에 대응된다. 이러한 도시들은 다른 도시들보다 상당히 많은 인구를 가지며 또한 보다 많은 20인 이상의 제조 기업을 갖는다.

2.2.1 이변량 상자그림

[그림 2.3]에서 시카고, 필라델피아와 디트로이트를 이상값이라고 하는 것은 많은 논란을 야기할 것 같지는 않지만 휴스톤(Houston)과 클리브랜드(Cleveland)의 경우에는 어떠한가? 많은 경우에 이상값이라고 표시할 수 있는 더 공식적이고 객관적인 방법을 갖는 것이 도움이 될 것이다. 그러한 방법은 Goldberg와 Iglewicz(10992)에 의해 제안된 일변량 데이터에 대한 상자그림과 유사한 개념의 이차원 상에서의 이 변량 상자그림(bivariate boxplot)

에 의해 제공된다. 이러한 그림은 데이터의 분포적인 특성을 나타내고 가능한 이상값을 식별하는 데 도움이 될 것이다. 이변량 상자그림은 위치, 척도, 상관관계의 "로버스트(robust)"한 측도(measure)의 계산에 기초한다. 그것은 본질적으로 한 쌍의 동심을 갖는 타원으로 구성된다. 그것의 하나인 "경첩(hinge)"은 데이터의 50%를 포함하며 "울타리(fence)"라고 불리는 다른 타원은 잠재적으로 다루기 힘든 이상값을 구별한다. 또한 그들의 교차점으로 이변량 위치 추정량을 제공한다. x에 대한 y의 회귀선과 y에 대한 x의 회귀선 사이의 예각은 상관관계의 절대값이 클 경우에는 작을 것이며 상관계수의 절대값이 작을 경우에는 이 예각이 클 것이다.(만약 보통의 측도가 사용된다면 데이터내의 이상값의 존재에 의해 이러한 측도가 왜곡될 수 있는 반면, 로버스트 측도로서의 위치, 척도를 사용하는 것은 다변량 이상값의 가능한 가면효과(masking effect)를 방지하는 데 도움을 준다.) 이변량 상자그림을 생성하기 위한 자세한 내용은 Goldberg와 Iglewicz(1992)에서 볼 수 있다. 이변량 상자그림을 포함하는 manu와 popul의 산점도는 [그림 2.4]에서 보여준다. [그림 2.4]는 분명하게 시카고, 필라델피아, 디트로이트와 클리브랜드는 이상값으로서 간주되어야 하지만 휴스톤은 울타리 밖에 있는 것이 아니라 그 위에 있기 때문에 이상값이 아니라는 것을 알려준다.

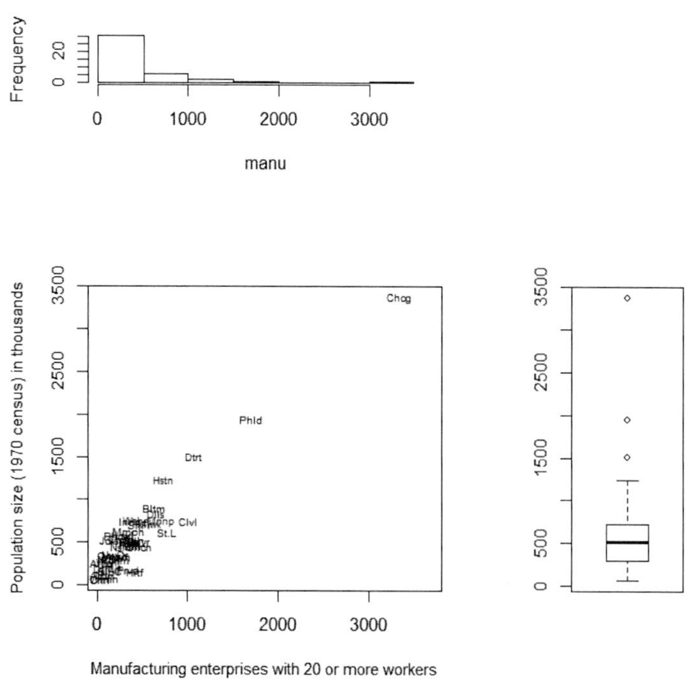

[그림 2.3] 히스토그램과 상자그림에 의해 각 변수의 주변분포를 보여주는 manu와 popul에 대한 산점도

```
R>layout(matrix(c(2, 0, 1, 3), nrow = 2, byrow = TRUE),
+       widths = c(2, 1), heights = c(1, 2), respect = TRUE)
R> xlim <- with(USairpollution, range(manu)) * 1.1
> plot(popul ~ manu, data = USairpollution, cex.lab = 0.9,
+      xlab = mlab, ylab = plab, type = "n", xlim = xlim)
R> with(USairpollution, text(manu, popul, cex = 0.6,
+      labels = abbreviate(row.names(USairpollution))))
R>  with(USairpollution, hist(manu, main = "", xlim = xlim))
R>  with(USairpollution, boxplot(popul))
```

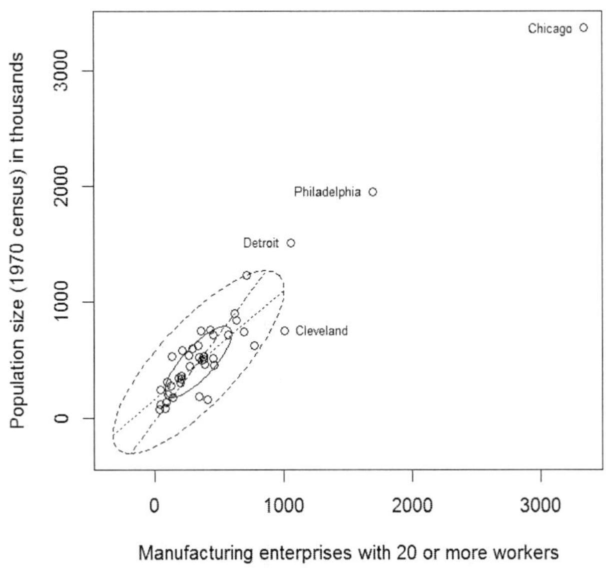

[그림 2.4] 데이터의 이변량 상자그림을 보여주는 manu와 popul에 대한 산점도

```
R> outcity <- match(lab <- c("Chicago", "Detroit",
+     "Cleveland", "Philadelphia"), rownames(USairpollution))
R> x <- USairpollution[, c("manu", "popul")]
R> bvbox(x, mtitle = "", xlab = mlab, ylab = plab)
R> text(x$manu[outcity], x$popul[outcity], labels = lab,
+      cex = 0.7, pos = c(2, 2, 4, 2, 2))
```

이제 manu와 popul 사이의 상관관계를 계산하는 것에 관심이 있다고 가정하자. 연구자들은 두 변수 사이의 상관관계를 두 변수 사이의 산점도를 살펴보지 않고 계산하기도 한다. 그러나 이상값의 존재가 때때로 상관계수의 값을 상당히 왜곡시킬 수 있기 때문에 항상 상관계수를 계산할 때 산점도가 참조되어야 한다. 그리고 앞에서 보았듯이 산점도는 특히 이변량 상자그림과 함께 사용되면 문제가 되는 관측값을 식별하는 데 도움을 준다. 그러면 이상값으로 식별된 관측값은 상관계수를 계산할 때 제외될 것이다. [그림 2.4]에서 이변량 상자그림의 도움으로 manu와 popul의 산점도에서 시카고, 필라델피아, 디트로이트와 클리브랜드를 이상값으로서 인지하였다. 전체 데이터에서 이상값을 제외하고 상관관계를 계산하는 R 코드는 다음과 같다.

```
R> with(USairpollution, cor(manu, popul))
[1] 0.9553
R> outcity <- match(c("Chicago", "Detroit",
                       "Cleveland", "Philadelpia"),
                     rownames(USairpollution))
R> with(USairpollution, cor(manu[-outcity], popul[-outcity]))
[1] 0.7956
```

match() 함수는 관심있는 도시에 대응하는 데이터프레임 USairpollution의 행을 인지한다. 그리고 상관계수를 계산하기 전에 음의 부호로 시작하는 데이터의 부분집합을 데이터프레임으로부터 제거한다. 모든 데이터를 사용해서 두 변수 사이의 상관계수를 계산하면 0.96의 값을 주지만 네 개의 이상값을 제거한 후에는 0.8로 감소하는 데 이것은 적은 감소는 아니다.

2.2.2 이변량 데이터의 볼록집합

데이터내의 이상값에 의해 야기되는 왜곡없이 상관계수를 계산하기 위해 이변량 상자그림을 포함하는 산점도를 사용하는 데, 이에 대한 대안이 되는 접근법으로 상관관계의 로버스트한 계산을 가능하게 하는 볼록집합절사(convex hull trimming) 방법이 있다. 이변량 관측값들의 볼록집합은 변수 공간에서 모든 데이터가 그 안에 있거나 그 위에 있는 최소 볼록다면체(smallest convex polyhedron)의 꼭지점으로 구성된다. 볼록집합 상에 놓여 있는 점들을 제거하는 것은 이변량 분포의 일반적인 모양을 왜곡시키지 않고 이상값을 제거할 수 있게 한다. 상관관계의 로버스트 추정은 남아있는 관측값들을 사용해서 얻어진다. 볼록집합 접근법이 어떻게 작동하는지를 manu와 popul의 산점도로부터 알아보자. 다음의 R 코드를 사용하여 데이터의 볼록집합(convex hull, 즉 관측값들의 볼록집합을 정의하여)을 발견한다.

```
R> (hull <- with(USairpollution, chull(manu, popul)))
[1] 9 15 41 6 2 18 16 14 7
```

이 볼록집합을 다음의 코드를 사용해서 [그림 2.5]와 같이 변수들의 산점도상에 보여줄 수 있다.

```
> with(USairpollution,
+      plot(manu, popul, pch = 1, xlab = mlab, ylab = plab))
> with(USairpollution,
+      polygon(manu[hull], popul[hull], density = 15, angle = 30))
```

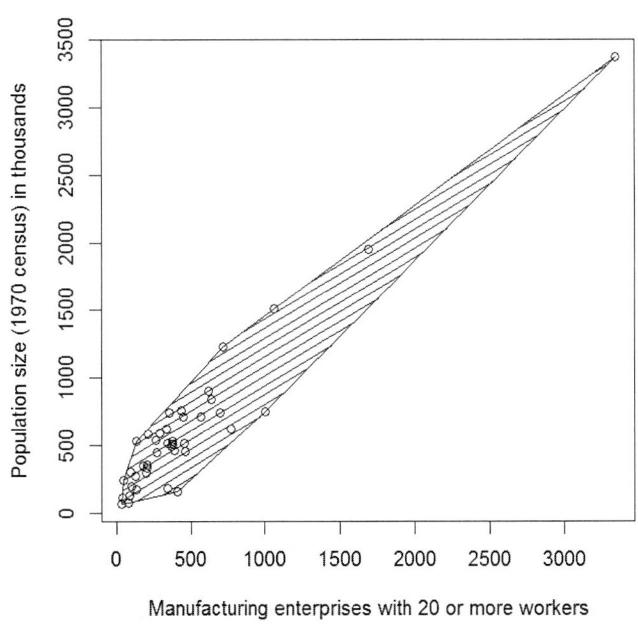

[그림 2.5] 데이터의 볼록집합을 보여주는 popul에 대한 manu의 산점도

볼록집합을 정의하는 점들을 제거한 후에 상관계수를 계산하기 위해서는 다음의 코드를 필요로 한다.

```
R> with(USairpollution, cor(manu[-hull], popul[-hull]))
[1] 0.9225
```

상관관계값은 이제 0.923이 된다. 이 예에서는 이변량 상자그림을 사용해서 인지된 이상값, 즉 시카고, 필라델피아, 디트로이트, 클리브랜드를 제거한 후에 추정된 상관계수와 비교할 때 더 높은 값을 가짐을 알 수 있다.

2.2.3 카이그림

비록 산점도가 한 쌍의 연속 변수들 사이의 관계를 평가하는 데 있어 중요한 데이터 분석 도구이지만, 변수들이 서로 독립인지를 판단하는 것은 어렵다. 랜덤하게 흩어진 점들을 인간의 눈으로 판단하는 것은 어렵다. 특정한 방식으로 독립성을 분명하게 보여주는 보조 그래프로 산점도를 보충하는 것이 도움이 된다. Fisher와 Switzer(1985, 2001)에 의해 제안된 카이그림(chi-plot)은 이 문제를 해결하기 위해 고안되었다. 두 확률변수 X_1과 X_2가 독립이라면 이들의 결합분포는 주변분포의 곱으로 계산된다. 카이그림은 측정값 $(x_{11}, \cdots, x_{n1})$과 $(x_{12}, \cdots, x_{n2})$를 산점도로 그릴 때 독립으로부터 벗어남을 탐지하는 데 사용할 수 있는 값인$(\chi_1, \cdots, \chi_n)$과 $(\lambda_1, \cdots, \lambda_n)$으로 변환한다. χ_i값은 기본적으로 i번째 개체를 $x_{.1} \leq x_{i1}$과 $x_{.2} \leq x_{i2}$를 만족하는 그룹으로 이분할 때 얻어지는 2×2표로부터 얻어진 χ^2통계량의 제곱근이다. 두 변수가 독립이라면 이 통계량은 점근적으로 평균 0 인 정규분포를 따른다. 즉 χ_i 값은 0 주위에서 어떤 패턴을 갖지 않는 랜덤한 변동을 보여주어야 한다. λ_i 값은 이변량 분포의 중심으로부터 개체 i의 거리를 나타낸다. 카이그림을 생성하기 위한 R 함수는 `chiplot()`이다. 카이그림을 예시하기 위해서 다음의 코드를 사용하여 대기오염 데이터의 `manu`와 `popul` 변수에 `chiplot()`함수를 적용한다.

```
R> with(USairpollution, plot(manu, popul,
                                xlab = mlab, ylab = plab,
                                cex.lab = 0.9))
R> with(USairpollution, chiplot(manu, popul))
```

그 결과는 [그림 2.6]에서 볼 수 있는 데 `popul`에 대해서 그려진 `manu`의 산점도와 대응하는 카이그림을 나란히 보여준다. 독립성에 대한 이탈 정도는 후자의 그림에서 수평으로 표시된 밴드내의 점들의 부족함에 의해 보여준다. 여기서는 이 영역내에 관측값이 거의 없는 편이므로 독립성을 벗어나 보인다.

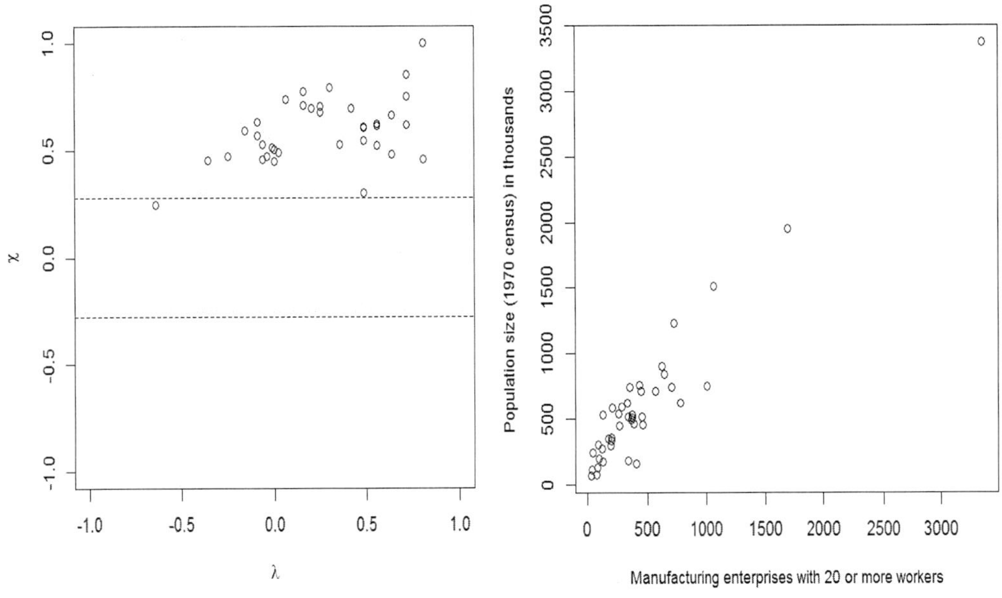

[그림 2.6] 독립성으로부터 이탈을 보여주는 manu와 popul에 대한 카이그림

2.3 버블그림 그리고 다른 상형그림

기본적인 산점도는 단지 두 개의 변수만을 표현할 수 있다. 그러나 어떻게 산점도에 여러 개의 변수들을 포함할 수 있는 지에 대한 많은 제안이 있어 왔다. 아마도 가장 간단한 것은 세 개 변수들을 표현하는 소위 버블그림(bubble plot)이다. 두 개의 변수는 산점도 자체를 구성하기 위해 사용되며 세 번째 변수의 값은 산점도내의 적절한 점에 중심을 두고 그 값에 비례하는 반경을 갖는 원에 의해 표현된다. [그림 2.7]에 주어진 temp와 wind, SO2의 버블그림을 살펴보자. 이 그림은 적절한 연간 온도와 적절한 연간 풍속을 갖는 도시들이 가장 큰 대기오염을 겪는 경향이 있음을 보여주는 것 같다. 그러나 이것은 데이터 집합내의 다른 변수들 중 어느 것도 [그림 2.7]을 생성하는 데 사용되지 않기 때문에 전체를 나타내는 이야기일 것 같지는 않다. [그림 2.7]의 temp와 wind 산점도 상의 원을 각 변의 길이가 각각 나머지 5개의 변수의 값으로 나타내는 5개의 변을 갖는 "별(star)"로 대체하여 모든 변수들을 포함시키려고 한다. 그러한 별그림(starplot)은 [그림 2.8]에서 볼 수 있으나 데이터에 대한 유용한 정보를 많이 제공하지는 못한다.

```
R> ylim <- with(USairpollution, range(wind)) * c(0.95, 1)
R> plot(wind ~ temp, data = USairpollution,
+      xlab = "Average annual temperature (Fahrenheit)",
+      ylab = "Average annual wind speed (m.p.h.)", pch = 10,
+      ylim = ylim)
R> with(USairpollution, symbols(temp, wind, circles = SO2,
+                              inches = 0.5, add = TRUE))
```

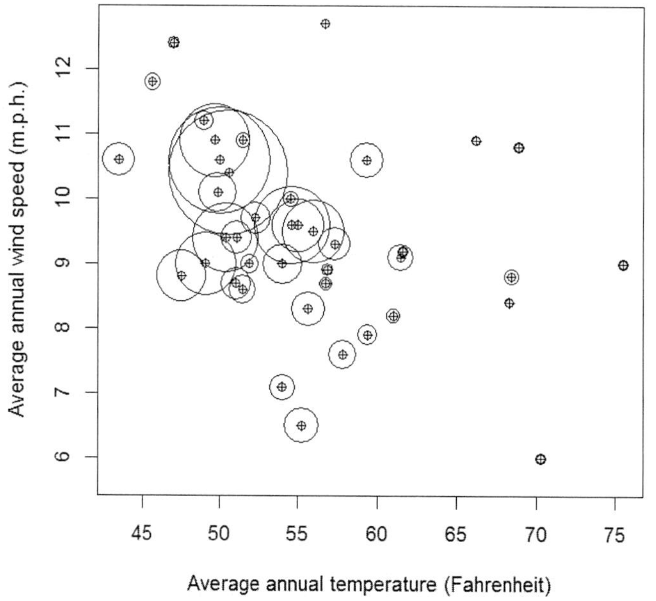

[그림 2.7] temp, wind, SO2에 대한 버블그림

```
R> plot(wind ~ temp, data = USairpollution,
+      xlab = "Average annual temperature (Fahrenheit)",
+      ylab = "Average annual wind speed (m.p.h.)", pch = 10,
+      ylim = ylim)
R> with(USairpollution,
+     stars(USairpollution[,-c(2,5)], locations = cbind(temp, wind),
+           labels = NULL, add = TRUE, cex = 0.5))
```

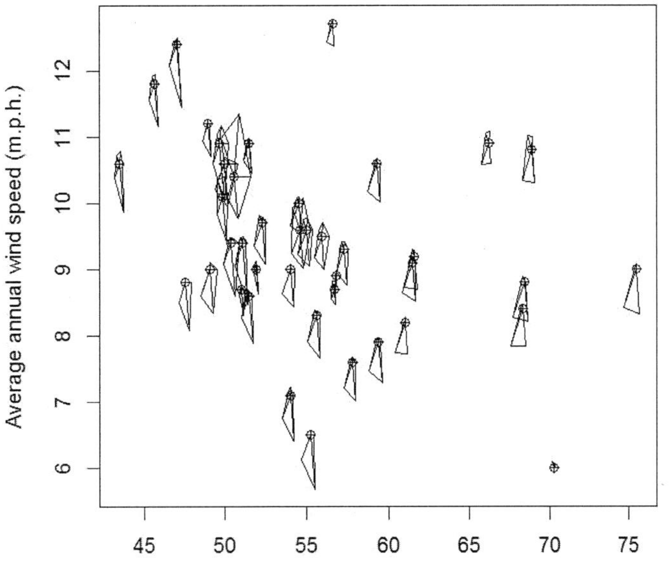

[그림 2.8] 나머지 변수들을 5면 별모양으로 나타내는 temp와 wind의 산점도

사실상 버블그림과 별그림은 데이터가 기호(symbol)의 모수값을 제어하는 상형그림(glyph plot)의 예이다. 예를 들어, 원은 다변량 관측에서 한 변수의 값이 원의 크기를 제어하는 상형이다. [그림 2.8]에서 temp와 wind 산점도에서 도시의 공간상의 위치는 다른 5개 변수의 별 표현과 결합된다. 하나의 대안은 [그림 2.9]에서 보여주는 바와 같이 단순히 각 도시를 위한 7개의 변수를 7개의 변을 갖는 별로 표현하고 생성된 별들을 직사각형 행렬로 정렬하는 것이다. 예를 들어, 뉴올리언즈(New Orleans), 마이애미(Miami), 잭슨빌(Jacksonville), 아틀란타(Atlanta)에 해당하는 별은 평균 연간 온도가 보다 높은 특이하게 비슷한 모양을 갖는다. 그러나 이 별그림을 가지고 데이터에 대해 이야기를 하는 것은 어렵다.

물론 별이 데이터를 나타내는 데 사용될 수 있는 유일한 기호는 아니다. 가장 잘 알려진 것으로서 유명한 체르노프의 얼굴(Chernoff 1973 참조)로 알려진 다른 기호들이 제안되었다. 그러나 대체적으로 다변량 데이터를 나타내려는 이러한 그림은 그 자체의 임무를 위해 효율적이라고 증명하지 못했으며, 주로 다변량 그래프의 과거 역사로 기록된다.

```
R> stars(USairpollution, cex = 0.55)
```

[그림 2.9] 대기오염 데이터에 대한 별그림

2.4 산점도행렬

대기오염 데이터에는 7개 변수가 있으며 그들 사이에 21개의 산점도가 가능하다. 그러나 어떤 조정 없이 단지 그래프를 그리는 것은 시각적으로 통합하기 어려운 혼란을 야기하는 그래프들의 집합을 보여주게 된다. 결과적으로 데이터의 전체적인 이해를 돕기 위해서 각 그림을 최상의 방법으로 제시하는 것이 매우 중요하다. 산점도행렬(scatterplot matrix)은 이 목적을 성취하기 위한 것이다. 산점도행렬은 대칭인 정사각형 형태의 단지 이변량 산점도의 그리드(grid)이다. 그리드는 각각이 다른 변수에 대응하는 q개의 행과 열을 갖는다. 그리드의 각 셀은 두 변수의 산점도를 보여준다. 변수 j는 ij번째 셀에서 변수 i에 대해 그려진다. 그리고 동일한 변수들의 산점도가 산점도의 x축과 y축이 교환된 형태로 셀 ji에서 나타난다. 외견상으로 중복됨에도 불구하고 그리드의 상삼각과 하삼각 모두를 포함하는 이유는, 그것이 한 변수를 수평 또는 수직을 따라서 정렬된 다른 변수들과 대비해 보기 위해서 행과 열을 시각적으로 스캔하는 것이 가능하기 때문이다. 결과적으로 보면 하나의 산점도상에서의 형태를 다른 산점도상에서의 형태와 시각적으로 연관시킬 수 있으며 이러한 능력은 그래프의 능력을 크게 증가시킨다.

[그림 2.10]에서 대기오염 데이터의 산점도행렬을 볼 수 있다. 그림은 pairs() 함수에 의해 생성되었는데, 여기서는 pch="."과 cex=1.5를 사용하여 약간 확대된 점을 갖는다.

```
R> pairs(USairpollution, pch = ".", cex = 1.5)
```

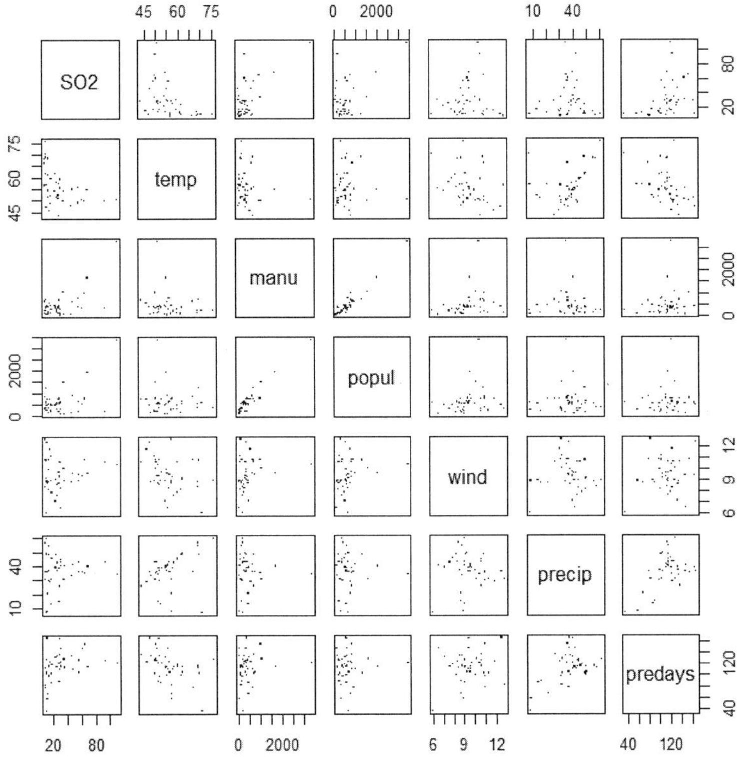

[그림 2.10] 대기오염 데이터에 대한 산점도행렬

```
R> pairs(USairpollution,
+       panel = function (x, y, ...) {
+           points(x, y, ...)
+           abline(lm(y ~ x), col = "grey")
+       }, pch = ".", cex = 1.5)
```

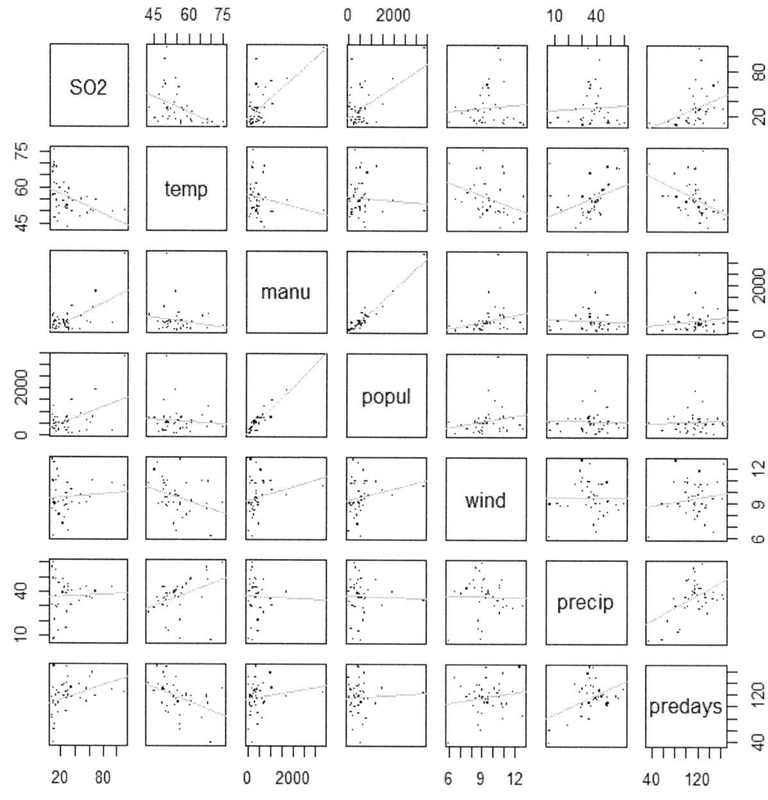

[그림 2.11] 대기오염 데이터의 각 변수 쌍에 대한 선형적합을 보여주는 산점도행렬

산점도행렬은 많은 패널들에서 가능한 이상값의 존재와, 강수량 즉 precip, predays와 SO2 사이의 관계가 비선형일 수도 있다는 것을 명료하게 보여준다. 반응변수가 이산화황 농도이고 나머지 변수들이 관심있는 설명변수들인 데이터의 다변량 측면을 고려할 때, 각 패널에 두 변수 사이의 선형 직선을 포함하여 산점도행렬을 더 유용하게 만들 수 있다. 그러한 그림을 [그림 2.11]에서 볼 수 있다. 여기에서 `pairs()` 함수는 인수(argument)에 의해 명시된 함수를 이용하여 맞춤형 그림이 될 수 있다. x와 y 값을 그리는 것에 더해 함수 `lm()`에 의해 얻어지는 회귀선이 각 패널에 더해진다.

이제 산점도행렬은 SO2와 manu 사이와 SO2와 popul 사이에 강한 선형 관계가 있다는 것을 보여주나, (3, 4) 패널이 보여주듯이 manu와 popul 사이가 매우 높은 관련이 있다는 것과 따라서 동일한 방식으로 SO2를 예측함을 보여준다. [그림 2.11]은 또한 SO2와 precip, SO2와 predays 사이에 선형 관계를 가정하는 것은, 데이터에 SO2를 종속변수로 갖는 다중 선형회귀모형을 적합시키는 경우처럼 각 변수 쌍의 관계를 완전히 파악하지는 못할 것 같다.

동일한 방식으로 산점도는 항상 상관계수값과 함께 사용되어야 한다. 따라서 변수들의 상관행렬을 볼 때 산점도행렬을 항상 같이 살펴보아야 한다. 대기오염 데이터를 위한 상관행렬은 다음과 같다.

```
R> round(cor(USairpollution), 4)
```

SO2와 6개의 다른 변수들 사이의 관계에 초점을 맞출 때 SO2와 precip 사이의 상관관계가 매우 작고 SO2와 predays 사이의 상관관계는 보통으로 보인다. 그러나 산점도의 패널은 두 변수 사이에 단지 선형 관계만을 평가하는 것이 적절치 못할 수 있다는 것과, 데이터에 대한 다중 선형회귀모형에서 predays와 precip의 이차식 효과가 고려될 수 있다는 것을 보여준다.

2.5 추정된 이변량 밀도함수에 의한 산점도의 향상

앞에서 보았듯이 산점도와 산점도행렬은 다변량 데이터셋에서 이상값을 찾는 데 유용하다. 그러나 많은 경우에 산점도를 조사하는 또 다른 목적은 그림에서 관측값들에 대한 서로 다른 그룹의 존재 즉 군집(6장 참조)을 보여주는, 관측값들이 높게 또는 낮게 밀집된 영역을 인지하는 것이다. 그러나 사람은 특히 시각적으로 점들의 밀도를 조사하는 데 좋지 않다. 그래서 산점도에 어떤 종류의 이변량 밀도의 추정값을 더하는 것이 매우 도움이 된다. 이변량 밀도함수 추정값은 단순히 두 변수의 이변량 관측값들의 표본으로부터 얻는 이변량 확률밀도함수의 근사이다. 예를 들어, 이변량 정규분포와 같이 두 변수의 이변량 확률밀도함수의 특정한 형태를 가정하고자 한다면, 확률밀도함수를 추정하는 것은 가정된 분포의 모수들을 추정하는 것으로 축소된다. 그러나 일반적으로 데이터가 그들 자신에 대해 말하기를 원한다. 따라서 비모수적 추정 절차를 살펴볼 필요가 있다. 이러한 추정의 가장 간단한 형태는 이차원 히스토그램이다. 그러나 작거나 보통 크기의 데이터셋은 히스토그램 내 대부분의 박스들이 너무 적은 관측값들을 포함하기 때문에 이변량 확률밀도함수를 추정하는 데 실용성이 없거나, 만약 박스의 수를 적게 한다면 히스토그램이 확률밀도함수를 나타내기에는 너무 세밀하지 못하게 된다.

다른 비모수 확률밀도함수 추정은 한 방식 또는 다른 방식으로 "평활화(smoothing)"하여 단순한 이차원 히스토그램 추정 방식의 결함을 극복하려고 시도한다. 다양한 비모수 추정 절차들이 제안되었는데 Silverman(1986)과 Wand와 Jones(1995)에 자세히 설명되어 있다.

여기서는 단지 그 중의 한 가지 일반적인 추정량, 즉 커널 밀도함수추정량(kernel density estimator)에 대해 간단히 설명한다.

2.5.1 커널 밀도함수 추정량

확률밀도함수의 정의로부터, 만약 확률변수 X가 다음의 밀도함수 f를 갖는다면

$$f(x)=\lim_{h\to 0}\frac{1}{2h}P(x-h<X<x+h) \tag{2.1}$$

어떤 h에 대해 $P(x-h<X<x+h)$의 추정량은 구간 $(x-h,\ x+h)$에 속하는 관측값 $x_1,\ x_2,\ \cdots,\ x_n$의 비율이다.

$$f(x)=\frac{1}{2hn}\sum_{i=1}^{n}I(x_i\in(x-h,x+h)) \tag{2.2}$$

즉, 구간 $(x-h,\ x+h)$에 속하는 $x_1,\ x_2,\ \cdots,\ x_n$의 개수를 $2hn$으로 나누어 얻는다. 다음과 같이 주어지는 가중치 함수 W를 도입한다면,

$$W(x)=\begin{cases}\frac{1}{2} & |x|<1\\ 0 & \text{그렇지 않으면}\end{cases}$$

추정량은 다음과 같다:

$$\hat{f}(x)=\frac{1}{n}\sum_{i=1}^{n}\frac{1}{h}W\left(\frac{x-x_i}{h}\right).$$

불행하게도 이 추정량은 연속 함수가 아니고 특히 실질적인 확률밀도함수추정에 만족스럽지 못하다. 그러나 자연스럽게 다음과 같이 정의되는 커널 밀도함수 추정량을 낳는다.

$$\hat{f}(x)=\frac{1}{hn}\sum_{i=1}^{n}K\left(\frac{x-x_i}{h}\right)$$

여기서 K는 커널함수이고 h는 띠폭(bandwidth) 또는 평활모수(smoothing parameter)이다.

커널함수는 다음의 조건

$$\int_{-\infty}^{\infty}K(x)dx=1$$

을 만족시켜야 한다. 항상은 아니지만 커널함수는 예를 들어, 정규함수와 같이 대칭인 밀도함수이다. 일반적으로 사용되는 세 가지 커널함수는 다음과 같다.

직사각형(rectangular),

$$K(x) = \begin{cases} \frac{1}{2} & |x| < 1 \\ 0 & \text{그렇지 않으면} \end{cases}$$

삼각형(triangular),

$$K(x) = \begin{cases} 1 - |x| & |x| < 1 \\ 0 & \text{그렇지 않으면} \end{cases}$$

가우시안(Gaussian),

$$K(x) = \frac{1}{\sqrt{2\pi}} e^{-\frac{1}{2}x^2}$$

세 개의 커널함수는 R에서 [그림 2.12]와 같이 구현된다. 어떤 그리드 **x**에 대해서 커널함수는 다음의 R 코드에 의해 그린다.

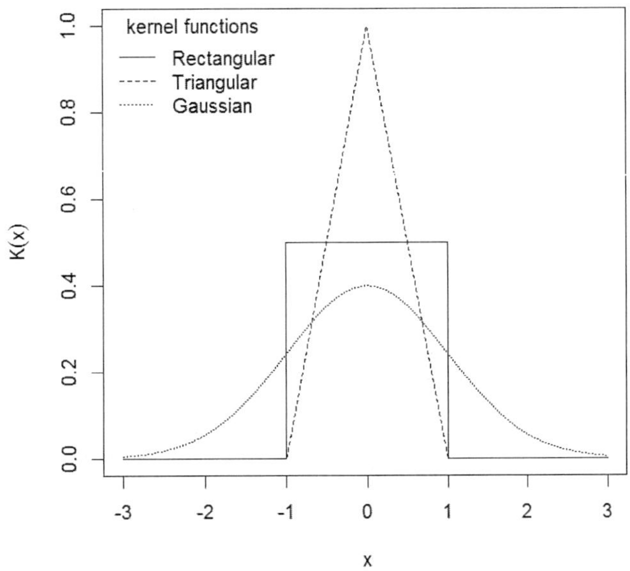

[그림 2.12] 주로 사용되는 세 개의 커널함수

```
R> rec <- function(x) (abs(x) < 1) * 0.5
R> tri <- function(x) (abs(x) < 1) * (1 - abs(x))
R> gauss <- function(x) 1/sqrt(2*pi) * exp(-(x^2)/2)
R> x <- seq(from = -3, to = 3, by = 0.001)
R> plot(x, rec(x), type = "l", ylim = c(0,1), lty = 1,
```

```
+      ylab = expression(K(x)))
R> lines(x, tri(x), lty = 2)
R> lines(x, gauss(x), lty = 3)
R> legend("topleft", legend = c("Rectangular", "Triangular",
+        "Gaussian"), lty = 1:3, title = "Kernel functions",
+        bty = "n")
```

커널추정량 $\hat{f}$은 관측값들에 놓여진 범프(bump)들의 합이다. 커널함수는 범프들의 모양을 정의하며 창의 폭 h는 범프들의 폭을 결정한다. [그림 2.13]은 (Silverman 1986의 유사한 그림을 다시 그린) 실직선상에서 가상적인 데이터 점들에 대한 범프들을 더해서 얻은 추정값 $\hat{f}$ 뿐만 아니라 각 범프인 $n^{-1}h^{-1}K((x-x_i)/h)$ 도 보여준다.

```
R> x <- c(0, 1, 1.1, 1.5, 1.9, 2.8, 2.9, 3.5)
R> n <- length(x)
```

수직선상에서의 다음 그리드에 대해

```
R> xgrid <- seq(from = min(x) - 1, to = max(x) + 1, by 0.01)
```

x 내의 각 관측값들의 기여를 가우시안 커널함수([그림 1.12]의 세 번째 줄에서 정의된)에 의해 $h = 0.4$ 일 때 다음과 같이 계산한다.

```
R> h <- 0.4
R> bumps <- sapply(x, function(a) gauss((xgrid - a)/h/(n * h))
R> h <- 0.4

R>  bumps <- sapply(x, function(a) gauss((xgrid - a)/h)/(n * h))

R> plot(xgrid, rowSums(bumps), ylab = expression(hat(f)(x)),
R>   type = "l", xlab = "x", lwd = 2)
R> rug(x, lwd = 2)
R> out <- apply(bumps, 2, function(b) lines(xgrid, b))
```

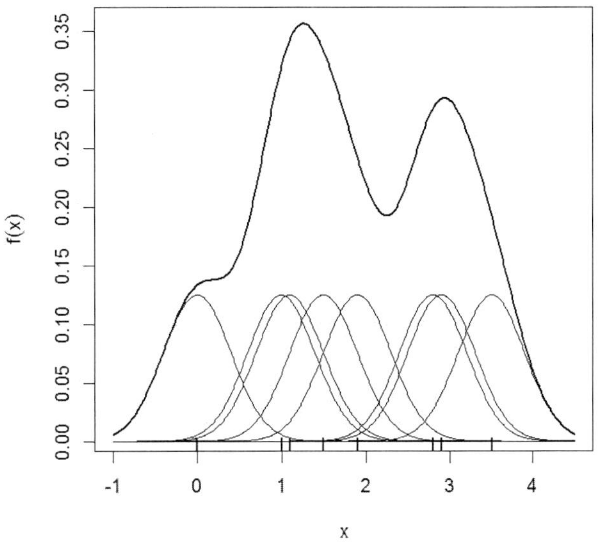

[그림 2.13] 띠폭(bandwidth) $h = 0.4$로 각 관측값에서의 Gaussian 커널의 기여정도를 보여주는 커널추정값

[그림 2.13]에서 각 범프들과 그들의 합인 커널 밀도함수 추정값 $\hat{f}$을 볼 수 있다.

관측값에 중심을 둔 범프들의 합으로 간주되는 커널 밀도함수 추정값 x_1, y_1은 이차원으로의 (그리고 2차원 이상에 대해서도 유사하게) 단순한 확장이 가능하다. 데이터(x_1, y_1), $(x_2, y_2), \cdots, (x_n, y_n)$ 에 대한 이변량 추정량은 다음과 같이 정의된다.

$$\hat{f}(x, y) = \frac{1}{nh_x h_y}\sum_{i=1}^{n} K\left(\frac{x - x_i}{h_x}, \frac{y - y_i}{h_y}\right)$$

이 추정량에서 각 좌표 방향은 그 자신의 평활모수 h_x와 h_y를 갖는다. 한 가지 대안은 데이터를 두 차원에 대해서 동일하게 확대하고 한 개의 평활모수를 사용하는 것이다.

이변량 확률밀도함수 추정을 위해서 보통 사용되는 커널함수는 다음의 표준 이변량 정규밀도함수이다:

$$K(x, y) = \frac{1}{\sqrt{2\pi}} e^{-\frac{1}{2}(x^2 + y^2)}.$$

또 다른 가능성은 다음과 같이 주어지는 이변량 Epanechnikov 커널을 사용하는 것이다.

$$K(x, y) = \begin{cases} \frac{2}{\pi}(1 - x^2 - y^2) & x^2 + y^2 < 1 \\ 0 & \text{그렇지 않으면} \end{cases}$$

[그림 2.14]에서 보여주는 바와 같이 3차원에 그리기 위해 persp 함수를 사용해서 구현된다. Venables와 Ripley(2002)에 따르면 띠폭은 $n^{-1/5}$에 비례하게 선택되어야 하는데 불행하게도 비례상수는 미지의 밀도함수에 의존하다. 띠폭 추정의 문제는 Silvernam(1986)에서 자세하게 다룬다.

추정된 이변량 확률밀도함수로 산점도를 향상시키는 방법에 대한 첫 번째 예는 Vanisma와 De Greve(1972)가 눈금을 매긴, 별 군집 CYG OB1의 Hertzsprung-Russell(H-R) 도표로부터의 데이터를 이용한다. H-R 도표는 별 진화 이론의 기초이고, 본질적으로 그들의 표면 온도의 로그값에 대해 그린, 그들의 빛 강도의 로그값에 의해 측정된 별들의 에너지를 출력하는 그림이다. <표 2.1>에서 데이터의 일부분을 볼 수 있다. 추정된 이변량 확률밀도함수의 등고선(Wand와 Ripley는(2010) KernSmooth 패키지의 bkde2D() 함수에 의해 얻음)에 의해 향상된 데이터의 산점도를 [그림 2.15]에서 보여준다. 이 그림은 별들에 대해 두 개의 다른 군집들을 보여준다. 큰 군집은 높은 표면 온도와 다양한 빛의 강도를 갖는 별들로 구성되며 작은 군집은 낮은 표면 온도와 높은 빛의 강도를 갖는 별들을 포함한다. 이변량 확률밀도함수추정은 또한 등고선도 보다는 투시도에 의해 표현될 수도 있는데 [그림 2.16]에서 볼 수 있다. 이 그림도 또한 별들에 대해 두 집단이 있음을 보여준다.

〈표 2.1〉 CYG OB1 데이터. 별 집단 CYG OB1의 에너지 출력과 표면 온도

logst	logli	logst	logli	logst	logli
4.37	5.23	4.23	3.94	4.45	5.22
4.56	5.74	4.42	4.18	3.49	6.29
4.26	4.93	4.23	4.18	4.23	4.34
4.56	5.74	3.49	5.89	4.62	5.62
4.30	5.19	4.29	4.38	4.53	5.10
4.46	5.46	4.29	4.22	4.45	5.22
3.84	4.65	4.42	4.42	4.53	5.18
4.57	5.27	4.49	4.85	4.43	5.57
4.26	5.57	4.38	5.02	4.38	4.62
4.37	5.12	4.42	4.66	4.45	5.06
3.49	5.73	4.29	4.66	4.50	5.34
4.43	5.45	4.38	4.90	4.45	5.34
4.48	5.42	4.22	4.39	4.55	5.54
4.01	4.05	3.48	6.05	4.45	4.98
4.29	4.26	4.38	4.42	4.42	4.50
4.42	4.58	4.56	5.10		

산점도에 추정된 이변량 확률밀도함수를 더하는 다음 예로서 비록 추정을 하기에는 너무 적은 관측값들이 있지만 1장에서 소개한 신체 측정 데이터(<표 1.2> 참조)를 사용한다. (각 개인의 성별을 사용하지는 않을 것이다.) 이 경우에 chest, waist, hips 관측값의 산점도행렬의 각 패널에 적절한 확률밀도함수 추정을 추가한다. 결과의 도표를 [그림 2.17]에서 볼 수 있다. waist/hips 패널은 데이터에 두 개의 그룹이 있을 수도 있다는 어떤 증거를 보여준다. 물론 그 그룹은 남성 그룹과 여성 그룹임을 안다. 그리고 대각 패널의 waist 히스토그램(histogram) 또한 데이터에 두 개의 그룹의 존재함을 나타내는 이봉(bimodal)임을 볼 수 있다.

2.6 3차원 도표

산점도행렬은 우리들에게 각 변수의 일변량 분포에 대한 정보와 (예를 들어 주 대각선상의 히스토그램을 사용해서), 다변량 데이터 집합에서 변수들의 모든 쌍의 이변량 분포에 대한 정보를 보여줄 수 있게 한다. 그러나 3차원 그림의 사용이 산점도행렬에서 사용되는 일련의 이차원 산점도들에 비해 장점이 있는 지를 고려할 필요가 있다. 이를 위해 신체 측정 데이터의 3차원 그림을 살펴본다. [그림 2.18]에서는 3차원 그림의 한 형태로 각 점에서 x-y 평면에 내려진 수직선을 갖는 점들을 포함한 그림을 보여준다. scatterplot3d 패키지(Ligges 2010)에 의해 생성된 그림은 데이터 내의 남성과 여성에 대응하는 두 개의 비교적 떨어진 그룹이 존재함을 암시한다.

```
R> epa <- function(x, y)
+     ((x^2 + y^2) < 1) * 2/pi * (1 - x^2 - y^2)
R> x <- seq(from = -1.1, to = 1.1, by = 0.05)
R> epavals <- sapply(x, function(a) epa(a, x))
R> persp(x = x, y = x, z = epavals, xlab = "x", ylab = "y",
+       zlab = expression(K(x, y)), theta = -35, axes = TRUE,
+       box = TRUE)
```

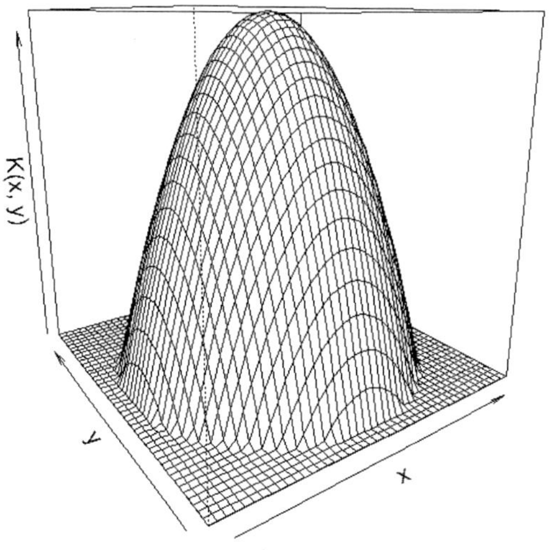

[그림 2.14] (−1.1, −1.1) 과 (1.1, 1.1) 사이에서의 Epanechnikov 커널

```
R> library("KernSmooth")
R> CYGOB1d <- bkde2D(CYGOB1, bandwidth = sapply(CYGOB1, dpik))
R> plot(CYGOB1, xlab = "log surface temperature",
+             ylab = "log light intensity")
R> contour(x = CYGOB1d$x1, y = CYGOB1d$x2,
+         z = CYGOB1d$fhat, add = TRUE)
```

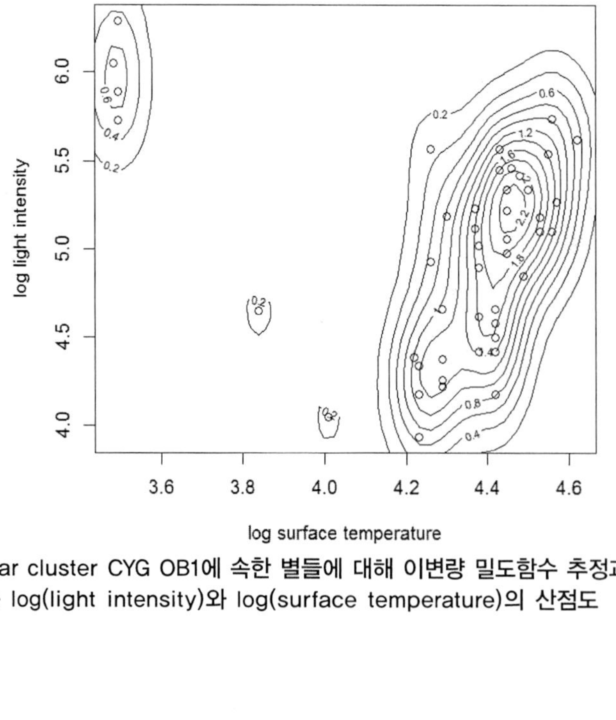

[그림 2.15] star cluster CYG OB1에 속한 별들에 대해 이변량 밀도함수 추정과 함께 보여주는 log(light intensity)와 log(surface temperature)의 산점도

3차원 그림을 사용하는 두 번째 예로서 대기오염 데이터로 temp, wind, SO2 데이터를 살펴볼 수 있다. [그림 2.19]는 3차원 그림의 점들과 수직선들을 보여준다. 높은 SO2 수준을 갖는 2개의 관측값이 눈에 띈다. 그러나 이 그림은 동일한 세 개의 변수에 대한 버블그림(그림 2.7)에 많은 정보를 더하는 것 같지는 않다.

원래 변수들에 기초한 3차원 그림은 어떤 경우에는 도움이 될 수 있으나, 데이터의 산점도행렬의 버블그림에 많은 것을 더하지 않을 수도 있다. 다변량 데이터셋에 많은 변수들이 있을 때에는 살펴보아야 할 많은 가능한 3차원 그림들이 있을 것이고, 모든 그림들을 종합하고 연결시키는 것이 매우 어려울 것이다. 그러나 만약 정보의 손실이 별로 없으면서 어떤 방법으로 데이터의 차원이 축소될 수 있다면 3차원 그림이 더욱 도움이 될 수 있다. 이점에 대해서는 다음 장에서 다시 살펴본다.

```
R> persp(x = CYGOB1d$x1, y = CYGOB1d$x2, z = CYGOB1d$fhat,
+       xlab = "log surface temperature",
+       ylab = "log light intensity",
+       zlab = "density")
```

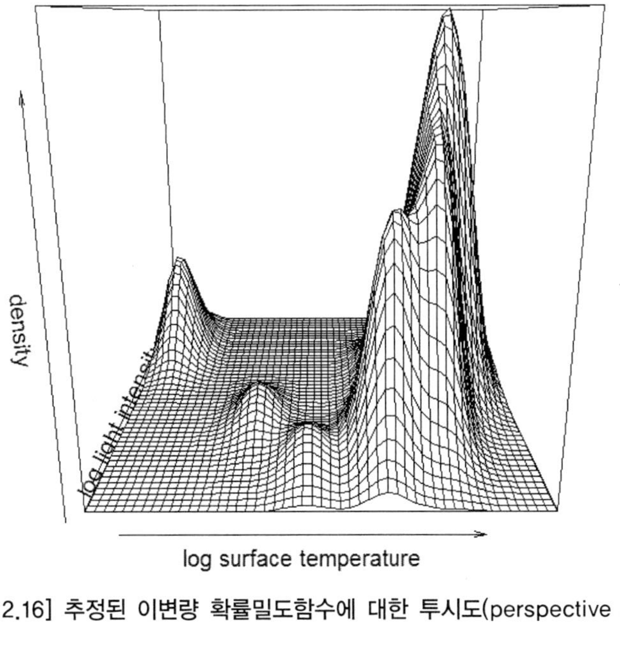

[그림 2.16] 추정된 이변량 확률밀도함수에 대한 투시도(perspective plot)

```
R> pairs(measure[, c("chest", "waist", "hips")],
+       diag.panel = panel.hist,
+       panel = function (x,y) {
+           data <- data.frame(cbind(x,y))
+           par(new = TRUE)
+           den <- bKde2D(data, bandwidth = sapply(data, dpik))
+           contour(x = den$x1, y = den$x2,
+                   z = den$fhat, axes = FALSE)
+       })
```

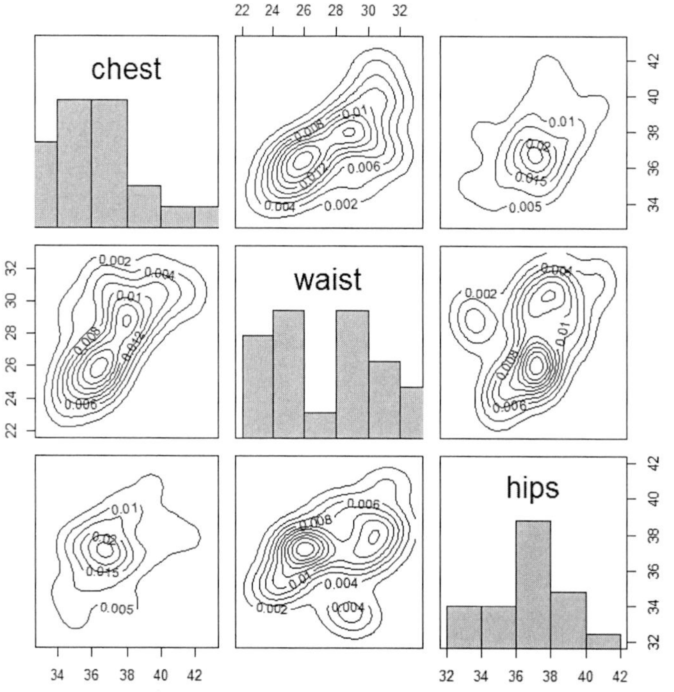

[그림 2.17] 신체 측정 데이터에 대해 각 패널에서 추정된 이변량 확률밀도함수를 보여주는 산점도행렬

2.7 격자그림

격자그림(trellis graphics)(Becker, Cleveland, Shyu와 Kaluzny 1994 참조)은 1차원, 2차원, 3차원 그래프들로 데이터내의 고차원 구조를 조사하는 접근법이다. 풀고자 하는 문제는

하나 또는 그 이상의 변수들의 관측값들이 다른 변수들의 관측값들에 어떻게 의존하는 가이다. 이 접근의 본질적인 측면은, 어떤 유형의 그림이 주어진 변수(또는 변수들)의 다른 값들에 대해서도 보여줄 수 있도록 하는 다중 조건화(multiple conditioning)이다. 그 목적은 제안된 모형이 데이터의 구조와 제안된 모형이 이러한 구조를 얼마나 잘 설명하는지에 대한 이해를 돕는 데 있다. 격자그림의 활용 예는 Verbyla, Cullis, Kenward와 Welham(1999)에서 볼 수 있다. 최근 출판된 Sarkar의 훌륭한 책(Sarkar 2008 참조)과 lattice 패키지(Sarkar 2010)의 개발은 격자그림을 더욱 보편화 할 것 같다. 이 절에서는 다변량 데이터에서의 사용 예를 들어 설명한다.

첫 번째 예로서 대기오염 데이터를 사용한다. 이전에 "약한(Light)"과 "강한(High)"의 라벨로 이름 붙여진 2개의 동등한 부분으로 나누어진 `wind`의 값을 조건부로 SO2와 `temp`의 산점도를 그리기 위해 변수 `temp`, `wind`, `SO2` 를 고려한다. 결과로는 [그림 2.20]에서 볼 수 있다. 약한 바람을 가진 도시들에서는 대기오염이 온도가 증가함에 따라 감소하지만, 강한 바람을 가진 도시들에서는 대기오염이 온도와 강한 관계를 갖는 것 같지 않아 보인다.

격자그림의 더 복잡한 예는 [그림 2.21]에서 볼 수 있다. 여기서는 `SO2`의 네 수준에 대해서 `temp`, `wind`, `precip`의 3차원 그림을 보여준다. 그래프는 깔끔해 보이나 데이터에 대해 흥미있는 어떤 것을 보여주는가? 아마도 3차원 그림의 각각에 몇 개 점만 있기 때문에 그렇지 못할 것이다. 이것은 표본의 크기가 크지 않을 때 다중패널(multipanel) 그림이 갖는 문제이다.

이 절의 마지막 예로서는 더 큰 데이터셋으로 Sarkar(2008)에 의해 주어진 지진에 대한 데이터를 사용한다. 지진 데이터는 1964년 이후 피지(Fiji) 주변에서 발생한 1000개 지진 사건에 대한 위치(위도, 경도, 깊이)와 규모에 대한 기록들로 구성된다.

[그림 2.22]에서 위도와 경도의 산점도가 깊이의 세 범위에 대해 그려진다. 위도-경도 공간에서 위치의 분포가 세 번째 패널에서, 특히 매우 깊은 지진에서, 다르게 보인다. [그림 2.23](Sarkar에 의해 얻어진 걸작인)에서는 지진 규모의 범위에 의해 정의되는 네 개의 패널에서 깊이는 여러 가지 명암에 의해 표현된다.

마지막으로 [그림 2.24]에서는 지진 진원지(위도, 경도, 깊이)의 3차원 산점도가 지진 규모에 조건화되어 그려졌다([그림 2.22], [그림 2.23], [그림 2.24]는 Deepayan Sarkar 박사의 게재 허락을 받았음).

```
R> library("scatterplot3d")
R> with(measure, scatterplot3d(chest, waist, hips,
+      pch = (1:2)[gender], type = "h", angle = 55))
```

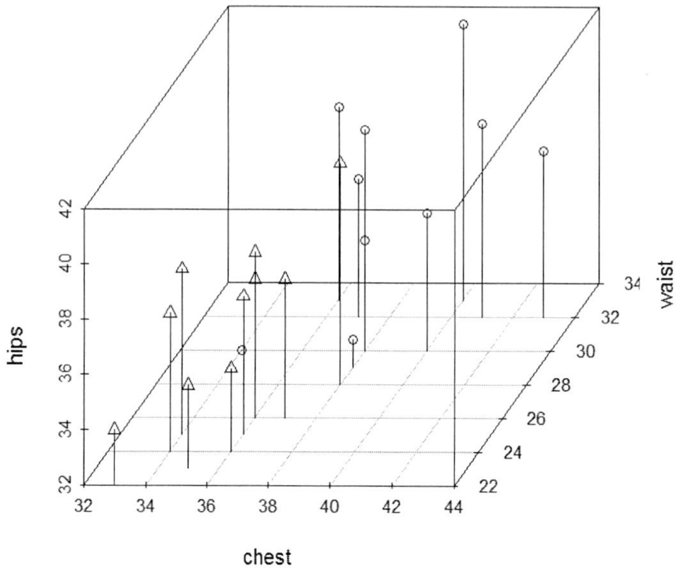

[그림 2.18] 신체 측정 데이터에 대해 남자와 여자를 표시하는 점을 보여주는 3차원 산점도

```
R> with(USairpollution,
+     scatterplot3d(temp, wind, SO2, type = "h",
+                   angle = 55))
```

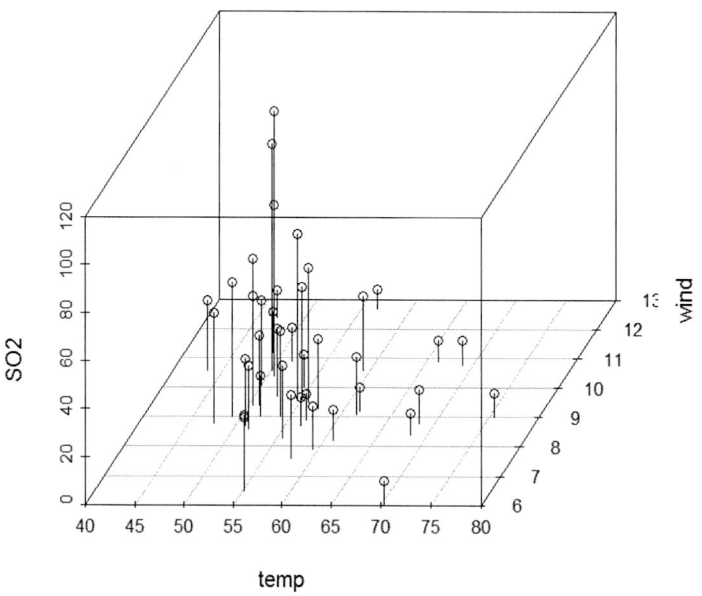

[그림 2.19] 대기오염 데이터에 대한 3차원 산점도

```
R> plot(xyplot(SO2 ~ temp| cut(wind, 2), data = USairpollution))
```

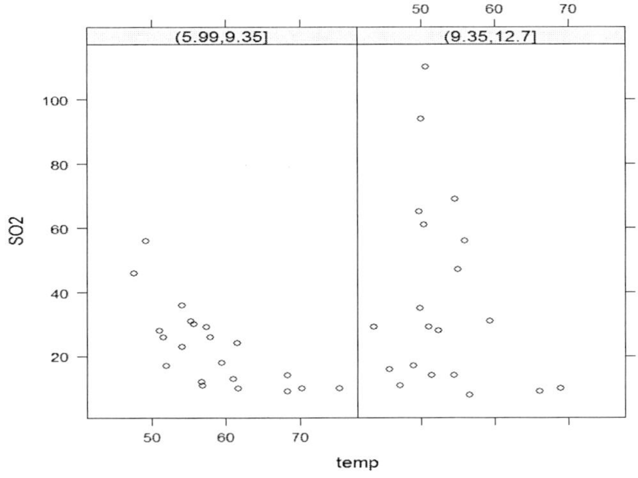

[그림 2.20] 바람(winds)이 약한(light) 경우와 강한(high) 조건에 따른 SO2와 temp에 대한 산점도

```
R> pollution <- with(USairpollution, equal.count(SO2,4))
R> plot(cloud(precip ~ temp * wind | pollution, panel.aspect = 0.9,
+       data = USairpollution))
```

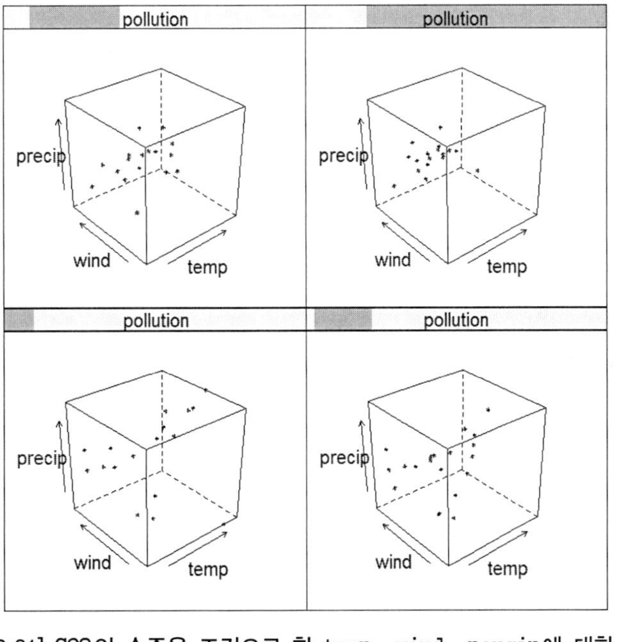

[그림 2.21] SO2의 수준을 조건으로 한 temp, wind, percip에 대한 3차원

```
R> plot(xyplot(lat ~ long| cut(depth, 3), data = quakes,
+            layout = c(3, 1), xlab = "Longitude",
+            ylab = "Latitude"))
```

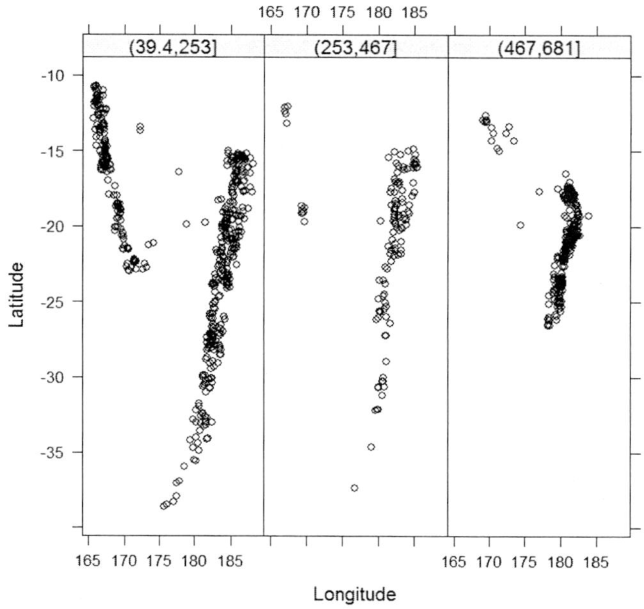

[그림 2.22] depth 범위에 따른 latitude와 longitude의 산점도

```
R> Magnitude <- with(quakes, equal.count(mag, 4))
R> depth.ord <- with(quakes, rev(order(depth)))
R> quakes.ordered <- quakes[depth.ord,]
R> depth.breaks <- with(quakes.ordered, do.breaks(range(depth),50))
R> quakes.ordered$color<-level.colors(quakes.ordered$depth,at=depth.breaks,
   col.regions=grey.colors)
R> plot(xyplot(lat ~ long | Magnitude, data = quakes.ordered,
+        aspect = "iso", groups = color, cex = 2, col = "black",
+        panel = function(x, y, groups, ..., subscripts) {
+            fill <- groups[subscripts]
+            panel.grid(h = -1, v = -1)
+            panel.xyplot(x, y, pch = 21, fill = fill, ...)
+        },
```

```
+       legend =
+       list(right =
+           list(fun = draw.colorkey,
+               args = list(key = list(col = gray.colors,
+                                       at = depth.breaks),
+                       draw = FALSE))),
+       xlab = "Longitude", ylab = "Latitude"))
```

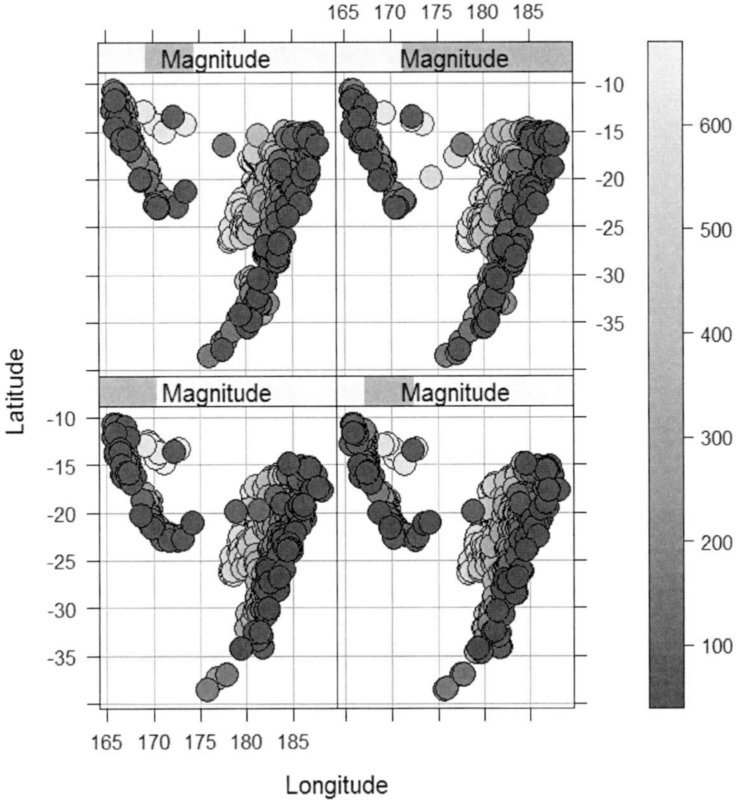

[그림 2.23] magnitude 조건부로 depth를 음영으로 나타내는 latitude와 longitude의 산점도

```
R> plot(cloud(depth ~ lat * long | Magnitude, data = quakes,
+       zlim = rev(range(quakes$depth)),
+       screen = list(z = 105, x = -70), panel.aspect = 0.9,
+       xlab = "Longitude", ylab = "Latitude", zlab = "Depth"))
```

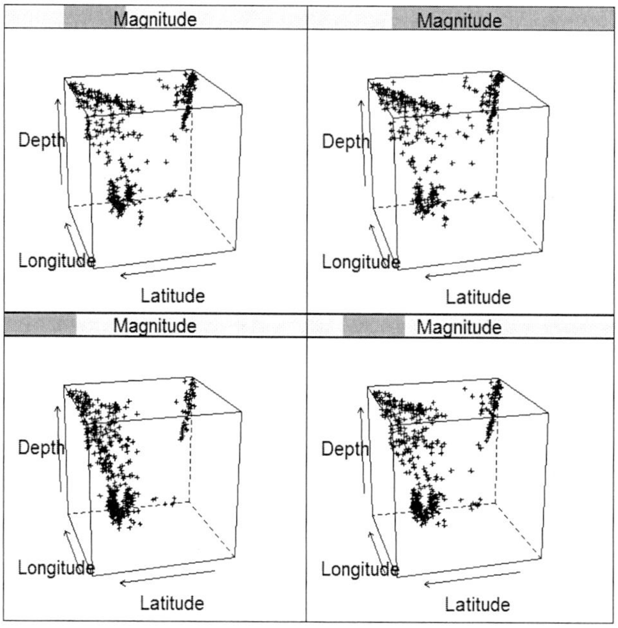

[그림 2.24] magnitude 조건부로 latitude와 longitude의 산점도

2.8 종유석그림

이 절에서는 특히 다변량 이상값의 탐지와 식별을 위해 고안된 다변량 그림으로 종유석그림(stalactite plot)을 설명한다. 1장에서 기술한 다변량 정규성을 평가하기 위한 카이제곱 그림처럼, 종유석그림은 데이터 관측값들의 다변량 평균으로부터의 일반화 거리(generalized distance)에 기초한다. 그러나 여기서 거리는 데이터의 개수가 점차 증가되는 부분집합들로부터 추정된 평균과 공분산으로부터 계산된다. 이전에 이변량 상자그림을 기술할 때 설명한 것과 같이, 그 목적은 모든 데이터를 사용하여 평균과 공분산을 추정할 때 이상값의 영향에 의해 발생하는 가면효과(masking effect)를 감소하고자하는 것이다. 이 접근법의 중심 아이디어는 사용된 거리가 주어졌을 때, 예를 들어, 평균과 공분산의 추정을 위해 사용되는 m개 관측값이 주어졌을 때, 다음 단계에서 이 추정을 위해 사용될 $m+1$개의 관측값은 $m+1$개의 가장 작은 거리를 갖는 관측값으로 선택된다. 따라서 추정에 사용되는 부분집합에 포함되는 m개 관측값이, 나중에 m이 증가할 때 제외될 수 있다. q를 다변량 데이터 집합내 변수의 개수라 할 때 초기에 m은 $q+1$로 선택한다. 왜냐하면 일반화 거리를 계산하는 데 필요한 가장 작은 수이기 때문이다. 이상값을 식별하기 위해 일반적으로 사용되는

절단(cutoff) 거리는 각각 자유도 q를 갖는 카이제곱분포를 따르는 n개의 확률변수 표본으로부터 최대로 예상되는 값이다. 종유석그림은 추정을 위해 사용되는 관측값들의 부분집합의 크기가 증가될 때 이상값의 변화과정을 그림으로 보여준다.

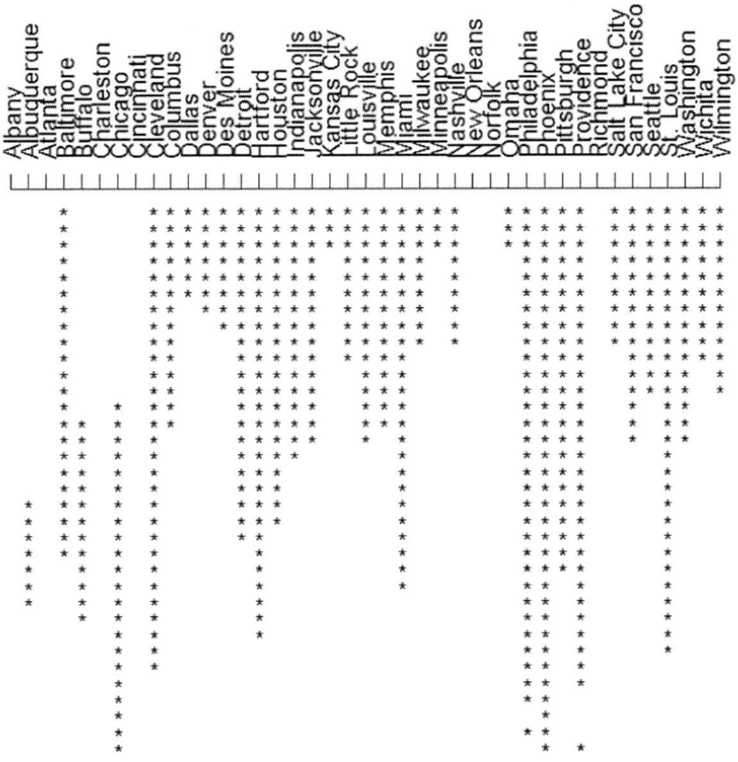

[그림 2.25] 미국 도시들의 대기오염 데이터에 대한 종유석그림(stalactite plot)

이제 종유석그림을 미국 도시의 대기오염 데이터에 적용하는 예로 설명한다. [그림 2.25]는 종유석그림(`stalac(USairpollution)`에 의해 산출)을 보여준다. 초기에는 많은 도시들이 이상값으로 표시된다(그림에서 "*"로). 그러나 일반화 거리를 계산하는 관측값의 개수가 증가함에 따라 그림에서 표시되는 이상값의 개수는 감소한다. 이 그림은 거의 모든 m의 값에 대해 많은 도시들이 이상값의 성질을 가짐을 보여준다. 모든 41개의 관측에 대한 일반화 거리를 계산하기 위해 사용될 때 가면효과를 명백히 볼 수 있다. 단지 Chicago, Phoenix, Providence만이 이상값으로서 표시된다.

2.9 요약

다변량 데이터를 그림으로 표현하는 것은 데이터가 이야기하는 것을 이해하고자할 때 필수적인 첫 번째 단계이다. 이 장에서 다룬 방법들은 단지 데이터를 처음 보는 방법에 대한 어떤 기본적인 아이디어를 제공하고, R과 같은 소프트웨어와 함께 다변량 관측값을 그래프로 나타낼 수 있는 다양한 가능성이 있다는 것을, 그리고 독자들에게는 무엇이 이용가능한지를 완전하게 탐구하는 것을 권장한다. 그러나 그래프는 때로는 속일 수 있도록 그려질 수 있으므로 그래프를 볼 때 "얼마나 흥미로운 데이터"인가 보다는 "얼마나 훌륭한 그래프"인가로 반응하도록 유혹되지 않는 것이 중요하다. 그림 자체로 주목을 끄는 그래프는 거의 확실히 실패하게 되고(Becker et al. 1994 참조), 그래프가 비교적 단순하지 않다면 첫 느낌에서부터 살아남기 어려울 듯하다. 3차원 그래프와 격자형 그림은 매우 많은 정보를 제공해 줄 수 있는 좋은 그림(Sarkar 2008 예)을 제공한다. 그러나 많은 변수를 갖는 다변량 데이터에 대해서 그리는 것은 어려울 것이다. 여러 상황에서 다변량 데이터에 대해 가장 유용한 그래프는, 예를 들어, 이변량 밀도함수추정 또는 이변량 상자그림을 더하는 것과 같이, 향상된 패널을 갖는 산점도행렬일 것이다. 이 장에서 논의된 모든 그래프 방법들은 다음 장에서 기술될 방법에 의해 그 차원이 감소된 후에 데이터에 응용될 때 더 유용할 수 있다.

2.10 연습문제

2.1 이상값을 식별하기 위하여 대기오염 데이터에 있는 각 쌍의 변수들의 산점도에 이변량 상자그림을 사용하여 이변량 상자그림을 사용하시오. 모든 데이터를 사용하여, 또한 어떤 식별된 이상값을 제외하고 각 쌍의 변수들 사이의 상관관계를 계산하시오. 결과들에 대해 토론하시오.

2.2 대기오염 데이터에 있는 각 쌍의 변수들의 대응하는 산점도와 카이그림을 비교하시오. 전자에 어떤 장점이 있다고 생각하는가?

2.3 대각 패널들에 적절한 상자그림을 갖고 다른 패널들에는 이변량 상자그림을 갖는 신체 측정 데이터의 산점도행렬을 생성하시오. [그림 2.17]과 비교하고 어떤 그림이 데이터에 대해 정보를 더 제공하는지에 대해 설명하시오.

2.4 패널의 각 점에 개인의 성으로 라벨을 붙이는 신체 측정 데이터의 산점도행렬을 생성하시오. 그리고 각 산점도에 남성과 여성에 대해 별개로 추정된 이변량 밀도함수들을 그리시오.

2.5 각 개체를 그것의 가마(kiln) 번호에 의해 나타내고 각 패널에 추정된 이변량 밀도함수를 보이면서 1장에서 주어진 Romano-British 도자기의 화학적 성분(표 1.3)의 산점도행렬을 생성하시오. 결과로 얻는 그림이 무엇을 이야기하는가?

2.6 산점도로서 위도와 경도를 사용하고 원으로서 깊이를 사용하는 데 더 깊은 것이 적은 원을 나타내도록 하면서 지진 데이터의 버블그림을 생성하시오. 또한 크기들을 3개의 동일한 범주로 나누고, 버블그림내의 점이 속하는 크기 그룹에 의존한 다른 기호(symbol)을 가지고 라벨을 붙이시오.

```
panel.bxp <- function(x, ...)
{
    usr <- par("usr"); on.exit(par(usr))
    par(usr = c(0, 2, usr[3:4]))
    boxplot(x, add=TRUE)
}

pairs(measure[,-4], ylim=c(20, 45), xlim=c(20, 45),
      diag.panel = panel.bxp,
      panel = function(x,y, ...) {
          bvbox(cbind(x,y), xlim = c(30, 42), ylim = c(30, 42), add = TRUE)
      })
```

제 3 장 주성분분석

3.1 서론

여러 다변량 데이터셋이 갖는 문제들 중 하나는 이전 장들에서 기술된 데이터의 초기 평가를 통해 유익한 정보를 제공하고자 하는 그래프 기법들을 성공적으로 적용하기에는 변수가 너무 많다는 것이다. 변수가 너무 많은 것은 또한 연구자가 데이터에 적용하고자 하는 다른 다변량 기법에 대해서도 문제를 야기할 수 있다. 너무 많은 변수들이 가질 수 있는 문제는 차원의 저주(curse of dimensionality)라고 알려져 있다(Bellman 1961). 분명히 산점도, 산점도행렬, 그리고 2장에서 설명된 다른 그래프는 데이터의 차원을 나타내는 데이터내의 변수의 개수가 많을 때보다는 비교적 적을 때 더 유용할 것 같다. 이러한 문제로부터 데이터셋에 존재하는 원래의 변동(variation)을 가능한 한 많이 설명하면서 다변량 데이터의 차원을 줄이는 것을 주된 목적으로 하는 다변량 기법인 주성분분석(PCA, principal component analysis)이 만들어졌다. 이러한 목적은 원래 변수(original variable)들의 선형결합(linear combination) 형태로 새로운 변수 집합인 주성분(principal component)으로 변환함으로써 얻을 수 있다. 주성분들은 서로 상관되지 않으며 순서화되어 처음 몇 개의 주성분이 원래 변수들의 변동(variation)의 대부분을 설명하도록 한다. 주성분분석의 결과는 많은 원래 변수들의 대용(surrogate)으로서 사용될 수 있는 작은 개수의 새로운 변수를 만드는 것이다. 결과적으로 데이터에 대한 그림을 그리거나 요약하거나, 그리고 추후 다변량 분석을 행하는 데 있어서 좀 더 간단한 기저(basis)를 제공하는 것이다.

3.2 주성분분석

주성분분석의 기본 목적은 상관된 변수들 $\boldsymbol{x}^T = (x_1, \cdots, x_q)$내의 변동을 $\boldsymbol{x}$변수들의 선형결합으로 서로 상관되지 않는 새로운 변수들인 $\boldsymbol{y}^T = (y_1, \cdots, y_q)$에 의해 설명하는 것이다. 새로운 변수 y_1이 $\boldsymbol{x}$의 모든 선형결합 중에서 원래 데이터내의 변동을 가능한 한 많이 설명한다는 의미에서 중요성이 감소하는 순서대로 유도된다. 다음으로 y_2는 y_1과 관련이 없다는 제약조건하에서 남아있는 변동을 가능한 한 많이 설명하도록 선택된다. 이와 같은 방식으로 나머지 $y_3, y_4, \cdots, y_q$도 선택된다. 이렇게 선택된 새로운 변수 $y_1, \cdots, y_q$는 주성분(principal component)이라고 정의된다.

주성분분석에 대한 일반적인 희망사항은 처음 몇 개의 주성분이 원래 변수 $x_1, \cdots, x_q$내의 변동의 많은 부분을 설명하는 것으로, 변수들의 저차원 요약을 제공하는 데 사용될 수 있는 등 다양한 이유로 주성분분석이 유용하다고 증명되었다. 예를 들어, 많은 학생들 각각에 대해 몇 개의 다른 과목에 대한 시험 점수로 구성되는 데이터셋을 생각해보자. 관심이 있는 한 가지 질문은 시험 수행에 대한 전반적인 결과에 대한 정보를 나타내는 지수를 어떻게 잘 만들까 이다. 비록 학생에 따라 관측된 시험 점수의 범위가 다르지만 한 가지 알기 쉬운 가능성은 각 학생의 평균점수이다. 또는 평균을 구하기 전에 어떤 방식으로든 점수에 가중치를 주거나, 점수들을 결합하기 전에 각 시험에 대한 결과를 표준화하는 것이 더 타당할 수도 있다. 이러한 방식으로 학생들의 성적을 더욱 펼치는 것이 가능하므로 순위매기는 방법이 향상될 가능성이 있다. 관측된 시험 결과에 주성분분석을 적용한다면, 첫 번째 주성분 점수를 활용하여 학생들 사이를 최대한 구분하며 시험 성공에 대한 척도를 제공하는 동일한 결과를 얻을 수도 있다.

경제학 분야에서 주성분분석의 활용 가능성은 발생한다. 이 분야에서의 복잡한 데이터(complex data)는 어떤 종류의 지수 값에 의해서 요약되는데 예를 들어, 가격 지수, 임금률, 생계비용 등이 있다. 시간에 따른 가격의 변화를 평가할 때 경제학자는 생필품의 가격은 다른 제품보다 더 변화가 심하거나 생필품의 가격은 다른 제품보다 더 중요하다고 생각되는 사실이 용납되기를 원할 것이다. 이와 같은 경우에 지수는 적절히 가중되어야한다. 이러한 예에서 첫 번째 주성분이 조사자의 요구사항을 만족시킬 수 있다.

그러나 연구자에게 가장 흥미 있는 것이 항상 첫 번째 주성분은 아닐 수도 있다. 예를 들어, 모든 쌍 사이의 상관계수가 양의 값을 가질 것 같은 동물에서의 형태학상 측정값에서의 변동을 연구할 때, 분류학자(taxonomist)는 두 번째 또는 그 이후의 주성분이 동물들의 "모양"에 대해 보다 편리한 설명을 제공할 수 있기 때문에 이들에 더 관심을 가질 것이다. 후자는 연구자에게 양의 상관관계 때문에 첫 번째 주성분에 반영될 것 같은 동물의 "크기"라는 관점보다 더 관심있을 수 있다. 본질적으로 동일한 이유로, 환자들에 대한 임상 정신상태 점수(clinical psychiatric score)로부터 유도된 첫 번째 주성분은 증상의 중대성의 지수만을 제공하게 될 것이고, 정신과 의사에게 증상의 "유형"에 대한 중요한 정보를 제공하는 것은 남은 다른 주성분이 될 수 있다.

주성분은 가장 보편적으로 데이터에 대한 유용한 정보를 제공하는 그래프 표현에 활용되는 수단 또는 다른 분석을 위한 입력변수로 사용된다. 후자의 한 예로 회귀분석을 들 수 있는 데, 여기서 주성분분석은 다음과 같을 때 유용하다.

- 관측된 개수에 비해 설명변수가 너무 많다.
- 설명변수들이 높게 상관되어 있다.

두 경우는 회귀분석을 적용할 때 문제를 야기하지만 원래의 설명변수들부터 유도된 처음 몇 개의 주성분 변수들로 대체하여 극복될 수 있는 문제 예가 된다. 잠시 후 설명하는 예와 주성분 기법의 다른 응용은 Rencher(2002)에서 살펴볼 수 있다.

특히 심리학과 행동과학과 같은 학문분야에서는 주성분 자체를 목적으로 고려될 수 있으며 연구자는 그것을 탐색적 인자분석(exploratory factor analysis, 5장 참조)의 인자와 유사한 방식으로 해석하려고 한다. 이 장의 후반부에서 이러한 예에 대해 언급할 것이다.

3.3 표본주성분의 발견

주성분분석은 다변량 데이터에 대해 압도적으로 활용되는 탐색적 기법이다. 비록 모집단의 주성분에 관한 가설을 검증하기 위해서 어떤 모집단의 랜덤표본 개체들로부터 유도된 표본주성분을 사용하는 추론적 방법이 있지만(Jolliffe 2002 참조), 문헌에서의 설명은 드물다. 관측된 데이터셋이 "표본"이든 아니든 주성분분석은 철저히 데이터셋에 대한 이해를 돕는 수단이다. 이 장에서는 표본주성분만을 설명하는 데 이러한 견해를 사용한다.

관측에 대한 첫 번째 주성분은 표본분산이 모든 가능한 선형결합 중에서 가장 큰 원래 변수들의 선형결합이다. 두 번째 주성분은 첫 번째 주성분과 상관되지 않는다는 조건하에서 남아 있는 분산의 최대 부분을 설명하는 원래 변수들의 선형결합으로 정의된다. 나머지 성분도 유사하게 정의된다. 제기되는 문제는 각 주성분을 정의하는데 사용되는 원래 변수들의 선형결합을 나타내는 계수를 어떻게 구하는가이다. 이 문제에 답하기 위해서는 약간의 기술적인 자료가 필요하다.

첫 번째 주성분 y_1은 모든 선형결합 중에서 가장 큰 표본분산을 갖는 다음의 선형결합

$$y_1 = a_{11}x_1 + a_{12}x_2 + \cdots + a_{1q}x_q$$

를 갖는다. y_1의 분산은 단지 계수 $\boldsymbol{a}_1^T = (a_{11},\ a_{12},\ \cdots,\ a_{1q})$를 증가시키면 무한히 증가될 수 있기 때문에 이러한 계수들에 어떤 제약을 가해야 한다. 비록 다른 제약도 가능하고 벡터 a_1의 어떤 배수 값도 기본적으로 동일한 성분을 낳지만, 합리적인 제약은 계수의 제곱합이 1이 되는 것이다. 첫 번째 주성분을 정의하는 계수를 구하기 위해서 벡터 $\boldsymbol{a}_1$의 요소에 대해 $\boldsymbol{a}_1^T\boldsymbol{a}_1 = 1$로 표현되는 제약조건하에서 y_1의 분산이 최대가 되도록 선택해야한다. $\boldsymbol{S}$가 x변수들의 $q \times q$ 표본공분산행렬일 때, x변수들의 선형함수인 y_1의 표본분산은 $\boldsymbol{a}_1^T\boldsymbol{S}\boldsymbol{a}_1$으로 주어진다(1장 참조). 한 개 또는 그 이상의 제약조건 하에서 여러 변수들의 함수를 최대화하기 위해서는 라그랑지 승수(Lagrange multipliers) 방법이 사용된다. 자세한 내용은 Morrison(1990)과 Jolliffe(2002)에 있으므로 여기서는 자세히 설명하지 않는다.(그러나 $q=2$인 예의 해를 구하는 절차를 3.5절에서 설명한다.) 단순히 라그랑지 승수 접근법을 적용하면 $\boldsymbol{a}_1$이 표본공분산행렬 $\boldsymbol{S}$의 가장 큰 고유값에 대응하는 고유벡터가 되는 해를 얻는다. $q \times q$행렬 $\boldsymbol{S}$의 고유값 λ와 고유벡터 $\boldsymbol{\gamma}$는 $\boldsymbol{A}\boldsymbol{\gamma} = \lambda\boldsymbol{\gamma}$를 만족한다. 더 자세한 내용은 Mardia, Kent와 Bibby(1979)를 참조하기 바란다.

두 번째 주성분 y_2는 다음의 선형결합

$$y_2 = a_{21}x_1 + a_{22}x_2 + \cdots + a_{2q}x_q$$

으로 정의된다. (즉 $\boldsymbol{a}_2^T = (a_{21},\ a_{22},\ \cdots,\ a_{2q})$, $\boldsymbol{x}^T = (x_1,\ x_2,\ \cdots,\ x_q)$라 할 때 $y_2 = \boldsymbol{a}_2^T\boldsymbol{x}$)
y_2는 다음 두 제약식

$$\boldsymbol{a}_2^T\boldsymbol{a}_2 = 1$$
$$\boldsymbol{a}_2^T\boldsymbol{a}_1 = 0$$

의 조건하에서 최대 분산을 갖는다.(두 번째 조건은 y_1과 y_2가 상관이 없다는 것을 확인한

다. 즉 표본상관이 0 이 된다.)

마찬가지로 j번째 주성분은 다음의 제약조건

$$a_j^T a_j = 1$$
$$a_j^T a_i = 0 \quad (i < j)$$

을 만족시키면서 가장 큰 표본분산을 갖는 선형결합 $y_j = a_j^T x$이다.

라그랑지 승수 기법을 적용하면 j번째 주성분 a_j를 정의하는 계수벡터는 j번째 가장 큰 고유값과 연관된 S의 고유벡터라는 것을 보여준다. 만약 S의 q개 고유값을 $\lambda_1, \lambda_2, \cdots, \lambda_q$라 하면 $a_i^T a_i = 1$ 조건에 의해 i번째 주성분의 분산은 λ_i로 주어진다. q개 주성분의 전체 분산은 원래 변수들의 전체 분산과 같아진다. 그러므로

$$\sum_{i=1}^{q} \lambda_i = s_1^2 + s_2^2 + \cdots s_q^2$$

여기서 s_i^2는 x_i의 표본분산이다. 이 식은 $\sum_{i=1}^{q} \lambda_i = trace(S)$로 쓸 수 있다.

결과적으로 j번째 주성분은 원래 데이터의 총변동을 비율 P_j만큼 설명한다. 여기서

$$P_j = \frac{\lambda_j}{trace(S)}.$$

처음 $m(m < q)$ 개의 주성분은 원래 데이터의 총 변동을 비율 $P^{(m)}$ 만큼 설명한다. 여기서

$$P^{(m)} = \frac{\sum_{j=1}^{m} \lambda_j}{trace(S)}.$$

기하학적인 관점에서 첫 번째 주성분이 표본에 있는 q차원 관측값에 대해 가장 적합한 직선을(직선에 수직인 잔차를 최소화한다는 의미에서) 정의한다는 것을 보이는 것은 쉽다. 따라서 이러한 관측값을 이 직선에 대해 투영함으로서, 즉 그들의 첫 번째 주성분점수를 구하여, 일차원에 표현할 수 있다. 만약 관측값이 q차원에서 공선형(collinear)이라면, 이러한 표현은 데이터에 있는 변동을 완전히 설명할 것이고 표본공분산행렬은 단지 하나의 0이 아닌 고유값을 가질 것이다. 물론 실제로 그러한 공선형성은 극히 발생하지 않을 것이고, q차원 관측값을 처음 두 개의 주성분으로 정의되는 가장 잘 적합되는 공간으로 투영하여 개선된 표현을 얻게 된다. 마찬가지로 처음 m개의 주성분은 m차원에서 최선의 적합을 준다. 만약 관측들이 정확히 m차원 공간에서 적합된다면, 이것은 공분산행렬의 $q-m$개 고유값

이 0을 갖는 형태로 나타날 것이다. 이것은 변수들 사이에 $q-m$개의 선형 관계를 암시한다. 이러한 제약식은 구조적 관계(structural relationship)로 불린다. 실제로 주성분분석의 많은 응용에서 공분산행렬의 모든 고유값이 0이 아니다.

3.4 주성분이 공분산 또는 상관 행렬로부터 추출되어야 하는가?

주성분분석에서 하나의 문제는 척도에 영향을 받지 않는 것이(scale-invariant) 아니라는 것이다. 이것이 의미하는 것은 Mardia et al.(1979)에서 주어진 예를 사용해서 설명할 수 있다. 세 개의 변수를 갖는 다변량 데이터셋에서 무게는 파운드(pound)로, 키는 피트(feet)로, 나이는 년수(years)로 표현되지만, 주성분은 온스(ounce), 인치(inch), 10년(decade) 단위로 표현하고자 한다. 직관적으로 다음의 두 개의 접근법이 가능하다.

각 변수 16, 12, 1/10로 곱한 후 세 개 변수의 공분산행렬에 주성분분석을 적용한다. 원래 변수들의 공분산행렬에 주성분분석을 적용하고 적절한 주성분의 요소들에 각각 16, 12, 1/10으로 곱한다.

불행하게도 이 두 가지 접근은 일반적으로 동일한 결과를 주지 않는다. 따라서 만약에 길이(length), 온도(temperature), 혈압(blood pressure), 근심정도(anxiety rating)와 같이 완전히 다른 유형의 변수를 갖는 다변량 데이터셋을 고려한다면, 공분산행렬로부터 유도된 주성분의 구조는 본질적으로 측정단위의 임의적인 선택에 의존한다. 예를 들어, 길이를 센티미터로부터 인치로 변환하는 것은 유도되는 주성분을 변경시킨다. 또한, 만약에 원래 변수들의 분산에 많은 차이가 있다면, 분산이 가장 큰 변수들은 초기 주성분을 지배하는 경향이 있다. 주성분은 단지 모든 원래 변수들이 대략적으로 동일한 척도를 갖는 표본공분산행렬로부터 추출되어야 하지만 실제로 이러한 경우는 드물다. 결과적으로 주성분은 변수들의 상관행렬 $\boldsymbol{R}$로부터 추출된다. 주성분을 $\boldsymbol{R}$의 고유벡터로서 추출하는 것은, 원래 변수를 단위분산을 갖도록 표준화시킨 후에 원래 변수들로부터 주성분을 계산하는 것과 동일하다. 그러나 $\boldsymbol{S}$로부터 추출된 주성분과 $\boldsymbol{R}$로부터 추출된 주성분 사이에 어떤 단순한 관련성이 거의 없다는 것에 주목하여야 한다. 그리고 $\boldsymbol{S}$와 함께 작업하는 것 대신에 $\boldsymbol{R}$과 함께 작업하는 것을 선택하는 것은 모든 변수를 "똑같이 중요하게"하기 위한 확실한 그러나 임의의 결정을 포함한다.

데이터셋에 대한 공분산행렬의 주성분이 데이터의 상관행렬로부터 추출된 주성분과 어떻게 다를 수 있는지를 보여주기 위해서 Jolliffe(2002)의 예를 사용한다. 데이터는 72명의 환자들에게 임상실험을 통해 측정한 혈액(blood)의 화학특성을 나타내는 여덟 가지 변수들로 구성된다. 여덟 개 변수 각각의 표준편차와 함께 데이터의 상관행렬은 다음과 같다.

```
R> blood_corr
       [,1]   [,2]   [,3]   [,4]   [,5]   [,6]   [,7]   [,8]
[1,]  1.000  0.290  0.202 -0.055 -0.105 -0.252 -0.229  0.058
[2,]  0.290  1.000  0.415  0.285 -0.376 -0.349 -0.164 -0.129
[3,]  0.202  0.415  1.000  0.419 -0.521 -0.441 -0.145 -0.076
[4,] -0.055  0.285  0.419  1.000 -0.877 -0.076  0.023 -0.131
[5,] -0.105 -0.376 -0.521 -0.877  1.000  0.206  0.034  0.151
[6,] -0.252 -0.349 -0.441 -0.076  0.206  1.000  0.192  0.077
[7,] -0.229 -0.164 -0.145  0.023  0.034  0.192  1.000  0.423
[8,]  0.058 -0.129 -0.076 -0.131  0.151  0.077  0.423  1.000

R>blood_sd
       [,1]   [,2]   [,3]   [,4]   [,5]   [,6]   [,7]   [,8]
[1,]  1.000  0.290  0.202 -0.055 -0.105 -0.252 -0.229  0.058
[2,]  0.290  1.000  0.415  0.285 -0.376 -0.349 -0.164 -0.129
[3,]  0.202  0.415  1.000  0.419 -0.521 -0.441 -0.145 -0.076
[4,] -0.055  0.285  0.419  1.000 -0.877 -0.076  0.023 -0.131
[5,] -0.105 -0.376 -0.521 -0.877  1.000  0.206  0.034  0.151
[6,] -0.252 -0.349 -0.441 -0.076  0.206  1.000  0.192  0.077
[7,] -0.229 -0.164 -0.145  0.023  0.034  0.192  1.000  0.423
[8,]  0.058 -0.129 -0.076 -0.131  0.151  0.077  0.423  1.000
```

이들 표준편차들 사이에는 상당한 차이가 있다. 다음의 R 코드를 사용하여 데이터의 공분산행렬과 상관행렬 둘 다에 주성분분석을 적용할 수 있다.

```
R> blood_pcacov <- princomp(covmat = blood_cov)
R > summary(blood_pcacov, loading = TRUE)
Importance of components:
                        Comp.1      Comp.2     Comp.3      Comp.4
Standard deviation  41.2877486 3.880212624 2.64197339 1.624583979
```

```
Proportion of Variance  0.9856182 0.008705172 0.00403574 0.001525986
Cumulative Proportion   0.9856182 0.994323381 0.99835912 0.999885108
                            Comp.5       Comp.6       Comp.7       Comp.8
Standard deviation     0.353951757 2.561722e-01 8.510631e-02 2.372715e-02
Proportion of Variance 0.000072436 3.794288e-05 4.187837e-06 3.255049e-07
Cumulative Proportion  0.999957544 9.999955e-01 9.999997e-01 1.000000e+00

Loadings:
       Comp.1 Comp.2 Comp.3 Comp.4 Comp.5 Comp.6 Comp.7 Comp.8
rblood                              0.943  0.329
plate  -0.999
wblood        -0.192        -0.981
neut                                              0.758  0.650
lymph                                            -0.649  0.760
bilir          0.961  0.195 -0.191
sodium         0.193 -0.979
potass                              0.329 -0.942

R> blood_pcacor <- princomp(covmat = blood_corr)
R > summary(blood_pcacor, loading = TRUE)
Importance of components:
                          Comp.1    Comp.2    Comp.3     Comp.4     Comp.5
Standard deviation     1.6710100 1.2375848 1.1177138 0.88227419 0.78839505
Proportion of Variance 0.3490343 0.1914520 0.1561605 0.09730097 0.07769584
Cumulative Proportion  0.3490343 0.5404863 0.6966468 0.79394778 0.87164363
                           Comp.6     Comp.7     Comp.8
Standard deviation     0.69917350 0.66002394 0.31996216
Proportion of Variance 0.06110545 0.05445395 0.01279697
Cumulative Proportion  0.93274908 0.98720303 1.00000000

Loadings:
     Comp.1 Comp.2 Comp.3 Comp.4 Comp.5 Comp.6 Comp.7 Comp.8
```

```
[1,] -0.194  0.417  0.400  0.652  0.175 -0.363  0.176  0.102
[2,] -0.400  0.154  0.168         -0.848  0.230 -0.110
[3,] -0.459         0.168 -0.274  0.251  0.403  0.677
[4,] -0.430 -0.472 -0.171  0.169  0.118         -0.237  0.678
[5,]  0.494  0.360        -0.180 -0.139  0.136  0.157  0.724
[6,]  0.319 -0.320 -0.277  0.633 -0.162  0.384  0.377
[7,]  0.177 -0.535  0.410 -0.163 -0.299 -0.513  0.367
[8,]  0.171 -0.245  0.709          0.198  0.469 -0.376
```

(이 출력에서 "빈칸"은 매우 적은 값을 나타낸다.) 결과를 조사할 때 공분산행렬의 주성분 각각이 주로 하나의 변수에 의해 지배된다는 것을 볼 수 있다. 반면에 상관행렬에 대한 주성분은 여러 변수에서 보통 크기의 계수를 갖는다. 그리고 공분산행렬로부터의 첫 번째 주성분은 관측된 변수들의 총분산의 거의 99%를 설명한다. 공분산행렬의 주성분은 `plate` 변수의 분산이 다른 7개의 변수 중 어떤 변수의 분산보다 대략 400 배 크다는 사실에 의해 완전히 지배된다. 결과적으로 공분산행렬로부터 구한 주성분은 단순히 관측된 변수들의 분산의 크기의 순서를 반영한다. 특히 상관행렬로부터의 결과는 처음 4개와 마지막 4개 변수의 가중된 대비(contrast)가 가장 큰 분산을 갖는 선형함수라는 것을 알려준다. 이 예는 변수들이 서로 다른 척도를 가질 때 또는 서로 다른 분산을 가질 때, 데이터에 대한 주성분분석은 공분산행렬이 아니라 상관행렬에 대해 수행되어야 한다는 것을 설명한다.

3.5 상관계수 r을 갖는 이변량 데이터에 대한 주성분

주성분분석 적용의 실질적인 예를 보기 전에, 주성분분석 방법의 수리적인 면을 매우 간단한 경우에 대해 좀 더 자세하게 살펴보는 것이 도움이 된다. 이 절에서는 두 변수 x_1과 x_2가 상관계수 r을 갖는 이변량 데이터에 대해 살펴본다. 이 경우에 표본상관행렬은

$$\boldsymbol{R}=\begin{pmatrix}1.0 & r\\ r & 1.0\end{pmatrix}$$

이다.

데이터의 주성분을 발견하기 위해서 $\boldsymbol{R}$의 고유값과 고유벡터를 구해야한다. 고유값은 다음의 특성방정식

$$\det(\boldsymbol{R} - \lambda \boldsymbol{I}) = 0$$

의 근으로 구한다. 이 식은 λ 의 이차식(quadratic equation)이 된다.

$$(1-\lambda)^2 - r^2 = 0$$

을 풀면 고유값 $\lambda_1 = 1 + r$, $\lambda_2 = 1 - r$ 을 얻는다. 고유값의 합은 2 로서 $trace(\boldsymbol{R})$과 같음을 주목하라. λ_1에 대응하는 고유벡터는 다음 식

$$\boldsymbol{R}\boldsymbol{a}_1 = \lambda_1 \boldsymbol{a}_1$$

에 의해 얻는다. 이것은 다음 식

$$a_{11} + r a_{12} = (1+r) a_{11}$$
$$r a_{11} + a_{12} = (1+r) a_{12}$$

을 얻는다. 두 개의 식은 동일해서 $a_{11} = a_{12}$가 된다. 만약 정규화(normalization) 제약식 $\boldsymbol{a}_1^T \boldsymbol{a}_1 = 1$을 도입하면

$$a_{11} = a_{12} = \frac{1}{\sqrt{2}}$$

이 된다.

마찬가지로 두 번째 고유벡터는 $a_{21} = \dfrac{1}{\sqrt{2}}$, $a_{22} = -\dfrac{1}{\sqrt{2}}$ 이다. 그러면 두 개의 주성분은

$$y_1 = \frac{1}{\sqrt{2}}(x_1 + x_2),\ y_2 = \frac{1}{\sqrt{2}}(x_1 - x_2)$$

으로 주어진다.

첫 번째 주성분의 표본분산을 다음과 같이 구할 수 있으며

$$\begin{aligned} Var(y_1) &= Var\left[\frac{1}{\sqrt{2}}(x_1 + x_2)\right] = \frac{1}{2} Var(x_1 + x_2) \\ &= \frac{1}{2}[Var(x_1) + Var(x_2) + 2Cov(x_1, x_2)] \\ &= \frac{1}{2}(1 + 1 + 2r) = 1 + r \end{aligned}$$

마찬가지로 두 번째 주성분의 분산은 $1 - r$이다.

만약 $r < 0$이면 고유값의 순서에 따라서 주성분의 순서가 바뀜에 주목하라. 만약 $r = 0$이면 고유값은 둘 다 1이 되고 서로 직각인 임의의 두 해가 두 개의 주성분을 나타내도록 선

택된다.

다음의 두 가지를 주목해야만 한다:

1. $\boldsymbol{a}_i$의 요소를 선택하는 데 있어서 임의의 부호를 취할 수 있다. a_{i1}을 양의 값으로 선택하는 것이 관례적이다.
2. 비록 각각에 의해 설명되는 분산의 비율은 r에 따라 변하지만, 두 주성분을 정의하는 계수는 r에 의존하지 않는다. r이 1에 가까워질 때 y_1에 의해 설명되는 분산의 비율인 $(1+r)/2$는 1에 가까워진다. $r=1$일 때 점들은 모두 직선에 정렬되고 데이터의 변동은 일차원이 된다.

3.6 주성분의 척도변경

이전 장에서 설명된 바와 같이 유도된 주성분을 정의하는 계수는, 때로는 그들이 원래 변수들과 유도된 주성분들 사이의 상관관계 또는 공분산이 되도록 척도가 변경된다. 척도변경된(rescaled) 계수들은 주성분분석을 해석하는 데 유용하다. 변수 i와 주성분 j의 공분산은

$$Cov(x_i, y_j) = \lambda_j a_{ji}$$

이다. 그러므로 변수 x_i와 성분 y_j의 상관계수는

$$r_{x_i, y_j} = \frac{\lambda_j a_{ji}}{\sqrt{Var(x_i)\,Var(y_j)}} = \frac{\lambda_j a_{ji}}{s_i\sqrt{\lambda_j}} = \frac{a_{ji}\sqrt{\lambda_j}}{s_i}$$

이다. 만약 주성분이 공분산행렬 대신 상관행렬로부터 추출되었다면, 표준편차 s_i 가 1 이기 때문에 변수와 주성분간의 상관계수는

$$r_{x_i, y_j} = a_{ji}\sqrt{\lambda_j}$$

이다.(비록 편리함을 위해서 공분산행렬과 상관행렬로부터 추출된 고유값과 고유벡터를 위해서 동일한 명명법을 사용하지만, 동일하지 않다.) 상관행렬에 대한 주성분분석으로부터 척도변경된 계수는 5장에서 보게 될 인자적재값(factor loadings)과 유사하다. 이와 같이 척도변경된 계수는 주성분분석의 결과로서 제시되며 해석에 사용된다.

3.7 주성분이 어떻게 관측된 공분산행렬을 추정하는가

이 절에서는 어떻게 주성분이 추출된 행렬인 관측된 공분산행렬 또는 상관행렬을 재생하는지를 알아보고자한다. 시작하기 위해서 주성분을 정의하는 초기 벡터 $\boldsymbol{a}_1, \boldsymbol{a}_2, \cdots, \boldsymbol{a}_q$을 $q\times q$행렬 $\boldsymbol{A}=(\boldsymbol{a}_1, \boldsymbol{a}_2, \cdots, \boldsymbol{a}_q)$를 형성한다. 이러한 벡터는 공분산행렬 $\boldsymbol{S}$로부터 추출되었으며 $\boldsymbol{a}_i^T\boldsymbol{a}_i=1$이 되도록 척도가 정해졌다고 가정한다. 고유값 $\lambda_1, \lambda_2, \cdots, \lambda_q$를 대각행렬 Λ의 주대각선을 따라서 정렬한다. 그러면 관측된 변수 $x_1, x_2, \cdots, x_q$의 공분산행렬은

$$\boldsymbol{S}=\boldsymbol{A}\boldsymbol{\Lambda}\boldsymbol{A}^T$$

으로 주어진다. 이것은 $\boldsymbol{S}$의 스펙트럼 분해(spectral decomposition)이다. 그들 요소의 제곱합이 대응하는 고유값과 같도록 벡터 $\boldsymbol{a}_1, \boldsymbol{a}_2, \cdots, \boldsymbol{a}_q$를 척도변경하는 것은 (즉 $\boldsymbol{a}_i^*=\lambda^{\frac{1}{2}}\boldsymbol{a}_i$로 계산하는 것은) $\boldsymbol{A}^*=(\boldsymbol{a}_1^*, \boldsymbol{a}_2^*, \cdots, \boldsymbol{a}_q^*)$일 때 $\boldsymbol{S}$를 다음과 같이

$$\boldsymbol{S}=\boldsymbol{A}^*\boldsymbol{A}^{*T}$$

더 간단하게 쓰도록 한다.

만약 행렬 $\boldsymbol{A}_m^*$가 모든 q개로부터보다는 처음 m개 주성분으로부터 형성된다면, $\boldsymbol{A}_m^*\boldsymbol{A}_m^{*T}$는 m개 주성분에 기초하여 $\boldsymbol{S}$의 추정값을 준다. 주성분분석의 “적합성”에 대한 비공식적인 평가를 위해서, 데이터를 설명하는 데 적절하다고 생각되는 주성분의 개수에 기초하여 이와 같은 추정값을 계산하는 것은 유용하다. 이러한 주성분의 개수가 어떻게 선택되는지는 다음 절에서 고려한다.

3.8 주성분 개수의 선택

주성분분석은 관측된 변수들의 집합을 서로 관련되지 않은 새로운 변수들의 집합으로 변환하는 기술로 보인다. 원래 q개 변수의 분산은 모든 q개의 주성분에 의해서만 완전하게 설명된다. 그러나 변환된 변수들의 유용성은 감소된 비율의 분산을 설명하는 성질에 있다. 예를 들어, 첫 번째 주성분은 원래 변수들의 어떤 선형결합으로부터 가능한 분산 중 최대양을 설명한다. 그러나 원래 변수들로부터 추출된 이 가상 변수가 얼마나 유용할까? 이 질문에 답하기 위해 먼저 그것이 설명하는 원래 변수들의 총분산의 비율을 알 필요가 있다.

예를 들어, 만약 6개의 변수를 포함하는 다변량 데이터셋 내의 분산의 80%가 변수들의 단순 가중평균에 의해서 설명될 수 있다면, 분산의 대부분이 6차원 공간보다는 1차원에서 표현될 수 있다. 주성분분석은 이후 분석을 위해 유용한 매우 절약적인 요약(parsimonious summary)을(데이터의 차원을 6에서 1로 축소하는) 제공하는 것이다.

따라서 묻고자 하는 질문은 얼마나 많은 주성분들이 주어진 데이터셋의 적절한 요약을 위해서 필요한가? 이다. 여러 비공식적인 방법과 공식적인 기법이 이용가능하다. 여기에서는 전자에 집중할 것이다. 공식적인 추정 방법의 예는 Jolliffe(2002)와 Rencher(2002)에서 볼 수 있다.

유지할 주성분의 개수를 결정하기 위해 제안된 절차 중 가장 일반적인 것은 다음과 같다.

- 원래 변수들의 총분산에 대해 어떤 명시된 큰 비중을 설명하기에 충분한 주성분만 유지한다. 비록 q개 또는 표본크기 n이 증가할 때 더 작은 값이 적절할 수도 있지만 70%와 90% 사이의 값이 보통 제시된다.
- 평균 고유값 $\sum_{i=1}^{q} \frac{\lambda_i}{q}$ 보다 작은 고유값을 갖는 주성분을 제거한다. $\sum_{i=1}^{q} \lambda_i = trace(\boldsymbol{S})$이므로 평균 고유값은 또한 원래 변수들의 평균 분산이다. 그러면 이 방법은 관측된 변수의 평균 분산보다 더 많은 분산을 설명하는 주성분을 보유한다.
- 주성분이 상관행렬로부터 추출된다면, $trace(\boldsymbol{R}) = q$이고 평균 분산은 1 이다. 따라서 바로 앞의 법칙을 적용하면 1 보다 작은 고유값을 가진 주성분은 축출된다. 이 법칙은 원래 Kaiser(1958)에 의해 제시되었지만, Jolliffe(1972)는 많은 모의실험 연구의 토대로 더 적절한 절차로는 상관행렬로부터 추출된 주성분 중 연관된 고유값이 0.7 보다 작은 주성분을 축출하는 것을 제안하였다.
- Cattell(1966)은 이른바 스크리그림(scree diagram), 즉 λ_i를 i에 대해 점 찍은 그림을 조사하는 것을 제안하였다. 선택되는 주성분 개수는 커브의 "팔꿈치"에 대응하는 즉 기울기가 "가파른(steep)"에서 "완만한(shallow)"으로 변화하는 지점에 대응하는 i 값이다. 사실 Cattell은 좀 더 구체적으로 그림에서 어떤 지점 이후로는 스크리그림이 수평선은 아니지만 다소 직선으로 보이는 지점을 찾도록 추천한다. 이러한 직선을 시작하는 첫 번째 점은 보유해야하는 마지막 주성분으로 간주된다. 그리고 Cattell은 스크리그림을 주성분분석에 적용하기 보다는 인자분석 관점에서 제시하였다는 것을 기억해야 한다.
- Farmer(1971)은 수정된 스크리그림을 제안하였는데 이것은 i 에 대한 $\log(\lambda_i)$의 그림으로 구성된 로그-고유값 그림(log-eigenvalue diagram)이다.

3.4절에서 주어진 혈액의 화학특성 데이터의 주성분분석 결과로 돌아갈 때, 처음 네 개의 주성분이 전체 분산의 거의 80%를 설명한다. 그러나 이 값을 90%까지 높이기 위해서는 두 개의 주성분이 더 필요하다. 고유값에 의한 절단은 세 개의 주성분을 유지하도록 하며, 0.7에 의한 절단은 네 개의 주성분을 갖도록 한다. [그림 3.1]은 데이터에 대한 스크리그림과 로그-고유값 그림을 보여주며 두 그림을 생성하는 데 사용된 R 코드를 보여준다. 전자의 그림은 비록 이것이 꽤 주관적이지만 네 개의 주성분을 암시한다. 후자의 그림은 차원 축소를 거의 보여주지 못하는 7개의 주성분을 유지하는 것을 나타내는 듯하여 여기서는 별로 도움이 되지 않아 보인다. 이러한 예는 몇 개의 주성분을 유지할 지를 정하기 위해 제안된 기법이 서로 다른 결론을 얻을 수 있음을 보여준다.

```
R> plot(blood_pcacor$sdev^2, xlab = "Component number",
+       ylab = "Component variance", type = "l", main = "Scree diagram")
R> plot(log(blood_pcacor$sdev^2), xlab = "Component number",
+       ylab = "log(Component variance)", type="l",
+       main = "Log(eigenvalue) diagram")
```

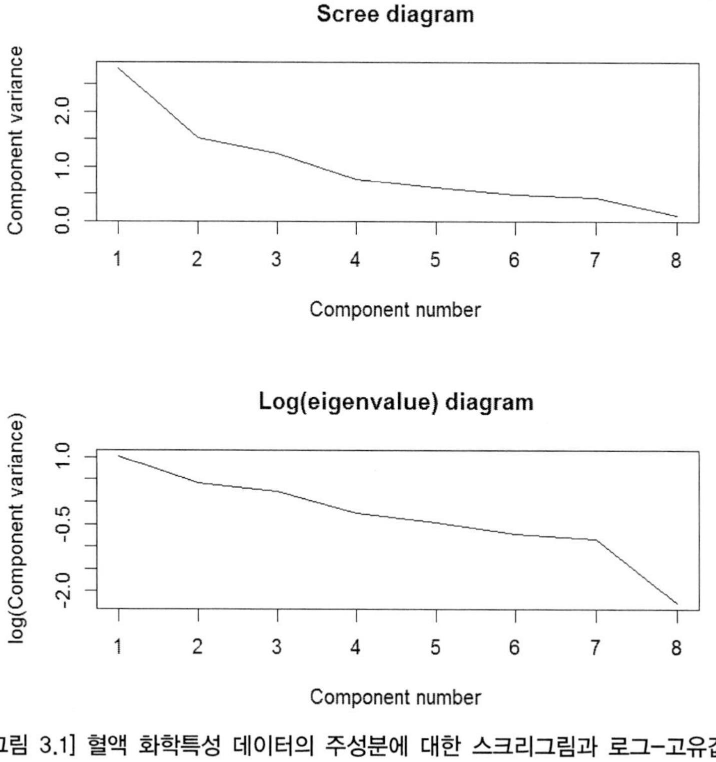

[그림 3.1] 혈액 화학특성 데이터의 주성분에 대한 스크리그림과 로그-고유값

3.9 주성분 점수의 계산

데이터를 적절히 표현하기 위해 m개의 주성분이 필요하다고 결정하면(이전 절에서 설명된 하나 또는 다른 방법을 사용하여), 일반적으로 표본의 각 개체에 대해 이러한 주성분의 각 점수를 계산하고자 할 것이다. 예를 들어, 만약 공분산행렬 $\boldsymbol{S}$로부터 주성분을 유도했다면, $q\times 1$ 원래 변수 벡터 $\boldsymbol{x}_i$로 갖는 개체 i에 대한 m개의 주성분점수는 다음과 같이 얻는다.

$$
\begin{aligned}
y_{i1} &= \boldsymbol{a}_1^T \boldsymbol{x}_i \\
y_{i2} &= \boldsymbol{a}_2^T \boldsymbol{x}_i \\
&\vdots \\
y_{im} &= \boldsymbol{a}_m^T \boldsymbol{x}_i
\end{aligned}
$$

만약 상관행렬로부터 주성분을 유도했다면, $\boldsymbol{x}_i$는 개체 i의 각 변수에 대한 표준화 점수를 포함한다.

앞에서 계산된 주성분점수는 분산 λ_j, $j=1$, ..., m을 갖는다. 많은 연구자들이 평균 0과 분산 1을 갖는 주성분점수를 선호한다. 그러한 점수는 다음과 같이

$$
\boldsymbol{z} = \boldsymbol{\Lambda}_m^{-1} \boldsymbol{A}_m^T \boldsymbol{x}
$$

여기서 $\boldsymbol{\Lambda}_m$은 주대각선에 λ_1, ..., λ_m을 갖는 $m\times m$ 대각행렬이고, $\boldsymbol{A}_m=(\boldsymbol{a}_1, ..., \boldsymbol{a}_m)$이고 $\boldsymbol{x}$는 표준화점수를 가진 $q\times 1$ 벡터이다. 모든 가능한 q개 주성분 또는 처음 m개 주성분만을 포함하든 처음 m개 주성분점수는 동일하다. 5장에서의 인자점수 계산에서는 이것이 성립하지 않는다.

3.10 주성분분석 응용 사례

이 절에서는 여러 데이터셋에 대해 주성분분석(PCA)의 적용을 살펴본다. 이러한 분석에서 중요한 점을 그래프로 설명할 수 있으므로, 우선 두 개의 변수를 갖는 데이터를 살펴보기로 한다.

3.10.1 첫 번째와 두 번째 아들의 머리 길이

<표 3.1>에 있는 데이터는 25개 가구에서 첫 번째와 두 번째 두 성인 아들의 머리길이(head length)와 머리폭(head breadth, in millimeters)을 보여준다. 여기서는 단지 머리길이만

을 사용하고 머리폭은 이 장의 후반부에서 사용된다.

〈표 3.1〉 headsize 데이터. 머리크기 데이터

head1	breadth1	head2	breadth2	head1	breadth1	head2	breadth2
191	155	179	145	190	159	195	157
195	149	201	152	188	151	187	158
181	148	185	149	163	137	161	130
183	153	188	149	195	155	183	158
176	144	171	142	186	153	173	148
208	157	192	152	181	145	182	146
189	150	190	149	175	140	165	137
197	159	189	152	192	154	185	152
188	152	197	159	174	143	178	147
192	150	187	151	176	139	176	143
179	158	186	148	197	167	200	158
183	147	174	147	190	163	187	150
174	150	185	152				

```
R> head_dat <- headsize[, c("head1", "head2")]
R> colMeans(head_dat)
head1 head2
  186   184

R> cov(head_dat)
      head1 head2
head1    95    70
head2    70   101
```

이 데이터의 주성분은 공분산행렬로부터 다음을 사용하여 주성분을 추출할 수 있다.

```
R>head_pca <- princomp(x = head_dat)
R> head_pca
Call:
princomp(x = head_dat)

Standard deviations:
```

```
Comp.1 Comp.2
  12.7    5.2

 2  variables and  25 observations.

R> print(summary(head_pca), loadings = TRUE)
Importance of components:
                        Comp.1 Comp.2
Standard deviation       12.69   5.22
Proportion of Variance    0.86   0.14
Cumulative Proportion     0.86   1.00

Loadings:
      Comp.1 Comp.2
head1  0.69  -0.72
head2  0.72   0.69
```

두 주성분은 다음과 같고 각각 분산 167.77과 28.33을 갖는다.

$$y_1 = 0.693x_1 + 0.721x_2 \quad y_2 = -0.721x_1 + 0.693x_2$$

첫 번째 주성분은 원래 변수의 총분산의 167.77/(167.77+28.33)=0.86 만큼을 설명한다. 주성분의 총분산은 196.10이고 이는 예상한 바와 같이, 전에 주어진 공분산행렬의 해당되는 항들을 더해서 얻는, 즉 95.29+100.81=196.10, 원래 변수들의 총분산과 같다.

두 개의 유도된 주성분은 어떻게 해석되어야 할까? 첫 번째 주성분은 본질적으로 두 아들의 머리길이의 합이고, 두 번째 주성분은 머리길이의 차이이다. 아마도 처음 주성분을 "크기(size)"라고 명명하고, 두 번째 주성분은 "모양(shape)"이라고 명명할 수 있다. 나중에 주성분에게 그러한 명칭을 부여하려고 하는 것에 대해 간단한 설명을 할 것이다.

주성분 상에서 각 개인의 점수를 계산하기 위해서, 단순히 각 변수의 값에서 평균을 빼고 변수의 주성분계수를 곱한 후 이를 모든 변수에 대해 더한다. 첫 번째 아들의 머리 길이는 191mm이고 두 번째 아들의 머리 길이는 179mm인 첫 번째 가족의 데이터를 사용하여 이러한 계산을 설명할 수 있다. 이 가족의 첫 번째 주성분상에서의 점수는

$$0.693 \cdot (191 - 185.72) + 0.721 \cdot (179 - 183.84) = 0.169$$

이고, 두 번째 주성분상에서의 점수는

$$-0.721 \cdot (191-185.72)+0.693 \cdot (179-183.84)=-7.61$$

이다.

주성분에 대응하는 축을 보임으로써 데이터를 그릴 수 있다. 첫 번째 축은 데이터의 평균을 지나고 기울기 0.721/0.693을 가지며 두 번째 축은 평균을 지나며 기울기 −0.693/0.721을 갖는다. 이는 [그림 3.2]에서 보는 바와 같다. 이 예는 주성분분석이 본질적으로 다변량 데이터 산점도 축의 회전임을 보여준다. [그림 3.3]과 같이 주성분점수를 그릴 수 있다.(이 그림에서 x-축의 범위와 y-축의 범위를 첫 번째 주성분의 분산이 크다는 것을 설명하기 위해서 같게 하였다.)

```
R> a1<-183.84-0.721*185.72/0.693
R> b1<-0.721/0.693
R> a2<-183.84-(-0.693*185.72/0.721)
R> b2<--0.693/0.721
R> plot(head_dat, xlab = "First son's head length (mm)",
+       ylab = "Second son's head length")
R> abline(a1, b1)
R> abline(a2, b2, lty = 2)
```

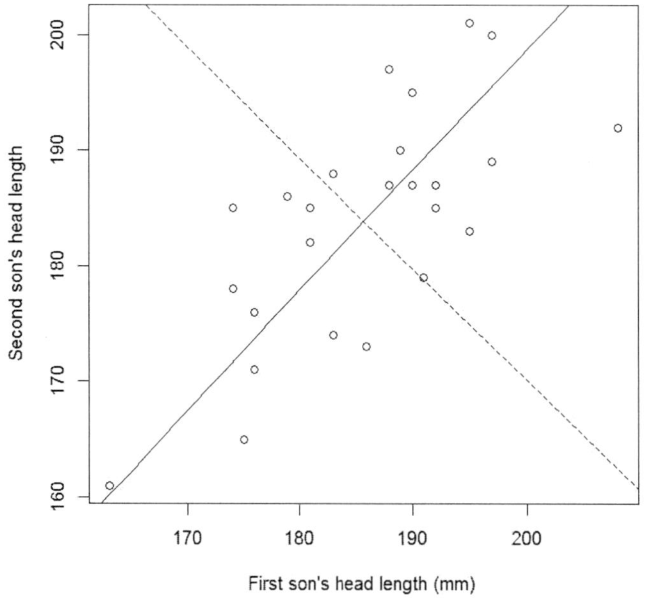

[그림 3.2] 데이터의 표본공분산행렬을 사용하여 구한 주성분 축을 포함한 첫 번째와 두 번째 아들의 머리길이 산점도

```
R> xlim <- range(head_pca$scores[,1])
R> plot(head_pca$scores, xlim = xlim, ylim = xlim)
```

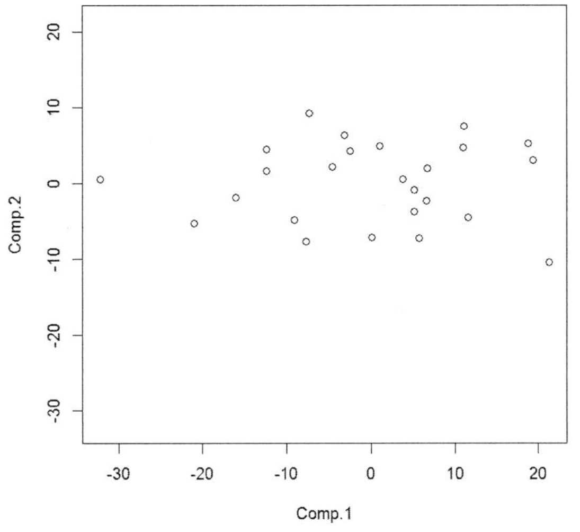

[그림 3.3] headsize 데이터에 대해 처음 두 개 주성분점수 산점도

머리크기 데이터에 대한 주성분분석을 이용하여 주성분이 어떻게 관찰된 공분산행렬을 재현하는 지를 보여주는 데 사용할 수 있다. 먼저 현재 가지고 있는 주성분의 크기를 바꿀 필요가 있다. 즉, 각 주성분에 해당 분산의 제곱근을 곱하여 새로운 주성분을 얻을 수 있다.

$$y_1 = 12.952(0.693x_1 + 0.721x_2), \quad \text{즉} \ \ y_1 = 8.976x_1 + 9.338x_2$$
$$y_2 = 5.323(-0.721x_1 + 0.693x_2), \quad \text{즉} \ \ y_2 = -3.837x_1 + 3.688x_2$$

이 되며 1.5.1절에서 정의한 바와 같이 행렬 A_2^*

$$A_2^* = \begin{pmatrix} 8.976 & -3.837 \\ 9.338 & 3.688 \end{pmatrix}$$

를 얻는다. 이 행렬을 그 전치행렬로 곱하면 머리크기 데이터의 공분산행렬을 얻게 된다. 행렬 곱셈을 하면 $\boldsymbol{S}$를 재생하는 것을 볼 수 있다:

$$\boldsymbol{A}_2^*(\boldsymbol{A}_2^*)^T = \begin{pmatrix} 95.29 & 69.66 \\ 69.66 & 100.81 \end{pmatrix}.$$

머리크기 예제는 주성분분석의 어떤 면을 설명하는 데 유용했으나 실제 발견되는 다변량 데이터의 전형적인 예는 아니다. 실제로 많은 경우에 두 개 이상의 변수들이 각 개체에 대해 기록된다. 다음 두 개의 절에서는 더 흥미있는 예를 다룬다.

3.10.2 올림픽 7종 경기 결과

여성 5종 경기는 1928년 독일에서 처음 열렸다. 처음에는 2일에 걸쳐 투포환(shot put), 멀리뛰기(long jump), 100m, 높이뛰기(high jump), 투창(javelin) 경기로 구성되었다. 1964년 올림픽 게임에서 5종 경기는 80m 허들, 투포환, 높이뛰기, 멀리뛰기, 200m로 구성되면서 처음으로 여성을 위한 올림픽 종목으로 채택되었다. 1977년에 200m는 800m 달리기로 대체되었고 1981년부터 IAAF는 5종 경기를 7종 경기(heptathlon)로 대체하였다. 첫날에는 100m 허들, 투포환, 높이뛰기와 200m 달리기를 하고 둘째 날에는 멀리뛰기, 투창과 800m 달리기를 한다. 각 경기 결과에 점수를 할당하는 점수 시스템이 사용되었는데 최종 승자는 2일에 걸쳐 가장 많은 점수를 누적한 사람이 된다. 이러한 방식은 1984년 올림픽에서 처음으로 채택되었다.

〈표 3.2〉 heptathlon 데이터. 올림픽 7종 경기 결과, 서울 1988

	hurdles	highjump	shot	run200m	longjump	javelin	run800m	score
Joyner-Kersee (USA)	3.7	1.9	16	4.05	7.3	46	35	7291
John (GDR)	3.6	1.8	16	2.96	6.7	43	37	6897
Behmer (GDR)	3.2	1.8	14	3.51	6.7	45	39	6858
Sablovskaite (URS)	2.8	1.8	15	2.69	6.2	43	31	6540
Choubenkova (URS)	2.9	1.7	15	2.68	6.3	47	36	6540
Schulz (GDR)	2.7	1.8	14	1.96	6.3	43	38	6411
Fleming (AUS)	3.0	1.8	13	3.02	6.4	40	31	6351
Greiner (USA)	2.9	1.8	14	2.13	6.5	38	30	6297
Lajbnerova (CZE)	2.8	1.8	14	1.75	6.1	42	27	6252
Bouraga (URS)	3.2	1.8	13	3.02	6.3	39	29	6252
Wijnsma (HOL)	2.7	1.9	13	1.58	6.3	38	32	6205
Dimitrova (BUL)	3.2	1.8	13	3.02	6.4	40	31	6171
Scheider (SWI)	2.6	1.9	12	1.74	6.0	48	28	6137
Braun (FRG)	2.7	1.8	13	1.83	6.1	45	21	6109
Ruotsalainen (FIN)	2.6	1.8	12	2.00	6.1	45	26	6101
Yuping (CHN)	2.5	1.9	14	1.61	6.4	39	17	6087
Hagger (GB)	3.0	1.8	13	1.14	6.3	36	25	5975
Brown (USA)	2.4	1.8	13	1.78	6.1	44	17	5972
Mulliner (GB)	2.0	1.7	13	1.69	6.1	38	25	5746
Hautenauve (BEL)	2.4	1.8	12	1.00	6.0	36	30	5734
Kytola (FIN)	2.1	1.8	12	0.92	5.8	39	30	5686
Geremias (BRA)	2.2	1.7	13	1.11	5.5	40	19	5508
Hui-Ing (TAI)	1.6	1.7	10	1.38	5.5	39	26	5290
Jeong-Mi (KOR)	1.9	1.7	11	0.00	5.5	39	24	5289

1988년 서울에서 열린 올림픽에서 미국의 여자 육상 선수 스타 중의 한명인 Jackie Joyner-Kersee가 7종 경기에서 우승하였다. 25명의 모든 경쟁자들에 대한 7종 경기 결과는 <표 3.2>에서 보는 바와 같다(Hand, Daly, Lunn, McConway와 Ostrowski 1994에서). 데이터의 구조를 탐색할 목적으로 그리고 유도된 주성분점수(후에 논의됨)가 공식적인 득점 시스템에 의해 획득된 점수와 어떻게 관련되는지를 평가하기 위해, 이 데이터를 주성분분석을 적용하여 분석하고자한다.

주성분분석을 수행하기 전에 2장에서 설명된 하나 또는 다른 그래프를 사용하여 초기 평가를 수행하는 것은 데이터 분석의 좋은 연습이다. 어떤 수치적인 요약통계량은 본 분석에 앞서 매우 유용하다. 그리고 분석 이전에 "큰" 값은 "잘한" 것을 나타내도록 모든 7개 경기를 같은 방향으로 점수화하는 것이 도움이 된다. 몇 경기에 대한 점수를 역으로 하고, 7개 경기 사이의 상관계수를 구하며 마지막으로 데이터의 산점도행렬을 구축하는 R 코드는 다음과 같다. 산점도행렬은 [그림 3.4]에서 보여준다.

```
R>heptathlon$hurdles <- with(heptathlon, max(hurdles)-hurdles)
R>heptathlon$run200m <- with(heptathlon, max(run200m)-run200m)
R>heptathlon$run800m <- with(heptathlon, max(run800m)-run800m)
R>score <- which(colnames(heptathlon) == "score")
R>round(cor(heptathlon[,-score]), 2)
         hurdles highjump shot run200m longjump javelin run800m
hurdles     1.00     0.81 0.65    0.77     0.91    0.01    0.78
highjump    0.81     1.00 0.44    0.49     0.78    0.00    0.59
shot        0.65     0.44 1.00    0.68     0.74    0.27    0.42
run200m     0.77     0.49 0.68    1.00     0.82    0.33    0.62
longjump    0.91     0.78 0.74    0.82     1.00    0.07    0.70
javelin     0.01     0.00 0.27    0.33     0.07    1.00   -0.02
run800m     0.78     0.59 0.42    0.62     0.70   -0.02    1.00

R>plot(heptathlon[,-score], pch = ".", cex = 1.5)
```

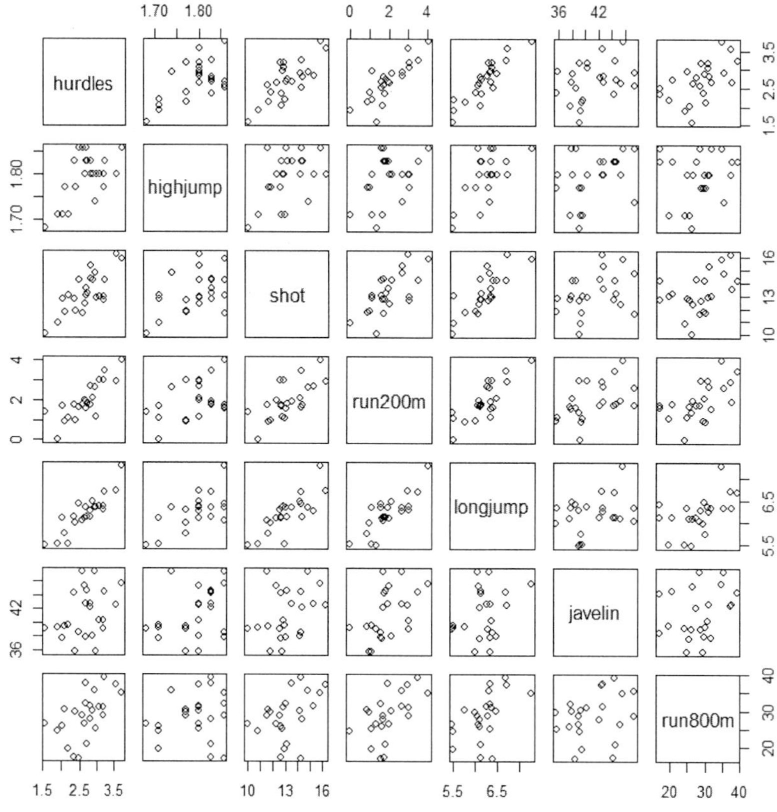

[그림 3.4] 큰 값이 더 좋은 성적을 나타내도록 변수변환 후 7종 경기의 산점도행렬

상관행렬을 검토해보면 대부분의 경기 쌍은 양의 상관관계를 가지며 어떤 것은 보통으로(예를 들어, 높이뛰기와 투포환) 다른 것은 비교적 높게(예를 들어, 높이뛰기와 허들) 상관관계를 갖는다. 일반적인 관찰과 다른 것은 투창 경기와 다른 경기 사이는 대부분 상관관계가 0 에 가깝다. 이에 대한 한 설명은 투창은 매우 "기술적인" 경기이며 아마도 다른 경기에 대한 훈련이 투창에는 도움이 되지 않는다고 볼 수 있다. 우선 [그림 3.4]에서 보여주는 7 경기의 산점도행렬을 살펴보아야 한다. 이 그림에서 뚜렷이 볼 수 있는 것은, 투창을 제외한 나머지 6개 경기에서는 다른 선수들 보다 매우 열악한 이상값이 있다는 것이다. 이는 포인트 점수 관점에서 최하의 점수를 받은 파푸아 뉴기니(PNG) 출신의 선수이다. 그러나 놀랍게도 투창을 포함하는 산점도에서는 뛰어난 선수가 바로 이 선수로 투창경기에서는 세 번째로 높은 점수를 받았다. PNG 선수를 제외한 후에 상관행렬과 산점도행렬을 다시 살펴보는 것이 합당하다. 이를 위한 R 코드는 다음과 같다.

```
R>heptathlon <- heptathlon[-grep("PNG", rownames(heptathlon)),]
R>score <- which(colnames(heptathlon) == "score")
R>round(cor(heptathlon[,-score]), 2)
         hurdles highjump shot run200m longjump javelin run800m
hurdles     1.00     0.58 0.77    0.83     0.89    0.33    0.56
highjump    0.58     1.00 0.46    0.39     0.66    0.35    0.15
shot        0.77     0.46 1.00    0.67     0.78    0.34    0.41
run200m     0.83     0.39 0.67    1.00     0.81    0.47    0.57
longjump    0.89     0.66 0.78    0.81     1.00    0.29    0.52
javelin     0.33     0.35 0.34    0.47     0.29    1.00    0.26
run800m     0.56     0.15 0.41    0.57     0.52    0.26    1.00
```

새로운 산점도행렬은 [그림 3.5]와 같다. 상관계수의 몇 개는 PNG 경쟁자를 제거하기 전에 얻은 결과로부터는 어느 정도 변하였다. 특히 투창 경기와 다른 경기와의 상관관계는 매우 적은 값에서 눈에 띄게 증가하였다. PNG 경쟁자를 생략했을 때 얻는 비교적 큰 전체적인 상관행렬의 변화로부터, 이 경쟁자를 생략한 후의 상관행렬로부터 주성분을 추출한다. 주성분은 다음 코드를 사용하여 얻을 수 있다.

```
R>heptathlon_pca <- prcomp(heptathlon[, -score], scale = TRUE)
R>print(heptathlon_pca)
Standard deviations:
[1] 2.08 0.95 0.91 0.68 0.55 0.34 0.26

Rotation:
           PC1    PC2   PC3    PC4    PC5    PC6    PC7
hurdles  -0.45  0.058 -0.17  0.048 -0.199  0.847 -0.070
highjump -0.31 -0.651 -0.21 -0.557  0.071 -0.090  0.332
shot     -0.40 -0.022 -0.15  0.548  0.672 -0.099  0.229
run200m  -0.43  0.185  0.13  0.231 -0.618 -0.333  0.470
longjump -0.45 -0.025 -0.27 -0.015 -0.122 -0.383 -0.749
javelin  -0.24 -0.326  0.88  0.060  0.079  0.072 -0.211
run800m  -0.30  0.657  0.19 -0.574  0.319 -0.052  0.077
```

```
R> plot(heptathlon[,-score])
```

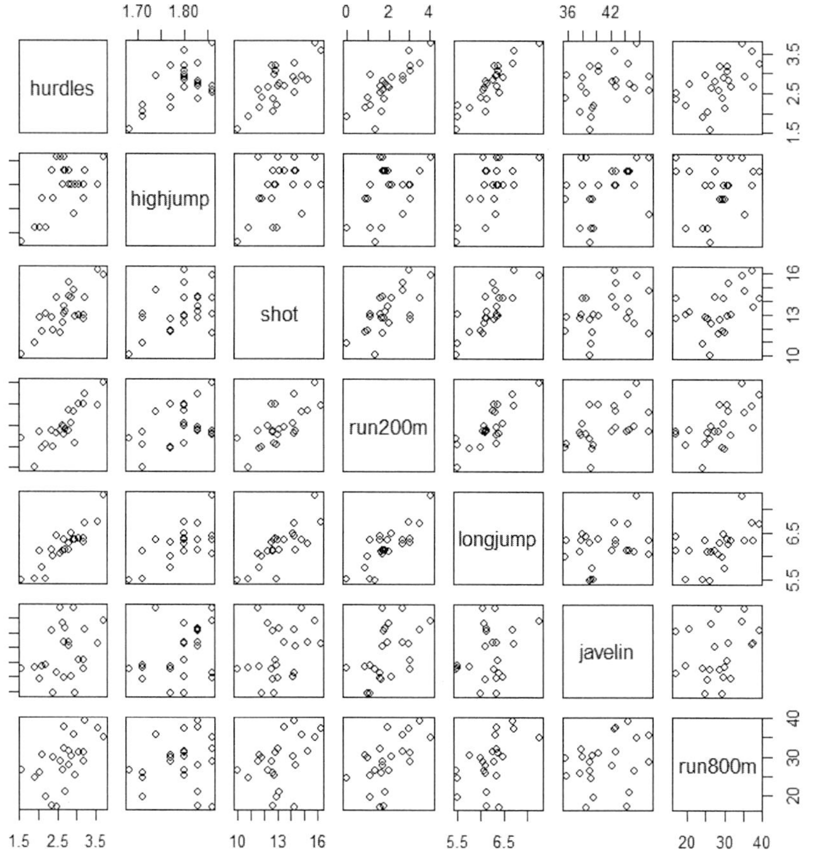

[그림 3.5] PNG 경쟁자를 제거한 후 7종 경기의 산점도행렬

더 자세한 분석결과를 얻기 위해서 summary 함수를 사용한다.

```
R>summary(heptathlon_pca)
Importance of components:
                         PC1   PC2   PC3    PC4    PC5    PC6     PC7
Standard deviation     2.079 0.948 0.911 0.6832 0.5462 0.3375 0.26204
Proportion of Variance 0.618 0.128 0.119 0.0667 0.0426 0.0163 0.00981
Cumulative Proportion  0.618 0.746 0.865 0.9313 0.9739 0.9902 1.00000
```

첫 번째 주성분에 대한 선형결합은 다음과 같이 얻는다.

```
R>a1 <- heptathlon_pca$rotation[,1]
R>a1
 hurdles highjump     shot  run200m longjump  javelin  run800m
   -0.45    -0.31    -0.40    -0.43    -0.45    -0.24    -0.30
```

허들과 멀리뛰기 경기가 가장 높은 가중값을 가지며 투창 경기는 덜 중요함을 볼 수 있다. 첫 번째 주성분을 계산하기 위해서 데이터의 척도를 적절히 조정하는 것이 필요하다. prcomp에 의해 내부적으로 사용되는 center와 scaling은 heptathlon_pca로부터 다음과 같이 추출한다.

```
R> center <- heptathlon_pca$center
R> scale <- heptathlon_pca$scale
```

이제 데이터에 scale 함수를 적용할 수 있다. 각 경쟁자의 첫 번째 주성분점수를 계산하기 위해서 적재값행렬과 곱한다.

```
R> hm <- as.matrix(heptathlon[,-score])
R> drop(scale(hm, center = center, scale = scale) %*%
+      heptathlon_pca$rotation[,1])
Joyner-Kersee (USA)         John (GDR)        Behmer (GDR)
             -4.758             -3.148              -2.926
 Sablovskaite (URS)  Choubenkova (URS)        Schulz (GDR)
             -1.288             -1.503              -0.958
      Fleming (AUS)       Greiner (USA)   Lajbnerova (CZE)
             -0.953             -0.633              -0.382
      Bouraga (URS)       Wijnsma (HOL)    Dimitrova (BUL)
             -0.522             -0.218              -1.076
     Scheider (SWI)         Braun (FRG) Ruotsalainen (FIN)
              0.003              0.109               0.209
```

```
         Yuping (CHN)          Hagger (GB)           Brown (USA)
                0.233                0.660                 0.757
       Mulliner (GB)   Hautenauve (BEL)           Kytola (FIN)
                1.881                1.828                 2.118
      Geremias (BRA)      Hui-Ing (TAI)        Jeong-Mi (KOR)
                2.771                3.901                 3.897
```

또는 좀 더 간편하게 미리 계산된 주성분점수로부터 첫 번째를 추출한다.

```
R> predict(heptathlon_pca)[,1]
Joyner-Kersee (USA)            John (GDR)          Behmer (GDR)
             -4.758                -3.148                -2.926
 Sablovskaite (URS)   Choubenkova (URS)          Schulz (GDR)
             -1.288                -1.503                -0.958
      Fleming (AUS)        Greiner (USA)      Lajbnerova (CZE)
             -0.953                -0.633                -0.382
      Bouraga (URS)        Wijnsma (HOL)       Dimitrova (BUL)
             -0.522                -0.218                -1.076
     Scheider (SWI)          Braun (FRG)    Ruotsalainen (FIN)
              0.003                 0.109                 0.209
       Yuping (CHN)          Hagger (GB)           Brown (USA)
              0.233                 0.660                 0.757
      Mulliner (GB)     Hautenauve (BEL)          Kytola (FIN)
              1.881                 1.828                 2.118
     Geremias (BRA)        Hui-Ing (TAI)        Jeong-Mi (KOR)
              2.771                 3.901                 3.897
```

처음 두 개의 주성분이 분산의 75%를 설명한다. 각 주성분 분산의 막대도표(barplot) (그림 3.6)는 처음 두 개 주성분이 얼마나 우세한지를 보여준다.

```
R> plot(heptathlon_pca)
```

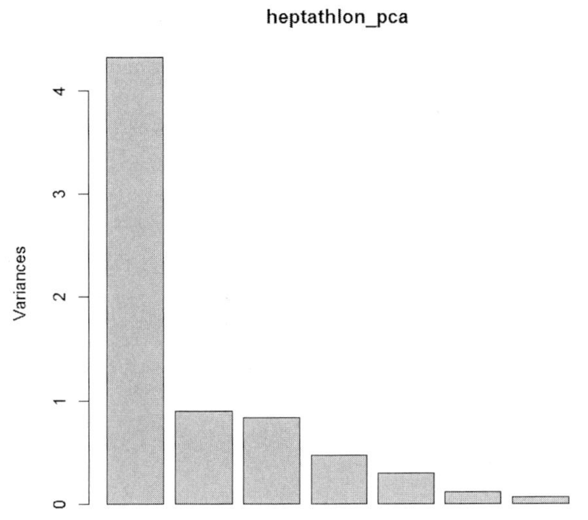

[그림 3.6] 주성분에 의해 설명되는 분산양에 대한 막대그림(PNG 관측값은 제거된 후)

7종 경기에서 사용되는 표준 점수 시스템에 의해 각 운동선수에게 주어지는 점수와 처음 주성분점수와의 상관계수는 다음에 의해 얻을 수 있다.

```
R> cor(heptathlon$score, heptathlon_pca$x[,1])
[1] -0.99

R> plot(heptathlon$score, heptathlon_pca$x[,1])
```

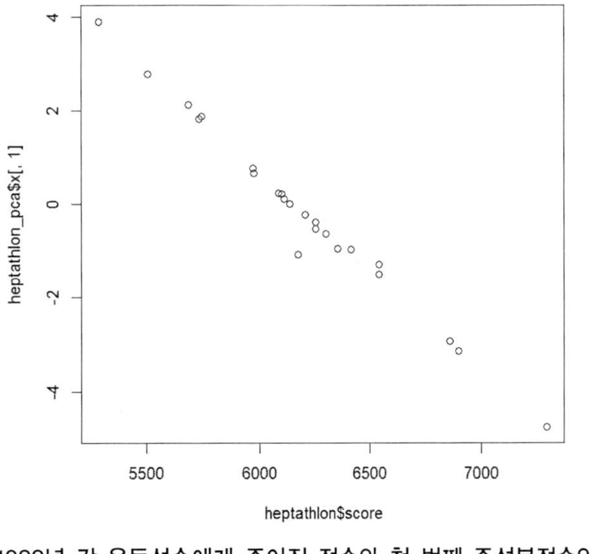

[그림 3.7] 1988년 각 운동선수에게 주어진 점수와 첫 번째 주성분점수와의 산점도

이것은 처음 주성분이 공식적인 올림픽 규칙에 의해 운동선수에게 할당되는 점수와 잘 일치함을 보여준다. 공식적인 점수와 처음 주성분의 산점도는 [그림 3.7]과 같다. (첫 주성분이 정의하는 계수 부호의 임의성 때문에 상관계수가 음이라는 것은 여기서 중요하지 않다. 중요한 것은 상관계수의 크기이다.)

3.10.3 미국 도시들의 대기오염

이 절에서는 1장에서 소개하였던 대기오염 데이터로 되돌아간다. 데이터는 원래 SO2를 다른 6개 변수에 대한 회귀분석에 의해 오염의 결정요인을 조사하기 위해 수집되었다. 그러나 여기에서는 어떻게 주성분분석이 데이터의 다양한 면을 탐구하기 위해 사용될 수 있는 지를 검토하고, 어떻게 그러한 분석이 오염문제의 결정요인을 알아내는 데 사용될 수 있는지를 살펴볼 것이다.

우선 SO2 변수를 무시하고 다른 변수들에 집중한다. 두 변수(popul, manu)는 인간 생태학에 관련되고 네 개 변수(temp, wind, precip, predays)는 기후와 관련된다. 차후의 분석에서는 모든 6개 변수의 큰 값일수록 덜 관심을 끄는 환경을 나타내도록 음의 값을 갖는 온도를 사용한다. 나중에 볼 수 있듯이 temp의 간단한 변환이 이러한 해석을 돕는다.

대기오염 데이터에 주성분분석을 행하기 전에 6개 변수에 대한 산점도행렬을 생성한다. 여기서 주축에는 각 변수의 히스토그램을 포함하며 [그림 3.8]에서 보여준다.

[그림 3.8]로부터의 명백한 메시지는 이상값으로서 간주되어야 할 적어도 한 개의 도시 또는 아마도 그 이상의 도시가 있다는 것이다.(이것은 2장에서의 데이터 조사 결과로부터 놀라운 것이 아니다.) 예를 들어, 시카고는 manu 변수에서 3344 값을 갖는데 이는 20명 이상을 고용하는 제조 회사의 수에서 두 번째로 높은 값을 갖는 도시(필라델피아)의 약 2배의 값을 갖는다. 이 장의 후반부에서 이러한 잠재적인 문제를 다시 다루겠지만 당분간 모든 41개 도시의 데이터를 가지고 주성분분석을 수행할 것이다.

<표 1.5>의 데이터에서 사용되는 6개 변수 매우 다른 척도를 가지므로 공분산행렬보다는 상관행렬로부터 주성분을 추출하는 것이 필요해 보인다. 데이터의 상관행렬과 주성분은 다음의 명령문을 사용하여 R에서 얻을 수 있다.

```
R> cor(USairpollution[,-1])
         manu  popul   wind precip predays negtemp
manu    1.000  0.955  0.238 -0.032   0.132   0.190
popul   0.955  1.000  0.213 -0.026   0.042   0.063
```

```
wind     0.238  0.213  1.000 -0.013  0.164  0.350
precip  -0.032 -0.026 -0.013  1.000  0.496 -0.386
predays  0.132  0.042  0.164  0.496  1.000  0.430
negtemp  0.190  0.063  0.350 -0.386  0.430  1.000
```

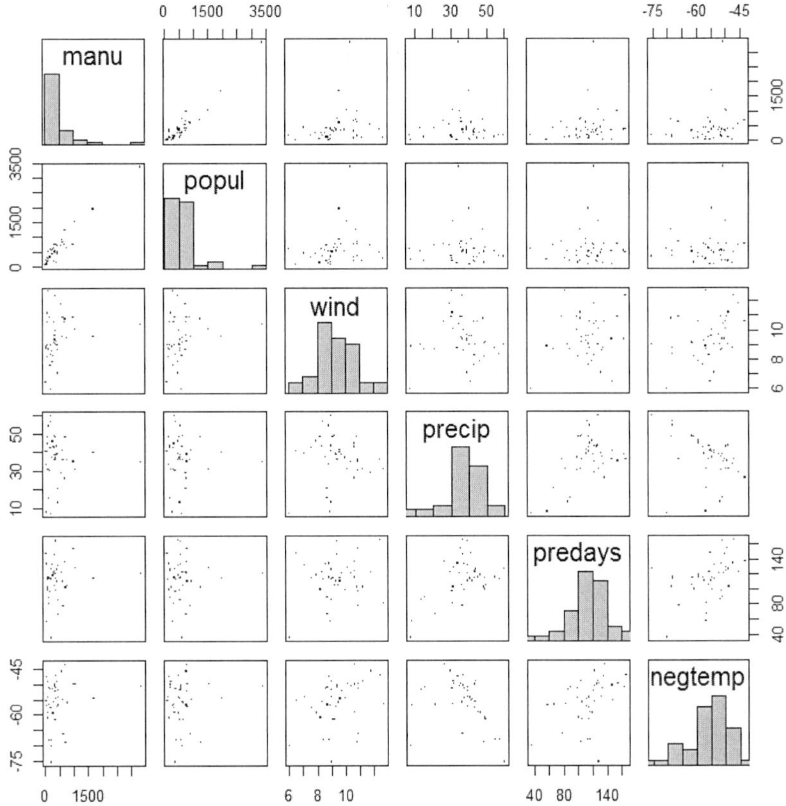

[그림 3.8] air pollution 데이터의 6개 변수에 대한 산점도행렬

```
R> usair_pca <- princomp(USairpollution[,-1], cor = TRUE)

R> data("USairpollution", package = "HSAUR2")
R> panel.hist <- function(x, ...) {
+     usr <- par("usr"); on.exit(par(usr))
+     par(usr = c(usr[1:2], 0, 1.5) )
+     h <- hist(x, plot = FALSE)
+     breaks <- h$breaks; nB <- length(breaks)
```

```
+     y <- h$counts; y <- y/max(y)
+     rect(breaks[-nB], 0, breaks[-1], y, col="grey", ...)
+ }
R> USairpollution$negtemp <- USairpollution$temp * (-1)
R> USairpollution$temp <- NULL
R> pairs(USairpollution[,-1], diag.panel = panel.hist,
+       pch = ".", cex = 1.5)

R> summary(usair_pca, loadings = TRUE)
Importance of components:
                       Comp.1 Comp.2 Comp.3 Comp.4 Comp.5 Comp.6
Standard deviation       1.48   1.22   1.18   0.87  0.338 0.1856
Proportion of Variance   0.37   0.25   0.23   0.13  0.019 0.0057
Cumulative Proportion    0.37   0.62   0.85   0.98  0.994 1.0000

Loadings:
        Comp.1 Comp.2 Comp.3 Comp.4 Comp.5 Comp.6
manu    -0.612 0.168  0.273  -0.137  0.102 0.703
popul   -0.578  0.222  0.350                -0.695
wind    -0.354  -0.131 -0.297  0.869 -0.113
precip          -0.623 0.505   0.171  0.568
predays -0.238  -0.708         -0.311  -0.580
negtemp -0.330 -0.128 -0.672   -0.306  0.558 -0.136
```

상관관계에 대해 주목할 한 가지 사실은 manu와 popul사이의 상관계수가 매우 높다. 추후에 다시 검토해 볼 사항이기도하다. 처음 세 개 주성분이 모두 1 보다 큰 분산(고유값)을 가지며 원래 변수들의 분산에 대해 거의 85%를 설명함을 알 수 있다. 따라서 이러한 세 개 주성분점수는 정보의 큰 손실없이 데이터를 도표화하는 데 사용될 수 있다. 이러한 가능성을 나중에 설명한다.

주성분분석의 많은 이용자들은 어떤 의미에서 "명명화"하기 위해 도출된 주성분을 해석하고자 시도한다. 이것은 각 성분을 정의하는 계수를 조사해야한다.(앞에서 보는 출력에서

계수제곱합이 1 이 되도록 조정되었다. "빈칸"은 거의 0 인 값을 나타낸다.) 첫 번째 주성분은 높은 값이 비교적 열악한 환경(적어도 저자의 관점에서는)을 나타내는 "삶의 질(quality of life)"의 어떤 지수로서 간주될 수 있어 보인다. 두 번째 주성분은 precip와 predays가 높은 계수를 가지며 주로 도시의 강수와 관련되어 "습한 기후(wet weather)" 성분으로 명명할 수 있을 것이다. 세 번째 주성분은 본질적으로 precip와 negtemp 사이의 대비로서 높은 온도와 많은 강수량을 갖는 도시를 춥고 건조한 도시로부터 분류할 것이다. 적절한 명칭은 "기후 유형(climate type)"일 것이다.

주성분을 이런 방식으로 명명하는 것이 일반적이다. 그러나 약간은 일반적이지 않을 수도 있다. Marriot(1974)에 의한 다음의 인용문은 지나친 해석의 위험에 대한 유익한 경고로 작용해야 한다.

어떤 수학적인 방법도 실질적으로 의미있는 결과를 주기 위해서 디자인될 수 없다는 것을 강조해야 한다. 만약에 수학적인 이러한 표현이 실질적인 의미를 명백히 갖는다면 그것은 운 좋은 변화 결과로 보거나, 데이터가 분석에서 보여주는 강한 특징의 구조를 갖는 결과로 보아야만 한다. 후자의 경우조차도 아주 작은 표본추출에 의한 변동에 의해 해석은 뒤집힐 수 있다. 예를 들어, 처음 두 개의 주성분은 역의 순서를 나타나거나 서로 혼동될 수 있다. 데이터에 대해 실질적인 의미의 참된 설명을 하기 위해서는 구체화(reification)에 대한 상당한 기술과 경험을 필요로 한다.

비록 세 개의 주성분을 명명하는 데 주의를 기울이지 않더라고 그들은 도시를 나타낼 수 있는 다양한 그래프의 기초로 사용될 수 있다. 사실 이것이 주성분분석의 가장 유용한 면이기도 하다. 이는 주성분분석을 유익한 정보를 주는 그림을 제공하는 수단으로 간주하는 것이, 주성분분석에서 그 주성분을 해석하고 명명을 하고자 하는 것을 덜 강요하고 덜 부추기는 장점을 갖기 때문이다. 처음 몇 개의 주성분점수는 관측에 대한 저차원의 "지도(map)"를 제공한다. 어떤 의미에서 이 지도는 지도상에서 개체를 나타내는 점들 사이의 유클리드 거리가 원래 변수들에 기초한 개체들 사이의 유클리드 거리를 가장 잘 근사한다. 이점에 대해서는 4장에서 다시 다룰 것이다.

따라서 처음 세 개 주성분의 산점도행렬을 살펴봄으로써 시작하는데, 각 패널은 적절한 이변량 상자그림을 보여준다. 점들은 도시 이름 약자로 표시된다. 이것을 생성하는데 사용되는 그림과 코드는 다음과 같다.

```
R> pairs(usair_pca$scores[,1:3], ylim = c(-6, 4), xlim = c(-6, 4),
+       panel = function(x,y, ...) {
```

```
+           text(x, y, abbreviate(row.names(USairpollution)),
+                cex = 0.6)
+           bvbox(cbind(x,y), add = TRUE)
+       })
```

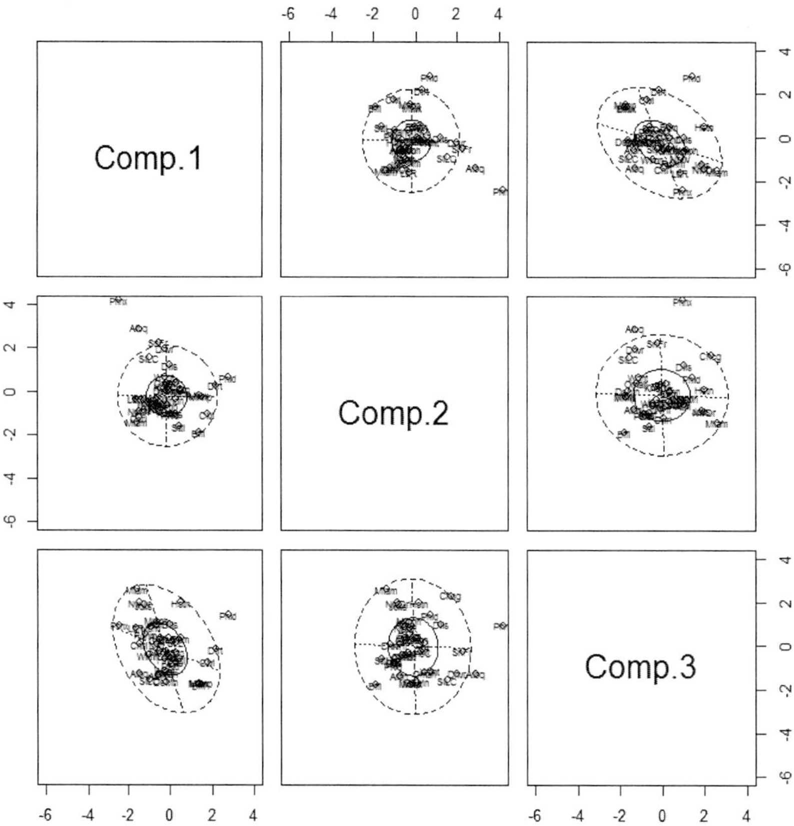

[그림 3.9] 처음 세 개 주성분에 대한 이변량 상자그림

[그림 3.9]는 다시 명백하게 시카고(Chicago)가 이상값임을 보여주며 피닉스(Phoenix)와 필라델피아(Philadelphia)가 또한 의심스러울 수 있음을 보여준다. 피닉스는 최상의 삶의 질(기록된 6개 변수의 제한된 근거에서)을 제공하는 것처럼 보이며, 버팔로(Buffalo)는 만약 당신이 건조한 환경을 좋아한다면 피해야 할 도시이다. 더 이상의 해석은 독자들에게 남긴다.

이제 대기오염 데이터를 수집할 때 연구자의 마음속에 있던 주된 목표, 즉 기후와 인구 생태학 변수 중 어느 것이 대기 중의 이산화황 양으로 측정되는 도시의 대기오염 정도를 가장 잘 추정하는 지를 결정하는 문제를 생각한다. 이 문제는 보통 다중선형회귀로 풀 수 있지만 이 기법을 대기오염 데이터에 적용하는 데에는 `manu`와 `popul` 변수사이에 높은 상관관계가 존재한다는 잠재적인 문제가 있다. 물론 `manu`나 `popul` 변수중 하나를 버리는 방법으로 이 문제를 다룰 수 있으나 여기서는 가능한 다른 접근법을 생각한다. 이는 SO2 수준을 데이터 내의 다른 6개 변수에 의해 유도된 주성분에 대해 회귀하는 것이다([그림 3.10] 참조). 회귀분석에 주성분을 사용하는 것에 대한 자세한 설명은 Jolliffe(2002)에 나와 있다. 여기서는 간단히 예를 제시한다. 첫 번째 질문은 "회귀식에서 설명변수로서 얼마나 많은 주성분이 사용되어야 하는가?"이다. 이 질문에 대한 분명한 답은 원래 분석에서 중요하다고 인지된 주성분의 개수를 사용하는 것이다. 예를 들어, 1 이상의 고유값을 갖는 것이다. 그러나 이것은 분명한 답이 반드시 옳지는 않은 경우로, Jolliffe(2002)는 13개의 원래 설명변수를 갖는 문제를 예로 든다. 이 예에서는 13개의 주성분이 고려될 수 있는 데 단지 처음 네 개가 1 보다 큰 분산을 갖는다. 그러나 모든 주성분을 설명변수로 고려한다면, 예를 들어 분산 0.04를 갖는 12 번째 주성분이 반응변수의 중요한 추정변수임을 보여준다. 따라서 이 예를 염두에 두면서 SO2 변수를 모든 6개의 주성분에 회귀시킨다. 필요한 R 코드는 다음과 같다.

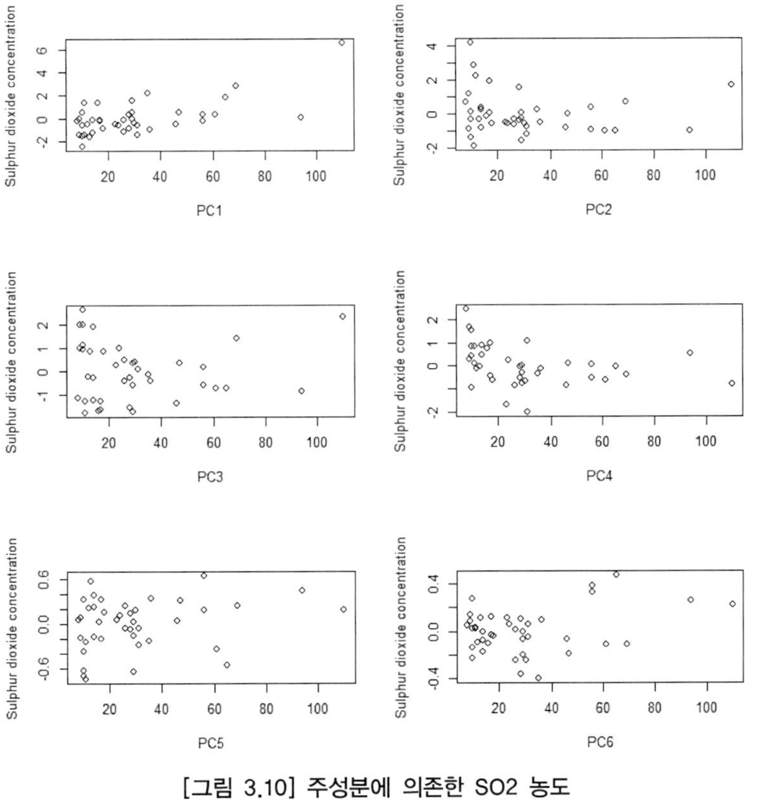

[그림 3.10] 주성분에 의존한 SO2 농도

```
R> out <- sapply(1:6, function(i) {
+     plot(USairpollution$SO2,usair_pca$scores[,i],
+          xlab = paste("PC", i, sep = ""),
+          ylab = "Sulphur dioxide concentration")
+     })

R> usair_reg <- lm(SO2 ~ usair_pca$scores, data = USairpollution)
R> summary(usair_reg)
Call:
lm(formula = SO2 ~ usair_pca$scores, data = USairpollution)

Residuals:
   Min     1Q Median     3Q    Max
-23.00  -8.54  -0.99   5.76  48.76

Coefficients:
                       Estimate Std. Error t value Pr(>|t|)
(Intercept)              30.049      2.286   13.15  6.9e-15 ***
usair_pca$scoresComp.1   -9.942      1.542   -6.45  2.3e-07 ***
usair_pca$scoresComp.2   -2.240      1.866   -1.20   0.2384
usair_pca$scoresComp.3    0.375      1.936    0.19   0.8475
usair_pca$scoresComp.4   -8.549      2.622   -3.26   0.0025 **
usair_pca$scoresComp.5   15.176      6.753    2.25   0.0312 *
usair_pca$scoresComp.6   39.271     12.316    3.19   0.0031 **
---
Signif. codes:  0 '***' 0.001 '**' 0.01 '*' 0.05 '.' 0.1 ' ' 1

Residual standard error: 15 on 34 degrees of freedom
Multiple R-squared: 0.67,       Adjusted R-squared: 0.611
F-statistic: 11.5 on 6 and 34 DF,  p-value: 5.42e-07
```

확실히 첫 번째 주성분점수는 이산화황 농도를 가장 잘 추정하지만 적은 분산을 갖는 주성분이 반드시 반응변수와 낮은 상관관계를 갖지는 않는다는 것이 명백하다. 이 예에 대해 더 자세히 탐구하는 것을 독자들에게 연습문제로서 남겨둔다.

3.11 쌍도

쌍도(또는 행렬도, biplot)는 $n \times p$ 데이터 행렬내의 정보를 그림으로 표현한다. “쌍(bi)”은 기법이 변수들의 분산과 공분산, 그리고 개체들 사이의 거리(1 장 참조)를 한 개의 그림에서 보여준다는 것을 나타낸다. 이러한 기법은 행렬의 비정칙값분해(singular value decomposition)에 기초한다(Gabriel 1971 참조).

쌍도는 공분산행렬의 고유값과 고유벡터로부터 얻어진 데이터 행렬의 이차원 표현으로 다음과 같이 얻는다.

$$\boldsymbol{X}_2 = (\boldsymbol{p}_1, \boldsymbol{p}_2)\begin{pmatrix} \sqrt{\lambda_1} & 0 \\ 0 & \sqrt{\lambda_2} \end{pmatrix}\begin{pmatrix} \boldsymbol{q}_1^T \\ \boldsymbol{q}_2^T \end{pmatrix}$$

여기서 $\boldsymbol{X}_2$는 데이터행렬 $\boldsymbol{X}$의 “rank two” 근사이고, λ_1과 λ_2는 행렬 $n\boldsymbol{S}$의 처음 두 고유값이며 $\boldsymbol{q}_1$과 $\boldsymbol{q}_2$는 대응하는 고유벡터이다. 벡터 $\boldsymbol{p}_1$과 $\boldsymbol{p}_2$는 다음과 같이 얻는다:

$$\boldsymbol{p}_i = \frac{1}{\sqrt{\lambda_i}}\boldsymbol{X}\boldsymbol{q}_i; \quad i = 1, 2.$$

쌍도는 $\sqrt{n}(\boldsymbol{p}_1, \boldsymbol{p}_2)$의 n개 행과 벡터로 표현된 $n^{-1/2}(\sqrt{\lambda_1}\boldsymbol{q}_1, \sqrt{\lambda_2}\boldsymbol{q}_2)$의 q개 행의 그림이다. 개체를 나타내는 점들 사이의 거리는 개체들 사이의 일반화 거리(1장 참조)로 반영하며, 원점으로부터 특정한 변수를 나타내는 좌표까지의 벡터의 길이는 그 변수의 분산을 반영한다. 그리고 두 변수 사이의 상관관계는 두 변수에 대한 두 개의 대응하는 벡터들 사이의 각에 의해 반영된다. 각이 적을수록 상관관계는 크다. 쌍도의 자세한 기술적인 내용은 Gabriel(1981)과 Gower와 Hand(1996)에서 볼 수 있다. PNG 경쟁자를 제외한 7종 경기 데이터에 대한 쌍도는 [그림 3.11]에서 볼 수 있다. [그림 3.11]은 금메달 수상자 Jackie Joyner-Kersee가 그녀의 점수를 멀리 뛰기, 허들, 200m에서 많이 얻었음을 뚜렷이 보여준다. 또한 쌍도로부터 200m, 허들, 멀리뛰기의 결과가 높게 상관되어 있음을 볼 수 있다. 투창과 높이뛰기도 높게 상관되어 있는 것을 볼 수 있다. 800m 달리기는 모든 다른 사건들과 비교적 적게 상관되어 있으며 높이뛰기와 투창은 거의 상관관계가 없는 것을 볼 수 있다.

첫 번째 주성분은 주로 경쟁자들을 전체적인 점수에 의해서 분리한다. 두 번째 주성분은 무엇이 그들이 가장 잘 한 경기인지를 나타낸다. 예를 들어, John, Choubenkova, Behmer는 800m 경기가 다른 경기에 비해 상대적으로 그들이 최상의 기록을 갖는 경기이기 때문에 800m 경기를 나타내는 벡터의 끝 부근에 위치한다. 유사하게 Yuping, Scheider, Braun은 높이뛰기에서 잘 했음 볼 수 있다. 다음 장에서 쌍도에 대해 약간 더 설명할 것이다.

```
R> biplot(heptathlon_pca, col = c("gray", "black"))
```

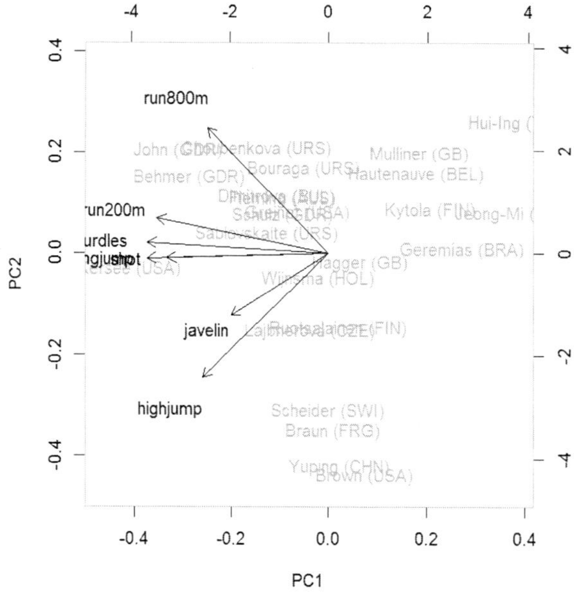

[그림 3.11] 처음 두 개 주성분(척도 변환된)에 대한 쌍도(PNG 관측값 제거 후)

3.12 주성분분석에 대한 표본크기

주성분분석을 적용할 때 필요한 개체의 수에 대한 많은 제안이 있어 왔다. 직관적으로 n 값이 클수록 더 확신하는 결과를 얻고 더 일반화할 수 있을 것이다. 그러나 불행하게도 제시된 많은 제안이, 예를 들어, n은 100 보다 커야만 한다든지 n은 변수 개수의 5배보다 커야 한다든지 하는 것은, 경험적인 증거에 기초한 것이다. Gaudagnoli와 Velicer(1988)는 몇 개의 연구를 검토하였는데 가장 적절한 것은 n의 q에 대한 비율이기 보다는 n의 최소값이라고 결론에 이르는 연구였다. 비록 이러한 논문에서 n의 최소값으로서 제안된 값의 범위가 50부터 400으로 그 값에 약간의 의구심을 갖게 한다. 다른 저자들은, 예를 들어, Gorsuch(1983)과 Hatcher(1994)는 n의 q에 대한 최소값의 비율이 더욱 중요하다고 하였으며 적어도 5:1을 추천하였다.

이러한 문제에 대한 가장 자세한 연구는 Osborne과 Costello(2004)에서 보고된 것으로 주성분분석으로 얻을 수 있는 최상의 결과는 n과 n의 q에 대한 비(ratio) 둘 다 클 때 얻을 수 있다는 것을 발견하였다. 그러나 실제 필요한 값은 주로 주성분 구조를 정의하는 고유값들의 분리에 의존한다. 만약 이 고유값들이 "서로 가깝다"면 그들이 멀리 떨어져 있을 때 보다 구조를 자세하게 발견하기 위해서 더 많은 수의 개체가 필요할 것이다.

3.13 정준상관분석

주성분분석은 변수 집합 내의 연관성을 고려한다. 그러나 연구자가 변수들의 두 개의 집합 사이의 관계를 평가하는 데 관심이 있을 수 있다. 예를 들어, 심리학에서 조사자는 학생들의 표본에 대해 많은 적성 변수와 성취 변수들을 측정하고 "적성(aptitude)"과 "성취(achievement)"사이의 관계에 대한 어떤 것을 말하고 싶을 수 있다. 그리고 Krzanowski (1988)는 농학자가 고려한 다음의 예를 제시한다. 한 지역 내의 n개의 장소 각각에 대해 식물의 산출량에 관련된 q_1개 변수(즉, 키, 건조 중량, 잎의 개수)를 측정하였으며 동시에 그 지역의 날씨 상태와 관련된 q_2개 변수(즉, 평균 일별 강수량, 습도, 일조시간)를 기록한 예이다. 따라서 전체 조사는 n개체에 대해 $(q_1 + q_2)$개 측정으로 구성되며 관심있는 문제는 "수확량(yield)"과 "날씨(weather)" 사이의 연관성 측정이다. 그러한 문제를 언급하는 한 가지 기법이 정준상관분석(canonical correlation analysis, CCA)이다. 이러한 분석으로부터의 결과에 대한 해석이 어렵기 때문에 비록 그 기법이 다른 다변량 기법보다 덜 사용된다고 우선 말해야 한다. 이러한 이유들 때문에 여기서는 의도적으로 간단히 설명하기로 한다.

정준상관분석을 보는 한 가지 방법은 다중 회귀분석의 확장인데, 왜냐하면 한 개의 변수(반응)가 여러 설명변수들과 관련되는 회귀 해가 반응과 가장 높게 상관된 설명변수들의 선형결합을 구하는 것이 다중 회귀분석의 목적이기 때문이다. 두 집합의 각각에 두 개 이상의 변수가 있는 정준상관분석에서는, 그 목적이 한 집합 내의 변수들의 선형함수와 최대로 상관된 다른 집합의 변수들의 선형함수를 발견하는 것이다. 요구되는 선형함수를 정의하는 계수의 추출은 주성분을 구하는 과정과 유사하다. 정준상관분석(CCA)의 기술적인 관점의 비교적 간단한 설명은 다음과 같다. 자세한 설명은 Krzanowski(1988)과 Mardia et al.(1979)에서 볼 수 있다.

정준상관분석의 목적은 두 변수 집합 $\boldsymbol{x}^T = (x_1, x_2, \cdots, x_{q_1})$ 과 $\boldsymbol{y}^T = (y_1, y_2, \cdots, y_{q_2})$ 사이에 독립으로 통계적 관계를 특징짓는 것이다. 전체 $(q_1 + q_2) \times (q_1 + q_2)$ 상관행렬은 두 집합내의 변수들의 쌍 사이의 결합에 대한 모든 정보를 포함한다. 그러나 이 행렬로부터 두 개의 변수 집합 사이의 결합에 대한 어떤 아이디어를 추출하려고 시도하는 것은 간단하지 않다. 왜냐하면 두 집합사이의 상관관계가 일관적인 패턴을 갖지 않을 수도 있기 때문이다. 그리고 이들 변수집합 사이의 상관관계는 집합 내의 상관관계를 위해 어떤 방식으로 조정될 필요가 있다. 관심이 있는 문제는 "어떻게 변수들의 두 집합 $\boldsymbol{x}$ 와 $\boldsymbol{y}$ 사이의 관계를 계량화할 것인가?"이다. 정준상관분석에서 채택된 접근은 $\boldsymbol{x}$와 $\boldsymbol{y}$사이의 연관을 $\boldsymbol{x}$와 $\boldsymbol{y}$로부터 유도된 두 개의 변수 u_1과 v_1사이의 가장 큰 상관관계로서 취하는 것이다. u_1은 $x_1, x_2, \cdots, x_{q_1}$의 선형결합이고 v_1은 $y_1, y_2, \cdots, y_{q_2}$의 선형결합이다. 그러나 변수 한 쌍 (u_1, v_1)은 $\boldsymbol{x}$와 $\boldsymbol{y}$변수들 사이의 연관성을 계량화하는 데 충분하지 않다. $s = \min(q_1, q_2)$ 쌍들 $(u_1, v_1), (u_2, v_2), \cdots, (u_s, v_s)$의 일부 또는 모두를 고려해야 한다. 각 u_i는 $\boldsymbol{x}$내의 변수들의 선형결합이고, $u_i = \boldsymbol{a}_i^T\boldsymbol{x}$, 각 v_i는 $\boldsymbol{y}$내의 변수들의 선형결합이며, $v_i = \boldsymbol{b}_i^T\boldsymbol{y}$, 계수 $(a_i, b_i)\ (i = 1, \cdots, s)$는 u_i와 v_i가 다음을 만족하도록 선택된다.

1. u_i는 서로 상관이 없다. 즉 $i \neq j$일 때 $Cov(u_i, u_j) = 0$.
2. v_i는 서로 상관이 없다. 즉 $i \neq j$일 때 $Cov(v_i, v_j) = 0$.
3. $i = 1, \cdots, s$ 에 대해서 u_i와 v_i 사이의 상관계수는 R_i 이며 $R_1 > R_2 > \cdots > R_s$이다. R_i는 정준상관계수이다.
4. u_i는 v_i를 제외하고 v_j와 상관이 없다. 즉 $i \neq j$일 때 $Cov(u_i, v_j) = 0$

$i = 1, \cdots, s$에 대해서 $\boldsymbol{x}$와 $\boldsymbol{y}$변수들에 대해 요구되는 선형결합을 정의하는 벡터 $\boldsymbol{a}_i$와 $\boldsymbol{b}_i$는 각각 다음과 같이 정의되는 행렬 $\boldsymbol{E}_1(q_1 \times q_1)$의 고유벡터($\boldsymbol{a}_i$)와 $\boldsymbol{E}_2(q_2 \times q_2)$의 고유벡터($\boldsymbol{b}_i$)로 얻어진다.

$$\boldsymbol{E}_1 = \boldsymbol{R}_{11}^{-1}\boldsymbol{R}_{12}\boldsymbol{R}_{22}^{-1}\boldsymbol{R}_{21}, \ \boldsymbol{E}_2 = \boldsymbol{R}_{22}^{-1}\boldsymbol{R}_{21}\boldsymbol{R}_{11}^{-1}\boldsymbol{R}_{12}$$

여기서 $\boldsymbol{R}_{11}$은 $\boldsymbol{x}$내의 변수들의 상관행렬이고 $\boldsymbol{R}_{22}$은 $\boldsymbol{y}$내의 변수들의 상관행렬이며 $\boldsymbol{R}_{12} = \boldsymbol{R}_{21}$은 변수들의 두 집합에 걸친 $q_1 \times q_2$ 상관행렬이다. 정준상관계수(canonical correlation)

$R_1, R_2, \cdots, R_s$는 $\boldsymbol{E}_1$ 또는 $\boldsymbol{E}_2$의 0이 아닌 고유값의 제곱근으로 얻어진다. s개의 정준상관 $R_1, R_2, \cdots, R_s$는 $\boldsymbol{x}$와 $\boldsymbol{y}$변수들 사이의 집합내의 상관을 제거한 후의 연관성을 나타낸다.

정준변량(canonical variate)내의 각 원래 변수의 계수에 대한 해석은 주성분을 해석하는 것과 동일한 방식으로 할 수 있다. 정준변량의 그와 같은 해석은 원래 변수들의 두 집합이 어떻게 관련되는지를 설명하는 데 도움을 준다(Krzanowski 2010 참조). 실제로 정준변량의 해석은 어렵다. 왜냐하면 정준변량의 계수의 크기에 영향을 주는 두 집합 내의 원래 변수들 사이의 분산과 공분산 매우 다를 수 있기 때문이다. 불행하게도 모든 계수를 동일한 기반위에 놓을 수 있는 편리한 표준화는 없다(Krzanowski 2010 참조). 부분적으로 이 문제는 표준화된 계수, 즉 원래 변수가 표준화되었을 때 적절한 계수로 제약하여 해석을 다룰 수 있다.

이제 정준상관분석이 적용된 두 가지 간단한 예를 살펴보고자 한다.

3.13.1 머리 측정 데이터

정준상관분석의 첫 번째 예로서 <표 3.1>에 주어진 25개 가구의 처음 두 성인 아들의 머리길이와 머리폭 데이터에 대한 적용 예이다. 이 데이터는 Frets(1921)에 의해 수집되었으며 Frets에게 관심이 있는 문제는 자식들의 쌍의 머리 측정값들 사이에 관련이 있는지 여부였다. 이 문제에 대해 정준상관분석을 이용하여 언급할 것이다. 앞에서 설명한 바와 같이 첫 번째 원리로부터 정준상관분석을 전개할 것이다. 머리 측정 데이터로부터 정준상관을 구하는 R 코드는 다음과 같다.

```
R> headsize.std <- sweep(headsize, 2,
+                        apply(headsize, 2, sd), FUN = "/")
R> R <- cor(headsize.std)
R> r11 <- R[1:2, 1:2]
R> r22 <- R[-(1:2), -(1:2)]
R> r12 <- R[1:2, -(1:2)]
R> r21 <- R[-(1:2), 1:2]
R> (E1 <- solve(r11) %*% r12 %*% solve(r22) %*%r21)
          head1 breadth1
head1      0.32     0.32
breadth1   0.30     0.30
R> (E2 <- solve(r22) %*% r21 %*% solve(r11) %*%r12)
          head2 breadth2
```

```
head2     0.30    0.30
breadth2  0.32    0.32

R> (e1 <- eigen(E1))
$values
[1] 0.6217 0.0029

$vectors
      [,1]  [,2]
[1,] 0.73 -0.70
[2,] 0.69  0.71
R> (e2 <- eigen(E2))
$values
[1] 0.6217 0.0029

$vectors
       [,1]  [,2]
[1,] -0.68 -0.71
[2,] -0.73  0.71
```

여기서 네 개의 선형함수는 다음과 같다:

$$u_1 =+0.73x_1 + 0.69x_2$$
$$u_2 =-0.70x_1 + 0.71x_2$$
$$v_1 =-0.68x_3 - 0.73x_4$$
$$v_2 =-0.71x_3 + 0.71x_4$$

첫 번째 아들과 두 번째 아들의 첫 번째 정준변량은 두 개 머리측정값이 가중된 합으로 "둘레(girth)"라고 명명할 수 있으며 이들 두 변량 사이의 상관계수는 −0.79이다. (음의 값은 고유벡터의 처음 계수에서 부호의 임의성 때문에 발생한다. - 첫 번째 아들에서의 둘레에 대한 계수는 모두 양이고 두 번째 아들에서는 모두 음이다. 정준상관계수는 또한 $\boldsymbol{E}_1$(또는 $\boldsymbol{E}_2$)의 첫 번째 고유값, 즉 0.6217의 제곱근으로서 구한다.) 두 번째 정준변량은 두 머리 측정값의 가중된 차이로서 머리 "모양(shape)"으로 대략적으로 해석될 수 있다. 여기서 정준상관은 0.05이다 (이것은 또한 $\boldsymbol{E}_1$의 두 번째 고유값, 즉 0.0029의 제곱근으로 구한다). ("둘

레"와 "모양"은 첫 번째와 두 번째 아들 내(within)에서도 첫 번째와 두 번째 아들 간(between)에서도 상관되지 않는다고 정의된다.)

이 예에서 첫 번째와 두 번째 아들의 두 머리 측정값들 사이의 연관성은 거의 전적으로 "둘레" 변수에 의해 표현된다. 두 "모양" 변수는 거의 관련이 없다. 측정값들의 두 집합 사이의 연관성은 일차원이다. 첫 번째 아들과 두 번째 아들의 "둘레치수"의 산점도와 "모양"에 대한 산점도가 유사하여 이러한 결론을 보강해 준다. 두 산점도는 [그림 3.12]에서 보여준다.

```
R> girth1 <- headsize.std[,1:2] %*% e1$vectors[,1]
R> girth2 <- headsize.std[,3:4] %*% e2$vectors[,1]
R> shape1 <- headsize.std[,1:2] %*% e1$vectors[,2]
R> shape2 <- headsize.std[,3:4] %*% e2$vectors[,2]
R> (g <- cor(girth1, girth2))
      [,1]
[1,] -0.79
R> (s <- cor(shape1, shape2))
      [,1]
[1,] 0.054
R> par(mfrow=c(1,2))
R> plot(girth1, girth2)
R> plot(shape1, shape2)
```

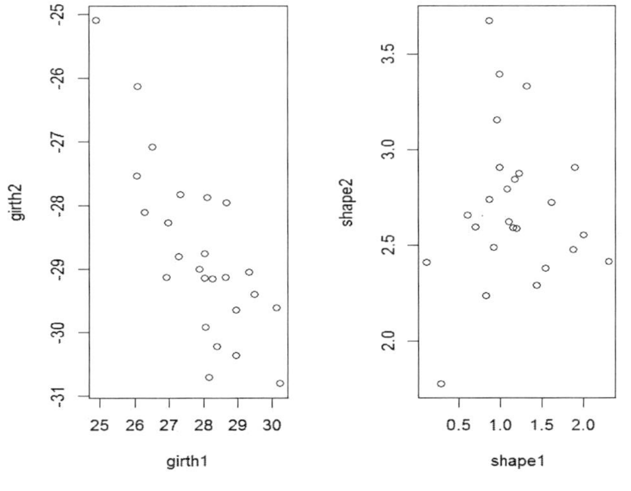

[그림 3.12] 첫 번째와 두 번째 아들의 둘레(girth)와 모양(shape)에 대한 산점도

3.13.2 건강과 성격 데이터

여기서는 Affifi, Clark과 May(2004)에 의해 취해진 그리고 Krzanowski(2010)에 의해 논의된 것으로 좀 더 실질적인 예로 설명하고자 한다. 이 데이터는 로스앤젤레스의 294명 응답자에 대한 우울증 연구에서 수집되었다. 흥미가 있는 변수들의 두 집합은 "건강(health)" 변수들과 "개인적인(personal)" 변수들이었다. 건강변수는 CESD(우울증의 다른 양상을 측정하는 20개의 별개의 수치 척도의 합)와 일반적인 건강 척도이다. "개인적인" 변수들은 그들 중 네 개의 변수 즉, 성별, 나이, 소득, 교육수준(가장 낮은 "고졸 미만"으로부터 가장 높은 "박사"까지 수치적으로 코딩된)을 조사하였다. 이들 변수들 사이의 표본상관행렬은 표 3.3에 주어진다. 여기서 최대 정준변수는 두 개이고 다음의 R 코드를 사용해 구한다.

〈표 3.3〉 LAdepr 데이터. Los Angeles Depression 데이터

CESD	Health	Gender	Age	Edu	Income
1	0.212	0.124	-0.164	-0.101	-0.158
0.212	1	0.098	0.308	-0.207	-0.183
0.124	0.098	1	0.044	-0.106	-0.18
-0.164	0.308	0.044	1	-0.208	-0.192
-0.101	-0.207	-0.106	-0.208	1	0.492
-0.158	-0.183	-0.18	-0.192	0.492	1

```
R> r11 <- LAdepr[1:2, 1:2]
R> r22 <- LAdepr[-(1:2), -(1:2)]
R> r12 <- LAdepr[1:2, -(1:2)]
R> r21 <- LAdepr[-(1:2), 1:2]
R> (E1 <- solve(r11) %*% r12 %*% solve(r22) %*%r21)
          CESD Health
CESD     0.084 -0.043
Health -0.033  0.133

R> (E2 <- solve(r22) %*% r21 %*% solve(r11) %*%r12)
        Gender     Age    Edu Income
Gender  0.0155 -0.0015 -0.018 -0.022
```

```
Age    -0.0024  0.1471 -0.040 -0.016
Edu    -0.0149 -0.0260  0.025  0.025
Income -0.0212  0.0130  0.022  0.029

R> (e1 <- eigen(E1))
$values
[1] 0.153 0.063
$vectors
      [,1]  [,2]
[1,]  0.53 -0.91
[2,] -0.85 -0.42

R> (e2 <- eigen(E2))
$values
[1]  1.5e-01  6.3e-02 -8.8e-18  6.6e-19
$vectors
        [,1]  [,2]  [,3]   [,4]
[1,] -0.0026  0.49 -0.46  0.797
[2,] -0.9801 -0.32 -0.19  0.063
[3,]  0.1858 -0.43 -0.80 -0.058
[4,] -0.0699 -0.69  0.34  0.598
```

여기서 정준변수 쌍의 최대 개수는 2개로서 다음의 R 코드를 사용하여 구한다.(E_2의 세 번째와 네 번째 고유값은 이 경우에서 볼 수 있듯이 본질적으로 0 임을 주목하라.) 첫 번째 정준상관은 0.409로서 E_1의 첫 번째 고유값 0.15347의 제곱근으로서 계산된다. 연습문제 3.4에서 서술된 바와 같이 검정한다면 p-값은 작다. 그러므로 처음 정준상관이 유의하다는 강한 증거를 보여준다. 표준화된 원래 변수의 형태로 대응하는 변량은 다음과 같다:

$$u_1 = +0.53 CESD - 0.85 Health$$

$$v_1 = -0.00 Gender - 0.98 Age + 0.19 Education - 0.07 Income.$$

인지된 건강 변수들에 대해서는 CESD(양으로)와 건강(Health, 음으로)에 대응하는 계수가 높은 값을 갖고 개인적인 변수들에 대해서는 나이(Age, 음으로)와 교육(Edu, 양으로)에 해당하는 계수가 그렇다. 이것은 비교적 나이가 많고 약물 치료받은 사람들이 낮은 우울증 점수를 가짐을 보여준다. 그러나 그들의 건강은 비교적 약한 것으로 인지된다. 반면에 비교적 젊고 교육받은 사람들은 반대의 건강 인지를 가짐을 보여준다.(이러한 해석에 대해 Krzanowski 2010 에게 감사한다.)

두 번째 정준상관은 0.261 로서 두 번째 고유값의 제곱근으로 계산된다. 이 상관성도 또한 유의하다(연습문제 3.4 참조). 대응하는 정준변량은 다음과 같다:

$$u_2 = -0.91\,CESD - 0.42\,Health$$

$$v_2 = +0.49\,Gender - 0.32\,Age - 0.43\,Education - 0.69\,Income\,.$$

성별 변수(Gender)의 큰 값이 여성이므로 여기서의 해석은 상대적으로 젊고 가난하고 교육을 받지 않은 여성이 더 높은 우울증 점수와 관련된다는 것이다. 그리고 건강 인지는 더 약하게 관련된다(이 해석은 Krzanowski 2010 때문이다).

3.14 요약

주성분분석은 원래 Pearson(1901)과 독립적으로 Hotelling(1933)에 의해 소개된 가장 오래된 다변량 기법 중 하나이다. 다변량 데이터를 낮은 차원에서 보여주는 편리한 방법을 제공하고 데이터의 다른 분석을 단순화하는 것을 가능하게 하는데 유용하며 가장 널리 채택되는 다변량 기법 중의 하나로 남아 있다. 주성분분석에 의해 얻을 수 있는 차원의 축소는 주로 원래 변수들이 상관되어 있을 때에만 가능하다. 만약 원래 변수들이 서로 독립이라면 주성분분석은 어떤 단순화도 이끌 수 없다.

이 장에서 주어진 주성분분석 예에서는 연속적인 변수들을 포함하였다. 그러나 기술통계적 기법으로 사용될 때 분석되는 변수들이 어떤 특정한 유형일 이유는 없다. 따라서 변수들은 연속(continuous), 순서(ordinal), 심지어 이진(binary) 변수들의 혼합일 수도 있다. 연속변수들의 선형함수는 이진(binary) 변수에 대응하는 함수보다 해석하기 쉬울 것이다. 그러나 주성분분석의 기본 목적인 원래 q개 변수 내에 존재하는 "분산"의 대부분을 요약하고자 하는 것으로 관측되는 변수의 성질에 관계없이 얻을 수 있다.

정준상관분석의 결과는 해석하기 어렵다는 평판을 가지고 있으며 여러 면에서 제대로 얻은 평판이다. 분석 결과에 대해 설득력있는 해석을 도출하기 위해서는 변수들을 매우 잘 알아야 한다. 그러나 어떤 경우에는(머리 측정 데이터가 한 예이다) 정준상관분석이 두 변수집합들 사이의 연관성에 대한 유용한 설명과 정보를 제공하는 통찰력을 제공할 수 있다.

마지막으로 고차원 데이터내의 숨겨진 변수들을 찾고자 하는 잠재적으로 강력한 기법인 독립성분분석(ICA : Independent Component Analysis)을 언급하고자 한다. 특히 ICA는 여러 센서들(sensors)에 의해 측정된 값들이 선형으로 혼합된 경우에 독립된 소스(source)들로 분리할 수 있다. 예를 들어, 태아 진단에서 다채널 심전도(multichannel electrocardiogram, ECG)는 태아의 맥박과 엄마의 맥박을 포함해서 엄마와 태아의 전기적인 활동의 혼합을 기록하기 위해서 사용된다. 그러나 엄마의 심전도는 태아의 신호보다 훨씬 강하고 기록된 신호는 또한 전기적인 간섭의 다른 소스에 의해 영향을 받을 것이다. 그러한 데이터는 Izenman(2008)에 의해 보여주는 바와 같이 ICA에 의해 독립성분 신호로 분리될 수 있다.

신호들의 혼합은 여러 분야에서 발생한다. 예를 들어, 인간의 뇌파활동(human brain-wave activity)의 추적과 기능적 자기공명 영상(functional magnetic resonance imaging) 실험이다. 결과적으로 ICA는 그러한 영역에서 점점 더 사용하게 되었다. ICA 기법에 대한 자세한 설명은 Hyvarinen(1999)과 Hyvarinen, Karhunen과 Oja(2001)에서 볼 수 있다. 흥미롭게도 ICA로 다변량 데이터를 분석하는 첫 단계는 주로 주성분분석이다. ICA가 기술적으로 깊은 지식을 요구하고 다소 전문화된 영역이므로 이 책에서는 ICA를 설명하지 않지만, 그 방법은 R 패키지 `fastICA`(Marchini, Heaton, Ripley 2010)를 사용하여 이용가능하다.

3.15 연습문제

3.1 각 패널에서 추정된 이변량 밀도함수의 등고선을 보이는 `heptathlon` 데이터에 대한 산점도를 생성하시오. 이 산점도가 그렇지 않은 산점도행렬보다 유용한가?

3.2 대기오염 데이터에서 6개 설명변수 각각에 대해 SO2 변수를 보여주는 그림을 생성하시오. 각 산점도가 추정된 선형회귀식과 지역적으로 가중되어 추정된 회귀선을 보여주도록 하시오. 이 그림이 이산화황(sulphur dioxide) 수준을 가장 잘 추정하는 변수들을 정하는 데 도움이 되는가?

3.3 MacDonnell(1902)에 의해 3000 명의 기소된 범죄자(convicted criminal) 각각에 대해 7개의 신체적 특성에 대한 측정으로부터 주어진 다음 상관행렬의 주성분을 구하시오.

$$R=\begin{matrix} Head\ length \\ Head\ breadth \\ Face\ breadth \\ Left\ finger\ length \\ Left\ forearm\ length \\ Left\ foot\ length \\ Height \end{matrix}\begin{pmatrix} 1.000 & & & & & & \\ 0.402 & 1.000 & & & & & \\ 0.396 & 0.618 & 1.000 & & & & \\ 0.301 & 0.150 & 0.321 & 1.000 & & & \\ 0.305 & 0.135 & 0.289 & 0.846 & 1.000 & & \\ 0.339 & 0.206 & 0.363 & 0.759 & 0.797 & 1.000 & \\ 0.340 & 0.183 & 0.345 & 0.661 & 0.800 & 0.736 & 1.000 \end{pmatrix}$$

유도된 주성분들을 어떻게 해석하겠는가?

3.4 모든 정준상관이 통계적으로 유의하지는 않다. Bartlett(1947)에 의해 제안된 근사적인 검정이 얼마나 많은 유의한 관계가 존재하는 지를 정하는 데 사용될 수 있다. 적어도 하나의 정준상관이 유의하다는 것을 검정하는 검정 통계량은

$$\Phi_0^2=-\left\{n-\frac{1}{2}(q_1+q_2+1)\right\}\sum_{i=1}^{s}\log(1-\lambda_i)$$

이다. 여기서 λ_i는 $\boldsymbol{E}_1$과 $\boldsymbol{E}_2$의 고유값이다. 모든 상관이 0 이라는 귀무가설하에서 Φ_0^2은 $q_1\times q_2$ 자유도를 갖는 카이제곱분포를 따른다. 이러한 검정을 `headsize` 데이터(표 3.1)와 `depression` 데이터(표 3.3)에 적용하는 R 코드를 작성하시오.

3.5 이 책에서 기술된 대기오염 데이터에 대해 당신이 이상값이라고 생각하는 도시들을 제외한 후 회귀분석을 반복하시오. 책에서 주어진 결과와 이상값이 제거된 데이터로부터 얻은 결과에 대해, 각 주성분점수에 대한 이산화황 농도의 산점도를 생성하시오. 결과를 해석하시오.

제4장 다차원척도법

4.1 서론

3장에서 주성분분석을 적용하는 가장 유용한 방법 중의 하나는 원래 q개 변수의 공간에서 관측 개체 사이의 유클리드 거리(Euclidean distance)를 가능한 한 유지하면서 데이터의 저차원의 지도를 얻는 것에 주목했다. 이 장에서는 주성분분석의 이러한 측면을 더욱 명백하게 만드는 다른 방법으로 다차원 척도법(multidimensional scaling, MDS)을 소개하고자 한다. 이 방법은 데이터와 유사한 지도를 산출하려고 하지만 다변량 데이터행렬 $\boldsymbol{X}$에 직접적으로 계산하지는 않는다. 대신에 행렬 $\boldsymbol{X}$로부터 유도된(다변량 데이터셋으로부터 유도된 거리행렬의 예는 4.4.2절에서 보여줌) 거리행렬(1장 참조)에 적용된다. 그리고 많은 경우에 인간 평가자가 관심이 있는 사물이나 자극 등의 쌍이 얼마나 비슷한지에 대한 판단으로부터 만들어진 소위 비유사성행렬(dissimilarity matrix) 또는 유사성행렬(similarity matrix)에 적용된다. 직접 측정된 비유사성행렬의 예는 표 4.5에서 보여주는데 제 2차 세계대전에서 중요한 역할을 한 정치적 지도자와 전쟁 지도자들을 대상으로 유사성에 대한 판단에 근거한다. 실험대상자는 주어진 정치가의 각 쌍을 9점 척도로 평가하는데, 1은 두 정치가가 매우 비슷하다고 생각하는 경우를, 9는 매우 다르다고 생각하는 경우를 나타낸다.(유사성은 보통 [0, 1] 구간으로 측정되지만, 만약 9점 척도에서 1은 두 정치가가 매우 다르다고 생각하는 경우를, 9는 매우 비슷하다고 생각하는 경우를 나타낸다면 유사성행렬이 된다.) 근접성(proximity)이란 용어가 비유사성과 유사성 평가를 포함하여 나타내는데 사용된다.

4.2 근접성 데이터를 위한 모형

숫자들의 집합 즉 관측값 또는 계산된 근접성(proximity) 값으로부터는 쉽게 알 수 없는 구조 또는 패턴을 보여주고 이해를 돕고 설명하기위해 근접성행렬을 구한다. 어떤 분야 특히 심리학에서는 근접성 데이터 분석의 궁극적인 목적은 더 구체적이다. 즉 유사성 판단을 설명하는 이론의 개발, 다른 말로 "무엇이 사물을 유사하게 또는 다르게 하는가?"라는 질문에 답하려고 한다. Carroll와 Arabie(1980), Carroll, Clark과 DeSarbo(1984)에 따르면 근접성 데이터의 분석을 위한 모형은 공간모형(spatial model), 나무모형(tree model), 하이브리드모형(hybrid model)의 세 가지 주된 부류 중 하나로 분류된다. 이 장과 이 책에서는 단지 세 부류 중 첫 번째를 다룬다. 나무모형과 혼합모형의 자세한 설명은 Everitt과 Rabe-Hesketh(1997)을 참조하기 바란다.

4.3 근접성을 위한 공간 모형 : 다차원 척도법(MDS)

근접성행렬(proximity matrix)의 공간적 표현은 데이터를 구성하는 n개 단위(unit)의 m차원 좌표로 할 수 있다. 요구되는 좌표는 보통 좌표와 관측된 근접성에 의해 암시되는 거리 사이의 어떤 "적합성" 측도를 최소화하도록 구한다. 간단히 말하면, 두 개체 사이의 관측된 거리 또는 비유사성이 클수록(또는 유사성이 작을수록) 모형에서 그들을 나타내는 점들이 더 멀리 떨어져야 하는 기하학적인 모형을 찾게 된다. 일반적으로 공간모형에서 점들 사이의 거리는 유클리드 거리로 가정된다. 가장 잘 맞는 좌표 집단과 관측된 근접성을 적절히 표현하는 데 필요한 적당한 m 값을 찾는 것이 그동안 제안된 여러 가지 다차원 척도법이 추구하는 목표이다. 바라는 바는 차원의 수 m이 작아서, 이상적으로는 2 또는 3, 유도된 공간 배치가 쉽게 그려질 수 있는 것이다. 다차원 척도법은 본질적으로 데이터 축소기법이다. 그 목적이 원래의 근접성행렬에 의해 표현되는 고차원에 놓이는 배치(configuration)를 근사할 수 있도록 저차원에 있는 점들의 집합을 발견하는 것이기 때문이다. 제안된 다양한 방법은 주로 적합된 거리와 관측된 근접성 사이의 일치정도를 어떻게 판단되는지에 따라 다르다. 이 장에서는 고전적 다차원 척도법(classical multidimensional scaling)과 비계량형 다차원 척도법(non-metric multidimensional scaling)으로 두 가지 방법을 고려할 것이다.

4.4 고전적 다차원 척도법

첫째로 모든 MDS 기법처럼 고전적 척도법은 근접성행렬을 간단한 기하학적 모형 또는 지도로 표현하는 것이다. 이러한 모형은 m 차원의 점 $\boldsymbol{x}_1, \boldsymbol{x}_2, \ldots, \boldsymbol{x}_n$에 의해 표현되고 한 쌍의 점들 사이의 거리 측도에 의해 특징지어진다. 여기서 각 점은 관심있는 개체들 중 하나를 나타낸다. MDS의 목표는 모형의 차원 m과 n개의 m 차원 좌표 $\boldsymbol{x}_1, \boldsymbol{x}_2, \ldots, \boldsymbol{x}_n$을 동시에 결정하여 그 결과로 얻는 모형이 관측된 근접성에 적절한 적합이 되고자 한다. 이러한 적합은 근접성과 기하학적인 모형에서의 거리가 얼마나 잘 맞는지를 측정하는 수치적인 지수에 의해 평가된다. 본질적으로, 이것은 단순하게 두 자극사이의 관측된 차이점이 클수록(유사성이 적을수록) 최종 기하학적인 모형에서 그들을 나타내는 점들이 더 멀리 떨어져야만 한다.

이제 관측된 근접성행렬로부터 어떻게 m과 좌표값 $\boldsymbol{x}_1, \boldsymbol{x}_2, \ldots, \boldsymbol{x}_n$을 추정해야 하는가의 문제가 발생한다. 고전적 척도법은 Young과 Householder(1938)의 연구에 기초하여 이 문제에 대한 답을 제공한다. 먼저 점들의 전체 배치를 한 장소에서 다른 장소로 옮기거나 배치를 평행이동하거나 회전하거나 변환하더라도 거리관계가 변하지 않기 때문에 특정 거리 집합을 갖는 좌표값의 집합이 유일하지 않다는 것에 주목해야 한다. 다른 말로 표현하면, 배치(configuration)의 위치 또는 방향을 유일하게 결정할 수 없다. 위치 문제는 배치의 평균 벡터를 원점에 놓음으로써 주로 극복된다. 방향문제는 유도된 배치가 임의의 직교변환(orthogonal transformation, 5장 참조)에 의존할 수 있다는 것을 의미한다. 그러한 변환은, 나중에도 보여주겠지만, 결과 해에 대한 해석을 쉽게 하도록 사용될 수 있다(다시 5장을 참조하기 바람).

4.4.1 고전적 다차원 척도법 : 기술적인 면

이러한 기법을 설명하기 위해서 다루는 근접성행렬은 $n \times q$ 데이터행렬인 $\boldsymbol{X}$로부터 유도된 유클리드 거리행렬 $\boldsymbol{D}$라고 가정한다. 1장에서 $\boldsymbol{X}$로부터 유클리드 거리를 어떻게 계산하는지 알았는데, 고전적 다차원 척도법은 본질적으로 거리가 주어졌을 때 $\boldsymbol{X}$를 어떻게 발견할 것인가? 라는 역의 문제에 관심이 있다. 우선 $\boldsymbol{X}$가 알려져 있다고 가정하고 $n \times n$ 내적행렬(inner product matrix) $\boldsymbol{B}$ 로

$$\boldsymbol{B} = \boldsymbol{X}\boldsymbol{X}^T \tag{4.1}$$

생각한다. $\boldsymbol{B}$ 의 요소(element)는 다음과 같이 주어진다.

$$b_{ij} = \sum_{k=1}^{q} x_{ik} x_{jk}. \tag{4.2}$$

$\boldsymbol{X}$의 행들 사이의 유클리드 거리의 제곱은 $\boldsymbol{B}$의 요소에 의해 다음과 같이 구할 수 있다.

$$d_{ij}^2 = b_{ii} + b_{jj} - 2b_{ij} \tag{4.3}$$

이 식에서 만약 b가 d의 항으로 구해진다면, 필요한 좌표값은 식 (4.1)에서 $\boldsymbol{B}$를 인수화(factoring)하여 유도할 수 있는데, 위치 제약식이 도입되지 않는다면 유일한 해는 존재하지 않는다. 보통 $\overline{\boldsymbol{x}}$ 점의 중심이 원점에 놓이며 따라서 모든 $k=1, 2, ..., m$에 대해서 $\sum_{i=1}^{n} x_{ik} = 0$이 된다. 이 제약식과 식 (4.2)에서 주어진 관계식은 $\boldsymbol{B}$ 의 어떤 행이라도 행 요소의 합이 0 이 되어야 한다는 것을 의미한다. 결과적으로 (4.2)에 주어진 관계식을 모든 i와 j에 대해 더하면 다음 식을 얻는다.

$$\sum_{i=1}^{n} d_{ij}^2 = T + nb_{jj}$$

$$\sum_{j=1}^{n} d_{ij}^2 = T + nb_{ii}$$

$$\sum_{i=1}^{n} \sum_{j=1}^{n} d_{ij}^2 = 2nT$$

여기서 $T = \sum_{i=1}^{n} b_{ii}$ 로 행렬 $\boldsymbol{B}$ 의 트레이스(trace)를 나타낸다. $\boldsymbol{B}$ 의 요소는 유클리드 거리의 제곱 형태로 다음과 같이 얻는다.

$$b_{ij} = -\frac{1}{2}(d_{ij}^2 - d_{i.}^2 - d_{.j}^2 + d_{..}^2)$$

여기서

$$d_{i.}^2 = \frac{1}{n} \sum_{j=1}^{n} d_{ij}^2$$

$$d_{\cdot j}^2 = \frac{1}{n}\sum_{i=1}^{n} d_{ij}^2$$

$$d_{\cdot\cdot}^2 = \frac{1}{n^2}\sum_{i=1}^{n}\sum_{j=1}^{n} d_{ij}^2 .$$

이제 $\boldsymbol{B}$ 의 요소는 유클리드 거리의 형태로 유도되었으므로 좌표값을 얻기 위해서 그것을 인수화하는 것이 남아 있다. 특수한 분해의 형태로(3장 참조), $\boldsymbol{B}$ 는 다음과 같이 쓸 수 있다.

$$\boldsymbol{B} = \boldsymbol{V}\boldsymbol{\Lambda}\boldsymbol{V}^T$$

여기서 $\boldsymbol{\Lambda} = diag(\lambda_1, \ldots, \lambda_n)$은 $\boldsymbol{B}$의 고유값을 가진 대각행렬이고 $\boldsymbol{V} = (\boldsymbol{V}_1, \ldots, \boldsymbol{V}_n)$은 해당하는 고유벡터의 행렬이며 각 고유벡터는 요소의 제곱합이 1이 되도록 표준화 즉, $\boldsymbol{V}_i\boldsymbol{V}_i^T = 1$을 만족하는 고유벡터이다. 각 고유값은 $\lambda_1 \ge \lambda_2 \ge \cdots \ge \lambda_n$이 되도록 정렬되었다고 가정한다. $\boldsymbol{D}$가 완전계수(full rank)를 가진 $n \times q$ 행렬이라고 하면 $\boldsymbol{B}$의 계수는 q이고 그 결과 마지막 $n-q$개의 고유값은 0이 될 것이다. 따라서 $\boldsymbol{B}$는 다음과 같이 쓸 수 있다.

$$\boldsymbol{B} = \boldsymbol{V}_1\boldsymbol{\Lambda}\boldsymbol{V}_1^T$$

여기서 $\boldsymbol{V}_1$은 처음 q개의 고유값을 포함하며 $\boldsymbol{\Lambda}_1$은 q개의 0이 아닌 고유값을 나타낸다.

따라서 필요한 좌표값은 $\boldsymbol{\Lambda}^{\frac{1}{2}} = diag(\lambda_1^{\frac{1}{2}}, \cdots, \lambda_q^{\frac{1}{2}})$일 때

$$\boldsymbol{X} = \boldsymbol{V}_1\boldsymbol{\Lambda}_1^{1/2}$$

이 된다.

모든 q차원을 사용하는 것은 원래 유클리드 거리행렬을 완전히 복원할 것이다. 가장 잘 맞는 m차원 표현은 m개의 가장 큰 고유값에 대응하는 $\boldsymbol{B}$의 m개 고유벡터에 의해 주어진다. m차원 표현의 적절성은 판단 기준이 되는 다음 P_m의 크기에 의해 판단될 수 있다.

$$P_m = \frac{\sum_{i=1}^{m}\lambda_i}{\sum_{i=1}^{n}\lambda_i}$$

P_m값이 0.8 정도가 된다면 적절한 적합을 의미한다.

근접성행렬이 $n \times q$ 데이터행렬 $\boldsymbol{X}$로부터 계산된 유클리드 거리를 포함할 때, 고전적 척도는, 요구되는 좌표값이 데이터의 공분산행렬로부터 추출된 주성분값에 대응하여 주성분분석과 동등함을 보일 수 있다. 이러한 이중성(duality)의 한 결과로서 고전적 다차원 척도

가 주성분 좌표(principal coordinates, Gower(1966) 참조)로 불리기도 한다. m차원의 주성분 해($m < q$)는 그것이 다음의 적합성 측도

$$S = \sum_{i=1}^{n}\sum_{j=1}^{n}(d_{ij}^2 - (d_{ij}^{(m)})^2)$$

를 최소화한다는 의미에서 "최적"이다. 여기서 d_{ij}는 원래의 q개 변수값에 기초하여 구한 개체 i와 j사이의 유클리드 거리를 나타내며 $d_{ij}^{(m)}$은 m개의 주성분점수로부터 계산된 대응된 거리를 나타낸다.

관측된 근접성행렬이 유클리드 거리가 아닐 때에는 행렬 B는 양정치(positive definite)가 아니다. 이 경우에는 B의 고유값 중 일부는 음의 값을 가지며 따라서 어떤 고유값은 복소수(complex number)값을 갖는다. 그러나 만약 B가 단지 적은 수의 작은 음의 고유값을 갖는다면 근접성행렬의 m개의 가장 큰 양의 고유값과 관련된 고유벡터를 사용하여 유용하게 표현할 수 있다. 결과로 얻는 해의 적절성은 Mardia et al.(1979)에 의해 제안된 다음 두 개의 기준

$$P_m^{(1)} = \frac{\sum_{i=1}^{m}|\lambda_i|}{\sum_{i=1}^{n}|\lambda_i|}$$

$$P_m^{(2)} = \frac{\sum_{i=1}^{m}\lambda_i^2}{\sum_{i=1}^{n}\lambda_i^2}$$

중 하나를 사용하여 평가될 수 있다. 좋은 적합을 위해서는 0.8 이상의 값을 가져야 한다. 대안으로 Sibson(1979)은 관측된 근접성을 적절히 표현하는 공간모형의 차원의 수를 결정하기 위해 다음 두 기준을 추천한다.

- **트레이스 기준** : 양의 고유값의 합이 대략 모든 고유값의 합과 같아지는 좌표의 개수를 선택한다.
- **크기 기준** : 실질적으로 그 크기가 가장 큰 음의 고유값의 크기를 초과하는 고유값 만을 참된 양의 고유값이라고 받아들인다.

그러나 만약 행렬 B가 상당한 수의 큰 음의 고유값을 갖는다면 근접성행렬의 고전적 척도는 추천할 만하지 못하며, 다른 척도법, 예를 들어, 비계량형 척도법(non-metric scaling,

다음 절 참조)을 사용하는 것을 추천한다.

4.4.2 고전적 다차원 척도법 사례

첫 번째 예는 작은 데이터셋으로 다변량 데이터 X를 사용한다.

```
R> X
      [,1] [,2] [,3] [,4] [,5]
 [1,]    3    4    4    6    1
 [2,]    5    1    1    7    3
 [3,]    6    2    0    2    6
 [4,]    1    1    1    0    3
 [5,]    4    7    3    6    2
 [6,]    2    2    5    1    0
 [7,]    0    4    1    1    1
 [8,]    0    6    4    3    5
 [9,]    7    6    5    1    4
[10,]    2    1    4    3    1
```

관련된 유클리드 거리(dist() 함수로 계산)가 근접성행렬이 된다.

```
> (D <- dist(X))
    1   2   3   4   5   6   7   8   9
2  5.2
3  8.4 6.1
4  7.9 8.1 6.3
5  3.5 6.6 8.4 9.3
6  5.7 8.4 8.8 5.3 7.9
7  6.6 8.6 8.2 3.9 7.4 5.0
8  6.2 8.9 8.4 6.9 6.0 7.1 5.7
9  7.4 9.1 6.9 8.9 6.6 7.5 8.8 7.4
10 4.4 6.2 7.7 4.8 7.1 2.6 5.1 6.7 8.0
```

이 행렬에 고전적 척도법을 R로 적용하기 위해서 cmdscale() 함수를 사용한다.

```
> cmdscale(D, k = 9, eig = TRUE)
$points
       [,1]   [,2]  [,3]  [,4]   [,5]     [,6]     [,7]
 [1,] -1.60  2.381 -2.23 -0.37  0.115  0.0e+00  2.2e-08
 [2,] -2.82 -2.309 -3.95  0.34  0.332 -2.8e-08 -1.7e-09
 [3,] -1.69 -5.140  1.29  0.65 -0.051 -1.6e-09  1.7e-09
 [4,]  3.95 -2.432  0.38  0.69 -0.035 -7.4e-09  1.3e-08
 [5,] -3.60  2.755 -0.26  1.08 -1.261 -5.2e-09 -3.6e-09
 [6,]  2.95  1.355 -0.19 -2.82  0.124 -2.3e-08 -8.5e-09
 [7,]  3.47  0.764  0.30  1.64 -1.942 -1.5e-08  3.8e-09
 [8,]  0.35  2.314  2.22  2.92  2.005 -1.6e-08  3.5e-10
 [9,] -2.94 -0.013  4.31 -2.51 -0.189 -1.4e-08  9.0e-09
[10,]  1.93  0.325 -1.87 -1.62  0.903  6.3e-09  3.8e-09

$eig
 [1]  7.5e+01  5.9e+01  5.0e+01  3.0e+01  1.0e+01  2.1e-15  8.8e-16 -2.8e-15
 [9] -3.2e-15 -6.2e-15
$x
NULL

$ac
[1] 0

$GOF
[1] 1 1
```

이 예에서 $q = 5$이므로 6 번째부터 9 번째까지의 고유값은 본질적으로 0 이고 **points**의 처음 5개 열만 유클리드 거리행렬을 나타낸다. 첫 번째로 5차원 해가 관측된 거리행렬을 완벽히 재생한다는 것을 확인해야 한다. 다음의 R 코드를 사용하여 원래 거리를 5차원척도해의 좌표로부터 계산되는 거리와 비교하여 점검할 수 있다.

```
R> max(abs(dist(X) - dist(cmdscale(D, k = 5))))
[1] 9.8e-15
```

이 코드는 모든 차이가 본질적으로 0이라는 것을 확인해주며 따라서 관측된 거리행렬이 5차원 고전적 척도 해에 의해 재생될 수 있다는 것을 알 수 있다.

또한 유클리드 거리의 고전적 척도와 이전 장에서 언급했던 주성분분석의 이원성(duality)을 살펴볼 수 있다. 이는 위에서 주어진 5차원 척도 해의 좌표와 원래 데이터의 공분산행렬에 주성분분석을 적용하여 얻은 처음 다섯 개의 주성분점수와 비교하여 알 수 있는데 필요한 R 코드는 다음과 같다.

```
R> max(abs(prcomp(X)$x) - abs(cmdscale(D, k = 5)))
[1] 3.6e-14
```

이제 유클리드 거리가 아닌 두 개의 예를 살펴본다. 첫 번째로 앞에서 살펴본 적은 데이터행렬 $\boldsymbol{X}$의 행 사이의 맨하탄 거리(Manhattan distance)를 계산한다. 개체 i와 개체 j사이의 맨하탄 거리는 $\sum_{k=1}^{q}|x_{ik}-x_{jk}|$에 의해 구한다.(맨하탄 거리는 뉴욕 시내를 걸은 사람들에게 익숙할 것이다.) 맨하탄 거리를 계산하여 얻은 거리행렬에 다차원 척도법을 적용하는 R 코드는 다음과 같다.

```
R> X_m <- cmdscale(dist(X, method="manhattan"),
     k=nrow(X)-1, eig=TRUE)
```

기준 $P_m^{(1)}$과 $P_m^{(2)}$는 고유값으로부터 다음과 같이 구할 수 있다.

```
R> (X_eigen <- X_m$eig)
 [1]  2.8e+02  2.5e+02  2.3e+02  9.3e+01  4.3e+01  2.2e+01  7.1e-15 -1.5e+01
 [9] -2.8e+01 -5.7e+01
```

이 경우에 고유값 중 일부는 음수임을 주목하라.

```
R> cumsum(abs(X_eigen)) / sum(abs(X_eigen))
 [1] 0.28 0.52 0.75 0.84 0.88 0.90 0.90 0.92 0.94 1.00

R> cumsum(X_eigen^2) / sum(X_eigen^2)
 [1] 0.38 0.68 0.93 0.97 0.98 0.98 0.98 0.98 0.98 1.00
```

두 기준의 값은 3차원 해가 잘 맞는 것처럼 보인다.

〈표 4.1〉 airdist 데이터. 미국 도시간 항공 거리

	ATL	ORD	DEN	HOU	LAX	MIA	JFK	SFO	SEA	IAD
ATL	0									
ORD	587	0								
DEN	1212	920	0							
HOU	701	940	879	0						
LAX	1936	1745	831	1374	0					
MIA	604	1188	1726	968	2339	0				
JFK	748	713	1631	1420	2451	1092	0			
SFO	2139	1858	949	1645	347	2594	2571	0		
SEA	2181	1737	1021	1891	959	2734	2408	678	0	
IAD	543	597	1494	1220	2300	923	205	2442	2329	0

다차원 척도를 유클리드 거리가 아닌 것에 적용하는 두 번째 예로서 <표 4.1>에 주어진 미국의 10개 도시들 사이의 비행거리를 사용한다. 이 거리는 지구의 표면을 따라 여행하는 것과 관련되기 때문에 유클리드 거리가 아니다. 이러한 거리에 대해 고전적 척도를 적용하고 고유값을 살펴보기 위해서 다음의 R 코드를 사용한다.

```
R> airline_mds <- cmdscale(airdist, k=9, eig=TRUE)
R> airline_mds$points
  [,1] [,2]  [,3]  [,4]  [,5]  [,6]
ATL  -718  142 -31.3   5.3  12.9  3.89
ORD  -382 -341 -29.1  -8.5   9.1 -8.94
DEN   482  -25 -53.4  -4.3 -17.4  1.09
HOU  -161  573  -2.6  -0.8   4.3  5.84
LAX  1204  390  18.2  15.6  -0.5 -4.39
MIA -1134  582  30.8  -4.9  -6.3 -4.53
JFK -1072 -519  34.4 -14.2  -3.4  3.10
SFO  1421  113   9.0 -18.0   3.3  1.58
SEA  1342 -580  22.5   7.6   2.2  1.44
IAD  -980 -335   1.5  22.3  -4.1  0.92
```

(NaNs를 포함하는 9 번째 열은 출력으로부터 생략되었다.) 고유값은 다음과 같다.

```
> (lam <- airline_mds$eig)
 [1]  9.6e+06  1.7e+06  7.7e+03  1.5e+03  6.5e+02  1.9e+02 -1.2e-10 -6.7e+02
 [9] -5.6e+03 -3.5e+04
```

예상한대로(유클리드 거리가 아니므로) 고유값의 일부는 음수이다. 따라서 관측된 거리 행렬을 적절히 나타내기 위해서 얼마나 많은 좌표가 필요한지를 평가하기 위해 기준 $P_m^{(1)}$과 $P_m^{(2)}$를 사용한다. 고유값으로부터 계산된 두 기준의 값은 다음과 같다.

```
> cumsum(abs(lam)) / sum(abs(lam))
 [1] 0.85 1.00 1.00 1.00 1.00 1.00 1.00 1.00 1.00 1.00

> cumsum(lam^2) / sum(lam^2)
 [1] 0.97 1.00 1.00 1.00 1.00 1.00 1.00 1.00 1.00 1.00

R> lim <- range(airline_mds$points[,1] * (-1)) * 1.2
R> plot(airline_mds$points[,1] * (-1), airline_mds$points[,2] * (-1),
+      type = "n", xlab = "Coordinate 1", ylab = "Coordinate 2",
+      xlim = lim, ylim = lim)
R> text(airline_mds$points[,1] *(-1), airline_mds$points[,2] * (-1),
+      labels(airdist), cex = 0.7)
```

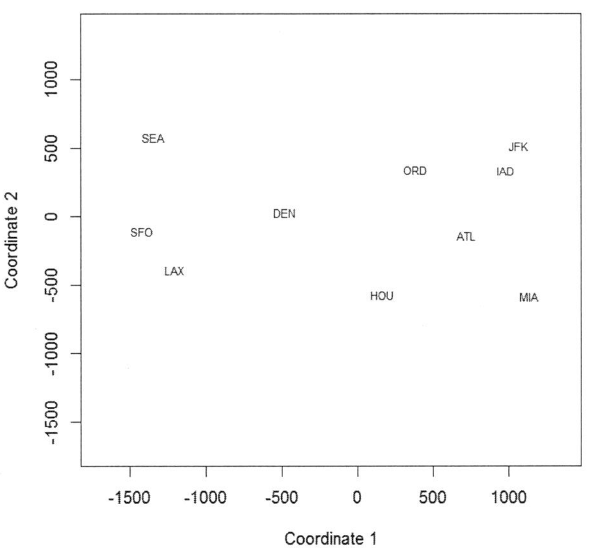

[그림 4.1] 항공거리 데이터에 적용한 고전적 MDS 2차원 해. 공간적인 정렬이 뚜렷이 보인다.

이 값은 처음 2개의 좌표가 관측된 거리를 적절히 재생한다는 것을 암시한다. [그림 4.1]은 2차원 좌표값의 산점도를 보여준다. 이러한 2차원 표현으로부터 도시의 지리학적인 위치가 비행거리로부터 얻어진 2차원의 다차원 척도 해에 의해 매우 잘 재생됨을 보여준다. 고전적 다차원 척도를 사용하는 다음 예는 <표 4.2>의 데이터를 사용한다. 이들 데이터는 다섯 가지 시대(epoch)에 걸쳐 남자 이집트인 두개골의 4개 측정값을 보여준다. 측정 변수는 다음과 같다.

`mb` : maximum breadth of the skull(두개골의 최대 너비)

`bh` : basibregmatic height of the skull(두개골의 최대 높이)

`bh` : basialiveolar length of the skull(두개골 중심에서 치조까지의 최소 길이)

`nh` : nasal height of the skull(두개골의 코의 높이)

〈표 4.2〉 skulls 데이터. 5개 기간의 이집트인 두개골에 대한 4개 변수 측정값

epoch	mb	bh	bl	nh	epoch	mb	bh	bl	nh	epoch	mb	bh	bl	nh
c4000BC	131	138	89	49	c3300BC	137	136	106	49	c200BC	132	133	90	53
c4000BC	125	131	92	48	c3300BC	126	131	100	48	c200BC	134	134	97	54
c4000BC	131	132	99	50	c3300BC	135	136	97	52	c200BC	135	135	99	50
c4000BC	119	132	96	44	c3300BC	129	126	91	50	c200BC	133	136	95	52
c4000BC	136	143	100	54	c3300BC	134	139	101	49	c200BC	136	130	99	55
c4000BC	138	137	89	56	c3300BC	131	134	90	53	c200BC	134	137	93	52
c4000BC	139	130	108	48	c3300BC	132	130	104	50	c200BC	131	141	99	55
c4000BC	125	136	93	48	c3300BC	130	132	93	52	c200BC	129	135	95	47
c4000BC	131	134	102	51	c3300BC	135	132	98	54	c200BC	136	128	93	54
c4000BC	134	134	99	51	c3300BC	130	128	101	51	c200BC	131	125	88	48
c4000BC	129	138	95	50	c1850BC	137	141	96	52	c200BC	139	130	94	53
c4000BC	134	121	95	53	c1850BC	129	133	93	47	c200BC	144	124	86	50
c4000BC	126	129	109	51	c1850BC	132	138	87	48	c200BC	141	131	97	53
c4000BC	132	136	100	50	c1850BC	130	134	106	50	c200BC	130	131	98	53
c4000BC	141	140	100	51	c1850BC	134	134	96	45	c200BC	133	128	92	51
c4000BC	131	134	97	54	c1850BC	140	133	98	50	c200BC	138	126	97	54
c4000BC	135	137	103	50	c1850BC	138	138	95	47	c200BC	131	142	95	53
c4000BC	132	133	93	53	c1850BC	136	145	99	55	c200BC	136	138	94	55
c4000BC	139	136	96	50	c1850BC	136	131	92	46	c200BC	132	136	92	52
c4000BC	132	131	101	49	c1850BC	126	136	95	56	c200BC	135	130	100	51
c4000BC	126	133	102	51	c1850BC	137	129	100	53	cAD150	137	123	91	50
c4000BC	135	135	103	47	c1850BC	137	139	97	50	cAD150	136	131	95	49
c4000BC	134	124	93	53	c1850BC	136	126	101	50	cAD150	128	126	91	57

c4000BC	128	134	103	50	c1850BC	137	133	90	49	cAD150	130	134	92	52
c4000BC	130	130	104	49	c1850BC	129	142	104	47	cAD150	138	127	86	47
c4000BC	138	135	100	55	c1850BC	135	138	102	55	cAD150	126	138	101	52
c4000BC	128	132	93	53	c1850BC	129	135	92	50	cAD150	136	138	97	58
c4000BC	127	129	106	48	c1850BC	134	125	90	60	cAD150	126	126	92	45
c4000BC	131	136	114	54	c1850BC	138	134	96	51	cAD150	132	132	99	55
c4000BC	124	138	101	46	c1850BC	136	135	94	53	cAD150	139	135	92	54
c3300BC	124	138	101	48	c1850BC	132	130	91	52	cAD150	143	120	95	51
c3300BC	133	134	97	48	c1850BC	133	131	100	50	cAD150	141	136	101	54
c3300BC	138	134	98	45	c1850BC	138	137	94	51	cAD150	135	135	95	56
c3300BC	148	129	104	51	c1850BC	130	127	99	45	cAD150	137	134	93	53
c3300BC	126	124	95	45	c1850BC	136	133	91	49	cAD150	142	135	96	52
c3300BC	135	136	98	52	c1850BC	134	123	95	52	cAD150	139	134	95	47
c3300BC	132	145	100	54	c1850BC	136	137	101	54	cAD150	138	125	99	51
c3300BC	133	130	102	48	c1850BC	133	131	96	49	cAD150	137	135	96	54
c3300BC	131	134	96	50	c1850BC	138	133	100	55	cAD150	133	125	92	50
c3300BC	133	125	94	46	c1850BC	138	133	91	46	cAD150	145	129	89	47
c3300BC	133	136	103	53	c200BC	137	134	107	54	cAD150	138	136	92	46
c3300BC	131	139	98	51	c200BC	141	128	95	53	cAD150	131	129	97	44
c3300BC	131	136	99	56	c200BC	141	130	87	49	cAD150	143	126	88	54
c3300BC	138	134	98	49	c200BC	135	131	99	51	cAD150	134	124	91	55
c3300BC	130	136	104	53	c200BC	133	120	91	46	cAD150	132	127	97	52
c3300BC	131	128	98	45	c200BC	131	135	90	50	cAD150	137	125	85	57
c3300BC	138	129	107	53	c200BC	140	137	94	60	cAD150	129	128	81	52
c3300BC	123	131	101	51	c200BC	139	130	90	48	cAD150	140	135	103	48
c3300BC	130	129	105	47	c200BC	140	134	90	51	cAD150	147	129	87	48
c3300BC	134	130	93	54	c200BC	138	140	100	52	cAD150	136	133	97	51

각 시대 쌍 사이의 마할라노비스 거리(Mahalanobis distance)를 `mahalanobis()` 함수를 이용하여 계산하고 얻은 거리행렬에 고전적 척도법을 적용한다. 이 계산에서 가정되는 공통 공분산행렬 $\boldsymbol{S}$를 다음과 같이 추정한다.

$$\boldsymbol{S} = \frac{29\boldsymbol{S}_1 + 29\boldsymbol{S}_2 + 29\boldsymbol{S}_3 + 29\boldsymbol{S}_4 + 29\boldsymbol{S}_5}{149}$$

여기서 $\boldsymbol{S}_1, \boldsymbol{S}_2, \ldots, \boldsymbol{S}_5$는 각 시대별 데이터의 공분산행렬을 나타낸다. 시대들 사이의 관계를 보여주는 데이터의 지도를 제공하기 위해서 처음 두 개의 좌표값을 사용한다. 필요한 R 코드는 다음과 같다.

```
R> skulls_var <- tapply(1:nrow(skulls), skulls$epoch,
                        function(i) var(skulls[i,-1]))
R> S <- 0
R> for (v in skulls_var) S <- S + 29 * v
R> (S <- S / 149)
       mb     bh     bl  nh
mb 20.544  0.036  0.077 2.0
bh  0.036 22.854  5.060 2.8
bl  0.077  5.060 23.530 1.1
nh  1.955  2.769  1.103 9.9

R> skulls_cen <- tapply(1:nrow(skulls), skulls$epoch,
+     function(i) apply(skulls[i,-1], 2, mean))
R> skulls_cen <- matrix(unlist(skulls_cen),
+     nrow = length(skulls_cen), byrow = TRUE)
R> skulls_mah <- apply(skulls_cen, 1,
+     function(cen) mahalanobis(skulls_cen, cen, S))
R> skulls_mah
      [,1]  [,2] [,3] [,4] [,5]
[1,] 0.000 0.094 0.93 1.93 2.77
[2,] 0.094 0.000 0.75 1.64 2.24
[3,] 0.928 0.749 0.00 0.46 0.94
[4,] 1.933 1.638 0.46 0.00 0.23
[5,] 2.771 2.236 0.94 0.23 0.00

R> cmdscale(skulls_mah, k = nrow(skulls_mah) - 1,
+          eig = TRUE)$eig
[1]  5.1e+00  9.8e-02 -6.7e-16 -1.0e-01 -7.8e-01

R> skulls_mds <- cmdscale(skulls_mah)

R> lim <- range(skulls_mds) * 1.2
R> plot(skulls_mds, xlab = "Coordinate 1", ylab = "Coordinate 2",
+      xlim = lim, ylim = lim, type = "n")
R> text(skulls_mds, labels = levels(skulls$epoch), cex
```

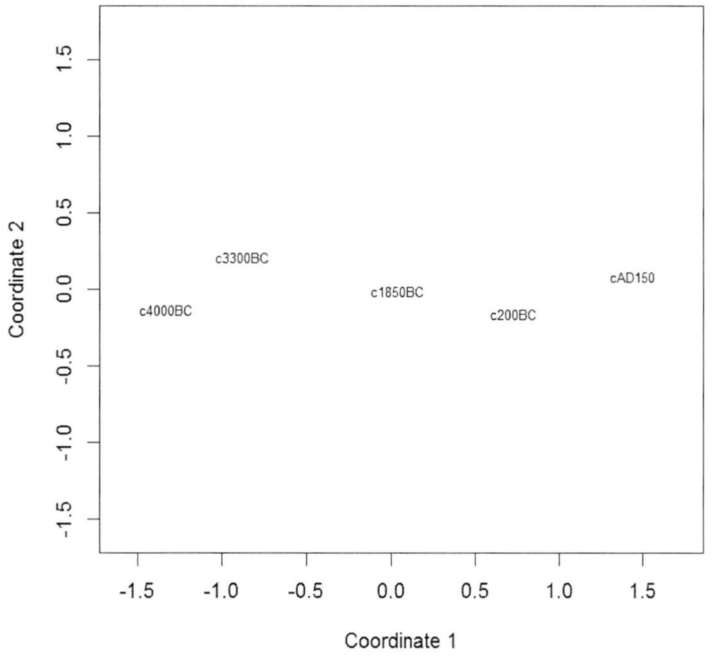

[그림 4.2] skull 데이터의 epoch간 마할라노비스 거리에 적용한 고전적 MDS 2차원 해

결과의 그래프는 [그림 4.2]에서 보는 바와 같으며 두개골 데이터에 대한 척도 해가 본질적으로는 1차원임을 보여준다. 시간에 따라 두개골의 "모양"에 변화가 있는 것처럼 보이며 최대 너비는 증가하며 basialiveolar 길이는 감소함을 볼 수 있다.

고전적 다차원 척도 활용의 마지막 예로서 Corbet, Cummins, Hedges와 Krzanowski (1970)에 의한 조사를 살펴본다. 그들은 물쥐(종명 Arvicola)에 대해 연구하였는데 그 목적은 하나 이상의 종이 영국에 존재하는지를 조사하기 위해서 영국의 전체 집단과 유럽의 전체 집단을 비교하는 것이다. 원래 데이터는 6개의 영국 집단과 8개의 유럽의 나머지 집단에서 추출한 약 300개의 물쥐 두개골에 13개의 특성이 존재 또는 비존재 하는지를 관측하였다. <표 4.3>은 Corbet et al.(1970)이 설명한 데이터로부터 유도된 거리행렬을 보여준다.

〈표 4.3〉 watervoles 데이터. Water voles 데이터 -비유사성행렬

	Surrey	Shropshire	Yorkshire	Perthshire	Aberdeen	EleanGamhna	Alps	Yugoslavia	Germany	Norway	PyreneesI	PyreneesII	NorthSpain	SouthSpain
Surrey	0													
Shropshire	0.099	0												
Yorkshire	0.033	0.022	0											
Perthshire	0.183	0.114	0.042	0										
Aberdeen	0.148	0.224	0.059	0.068	0									
EleanGamhna	0.198	0.039	0.053	0.085	0.051	0								
Alps	0.462	0.266	0.322	0.435	0.268	0.025	0							
Yugoslavia	0.628	0.442	0.444	0.406	0.24	0.129	0.014	0						
Germany	0.113	0.07	0.046	0.047	0.034	0.002	0.106	0.129	0					
Norway	0.173	0.119	0.162	0.331	0.177	0.039	0.089	0.237	0.071	0				
PyreneesI	0.434	0.419	0.339	0.505	0.469	0.39	0.315	0.349	0.151	0.43	0			
PyreneesII	0.762	0.633	0.781	0.7	0.758	0.625	0.469	0.618	0.44	0.538	0.607	0		
NorthSpain	0.53	0.389	0.482	0.579	0.597	0.498	0.374	0.562	0.247	0.383	0.387	0.084	0	
SouthSpain	0.586	0.435	0.55	0.53	0.552	0.509	0.369	0.471	0.234	0.346	0.456	0.09	0.038	0

다음 코드는 고전적 척도 해를 찾고 앞서 기술한대로 요구되는 차원의 수를 평가하기 위한 두 개의 기준을 계산한다.

```
R> data("watervoles", package = "HSAUR2")
R> voles_mds <- cmdscale(watervoles, k = 13, eig = TRUE)
R> voles_mds$eig
 [1]  7.4e-01  2.6e-01  1.5e-01  7.0e-02  3.0e-02  1.9e-02  6.9e-17 -1.1e-02
 [9] -1.3e-02 -2.8e-02 -4.3e-02 -5.3e-02 -7.4e-02 -1.1e-01
```

고유값 중 일부가 음의 값을 갖는 것을 주목하라. 기준 $P_m^{(1)}$과 $P_m^{(2)}$은 다음과 같이 계산된다.

```
R> cumsum(abs(voles_mds$eig))/sum(abs(voles_mds$eig))
 [1] 0.46 0.62 0.72 0.76 0.78 0.79 0.79 0.80 0.81 0.83 0.85 0.88 0.93 1.00

R> cumsum((voles_mds$eig)^2)/sum((voles_mds$eig)^2)
 [1] 0.82 0.92 0.96 0.96 0.96 0.96 0.96 0.97 0.97 0.97 0.97 0.97 0.98 1.00

R> x <- voles_mds$points[,1]
R> y <- voles_mds$points[,2]
R> plot(x, y, xlab = "Coordinate 1", ylab = "Coordinate 2",
+      xlim = range(x)*1.2, type = "n")
R> text(x, y, labels = colnames(watervoles), cex = 0.7)
```

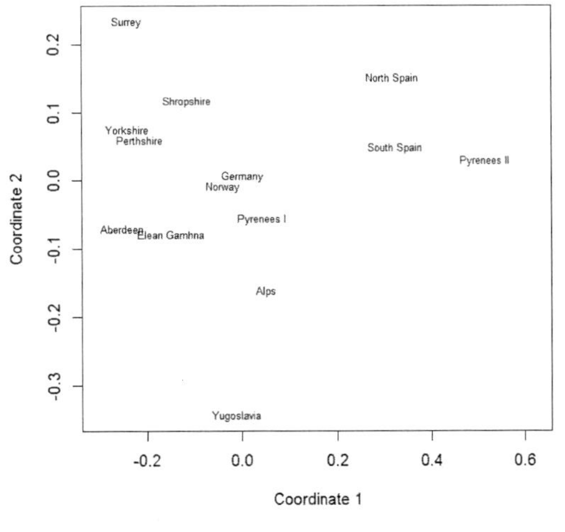

[그림 4.3] 물쥐 집단의 거리행렬의 고전적 MDS 2차원 해

이번에는 데이터에 적절한 적합을 제공하기 위해 필요한 차원의 수를 평가하기 위한 두 개의 기준이 매우 다르다. 두 번째 기준은 두 개의 차원이 적절함을 암시하나 첫 번째 기준은 아마도 세 개 또는 네 개가 필요하다는 것을 암시한다. 여기에서 두 번째 적합지수를 사용하여 2차원의 해를 사용한다. `voles_mds` 객체의 `points` 요소로부터 좌표를 추출하여 그린 결과는 [그림 4.3]에서 보여준다.

여섯 개의 영국 집단들은 Alps, Yogoslavia, Germany, Norway, Pyrenees I(Arvicola terrestris 종으로 구성되는)에서 살고 있는 집단들과 가까운 것처럼 보이고 Pyrenees II, North Spain, South Spain(Arvicola sapidus 종)의 집단들과는 다소 먼 것처럼 보인다. 이 결과로 보면 Arvicola terrestris는 영국에 존재할 것 같지만 Arvicola sapidus 종은 덜 존재할 것 같다는 것을 암시한다. 그러나 여기서 2차원 적합이 전적으로 관측된 거리를 표현하는 데 필요한 것이 아닐 수도 있으므로 최소신장트리(minimum spanning tree)를 이용하여 해를 좀 더 자세히 조사하고자 한다.

최소신장트리는 다음과 같이 정의된다. n 개의 점이(아마도 많은 차원으로) 주어졌다고 하자. 그러면 이 점들을 연결하는 스패닝트리(spanning tree)는 점들의 쌍을 연결하는 직선 선분들의 집합으로 다음의 성질을 갖는다.

- 0 개의 폐쇄된 루프(closed loop)를 갖는다.
- 모든 점은 적어도 한번 방문된다.
- 나무는 연결된다(connected, 즉 점들의 임의의 쌍 사이에 경로가 존재한다).

트리의 길이는 이러한 선분의 길이의 합으로 정의된다. n개의 점과 모든 $\binom{n}{2}$ 선분의 길이가 주어졌을 때 최소신장트리는 최소 길이를 갖는 스패닝트리로 정의된다. n개의 점과 그들 사이의 거리가 주어졌을 때 최소신장트리를 발견하는 알고리즘은 Prim(1957)과 Gower와 Ross(1969)에서 볼 수 있다.

관심있는 근접성행렬의 최소신장트리의 링크들은 2차원 척도 표현을 통해 그릴 수 있으며 척도 해에 의해 가능한 왜곡을 알아내기 위해 사용된다. 이러한 왜곡은 도표 상에 가까이 있는 점들이 트리의 가지에 의해 연결되지 않을 때 나타난다.

물쥐 데이터의 근접성행렬의 최소신장트리를 발견하기 위해서 `ape`(Paradis, Bolker, Claude, Cuong, Desper, Durand, Dutheil, Gascuel, Heibl, Lawson, Fefort, Legendre, Lemon, Noel, Nylander, Opgen-Rhein, Schliep, Strimmer, de Vienne 2010) 패키지의 `mst` 함수가 사용될 수 있고 [그림 4.4]와 같이 2차원 척도 해 상에 최소신장트리를 그릴 수 있다.

예를 들어, 그림은 MDS 해에서 그들을 나타내는 점들에 의해 암시되는 독일과 노르웨이 집단의 명백한 근접성은 그들의 계산된 차이점을 정확하게 반영하지 않는다. 최소신장트리의 링크들은 Aberdeen과 Elean Gamhna 집단이 노르웨이 집단보다 실제로는 German 물쥐와 더 비슷하다는 것을 보여준다. 이것은 2차원 해가 전체 거리행렬에 대한 적절한 표현을 주지 못할 수 있다는 것을 의미한다.

```
> library("ape")

> st <- mst(watervoles)

R> plot(x, y, xlab = "Coordinate 1", ylab = "Coordinate 2",
+      xlim = range(x)*1.2, type = "n")
R> for (i in 1:nrow(watervoles)) {
+     w1 <- which(st[i, ] == 1)
+     segments(x[i], y[i], x[w1], y[w1])
+ }
R> text(x, y, labels = colnames(watervoles), cex = 0.7)
```

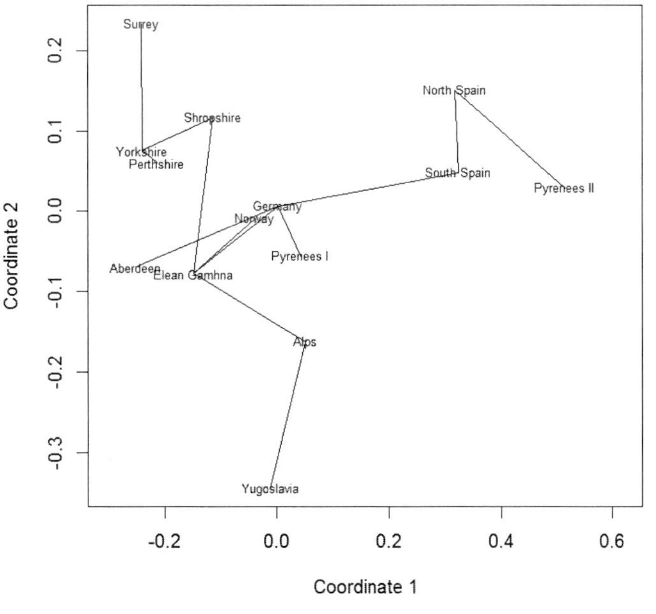

[그림 4.4] watervoles 데이터의 고전적 척도 2차원 해에 표시한 최소신장트리

4.5 비계량형 다차원 척도법

심리학연구나 시장조사(market research)에서 인간 피실험자에게 흥미있는 대상(object) 또는 자극(stimuli)에 대해 유사성 또는 비유사성을 판단하라고 할 때 근접성행렬이 발생한다. 이러한 데이터를 수집할 때 조사자는 현실적으로 피실험자들이 단지 "순서" 판단만을 줄 수 있다고 느낄 것이다. 예를 들어, 다양한 색을 비교할 때 그들은 나름대로 자신감을 가지고 한 색이 다른 색보다 밝다고 명시할 수 있을 것이다. 그러나 얼마나 더 밝은지 숫자로 말하라고 하면 자신감을 훨씬 덜 가질 것이다. 그러한 생각은 1960년대에 근접성을 공간상에 표현하는 데 있어서 단지 순위 순서(rank order)만을 사용하는 다차원 척도법을 추구하게 하였다. 다시 말하면, 관측된 근접성행렬이 단조변환(monotonic transformation)되는 경우에도 불변하는(invariant) 방법이 추구되었다. 즉 관측된 근접성의 수치적인 값은 변하지만 그들의 순위 순서가 변하지 않는다면 유도된 좌표는 동일한 채로 남아있을 것이다. 그러한 방법은 Shepard(1962a, b)와 Kruskal(1964a)의 랜드마크(landmark)가 되는 논문에서 제안되었다. 이들 논문에서 제안된 방법의 본질적인 구성요소는 관측된 근접성에 대한 공간적 표현에서 좌표가 적합된 거리 d_{ij}를 얻을 수 있다. 그리고 이러한 거리는 불일치(disparity)라고 불리는 $\widehat{d_{ij}}$는 $d_{ij} = \widehat{d_{ij}} + \epsilon_{ij}$에 의해 관련된다. 여기서 ϵ_{ij}는 오차항으로서 측정오차(measurement error)와 왜곡오차(distortion error)의 합을 나타낸다. 여기서 왜곡오차는 거리가 선택된 특정한 차원에서의 형태에 대응하지 않기 때문에 발생한다. 불일치는 관측된 근접성에 대해 단조성(monotonicity)을 가지며 이 제약식 하에서 적합된 거리에 가능한 가까운 값을 갖는다. 일반적으로 단지 약한 단조 제약식이 적용되고 그 결과 만약 관측된 차이 δ_{ij}가 다음과 같이 가장 작은 값에서 가장 큰 값으로 순위가 매겨진다면

$$\delta_{i_1, j_1} < \delta_{i_2, j_2} < \cdots < \delta_{i_N j_N}$$

일 때 여기서 $N = n(n-1)/2$이며

$$\hat{d}_{i_1, j_1} < \hat{d}_{i_2, j_2} < \cdots < \hat{d}_{i_N j_N}$$

이 된다. 단조회귀(monotonic regression)가 불일치를 구하기 위해 사용되며, $\hat{\boldsymbol{X}}(n \times n)$라 고 표현되는 관측된 불일치를 공간상에 나타내고자 하는데 요구되는 좌표는, $\hat{\boldsymbol{X}}(n \times n)$의 함수이며 다음과 같이 정의되는 스트레스(Stress)라고 불리는 기준 S를 최소화하여 구할 수 있다.

$$S(\hat{\boldsymbol{X}}) = \min \sum_{j<j} (\widehat{d_{ij}} - d_{ij})^2 / \sum_{j<j} d_{ij}^2$$

여기서 최소값은 $\widehat{d_{ij}}$ 가 관측된 차이에 단조 형태를 가질 때 $\widehat{d_{ij}}$에 대해 취해진다. 스트레스는 적합된 거리의 순위 순서가 관측된 차이의 순위 순서와 일치하지 않는 정도를 표현한다. 스트레스 식의 분모는 척도가 변할 때 즉 균일하게 팽창되고 축소되면서 최종적인 공간적 표현이 불변하도록 선택된다. 스트레스를 최소화하고 요구되는 공간표현의 좌표를 발견하는 알고리즘은 Kruskal(1964b)의 두 번째 논문에서 설명한다. 공간 배치에서의 차원 수의 각 값 m에 대해서 가장 적은 스트레스를 갖는 배치는 m차원에서 가장 잘 적합하는 배치라고 불리며 S_m으로 표현된다. 적합성을 판단하고자하는 Kruskal에 의해 주어진 경험법칙은 $S_m \geq 20\ \%$ 이면 빈약하고, $S_m = 10\ \%$ 이면 적당하고, $S_m \leq 5\ \%$ 이면 좋으며, $S_m = 0$이면 완벽하다고(단지 적합된 거리의 순위 순서가 관측된 차이의 순위 순서와 딱 맞을 때 발생하며 실제로는 매우 드물게 발생함) 한다. 이제 비계량형 다차원 척도의 몇 가지 응용 예를 살펴보고자 한다.

4.5.1 미국 하원의원 투표

Romesburg(1984)는 미국 하원(House of Representatives)에서 19개 환경 법안에 대해 15명의 국회의원(congressman)이 다르게 투표한 회수에 대한 데이터를 제공한다. 기권(abstention)은 기록되지 않았지만 두 명의 국회의원 Sandman(9번 기권)과 Thompson(6번 기권)이 다른 사람보다 더 빈번하게 기권하였다. <표 4.4>에서 데이터를 볼 수 있고 관심이 있는 것은 정당 소속을 데이터로부터 알아낼 수 있는가의 문제이다.

〈표 4.4〉 voting 데이터. 미국 하원의원 voting 데이터: (R) Republican, (D) Democrat.

	Hnt	Snd	Hwe	Thm	Fry	Frs	Wdn	Roe	Hlt	Rdn	Mns	Rnl	Mrz	Dnl	Ptt
Hunt(R)	0														
Sandman(R)	8	0													
Howard(D)	15	17	0												
Thompson(D)	15	12	9	0											
Freylinghuysen(R)	10	13	16	14	0										
Forsythe(R)	9	13	12	12	8	0									
Widnall(R)	7	12	15	13	9	7	0								
Roe(D)	15	16	5	10	13	12	17	0							
Heltoski(D)	16	17	5	8	14	11	16	4	0						
Rodino(D)	14	15	6	8	12	10	15	5	3	0					
Minish(D)	15	16	5	8	12	9	14	5	2	1	0				
Rinaldo(R)	16	17	4	6	12	10	15	3	1	2	1	0			
Maraziti(R)	7	13	11	15	10	6	10	12	13	11	12	12	0		
Daniels(D)	11	12	10	10	11	6	11	7	7	4	5	6	9	0	
Patten(D)	13	16	7	7	11	10	13	6	5	6	5	4	13	9	0

<표 4.4>에서 보여주는 투표 행태에 비계량(non-metric)형 척도를 적용하고자 한다. 비계량형 척도는 MASS 패키지(Venables, Ripley 2010, 2002)의 iosMDS 함수에 의해 이용가능하다.

```
R> library("MASS")
R> data("voting", package = "HSAUR2")
R> voting_mds <- isoMDS(voting)

R> x <- voting_mds$points[,1]
R> y <- voting_mds$points[,2]
R> plot(x, y, xlab = "Coordinate 1", ylab = "Coordinate 2",
     xlim = range(voting_mds$points[,1])*1.2, type = "n")
R> text(x, y, labels = colnames(voting), cex = 0.6)
R> voting_sh <- Shepard(voting[lower.tri(voting)],
                    voting_mds$points)
```

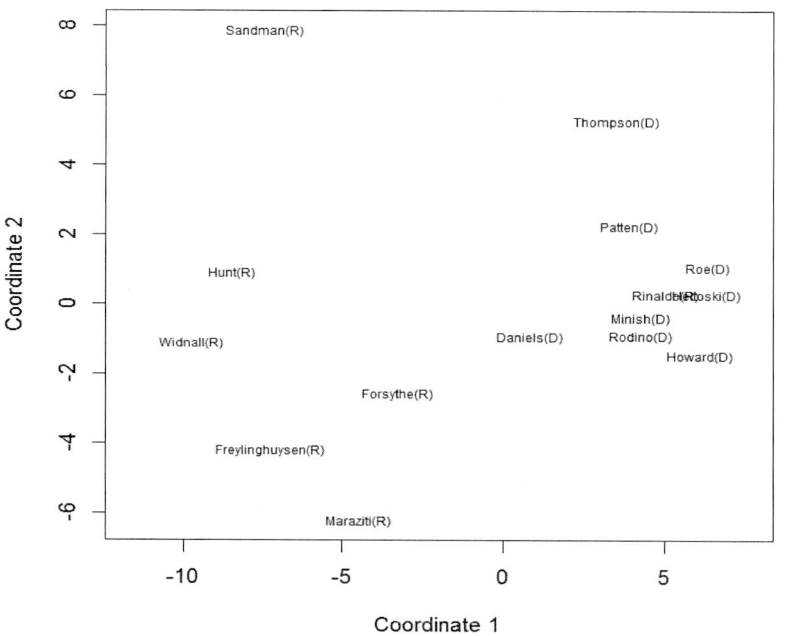

[그림 4.5] voting 행렬의 비계량형 다차원 척도 2차원 해

```
R> plot(voting_sh, pch = ".", xlab = "Dissimilarity",
+      ylab = "Distance", xlim = range(voting_sh$x),
+      ylim = range(voting_sh$x))
R> lines(voting_sh$x, voting_sh$yf, type = "S")
```

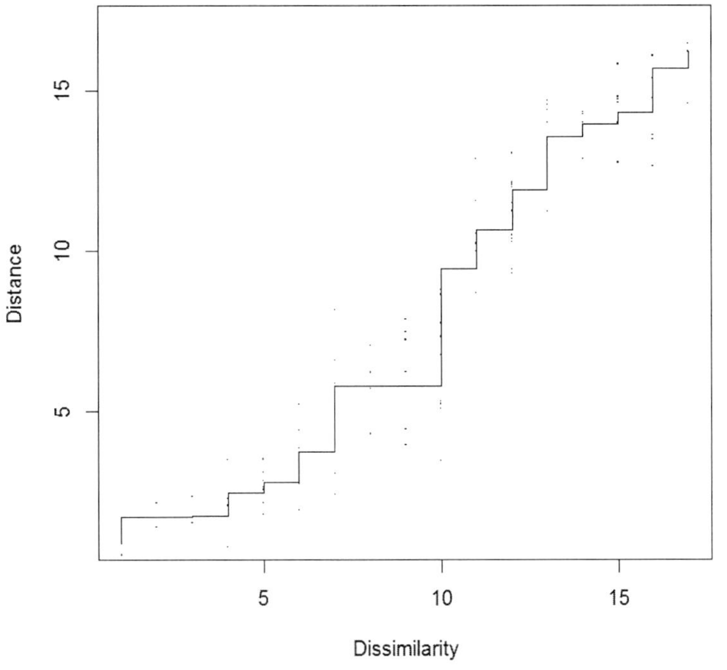

[그림 4.6] voting 데이터에 대한 Shepard diagram: **원자료의 비유사도와 다차원 척도해를 보여준다.**

[그림 4.5]는 2차원 해를 그림으로 보여준다. 이 그림은 투표 행태가 비록 공화당원사이에 더 변이가 있지만 본질적으로 정당 노선을 따른다는 것을 암시한다. 공화당원 중 한사람(Rinaldo)의 투표 행태는 다른 공화당원의 투표 행태보다 그의 민주당 동료에 더 가까운 것 같이 보인다. 다차원 척도법의 품질은 Shepard 도표(diagram)라 불리는 원래의 차이점과 다차원 척도에 의해 얻은 거리를 산점도에 그려 비공식적으로 평가될 수 있다. 투표 데이터에 대한 그림은 [그림 4.6]과 같다. 이상적인 상황에서는 점은 이분하는 선(bisecting line)상에 떨어지는 데 이 예에서는 몇 개의 이탈을 관찰할 수 있다.

4.5.2 제2차 세계대전 지도자들의 판단

비계량형 다차원 척도의 응용에 대한 첫 번째 예로서, 제2차 세계대전 당시 뛰어난 세계 지도자와 정치가들의 이데올로기상 차이점에 대한 판단을 공간적인 표현으로 얻기 위해 이 방법을 사용하고자한다. 피실험자에 대해 1은 매우 비슷함, 9는 매우 다름을 나타내는 9점 척도로 판단을 한다. 이것이 피실험자에게 척도에 대해 말한 것 전부이다. 이들 거리에 비계량형 다차원 척도를 적용한 결과는 다음과 같다.

〈표 4.5〉 WWIIleaders 데이터. 제2차 세계대전 지도가들간 주관적 거리

	Htl	Mss	Chr	Esn	Stl	Att	Frn	DGl	MT-	Trm	Chm	Tit
Hitler	0											
Mussolini	3	0										
Churchill	4	6	0									
Eisenhower	7	8	4	0								
Stalin	3	5	6	8	0							
Attlee	8	9	3	9	8	0						
Franco	3	2	5	7	6	7	0					
DeGaulle	4	4	3	5	6	5	4	0				
MaoTse-Tung	8	9	8	9	6	9	8	7	0			
Truman	9	9	5	4	7	8	8	4	4	0		
Chamberlin	4	5	5	4	7	2	2	5	9	5	0	
Tito	7	8	2	4	7	8	3	2	4	5	7	0

```
> (WWII_mds <- isoMDS(WWIIleaders))
initial  value 20.504211
iter   5 value 15.216103
iter   5 value 15.207237
iter   5 value 15.207237
final  value 15.207237
converged
$points
             [,1]   [,2]
Hitler      -2.58 -1.760
Mussolini   -3.88 -1.248
Churchill    0.31  1.467
```

```
Eisenhower    2.99  2.878
Stalin       -1.43 -3.757
Attlee       -2.11  5.073
Franco       -2.86  0.079
De Gaulle     0.66 -0.207
Mao Tse-Tung  4.16 -4.576
Truman        4.50  0.293
Chamberlin   -2.14  2.759
Tito          2.39 -1.002

$stress
[1] 15
```

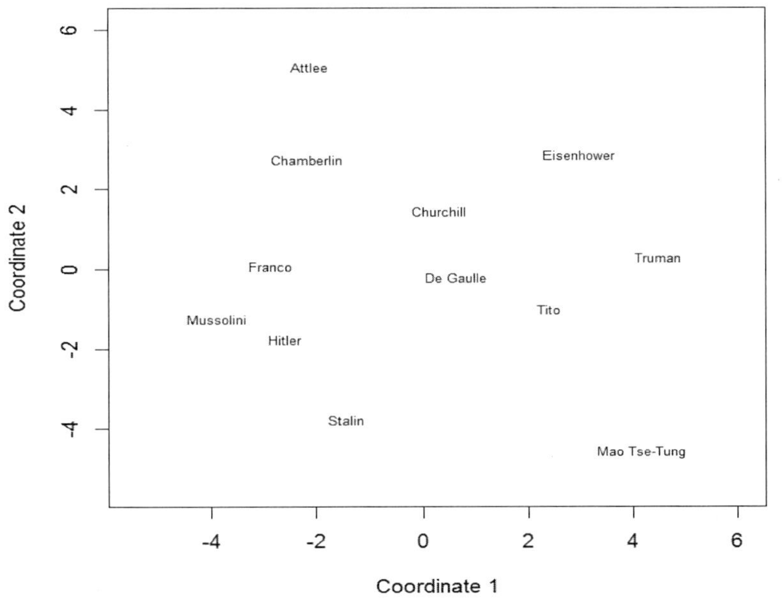

[그림 4.7] 제2차 세계대전 지도자들의 거리에 대한 비계량형 다차원 척도

2차원 해는 [그림 4.7]에서 보여준다. 세 명의 독재자(fascist)가 함께 그룹이 되며, 세 명의 영국 수상이 함께 그룹이 되고 스탈린(Stalin)과 마오쩌둥(Mao Tse-Tung)은 다른 지도자들과 비교해서 더 떨어져 있다. 아이젠하워(Eisenhower)는 자신의 대통령 트루먼(Truman)

보다 영국 정부와 더 관련되는 듯하다. 흥미롭게도 드골(de Gaulle)은 MDS 해의 중앙에 위치한다.

```
R> x <- WWII_mds$points[,1]
R> y <- WWII_mds$points[,2]
R> lim <- range(c(x, y)) * 1.2
R> plot(x, y, xlab = "Coordinate 1", ylab = "Coordinate 2",
+      xlim = lim, ylim = lim, type = "n")
R> text(x, y, labels = labels(WWIIleaders), cex = 0.7)
```

4.6 대응분석

이 절의 주제는, 범주 변수들의 집합에서의 연관성을 나타내는 공간 모형을 생성하는 접근으로 다차원 척도법의 한 형태인 대응분석(correspondence analysis)이다. 대응분석은 비교적 긴 역사를 가지나(de Leeuw 1983 참조) 주로 Benzecri(1992)의 거의 복음적인 노력 덕택으로 오랫동안 프랑스에서만 단지 일상적으로 사용되었다. 그러나 현재에는 좀 더 널리 사용되며, 아마도 분할표(contingency table)를 형성하는 두 개의 범주형 변수들의 독립성에 대해 표준적으로 사용되는 카이제곱검정을 보완하기 위해서 적용된다.

수학적으로 대응분석은 다음 중 하나로 간주된다.

- 분할표에서 독립성검정을 하기 위해 사용되는 카이제곱통계량을 그것의 열들 사이의 이질성의 다른 차원에 대응하는 성분으로 분해하는 방법
- 두 척도 사이의 상관관계를 최대화하기 위해서 하나의 척도를 행에 그리고 별개의 척도를 열에 동시에 할당하는 방법

그러나 대응분석은 다변량(가장 자주 이변량) 범주형 데이터를 행과 열 변수의 둘 다의 범주를 나타내는 좌표를 유도하여 그래프로 표현하는 기법이다. 그러면 이 변수들 사이의 연관성 패턴을 그래프로 나타낼 수 있다. 대응분석의 자세한 설명은 Greenacrfre(2007)에 주어져 있으며 주성분과의 유사성과 쌍도가 강조된다. 여기서는 이차원 분할표의 형태인 데이터셋을 나타내기 위해 이차원 지도를 얻기 위해서 고전적 다차원 척도법의 사용을 설명한다.

r개의 행과 c개의 열을 갖는 일반적인 이차원 분할표는 다음과 같이 쓸 수 있다. 여기서 열들 또는 행들에 대해 더하는 것은 점(dot) 표현을 사용한다.

		y			
		1	$\cdots$	c	
x	1	n_{11}	$\cdots$	n_{1c}	$n_{1\cdot}$
	2	n_{21}	$\cdots$	n_{2c}	$n_{2\cdot}$
	$\vdots$	$\vdots$		$\vdots$	$\vdots$
	r	n_{r1}	$\cdots$	n_{rc}	$n_{r\cdot}$
		$n_{\cdot 1}$	$\cdots$	$n_{\cdot c}$	n

이 표로부터 다음과 같이 주어지는 열 비율과 행 비율의 표를 생성할 수 있다.

$$\text{열 비율} : p_{ij}^{c} = n_{ij}/n_{\cdot j}$$

$$\text{행 비율} : p_{ij}^{r} = n_{ij}/n_{i\cdot}$$

카이제곱거리로 알려진 열들 i 와 j 사이의 거리는 $p_{k.} = n_{k.}/n$일 때 다음과 같이 정의된다.

$$d_{ij}^{(cols)} = \sum_{k=1}^{r} \frac{1}{p_{k\cdot}} (p_{ki}^{c} - p_{kj}^{c})^2$$

여기서 $p_{k\cdot} = n_{k\cdot}/n$ 이다.

카이제곱거리는 열 비율에 기초한 가중 유클리드 거리처럼 보인다. 그것은 두 열이 이들 비율에 대해 동일한 값을 갖는다면 0 이 된다. 그것은 또한 가중 인자 $1/p_{k\cdot}$ 로부터 열 변수의 희귀한 범주는 거리에 더 큰 영향을 갖는 것을 볼 수 있다.

열 i와 열 j에 대한 유사한 거리척도는 $p_{\cdot k} = n_{\cdot k}/n$라 할 때 다음과 같이 정의된다.

$$d_{ij}^{(rows)} = \sum_{k=1}^{r} \frac{1}{p_{\cdot k}} (p_{ik}^{r} - p_{jk}^{r})^2$$

여기서 $p_{\cdot k} = n_{\cdot k}/n$. 이다.

데이터의 대응분석 "지도(map)"는 전통적인 MDS를 각 거리행렬에 차례로 적용하고 보통 열 범주의 처음 두 개의 좌표와 행 범주의 처음 두 개의 좌표를 동일한 도표에 그려서 발견한다. 이때 행 범주를 나타내는 점을 열 범주를 나타내는 점으로부터 구분하기 위해서 적절히 라벨을 붙인다. 결과의 그림은 행 범주와 열 범주를 나타내는 점의 위치를 조사하여 해석할 수 있다. 이 점의 좌표의 상대적인 값은 행 변수의 범주와 열 변수의 범주 사이의 연관성을 반영한다. 2차원 해가 데이터(Greenacre 1992 참조)에 대한 적절한 적합을 제공한다고 가정하면, 서로 가까운 행 점은 열에 걸쳐 유사한 프로필(조건부 분포)을 갖는 행 범주를 나타낸다. 서로 가까운 열 점은 행을 따라서 유사한 프로필(조건부 분포)을 갖는 열을 나타낸다. 마지막으로 열 점에 가까이 놓여 있는 행 점은 표에서 행 변수들과 열 변수들이 독립이라고 했을 때 예상되는 것보다 더 자주 발생하는 행/열 조합을 나타낸다. 역으로 서로 먼 행과 열 점은 표에서 독립성하에서 예상되는 것보다 빈도가 낮게 발생한 셀을 나타낸다.

이제 간단한 대응분석의 응용 예를 볼 것이다.

4.6.1 십대들의 관계

소녀들의 나이가 그녀의 남자친구와의 관계에 대한 영향에 관련된 <표 4.6>에 주어진 데이터를 생각한다. 이 표에는 139명의 각 소녀들이 세 그룹 중의 하나로 분류된다.

- 남자친구가 없음(no boyfriend)
- 남자친구(boyfriend)/성관계는 없음(no sexual intercourse)
- 남자친구(boyfriend)/성관계(sexual intercourse)

또한 각 소녀의 나이가 기록되고 5개의 나이 그룹으로 나누는데 사용된다.

〈표 4.6〉 teensex 데이터. 남자친구와의 관계에 대한 나이의 영향

Boyfriend	Age 〈16	16–17	17–18	18–19	19–20
No boyfriend	21	21	14	13	8
Boyfriend no sex	8	9	6	8	2
Boyfriend sex	2	3	4	10	10

열과 행의 카이제곱 거리척도에 기초한 2차원의 고전적 다차원 척도 해의 계산은 `cmdscale()`을 사용한다. 그러나 먼저 필요한 열과 행 거리행렬을 계산해야 하는 데 이것을 위해 다음과 같이 편리한 함수를 작성하여 수행한다.

```
R> D <- function(x) {
+     a <- t(t(x) / colSums(x))
+     ret <- sqrt(colSums((a[,rep(1:ncol(x), ncol(x))] -
```

```
+         a[, rep(1:ncol(x), rep(ncol(x), ncol(x)))])^2 *
+             sum(x) / rowSums(x)))
+     matrix(ret, ncol = ncol(x))
+ }

R> (dcols <- D(teensex))
      [,1]  [,2] [,3] [,4] [,5]
[1,] 0.000 0.085 0.26 0.66 1.07
[2,] 0.085 0.000 0.19 0.59 1.01
[3,] 0.257 0.186 0.00 0.41 0.83
[4,] 0.663 0.586 0.41 0.00 0.51
[5,] 1.074 1.014 0.83 0.51 0.00

R> (drows <- D(t(teensex)))
     [,1] [,2] [,3]
[1,] 0.00 0.20 0.93
[2,] 0.20 0.00 0.94
[3,] 0.93 0.94 0.00
```

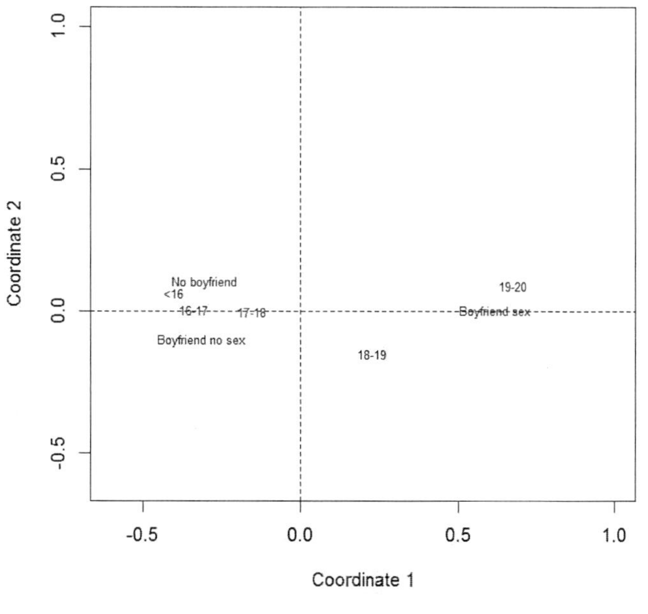

[그림 4.8] 십대들의 관계 데이터에 대한 대응분석

고전적 MDS를 이들 거리행렬 각각에 적용하는 것은 데이터에 대한 "지도"를 만드는 데 요구되는 이차원 좌표를 얻는다. 차원 2보다 차원 1에서 더 큰 변동(Greenacre 1992 참조)을 갖는 것을 반영하기 위해 이들을 적절한 라벨과 적절히 축척된 좌표축에 그리는 것은 다음의 R 코드를 사용해서 얻을 수 있다.

```
R> r1 <- cmdscale(dcols, eig = TRUE)
R> c1 <- cmdscale(drows, eig = TRUE)
R> plot(r1$points, xlim = range(r1$points[,1], c1$points[,1]) * 1.5,
+      ylim = range(r1$points[,1], c1$points[,1]) * 1.5, type = "n",
+      xlab = "Coordinate 1", ylab = "Coordinate 2", lwd = 2)
R> text(r1$points, labels = colnames(teensex), cex = 0.7)
R> text(c1$points, labels = rownames(teensex), cex = 0.7)
R> abline(h = 0, lty = 2)
R> abline(v = 0, lty = 2)
```

[그림 4.8]에서 나이 그룹을 나타내는 점은 두 점들 사이의 유클리드 거리가 카이제곱거리를 나타내는 나이 그룹에 대한 2차원 표현이다. r개의 행과 c개의 열을 갖는 분할표에 대해서 카이제곱거리는 정확히 $\min(r-1, c-1)$ 차원에 의해 표현될 수 있다. 여기서는 $r=3$ 이고 $c=5$이므로 이것은 [그림 4.8]의 유클리드 거리들이 정확히 대응하는 카이제곱거리와(독자들은 연습문제로서 이것이 맞는지를 점검하고자할 것이다) 동일하다는 것을 의미한다. r과 c 둘 다 3 보다 클 때에는 카이제곱거리를 정확히 2차원으로 표현하는 것이 불가능하다. 그러한 경우에는 유도되는 2차원 좌표는 단지 근사한 표현을 준다. 따라서 적합 적절성의 문제가 언급될 필요가 있다. 이러한 경우들의 일부에서는 받아들일 만한 적합을 얻기 위해서는 2차원 이상이 요구된다(자세한 내용을 위해서는 Greenacre 1992를 참조).

[그림 4.8]을 검토하면서 소녀들이 십대를 거치는 동안 나이가 들어가면서 행하는 이야기를 볼 수 있다. 초기에는 남자친구들이 없다가 남자친구를 갖게 되며 남자친구와 성관계를 갖는 과정을 보여준다. 이러한 이야기는 부인이 남편에게 자신이 10대였을 때를 회상해 보라고 하기 전까지는 적어도 일시적으로는 세상 모든 곳에서 아버지들의 가슴을 저미게 하는 이야기이다.

4.7 요약

다차원 척도와 대응분석 모두는 데이터를 그래프로 나타내는 것으로 특별한 유형의 데이터를 이해하는 것을 돕는 것을 목표로 한다. 근접성행렬에 적용되는 다차원 척도는 유사성 판단을 할 수 있는 차원을 발견하는데 유용하며 대응분석은 주로 단순한 카이제곱검정보다 분할표에서 관계의 패턴에 대한 통찰력을 더 많이 제공한다.

4.8 연습문제

4.1 j번째 개체가 좌표 j를 갖는 점에 위치하면서 직선을 따라서 정렬된 51개의 개체 $O_1, \cdots, O_{51}$을 생각하자. 개체 i 와 개체 j 사이의 유사성 s_{ij}를 다음과 같이 정의하자.

$$s_{ij} = \begin{cases} 9 \;\; \text{if} \;\; i = j \\ 8 \;\; \text{if} \;\; 1 \le |i-j| \le 3 \\ 7 \;\; \text{if} \;\; 4 \le |i-j| \le 6 \\ \cdots \\ 1 \;\; \text{if} \;\; 22 \le |i-j| \le 24 \\ 0 \;\; \text{if} \;\; |i-j| \ge 25 \end{cases}$$

이들 유사성을 다음을 이용하여 차이성(δ_{ij})으로 변환하시오.

$$\delta_{ij} = \sqrt{s_{ij} + s_{jj} - 2s_{ij}}$$

그리고 결과로 얻는 비유사성행렬에 고전적 다차원 척도를 적용하시오. 유도되는 이차원 해의 모양을 설명하시오.

4.2 이차원 분할표의 열들과 행들 모두에 대해 카이제곱 거리행렬을 계산하기 위한 R 함수를 쓰시오.

4.3 <표 4.7>(Kaufman과 Rousseerw 1990으로부터)에 18종의 화단 꽃들의 비유사성행렬이 있다. 어떤 종들이 공통 성질을 공유하는지를 조사하기 위해 적절한 다차원 척도법을 사용하시오.

〈표 4.7〉 gardenflowers 데이터. 18종류의 꽃에 대한 비유사도행렬

	Bgn	Brm	Cml	Dhl	F–	Fch	Grn	Gld	Hth	Hyd	Irs	Lly	L–	Phy	Pnc	Rdr	Scr	Tlp
Begonia	0																	
Broom	0.91	0																
Camellia	0.49	0.67	0															
Dahlia	0.47	0.59	0.59	0														
Forget-me-not	0.43	0.9	0.57	0.61	0													
Fuchsia	0.23	0.79	0.29	0.52	0.44	0												
Geranium	0.31	0.7	0.54	0.44	0.54	0.24	0											
Gladiolus	0.49	0.57	0.71	0.26	0.49	0.68	0.49	0										
Heather	0.57	0.57	0.57	0.89	0.5	0.61	0.7	0.77	0									
Hydrangea	0.76	0.58	0.58	0.62	0.39	0.61	0.86	0.7	0.55	0								
Iris	0.32	0.77	0.63	0.75	0.46	0.52	0.6	0.63	0.46	0.47	0							
Lily	0.51	0.69	0.69	0.53	0.51	0.65	0.77	0.47	0.51	0.39	0.36	0						
Lily-of-the-valley	0.59	0.75	0.75	0.77	0.35	0.63	0.72	0.65	0.35	0.41	0.45	0.24	0					
Peony	0.37	0.68	0.68	0.38	0.52	0.48	0.63	0.49	0.52	0.39	0.37	0.17	0.39	0				
Pinkcarnation	0.74	0.54	0.7	0.58	0.54	0.74	0.5	0.49	0.36	0.52	0.6	0.48	0.39	0.49	0			
Redrose	0.84	0.41	0.75	0.37	0.82	0.71	0.61	0.64	0.81	0.43	0.84	0.62	0.67	0.47	0.45	0		
Scotchrose	0.94	0.2	0.7	0.48	0.77	0.83	0.74	0.45	0.77	0.38	0.8	0.58	0.62	0.57	0.4	0.21	0	
Tulip	0.44	0.5	0.79	0.48	0.59	0.68	0.47	0.22	0.59	0.92	0.59	0.67	0.72	0.67	0.61	0.85	0.67	0

제5장 탐색적 인자분석

5.1 서론

심리학의 많은 영역에서 그리고 행동 과학에서의 여러 영역에서 주된 관심이 있는 개념을 직접 측정하는 것이 가능하지 않다. 두 개의 명백한 예로 지능과 사회 계급을 들 수 있다. 이러한 경우에 연구자에게는 직접적으로 측정 또는 관측되거나 실제 개념의 지표가 될 수 있는 변수에 대한 정보를 수립하여 간접적으로 그 개념을 검토하도록 강요된다. 예를 들어, 개인의 "지능(intelligence)"에 관심이 있는 심리학자는 다양한 피실험자들을 대상으로 어떤 방식으로든 "지능"이라고 간주되지만 랜덤 오차를 포함할 수 있는 시험 점수를 기록할 것이다. 그리고 "사회 계급(social class)"에 관심이 있는 사회학자는 실제로 관심있는 개념을 반영한다는 가정 하에서 사람들의 직업, 교육 배경, 집의 소유 등에 대한 질문을 할 것이다.

직접적으로 측정될 수는 없지만 측정할 수 있는 변수(measurable variable)에 관련된다는 가정하에서 "지능"과 "사회 계급" 둘 다는 일반적으로 잠재변수(latent variable)로 간주된다. 가정된 잠재변수들과 측정변수들 사이의 관계를 밝히는 것을 돕기 위해서 가장 일반적으로 사용되는 분석방법은 인자분석(factor analysis)이다. 이 방법이 기초하고 있는 모형은 본질적으로, 측정변수가 관측될 수 없는 잠재변수(이러한 관점에서 공통인자라고 불리는)들에 대해 회귀된다는 면을 제외하고, 다중회귀모형이지만 대응하는 회귀계수(인자적재값)를 직접적으로 추정하는 것은 불가능하다.

처음에 주목할 점으로 인자분석은 두 개의 다른 형태를 갖는다는 것이다. 첫 번째는 탐색적 인자분석(exploratory factor analysis)으로 어떤 측정변수가 어떤 인자에 관련된다는 특정한 가정도 하지 않고 측정변수들과 인자들 사이의 관계를 조사하기 위해서 사용된다. 두 번째는 확인적 인자분석(confirmatory factor analysis)으로 사전에 가정된 특정한 인자모형에 대해 측정변수 사이의 공분산 또는 상관관계를 적절하게 적합하는지 검정하기 위해 사용된다. 이 장에서는 탐색적 인자분석만 다룰 것이다. 확인적 인자분석은 7장의 주제이다.

탐색적 인자분석은 Spearman(1904)에 의해 도입되었다고 전해진다. 그러나 Spearman이 다음 절에서 설명되는 일인자 모형만을 제안하였기 때문에 부분적으로는 사실이다. 인자분석의 역사에 대한 매력적인 설명은 Thorndike(2005)와 Bartholonew(2005)에서 볼 수 있다.

5.2 인자분석 모형의 간단한 예

다음 절에서 설명될 k-인자분석 모형의 배경지식을 제공하기 위해 이 절에서는 한 개 인자만을 갖는 매우 간단한 예를 살펴본다.

Spearman은 학생들의 시험점수에 관한 표본으로 세 과목 Classics(x_1), French(x_2), English (x_3)의 시험점수를 고려하였고 다음의 상관행렬을 계산하였다.

$$\boldsymbol{R} = \begin{matrix} Classics \\ French \\ English \end{matrix} \begin{pmatrix} 1.00 & & \\ 0.83 & 1.00 & \\ 0.78 & 0.67 & 1.00 \end{pmatrix}$$

만약 한 개의 인자를 가정한다면, 단일인자 모형은 다음과 같이 표현된다.

$$x_1 = \lambda_1 f + u_1$$
$$x_2 = \lambda_2 f + u_2$$
$$x_3 = \lambda_3 f + u_3$$

이 모형은 각 관측된 변수를 단일 공통인자(common factor)에 대한 단순선형회귀를 포함한다. 이 예에서 기저를 이루는 잠재변수 또는 공통인자 f는 지능 또는 일반인 지적 능력과 동일시하는 것이 가능할 것이다. 회귀계수 λ_1, λ_2와 λ_3는 이런 맥락에서 인자적재값(factor loadings)이라고 알려져 있으며 u_1, u_2와 u_3는 랜덤변동(random disturbance)항을 나타내며 이들과 관련된 측정변수가 기저를 이루는 잠재변수에 밀접하게 관련이 된다면 작은 분산을 가질 것이다. u_i 에 있는 분산은 실제로 다음의 두 부분으로 구성된다. 하나는 개인의 Classics에 대한 능력이 일반적인 능력과 다른 정도이며, 다른 하나는 Classics에 대한 시험 점수가 그 주제에 대한 능력의 근사적인 측정이라는 것이다. 실제로 이 두 부분을 구분하는 시도를 하지는 않는다.

인자분석 모형에 있는 모수를 어떻게 추정할 것인가를 고려할 때 이 단순한 예로 다시 돌아올 것이다. 그러나 먼저 인자분석 모형 자체를 더 자세히 설명할 필요가 있다. 이러한 설명은 다음 절에서 한다.

5.3 k-인자분석 모형

인자분석의 기초는 측정변수를 관측되지 않은(관측될 수 없는, unobservable) 잠재변수들에 연관시키는 회귀모형이다. 본질적으로 인자모형은 측정변수들 사이의 관측된 관계(공분산 또는 상관관계로서 측정된)가 잠재변수들에 대한 측정변수들의 관계로 얻은 결과라고 가정한다.(인자분석에서 중요한 것은 측정변수들의 공분산 또는 상관관계이기 때문에, 다음에 주어진 방법에 대한 수학적인 기술에서 각 측정변수는 평균 0 을 갖는다고 가정한다.)

우선 일련의 관측된 변수 또는 측정변수 $\boldsymbol{x}^T = (x_1, x_2, \cdots, x_q)$가 k 개의 관측되지 않는 잠재변수 또는 공통인자 $f_1, f_2, \cdots, f_k$와 다음의 회귀모형에 의해 관계된다고 가정한다 $(k < q)$.

$$
\begin{aligned}
x_1 &= \lambda_{11} f_1 + \lambda_{12} f_2 + \cdots + \lambda_{1k} f_k + u_1 \\
x_2 &= \lambda_{21} f_1 + \lambda_{22} f_2 + \cdots + \lambda_{2k} f_k + u_2 \\
&\vdots \\
x_q &= \lambda_{q1} f_1 + \lambda_{q2} f_2 + \cdots + \lambda_{qk} f_k + u_q.
\end{aligned}
$$

λ_j는 $\boldsymbol{x}$-변수들의 공통인자에 대한 회귀계수이나 인자분석의 맥락에서 이러한 회귀계수는 인자적재값이라 부르며 각 관측된 변수 x_i가 어떻게 공통인자에 의존하는지를 알려준다. 인자적재값은 인자의 해석에 사용된다. 즉 인자에 대해 큰 인자적재값을 갖는 관측된 변수에 관련시켜, 항상은 아니지만, 각 인자의 의미있는 특징을 추론할 수 있다.

이러한 회귀식은 간략하게 다음과 같이 쓸 수 있다.

$$\boldsymbol{x} = \boldsymbol{\Lambda}\boldsymbol{f} + \boldsymbol{u}$$

여기서

$$\boldsymbol{\Lambda} = \begin{pmatrix} \lambda_{11} & \cdots & \lambda_{1k} \\ \vdots & & \vdots \\ \lambda_{q1} & \cdots & \lambda_{qk} \end{pmatrix}, \quad \boldsymbol{f} = \begin{pmatrix} f_1 \\ \vdots \\ f_q \end{pmatrix}, \quad \boldsymbol{u} = \begin{pmatrix} u_1 \\ \vdots \\ u_q \end{pmatrix}.$$

랜덤변동항 $u_1, \cdots, u_q$가 서로 독립이고 인자 $f_1, \cdots, f_k$와도 서로 독립이라고 가정한다.(u의 요소는 각 x_i에만 관련되므로 이런 맥락에서 일반적으로 특수변량(specific variate)이라고 한다.) 두 가정을 통해 공통인자 값이 주어졌을 때 측정변수들은 서로 독립임을 암시한다. 즉 관측된 변수들의 상관관계는 공통인자들에 대한 관계에서 발생한다. 인자는 관측되지 않기 때문에 인자의 위치와 척도를 임의로 고정할 수 있으므로, 평균 0 이고 표준편차 1인 표준화된 형태로 발생한다고 가정한다. 또한 적어도 처음에는 인자들이 서로 관련되어 있지 않다고 가정한다. 이 경우에 인자적재값은 측정변수와 인자의 상관관계이다. 인자에 대한 이러한 추가적인 가정과 함께 인자분석 모형에서 변수 x_i의 분산 σ_i^2은 다음과 같이 주어진다.

$$\sigma_i^2 = \sum_{j=1}^{k} \lambda_{ij}^2 + \psi_i$$

여기서 ψ_i 는 u_i 의 분산이다. 결과적으로 인자분석 모형에서 각 관측된 변수의 분산이 두 부분으로 나누어질 수 있다는 것을 알 수 있다. 하나는 변수의 공통성(communality)이라고 알려진 $h_i^2 = \sum_{j=1}^{k} \lambda_{ij}^2$ 으로 공통인자를 통하여 다른 변수들과 공유하는 분산을 나타낸다. 다른 하나는 특수분산(specific variance) 또는 유일분산(unique variance)인 ψ_i로 다른 변수들과 공유되지 않는 x_i내의 변동과 관련된다. 또한 인자모형은 변수 x_i와 x_j의 공분산에 대해 다음과 같이 표현할 수 있다:

$$\sigma_{ij} = \sum_{l=1}^{k} \lambda_{il}\lambda_{jl}.$$

공분산이 특수변량에 어떤 방식으로든 종속되지 않음을 알 수 있다. 측정변수들 사이의 관계를 설명하려고 하는 것은 단지 공통인자들이다.

이러한 결과는 k-인자분석 모형에서 관측된 변수들의 모집단 공분산행렬 $\boldsymbol{\Sigma}$가 다음의 형태

$$\Sigma = \Lambda\Lambda^T + \Psi$$

를 갖는 것을 알려준다. 여기서

$$\Psi = diag(\psi_i).$$

역 또한 성립한다. 즉 만약 Σ가 앞에서 주어진 형태로 분해될 수 있다면 x에 대한 k-인자 모형이 성립한다. 실제로 Σ는 표본공분산행렬 S에 의해 추정된다. 그리고 관측된 공분산형렬이 모형에 의해 요구되는 형태를 갖도록 Λ와 Ψ의 추정값을 얻을 필요가 있다.(이 장의 뒷부분에서 추정 방법에 대한 설명을 참조하라) 또한 인자모형이 S에 대한 적절한 적합을 제공하도록 인자의 개수 k 값을 결정해야한다.

5.4 k-인자 모형의 척도 불변

k-인자 모형에 대한 추정과 적절한 k 값을 어떻게 정할 것인가를 설명하기 전에, x변수들을 척도변환하는 것이 인자분석 모형에 어떤 영향을 미치는지를 생각하고자 한다. x변수들을 척도변환하는 것은 c_i, $i=1,\cdots,q$가 척도변환값이고 $C=diag(c_i)$일 때 $y=Cx$라고 할 수 있다. 만약 x에 대해 $\Lambda=\Lambda_x$ 이고 $\Psi=\Psi_x$ 인 k-인자 모형이 성립한다면

$$y = C\Psi_x f + Cu$$

이고 x 의 인자분석 모형에 의해 수반되는 y 의 공분산은

$$Var(y) = C\Sigma C = C\Lambda_x C + C\Psi_x C$$

이다. 따라서 y에 대해서도 인자적재행렬 $\Lambda_y = C\Lambda_x$와 특수분산 $\Psi_y = C\Psi_x C = c_i^2\psi_i$을 갖는 k-인자 모형이 성립함을 알 수 있다. 따라서 척도변환된 변수들 y에 대한 인자적재 행렬은 Λ_x의 i 번째 열에 c_i를 곱해 원래 변수들의 인자적재행렬을 척도변환하여 얻을 수 있다. 따라서 인자분석은 본질적으로 변수들의 척도변환에 의해 영향을 받지 않는다. 특히 만약 s_i가 x_i의 표준편차일 때 $c_i = 1/s_i$를 이용하여 척도변환하면 인자분석 모형을 x변수들의 상관행렬에 적용하는 것과 동일하게 된다. 그리고 인자적재값과 특수분산은 단지 공분산행렬로부터 얻은 대응하는 인자적재값과 분산을 척도변환하여 얻을 수 있다. 인자분석 모형은 결과가 본질적으로 동등하기 때문에 공분산행렬이나 상관행렬에 적용될 수 있다.(3장에서 지적된 바와 같이 주성분분석을 사용할 때는 이와 동일하지 않다. 이 점에 대해서

이번 장의 후반부에서 다시 언급할 것이다.)

5.5 k-인자분석 모형에서 모수 추정

이전 절에서 설명된 인자분석 모형을 다변량 관측들의 표본에 적용하기 위해서는 모형의 모수를 추정해야한다. 이러한 모수들은 인자적재값과 특수분산이고 따라서 인자분석에서 추정 문제는, 5.3절에서 설명된 인자모형을 가정한다면 본질적으로 표본공분산행렬 $\boldsymbol{S}$를 가능한 한 정확하게 재생하는 $\hat{\boldsymbol{\Lambda}}$(추정된 인자적재값행렬)과 $\hat{\boldsymbol{\Psi}}$(추정된 특수분산을 포함하는 대각행렬)을 구하는 것이다. 즉

$$\boldsymbol{S} \approx \hat{\boldsymbol{\Lambda}}\hat{\boldsymbol{\Lambda}}^T + \hat{\boldsymbol{\Psi}}$$

인자적재값행렬 $\hat{\boldsymbol{\Lambda}}$에 대한 추정을 했다면 특수분산을 다음과 같이

$$\widehat{\psi_i} = s_i^2 - \sum_{j=1}^{k} \widehat{\lambda_{ij}^2}, \quad i = 1, \cdots, q$$

추정하는 것은 분명히 합리적이다. 따라서 $\boldsymbol{S}$의 대각 항이 정확히 추정된다.

실제로 사용되는 추정 방법을 살펴보기 전에, 잠깐 5.2절에서 고려한 간단한 단일-인자 모형으로 돌아간다. 이 경우에 인자적재값과 특수분산의 추정이 매우 간단하기 때문이다. 그 이유는 이 경우에 모형내의 모수의 개수인 6(세 개의 인자적재값과 세 개의 특수분산)이 $\boldsymbol{R}$ 내의 독립인 요소의 개수인 6(세 개의 상관관계와 세 개의 대각선상의 표준화된 분산)과 같기 때문에 관측된 상관행렬의 요소를 단일-인자 모형에 의해 추정된 대응하는 값과 같게 함으로써 모형에 정확하게 맞도록 $\lambda_1, \lambda_2, \lambda_3, \psi_1, \psi_2$와 ψ_3를 구할 수 있기 때문이다. 인자분석 모형에 의해 암시되는 행렬 등식으로부터 얻어지는 6 개의 식은 다음과 같다.

$$\boldsymbol{R} = \begin{pmatrix} \lambda_1 \\ \lambda_2 \\ \lambda_3 \end{pmatrix} (\lambda_1\, \lambda_2\, \lambda_3) + \begin{pmatrix} \psi_1 & 0 & 0 \\ 0 & \psi_2 & 0 \\ 0 & 0 & \psi_3 \end{pmatrix}$$

따라서

$$\widehat{\lambda_1}\widehat{\lambda_2} = 0.83$$

$$\widehat{\lambda_1}\widehat{\lambda_3} = 0.78$$

$$\widehat{\lambda_2}\widehat{\lambda_3} = 0.67$$

$$\hat{\psi}_1 = 1.0 - \hat{\lambda}_1^2$$
$$\hat{\psi}_2 = 1.0 - \hat{\lambda}_2^2$$
$$\hat{\psi}_3 = 1.0 - \hat{\lambda}_3^2$$

이 등식의 해는 다음과 같다.

$$\hat{\lambda}_1 = 0.99,\ \hat{\lambda}_2 = 0.84,\ \hat{\lambda}_3 = 0.79,$$
$$\hat{\psi}_1 = 0.02,\ \hat{\psi}_2 = 0.30,\ \hat{\psi}_3 = 0.38$$

이번에는 관측된 상관계수는 다음과 같다고 하자.

$$\boldsymbol{R} = \begin{matrix} Classics \\ French \\ English \end{matrix} \begin{pmatrix} 1.00 & & \\ 0.84 & 1.00 & \\ 0.60 & 0.35 & 1.00 \end{pmatrix}.$$

이와 같은 경우, 단일-인자 모형의 모수에 대한 해로

$$\hat{\lambda}_1 = 1.2,\ \hat{\lambda}_2 = 0.7,\ \hat{\lambda}_3 = 0.5$$
$$\hat{\psi}_1 = -0.44,\ \hat{\psi}_2 = 0.51,\ \hat{\psi}_3 = 0.75$$

을 얻는다. 이 해는 첫 번째 특수분산이 음의 추정값을 갖기 때문에 받아들일 수 없다.

앞에서 고려된 간단한 예에서 보면, 모형에 있는 모수의 개수가 상관행렬내의 독립인 원소의 개수와 같기 때문에 인자분석 모형이 데이터에 대한 유용한 설명을 주지 않는다. 실제로는 공분산행렬 또는 상관행렬의 독립적인 원소들의 개수보다 k-인자 모형이 더 적은 개수의 모수를 가지면(5.6 절 참조), 적합된 모형이 데이터에 대해 모수 절약적인 설명을 가져온다. 그리고 어떤 의미에서 인자모형에 의해 추정된 공분산행렬이 측정변수들의 관측된 공분산행렬에 가능한 한 가깝게 만드는 추정 방법이 필요하다. 주인자분석(principal factor analysis)과 최대우도 인자분석(maximum likelihood factor analysis)으로 알려진 두 가지 주요 추정 방법이 있으며 이에 대해 간단히 설명한다.

5.5.1 주인자분석

주인자분석(principal factor analysis)은 여러 면에서 주성분분석(3장 참조)과 유사하나 직접 $\boldsymbol{S}$(또는 $\boldsymbol{R}$)에 적용하는 것이 아니라 다음과 같이 정의되는 축소된 공분산행렬로 알려진 $\boldsymbol{S}^*$에 적용하는 고유값과 고유벡터 기법이다.

$$\boldsymbol{S}^* = \boldsymbol{S} - \hat{\boldsymbol{\Psi}}$$

여기서 $\hat{\boldsymbol{\Psi}}$는 ψ_i의 추정값을 포함하는 대각행렬이다. $\boldsymbol{S}$의 대각선상에 있는 "1"은 $\boldsymbol{S}^*$에서 공통인자에 의해 설명되는 추정된 공통성(communality) $\sum_{j=1}^{k} \widehat{\lambda_{ij}^2}$ 으로 대체된다. 주성분분석과는 달리 인자분석은 관측된 분산을 모두 설명하려고 시도하지 않고 단지 공통인자에 의해 나뉘는 분산을 설명하려고 한다. 인자분석에서 더욱 관심을 갖는 것은 측정변수들 사이의 공분산행렬 또는 상관행렬을 설명하는 것이다.

$\boldsymbol{S}^*$(또는 $\boldsymbol{S}$를 대신해서 $\boldsymbol{R}$을 사용할 때는 $\boldsymbol{R}^*$)를 계산하기 위해서 공통성 값이 필요하다. 인자적재값이 추정되어야 하기 때문에 공통성을 인자적재값 기반으로 계산할 수는 없다. 외견상 "닭과 계란" 상황을 극복하기 위해서는 인자적재값을 아는 것에 의존하지 않는 공통성의 초기값을 찾는 합리적인 방법이 필요하다. 인자분석이 측정변수들의 상관행렬에 기초할 때 빈번히 사용되는 두 방법은 다음과 같다.

- 변수 x_i의 공통성을 x_i의 나머지 다른 관측된 변수들과의 다중 상관계수(multiple correlation)의 제곱으로 한다.
- 변수 x_i 의 공통성을 x_i 와 나머지 다른 변수들 중 한 개 사이의 상관계수의 절대값들 중 최대값으로 한다.

이러한 방법은, x_i 가 다른 관측변수들 적어도 한 개 변수와 높게 상관되어 있을 때, 초기 공통성에 대해 큰 값을 유도하며 이것이 요구되는 사항이다. 초기 공통성 값이 주어졌을 때 $\boldsymbol{S}^*$에 대해 주성분분석을 수행한다. 처음 k개 고유벡터들이 k -인자 모형의 각 적재값에 대한 추정값을 제공하기 위해서 사용된다. 추정 과정에서는 그 단계에서 멈추거나, 그 단계에서 얻어진 적재값이 $\widehat{\lambda_{ij}^2}$ 를 이전 단계에서 추정된 적재값이라고 할 때 공통성 $\sum_{j=1}^{k} \widehat{\lambda_{ij}^2}$ 에 대한 개선된 추정값을 제공한다. 이 절차는 수렴기준이 만족될 때까지 반복된다. 만약 어떤 시점에 공통성의 추정값이 대응하는 측정변수의 분산을 초과할 때 이 변수의 특수분산이 음의 추정값이 되면서 이러한 반복 접근법에 어려움이 발생하기도 한다. 이러한 결과는 Heywood 상황(Heywood 1931 참조)으로 알려져 있으며 특수분산이 음의 값을 가질 수 없으므로 분명히 그러한 상황은 받아들일 수 없다.

5.5.2 최대우도 인자분석

최대우도는 적어도 통계학자들에게는 인자분석에서 모수를 추정하는 가장 훌륭한 방법으로 간주된다. 이 방법의 본질은 분석할 데이터가 다변량 정규분포(1장 참조)를 따른다고 가정하는 것이다. 이러한 가정 하에서 그리고 인자분석 모형이 가능하다는 가정 하에서 우도함수 L은 F가 다음과 같이 주어질 때 $-\frac{1}{2}nF$와 관측값 함수의 합으로

$$F = \ln|\Lambda\Lambda^T + \Psi| + trace(\mathbf{S}|\Lambda\Lambda^T + \Psi|^{-1}) - \ln|\mathbf{S}| - q$$

나타낼 수 있다. 만약 $\Lambda\Lambda^T + \Psi$가 $\mathbf{S}$와 같다면 함수 F는 0 의 값을 가지며, 그렇지 않으면 0 보다 큰 값을 갖는다. 해당 모수에 대해 F를 최소화하여 적재값과 특수분산의 추정량을 얻을 수 있다. 여러 가지 반복적인 수치 기법들이 제안되었다. 자세한 내용은 Lawley와 Maxwill(1963), Mardia et al.(1979), Everitt(1984, 1987), Rubin과 Thayer(1982)를 참조하기 바란다.

인자적재와 특수분산의 초기값은 5.5.1절에서 설명된 방법을 포함해서 여러 가지 방법으로 얻을 수 있다. 주인자분석과 마찬가지로 최대우도 접근법도 헤이우드 상황(Heywood case)과 같은 어려움을 겪을 수 있다.

5.6 인자 개수의 추정

관측된 공분산 또는 상관관계를 적절히 표현하기 위해서 얼마나 많은 인자 개수 즉 k개 인자가 필요한지를 정하는 것은 탐색적 인자분석 모형을 적합할 때 매우 중요하다. $k=m$과 $k=m+1$을 갖는 해는 주성분분석과는 달리 모든 인자에 대해서 매우 다른 인자적재값을 보여준다. 그리고 Jolliffe(2002)에 의해 지적된 바와 같이 인자 개수가 너무 적으면 너무 많은 큰 인자적재값이 있을 수 있으며, 인자들이 너무 많으면 인자는 단편화되고 설득력있는 해석을 하기 힘들게 된다.

k를 선택하는 것은 서로 다른 k값에 대응하는 해를 조사하여 가장 확신을 주는 해석을 줄 수 있는 지를 주관적으로 정하여 수행하게 된다. 다른 가능성은 3장에서 설명한 스크리 그림 접근법을 사용하는 것이다. 하지만 이 방법의 유용성은 고유값이 인자가 아니라 주성분의 분산을 나타내기 때문에 인자분석에서는 주성분분석만큼 그렇게 명확하지는 않다.

최대우도 접근법의 장점은 k개 공통인자가 데이터를 설명하기에 충분하다는 가설 H_k에 대해 모집단 데이터 공분산행렬에 어떤 제약도 없다는 대립가설을 세우고 가설검정을 한다는 것이다. 검정통계량은 $N = n + 1 - (2q+5)/6 - 2k/3$일 때

$$U = N\min(F)$$

이다. 만약 k개 공통인자가 관측된 공분산 또는 측정변수들의 상관관계를 설명하기에 적절하다면(즉 H_k가 참) U는 근사적으로 자유도 ν를 갖는 카이제곱분포를 따른다. 여기서

$$\nu = \frac{1}{2}(q-k)^2 - \frac{1}{2}(q+k).$$

대부분의 탐색적 연구에서 k 는 미리 정할 수 없다. 따라서 연속적인 절차가 사용된다. 작은 k 값(보통 $k=1$)으로 시작해서 대응하는 인자분석 모형의 모수를 최대우도를 사용해서 추정한다. 만약 U가 유의하지 않다면 현재의 k값을 받아들인다. 그렇지 않으면 k값을 1만큼 증가하여 이러한 과정을 반복한다. 만약 어떤 단계에서 검정통계량의 자유도가 0이 된다면 사소하지않은(non-trivial) 해가 적절하거나, 관측변수들과 잠재변수들 사이에 선형성을 가정하는 인자모형 자체가 의문스럽게 된다.(이러한 검정 절차는 가정의 집합이 순서대로 검정되고 있다는 사실을 허용하도록 검정 기준의 기각값이 조정되지 않았기 때문에 비판받을 수 있다.)

5.7 인자회전

이제까지 편의상 인자분석 모형의 한 가지 문제가 되는 특성, 즉 5.3절에서 언급하였던 인자적재값행렬에 대한 유일한 해가 존재하지 않는다는 점을 무시하였다. 이것을 $k \times k$인 직교행렬 $\boldsymbol{M}$ 을 도입하고 측정변수와 잠재변수를 연결하는 기본 회귀식을 다음과 같이

$$\boldsymbol{x} = (\boldsymbol{\Lambda M})(\boldsymbol{M}^T\boldsymbol{f}) + \boldsymbol{u}$$

표현할 수 있다. 이 "새로운" 모형은 새로운 인자 $\boldsymbol{f}^* = \boldsymbol{Mf}$와 새로운 인자적재값 $\boldsymbol{\Lambda M}$ 을 가지며 이전에 개략적으로 설명한 k-인자 모형의 모든 요구사항을 만족한다. 이 모형은 측정변수들의 공분산행렬이 다음과 같이

$$\boldsymbol{\Sigma} = (\boldsymbol{\Lambda M})(\boldsymbol{\Lambda M})^T + \boldsymbol{\Psi}$$

표현됨을 암시한다. 이 식에서 $\boldsymbol{MM}^T = \boldsymbol{I}$ 이므로 이전과 같이 $\boldsymbol{\Sigma} = \boldsymbol{\Lambda\Lambda}^T + \boldsymbol{\Psi}$가 된다. 결과적으로 인자적재행렬 $\boldsymbol{\Lambda}$를 갖는 인자 $\boldsymbol{f}$와 적재값 $\boldsymbol{\Lambda M}$ 를 갖는 인자 $\boldsymbol{f}^*$는 직교행렬 $\boldsymbol{M}$에 대해서 측정변수들의 공분산행렬을 설명하는 데 있어서 동일하다. 그러면 이전에 세운 인자분석 모형에 무한한 개수의 해가 존재한다.

이런 문제는 일반적으로 원래 모형에 어떤 제약식을 도입하여 풀 수 있다. 하나의 가능성은 다음과 같이 주어지는 행렬 G가 크기가 작아지는 순서로 원소들이 정렬된 대각행렬이 되도록

$$G = \Lambda\Psi^{-1}\Lambda$$

를 요구하는 것이다. 그러한 요구사항은 첫 번째 인자가 측정변수들의 공분산에 최대로 기여하도록 하고 두 번째 인자는 첫 번째 인자와 상관없다는 조건하에서 이 분산에 최대로 기여한다. 세 번째와 네 번째 인자에 대해서도 이와 마찬가지로 정해진다(3장의 주성분분석 참조). 이러한 제약식은 열들의 부호가 변할 수 있다는 것을 제외하고 Λ가 유일하게 결정됨을 보장한다($k = 1$일 때는 이 제약식은 무관하다).

앞에서 주어진 것과 같은 조건에 의해 부가되는 인자적재값에 대한 제약식은 인자분석 모형내의 모수 추정값을 유일하게 하기 위해 도입될 필요가 있다. 그러나 이런 성질은 인자모형에 내재하는 것은 아니고 단지 그러한 해를 생각한다는 것이 해석에 어려움을 줄 수 있다. 예를 들어, 이러한 제약식을 적용할 때 발견된 인자 해의 두 가지 결과는 다음과 같다.

- 참된 모형(true model)에 관계없이 변수들에 대한 인자적 복잡성 때문에 한 개 보다 많은 인자가 필요할 것이다. 결과적으로 변수는 한 개 이상의 인자에서 상당한 인자적재값을 가질 것이다.
- 첫 번째 인자를 제외하고 나머지 인자들은 양극(bipolar)이다. 즉 양과 음의 인자적재값이 양수와 음수를 가진 혼합된 형태이다.

어떤 특정한 직교행렬에 대해 적재값 $\Lambda^* = \Lambda M$을 갖는 동등한 모형으로 더 잘 해석할 수 있는 직교 해를 얻을 수 있다. 그러한 과정은 일반적으로 인자회전(factor rotation)으로 알려져 있지만 어떻게 M을 선택할 것인가를 고려하기 전에(즉, 어떻게 인자들을 회전시킬 것인가) "인자회전은 받아들일 수 있는 과정인가?" 라는 문제를 언급할 필요가 있다.

확실히 인자분석은 과거에는 인자의 회전 가능성 때문에 심한 비판을 받는 주제였다. 비판으로 인자분석이 조사자가 어떤 행태의 해를 찾고 있든지 데이터에 그것을 강요하는 것이 가능하다는 것을 제시하였다. 어떤 비판은 정확히 그것이 관측된 상관관계 뒤에 있는 구조에 대해 사용자가 미리 생각한 아이디어를 강요하는 것을 가능하게 하기 때문에 어떤 영역에서 인자분석이 인기있게 되었다고 말하기도 했다(Blackith와 Reyment 1971). 그러나 이러한 의심은 정당화되지 못했고 인자회전은 탐색적 인자분석을 단순화하는 유용한 절차가 되었다. 인자회전은 적합된 인자분석 모형이 가능한 한 단순하게 설명되는 것을 허용한

다. 인자회전은 해의 전체적인 구조를 변화시키지는 않고 단지 해가 어떻게 설명될 수 있는지를 변화시킨다. 인자회전은 해의 구조에 대한 수학적인 성질을 변경하지 않고 해가 더 잘 해석될 수 있게 하는 과정이다. 여러 개의 인자에 적재되는 변수들을 갖는 초기의 인자 해와 양극 인자들은 해석하기가 어려울 수 있다. 만약 각 변수가 많아야 한 개의 인자에서 높은 적재값을 갖는다면 그리고 만약 모든 인자적재값이 크고 양이거나 또는 0 에 가깝다면 해석은 보다 간단해진다. 따라서 변수들은 각 인자와 관련된 배타적인(disjoint) 변수집합으로 나누어진다. 이러한 목적은 Thurstone(1931)에서 단순구조(simple structure)로 언급한다. 좀 더 자세히 살펴본다면 이러한 단순구조는 다음의 성질을 갖는다.

- 각 행 또는 인자적재행렬은 적어도 하나의 0 을 포함해야 한다.
- 인자적재행렬의 각 열은 적어도 k개의 0 을 포함해야 한다.
- 인자적재행렬의 열들의 각 쌍은 한 열에서는 적재값이 사라지고 다른 열에서는 그렇지 않은 여러 개의 변수를 포함해야 한다.
- 만약 인자의 개수가 네 개 또는 그 이상이라면 열들의 각 쌍은 두 열 모두에서 0 의 적재값을 갖는 많은 수의 변수를 포함해야 한다.
- 역으로 적재행렬의 열들의 각 쌍은 단지 적은 수의 변수만이 두 열 모두에서 0 이 아닌 적재값을 가져야 한다.

단순구조를 얻으면 측정변수들은 그 적재값이 하나의 인자에서만 크고 몇 개의 열에서는 보통부터 작은 값을 가지며 남은 인자들에서는 무시할만한 크기를 갖는 서로 배타적인 그룹으로 나뉜다. 중간 크기를 가져, 애매한 적재값은 피해야만 한다.

단순구조 또는 그에 가까운 구조의 탐색은 초기 인자분석에서 필요한 공통인자의 개수와 각 관측변수의 공통성을 정한 후에 시작된다. 인자적재값은 적절히 선택된 직교행렬을 사후-곱셈에 의해 변형된다. 그러한 변형은 원래 인지된 인자공간 축의 강체 회전(rigid rotation)과 동등하다. 분석의 회전 단계에서 이전에 세운 가정 중의 하나인 인자들이 직교한다는 즉 독립이라는 가정을 포기하는 것을 선택할 것이다(이 조건은 초기에 단순히 인자분석 모형을 세울 때 편리함을 위해서 가정되었다). 결과적으로 두 가지 형태의 회전이 가능하다.

- 직교회전(orthogonal rotation) : 회전된 인자들이 서로 상관되지 않도록 제약한다.
- 사각회전(oblique rotation) : 상관된 인자들을 허용한다.

앞에서 살펴본 바와 같이 직교회전은 원래의 적재행렬을 직교행렬로 사후-곱셈함으로써 얻는다. 사각회전에서는 원래의 적재행렬이 더 이상 직교로 제약되지 않는 행렬에 의해서 사후 곱해진다. 직교회전에서는 회전 후에 인자들 사이의 상관행렬은 단위행렬이 된다. 사각회전에서는 대응하는 상관행렬이 대각선상에서 단위 원소를 갖도록 제한되지만 비대각 원소에는 아무런 제약이 없다.

따라서 인자를 회전할 때 고려해야할 첫 번째 문제는 직교회전을 사용해야할지 또는 사각회전을 사용해야할지 여부이다. 데이터 분석에서 제기되는 많은 문제와 같이 이러한 문제에 대한 보편적인 답은 없다. 각 유형의 회전 절차를 사용하는 데에는 장점과 단점이 있다. 일반적인 법칙으로서 만약 연구자가 주로 데이터에 "가장 잘 맞는(best fit)" 결과를 얻는데 관심이 있다면 인자들은 사각으로 회전되어야만 한다. 반면에 만약 연구자가 그의 결과를 일반화 할 수 있는 것에 더 관심이 있다면 직교회전이 선호될 것이다.

직교회전의 주된 장점중 하나는 인자적재값이 인자들과 측정변수들 사이의 상관관계를 나타내기 때문에 갖게 되는 단순성이다. 이것은 인자들 사이의 상관관계 때문에 사각회전에는 해당되지 않는다. 이제 해에서 고려해야할 두 부분이 있다.

- 인자패턴 계수(factor pattern coefficients) : 공통인자 모형에서 측정변수들을 산출하기 위해서 인자에 곱해지는 회귀계수
- 인자구조 계수(factor structure coefficients) : 측정변수들과 인자들 사이의 상관계수

추가로 인자상관행렬을 고려해야한다. 인자상관계수에 비교적 작은 값이 많이 갖는 경우에 연구자는 직교 해를 다시 찾기를 좋아한다.

몇 가지만 일반적으로 활용되고 있긴 하지만 다양한 회전 기법이 있다. 직교회전을 위해서 가장 일반적으로 사용되는 두 기법은 베리맥스(varimax)와 쿼티맥스(quartimax)이다.

- Varimax 회전 : Kaiser(1958)에 의해 제안된 기법으로 큰 적재값을 갖는 몇 개의 인자들과 가능한 0 에 가까운 적재값을 갖는 인자들을 많이 갖고자 하는 목적을 갖는다. 이것은 인자적재값의 이차 함수를 반복적으로 최대화하여 얻는다. 자세한 설명은 Madria et al.(1979)에서 볼 수 있다. 작은 개수를 가진 변수집합과 높은 상관성을 갖는 인자들과 나머지 변수집합과는 적은 또는 거의 상관성을 갖지 않는 인자들로 유도한다. 인자분산이 재분배되기 때문에 어떤 일반적인 요인은 사라지는 경향이 있다.
- Quartimax 회전 : Carroll(1953)에 의해 제안된 기법으로 주어진 변수가 하나의 인자와 높은 상관성을 갖도록 하고 다른 인자들과는 거의 상관이 없거나 낮은 상관성을 갖도록 만들고자한다. 이것은 베리맥스보다 인기가 덜 하다.

사각회전에는 주로 옵리민(oblimin)과 프로맥스(promax) 방법이 많이 사용된다.

- Oblimin 회전 : Jennrich와 Sampson(1966)에 의해 개발된 기법으로 인자패턴행렬에 대해 인자들 사이의 상관성의 정도를 제어하는 데 사용되는 모수를 통해 단순한 구조를 찾고자 한다. 이러한 모수에 대한 값을 고정하는 것은 간단하지 않지만 Pett, Lacke와 Sullivan(2003)은 −0.5 와 0.5 사이의 값이 여러 응용에서 합리적이라고 제안한다.
- Promax 회전 : Hendfickson과 White(1966)에 의해 개발된 기법으로 직교해(보통 varimax 회전에 의한)의 적재값을 어떤 승수(power)로 올리는 방식을 적용한다. 가능한 한 낮은 승수를 사용하고 인자들 사이에 가장 낮은 상관성을 갖도록 최선의 구조를 제공하는 해를 얻는 것이다.

인자회전은 연구자들에게 어떤 유형의 해가 필요한지를 데이터에 부과할 수 있도록 허용하기 때문에 논란이 있기도 하다. 그러나 비록 축들은 원점을 중심으로 회전될 수 있거나 사각(oblique)이 되도록 허용될 수 있지만 점들의 분포는 변화하지 않은 채로 남아 있기 때문에 꼭 그렇다고는 할 수 없다. 회전은 단지 점들의 위치가 가능한 한 간단히 설명될 수 있도록 새로운 축들을 선택하는 절차이다.

회전 기법적용이 인자를 해석하는 데 도움을 줄 수 있을 것이라는 기대로 주성분분석으로부터의 결과에 회전 기법이 적용된다는 점을 주목해야만 한다. 비록 이것이 어떤 경우에는 받아들일 만하지만 Jolliffe(1989)에 의해 나열되었듯이 여러 단점도 갖는다. 주된 문제는 주성분을 정의하는 성질로 관측변수내의 전체 분산 중의 최대 비율을 설명하는 성질을 회전 후에는 잃어버리는 것이다.

5.8 인자점수의 추정

탐색적 인자분석의 첫 단계는 모형내의 모수 추정과 인자회전을 시도하는 것이고 그 다음으로 적합된 모형을 해석하려는 시도가 뒤따른다. 두 번째 단계는 데이터셋의 각 개체에 대한 잠재변수 점수의 추정과 관련된다. 이러한 인자점수(factor score)는 여러 가지 이유로 유용하다.

1. 인자점수는 원래 데이터의 모수 절약적인 요약(parsimonious summary)을 해주므로 그 다음 분석에서 유용하다.(3장의 주성분점수와 비교)

2. 인자점수는 관측변수 값보다 더 믿을 수 있을 것 같다.
3. 잠재변수의 어떤 조합이 관측값에 의해 표현될 수 있을지 모르기 때문에 관측값은 모호할 수도 있지만 인자점수는 잠재변수에 대한 “순수한” 척도이다.

그러나 인자점수의 계산은 주성분점수의 계산만큼 단순하지 않다. 인자분석 모형을 정의하는 원래 등식에서 변수들은 인자들에 의해서 표현된다. 반면에 인자점수를 계산하는 것은 관계가 반대 방향으로 되어야한다. Barthllomew와 Knott(1987)은 인자점수가 확률변수이고 추정 문제이기 때문에 인자점수를 “추정”한다고 말하는 것은 오해하도록 한다고 지적한다. 그러나 만약 정규성을 가정한다면 $\boldsymbol{x}$가 주어졌을 때 $\boldsymbol{f}$의 조건부분포는

$$N\left(\boldsymbol{\Lambda}^T\boldsymbol{\Sigma}^{-1}\boldsymbol{x},\ (\boldsymbol{\Lambda}^T\boldsymbol{\Psi}^{-1}\boldsymbol{\Lambda}+\boldsymbol{I})^{-1}\right)$$

이 된다. 결과적으로 인자점수를 계산하는 방법 중 하나는 이 분포의 표본평균

$$\hat{\boldsymbol{f}}=\hat{\boldsymbol{\Lambda}}^T\boldsymbol{S}^{-1}\boldsymbol{x}$$

를 사용한다. 여기서 개체에 대한 점수 벡터 $\boldsymbol{x}$는 표본평균값이 각 변수에서 이미 빼졌기 때문에 평균 0을 갖는다고 가정한다. 인자점수를 유도하는 다른 가능한 방법은 Rencher(1995)에 설명되어 있고 다른 유형으로 인자점수를 계산하는 자세한 절차는 Hershberger(2005)에 주어져 있다. 여러 면에서 인자분석에 가장 해로운(damaging) 문제는 회전상의 적재값의 불확정성(indeterminacy)이 아니라 인자점수의 불확정성이다.

5.9 탐색적 인자분석의 두 사례

5.9.1 기대수명

<표 5.1>에 있는 데이터는 국가(country), 나이(age), 성별(sex)에 따른 예상수명(life expectancy)을 년수(in years)로 나타낸다. 데이터는 Keyfiz와 Flieger(1971)에서 볼 수 있으며 1960년대의 예상수명과 관련 있다.

〈표 5.1〉 나라, 나이, 성별에 따른 국가별 기대수명

	m0	m25	m50	m75	w0	w25	w50	w75
Algeria	63	51	30	13	67	54	34	15
Cameroon	34	29	13	5	38	32	17	6
Madagascar	38	30	17	7	38	34	20	7
Mauritius	59	42	20	6	64	46	25	8
Reunion	56	38	18	7	62	46	25	10
Seychelles	62	44	24	7	69	50	28	14
South Africa(C)	50	39	20	7	55	43	23	8
South Africa(W)	65	44	22	7	72	50	27	9
Tunisia	56	46	24	11	63	54	33	19
Canada	69	47	24	8	75	53	29	10
Costa Rica	65	48	26	9	68	50	27	10
Dominican Rep.	64	50	28	11	66	51	29	11
El Salvador	56	44	25	10	61	48	27	12
Greenland	60	44	22	6	65	45	25	9
Grenada	61	45	22	8	65	49	27	10
Guatemala	49	40	22	9	51	41	23	8
Honduras	59	42	22	6	61	43	22	7
Jamaica	63	44	23	8	67	48	26	9
Mexico	59	44	24	8	63	46	25	8
Nicaragua	65	48	28	14	68	51	29	13
Panama	65	48	26	9	67	49	27	10
Trinidad (62)	64	63	21	7	68	47	25	9
Trinidad (67)	64	43	21	6	68	47	24	8
United States (66)	67	45	23	8	74	51	28	10
United States (NW66)	61	40	21	10	67	46	25	11
United States (W66)	68	46	23	8	75	52	29	10
United States (67)	67	45	23	8	74	51	28	10
Argentina	65	46	24	9	71	51	28	10
Chile	59	43	23	10	66	49	27	12
Colombia	58	44	24	9	62	47	25	10
Ecuador	57	46	28	9	60	49	28	11

우선, 최대우도 접근법에 포함된 요인 개수에 대한 공식적인 검정을 사용한다. 국가 이름이 행을 나타내고 변수 이름이 <표 5.1>에 주어진 대로 데이터프레임 `life`에 포함되어 있다고 가정할 때 다음의 R 코드를 이용하여 검정을 수행한다.

```
R> sapply(1:3, function(f)
+     factanal(life, factors = f, method ="mle")$PVAL)
   objective     objective     objective
1.879555e-24 1.911514e-05 4.578204e-01
```

이 결과는 비록 31개의 국가만으로는 점근적(asymptotic) 검정 결과가 다소 의심스러울 수도 있지만, 3-인자 해가 데이터에서 관측된 공분산을 설명하는 데 적절하다는 것을 보여준다. 3-인자 해는 다음과 같다.(해는 `factanal()` 함수의 디폴트인 varimax 해로부터 얻을 수 있다.)

```
R> factanal(life, factors = 3, method ="mle")
Call:
factanal(x = life, factors = 3, method = "mle")
Uniquenesses:
   m0   m25   m50   m75    w0   w25   w50   w75
0.005 0.362 0.066 0.288 0.005 0.011 0.020 0.146

Loadings:
    Factor1 Factor2 Factor3
m0  0.964   0.122   0.226
m25 0.646   0.169   0.438
m50 0.430   0.354   0.790
m75         0.525   0.656
w0  0.970   0.217
w25 0.764   0.556   0.310
w50 0.536   0.729   0.401
w75 0.156   0.867   0.280
```

```
                Factor1 Factor2 Factor3
SS loadings       3.375   2.082   1.640
Proportion Var    0.422   0.260   0.205
Cumulative Var    0.422   0.682   0.887

Test of the hypothesis that 3 factors are sufficient.
The chi square statistic is 6.73 on 7 degrees of freedom.
The p-value is 0.458
```

(빈칸은 무시할 만한 적재값을 나타낸다.) 추정된 인자적재값을 조사할 때, 첫 번째 인자는 남자와 여자 모두 태어날 때의 예상수명 변수에서 우세하다. 이 인자는 "출생시 수명(life force at birth)"으로 명명될 수 있다. 두 번째 인자는 나이가 많을 때의 예상수명에 많이 반영되므로 "나이 많은 사람들의 수명(life force amongst the elderly)"으로 명명할 수 있다. 베리맥스 회전으로부터 세 번째 요인은 50살과 75살의 남성의 기대수명에서 가장 높은 인자적재값을 갖는 것을 볼 수 있으며 비슷한 맥락으로 "나이 많은 남성들의 수명(life force for elderly men)"으로 명명될 수 있다.(인자를 이와 같이 명명할 때 인자분석에서 매우 창의적(creative)일 수 있다!)

추정된 인자점수는 다음과 같다. 인자점수는 [그림 5.1]에서 좌표값으로 사용될 수 있다.

```
> (scores <- factanal(life, factors = 3, method = "mle",
+                     scores = "regression")$scores)
                       Factor1     Factor2     Factor3
Algeria           -0.258062561  1.90095771  1.91581631
Cameroon          -2.782495791 -0.72340014 -1.84772224
Madagascar        -2.806428187 -0.81158820 -0.01210318
Mauritius          0.141004934 -0.29028454 -0.85862443
Reunion           -0.196352142  0.47429917 -1.55046466
Seychelles         0.367371307  0.82902375 -0.55214085
South Africa (C)  -1.028567629 -0.08065792 -0.65421971
South Africa (W)   0.946193522  0.06400408 -0.91995289
Tunisia           -0.862493550  3.59177195 -0.36442148
```

Canada	1.245304248	0.29564122	-0.27342781
Costa Rica	0.508736247	-0.50500435	1.01328707
Dominican Rep.	0.106044085	0.01111171	1.83871599
El Salvador	-0.608155779	0.65100820	0.48836431
Greenland	0.235114220	-0.69123901	-0.38558654
Grenada	0.132008172	0.25241049	-0.15220645
Guatemala	-1.450336359	-0.67765804	0.65911906
Honduras	0.043253249	-1.85175707	0.30633182
Jamaica	0.462124701	-0.51918493	0.08032855
Mexico	-0.052332675	-0.72020002	0.44417800
Nicaragua	0.268974443	0.08407227	1.70568388
Panama	0.442333434	-0.73778272	1.25218728
Trinidad (62)	0.711367053	-0.95989475	-0.21545329
Trinidad (67)	0.787286051	-1.10729029	-0.51958264
United States (66)	1.128331259	0.16389896	-0.68177046
United States (NW66)	0.400058903	-0.36230253	-0.74299137
United States (W66)	1.214345385	0.40877239	-0.69225320
United States (67)	1.128331259	0.16389896	-0.68177046
Argentina	0.731344988	0.24811968	-0.12817725
Chile	0.009751528	0.75222637	-0.49198911
Colombia	-0.240602517	-0.29543613	0.42919600
Ecuador	-0.723451797	0.44246371	1.59164974

첫 번째 축을 따라 정렬해보면 태어날 때의 수명은 카메룬(Cameroon)과 마다가스카르(Madagascar)로부터 미국(USA)과 같은 국가로 변화함을 볼 수 있다. 세 번째 축으로부터 알제리(Algeria)는 나이가 많은 남자들 사이에서 높은 기대수명을 갖는 것을 볼 수 있으며 아래쪽에 있는 카메룬은 50세 이상의 남자들 사이에서 낮은 기대수명을 갖는 것을 볼 수 있다.

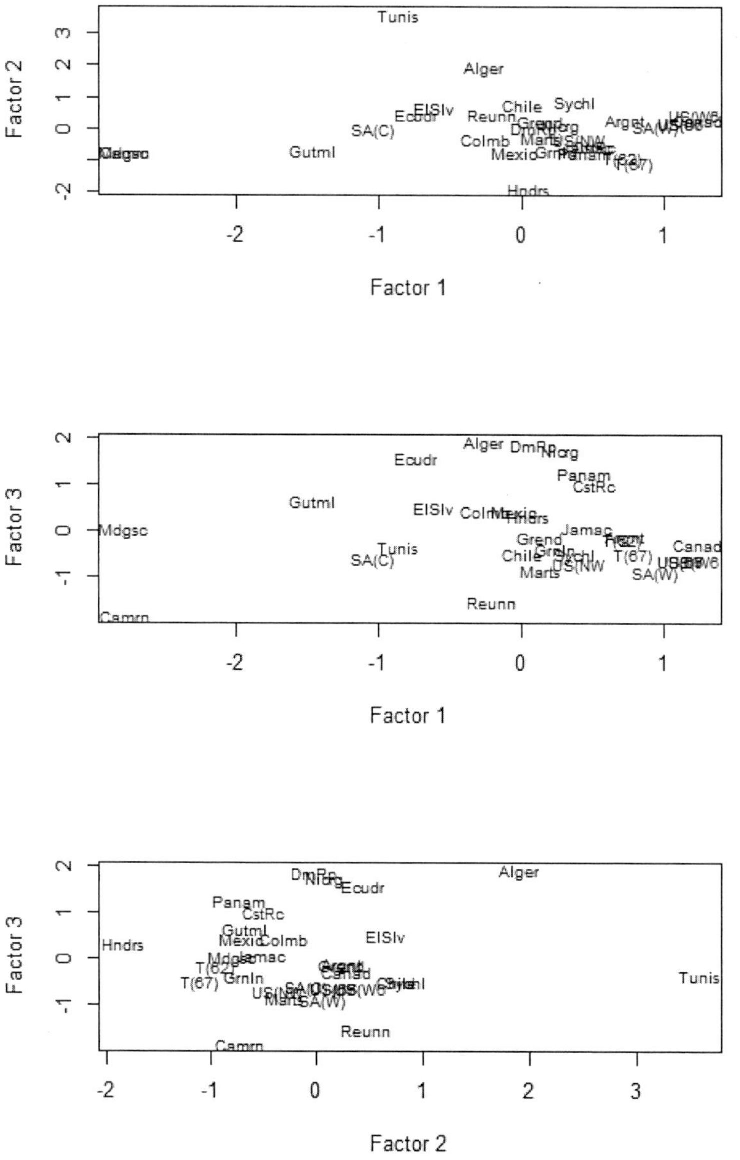

[그림 5.1] 기대수명 데이터의 세 개 인자점수의 산점도, 여기서 점은 국가이름 약자로 표시된다.

5.9.2 미국 대학생들의 약물 사용

미국 성인과 사춘기 학생의 많은 사람들이 생애에 따라 일반적으로 정신에 영향을 주는 물질(psychoactive substance)을 사용한다. 다양한 종류의 합법적이거나 비합법적인 정신에 영향을 주는 물질에 대한 사용이 널리 퍼져있는데, 이는 정신에 영향을 주는 물질 섭취 양상이 개인의 행동습성의 주요한 부분이라는 것과 다른 행동에도 영향이 있음을 암시한다. 이러한 현상에 대한 연구로 Huba, Wingard 와 Bentler(1981)는 로스앤젤레스(Los Angeles)의 11개 학교에서 7학년부터 9학년 사이의 1634 명 학생들에 대한 약 사용률에 대한 데이터를 수집하였다. 각 참여자는 일찍이 사용한 적이 있는 특정한 물질의 섭취 빈도에 대한 설문에 답하였다. 질문에 포함된 물질은 다음과 같다.

- 담배(cigarettes)
- 맥주(beer)
- 포도주(wine)
- 술(liquor)
- 코카인(cocaine)
- 신경안정제(tranquilizers)
- 기분을 좋게 하기 위해 사용되는 일반 의약품(drug store medications used to get high)
- 헤로인 그리고 다른 아편(heroine and other opiates)
- 마리화나(marijuana)
- 대마초(hashish)
- 흡입제(글루, 휘발유 등)(inhalants: glue, gasoline, etc.)
- 환각제(LSD, 메스칼린 등)(hallucinogenics: LSD, mescaline, etc.)
- 각성 자극제(amphetamine stimulants)

응답은 5점 척도로 기록되었다: 전혀 시도하지 않음(never tried), 단지 한번(only once), 몇 번(a few times), 많이(many times), 규칙적으로(regularly). 13개 물질의 사용률 사이의 상관관계는 [그림 5.2]에서 보여준다. 이 그림은 다소 긴 패널 함수를 갖는 lattice 패키지의 `levelplot()` 함수에 의해 생성되었다. 관심있는 독자는 이 장의 데모에 포함된 R 코드를 참조하기 바란다.(접근하는 방법에 대해서는 서언을 보기 바람.) [그림 5.2]에서 타원에 의해 상관관계를 나타내는데 1에 가까운 상관관계는 기울기 1 방향 직선에 놓이는 경향이 있으며 0에 가까운 상관관계는 원에, -1에 가까운 음의 상관관계는 기울기 -1을 갖는 직선에 가까운 경향이 있다. 또한 상관계수의 백배 값이 타원 안에 쓰이며 강한 음(짙은 색)에서 강한 양(밝은 색)의 색깔로 코딩된다.

먼저 최대우도검정(maximum likelihood test)을 사용하여 요인의 개수를 결정한다. 요인의 개수를 검정하는 결과를 얻기 위한 R 코드는 다음과 같다.

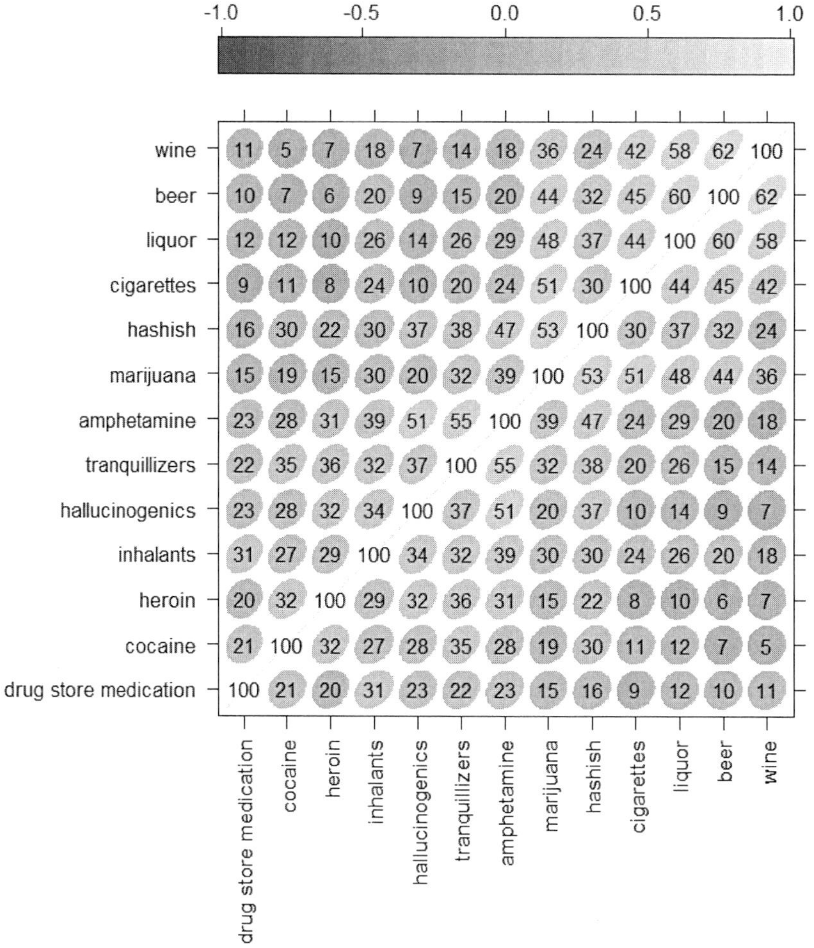

[그림 5.2] 약물 사용 데이터에 대한 상관행렬 시각화. 각 셀의 숫자는 상관계수의 100배 값이다. 기호의 색깔과 모양은 각 셀의 상관계수값에 해당한다.

```
R> sapply(1:6, function(nf)
+     factanal(covmat = druguse, factors = nf,
+              method = "mle", n.obs = 1634)$PVAL)
   objective    objective    objective    objective    objective    objective
0.000000e+00 9.786000e-70 7.363910e-28 1.794578e-11 3.891743e-06 9.752967e-02
```

이 값은 6-인자 해가 적절하다는 것을 보여준다. 6-인자 베리맥스 해에 대한 결과는 다음에 의해 얻는다.

```
R> (factanal(covmat = druguse, factors = 6,
+           method = "mle", n.obs = 1634))

Call:
factanal(factors = 6, covmat = druguse, n.obs = 1634, method = "mle")

Uniquenesses:
          cigarettes                   beer                   wine
               0.563                  0.368                  0.374
              liquor                cocaine         tranquillizers
               0.412                  0.681                  0.522
drug store medication                heroin              marijuana
               0.785                  0.669                  0.318
             hashish              inhalants        hallucinogenics
               0.005                  0.541                  0.620
         amphetamine
               0.005

Loadings:
                      Factor1 Factor2 Factor3 Factor4 Factor5 Factor6
cigarettes             0.494                           0.407   0.110
beer                   0.776                           0.112
wine                   0.786
liquor                 0.720   0.121   0.103   0.115   0.160
cocaine                        0.519           0.132           0.158
tranquillizers         0.130   0.564   0.321   0.105   0.143
drug store medication          0.255                           0.372
heroin                         0.532   0.101                   0.190
marijuana              0.429   0.158   0.152   0.259   0.609   0.110
hashish                0.244   0.276   0.186   0.881   0.194   0.100
inhalants              0.166   0.308   0.150           0.140   0.537
hallucinogenics                0.387   0.335   0.186           0.288
```

```
amphetamine          0.151   0.336   0.886   0.145   0.137   0.187

               Factor1 Factor2 Factor3 Factor4 Factor5 Factor6
SS loadings      2.301   1.415   1.116   0.964   0.676   0.666
Proportion Var   0.177   0.109   0.086   0.074   0.052   0.051
Cumulative Var   0.177   0.286   0.372   0.446   0.498   0.549

Test of the hypothesis that 6 factors are sufficient.
The chi square statistic is 22.41 on 15 degrees of freedom.
The p-value is 0.0975
```

첫 번째 인자에 높은 값을 갖는 물질은 담배, 맥주, 와인, 술과 마리화나로서 첫 번째 인자를 "사교적/순한 약 사용"으로 명명할 수 있다. 코카인, 신경안정제와 헤로인은 두 번째 인자에서 높은 값을 가지므로 두 번째 인자는 "강한 약 사용"으로 명명할 수 있다. 세 번째 인자는 각성제 사용을 나타내며 네 번째 인자는 대마초 사용을 나타낸다. 비록 인자의 개수에 대한 공식적인 검정은 6-인자 해가 필요하다는 것을 나타내지만 마지막 두 개 인자는 해석하지 않으려 한다. 공식적인 검정의 결과를 너무 글자 그대로 받아들여서는 안 된다. 그보다는 검정이 나타내는 값 k 를 실제적인 중요성을 가진 인자의 개수에 대한 상한으로 생각하는 것이 더 나은 전략일 것이다. 13개의 변수를 갖는 데이터에 대한 6-인자 해는 전적으로 만족스럽지는 않을 수 있으며 모든 인자를 해석하는 데 다소 어려움을 가질 수 있다. 발생할 수 있는 문제 중 하나는 이 예와 같이 큰 표본 크기를 갖는 경우에, 제안된 모형에 의해 추정된 상관행렬과 관측된 상관행렬 사이의 차이가 작더라도 모형을 기각할 수 있다. 이러한 가능성을 조사하는 한 가지 방법은 단순하게 관측된 상관계수와 추정된 상관계수 사이의 차이(discrepancy)를 보는 것이다. 6-인자 모형에 대해 다음의 R 코드를 이용하여 이러한 문제를 살펴볼 수 있다.

```
R> pfun <- function(nf) {
+     fa <- factanal(covmat = druguse, factors = nf,
+                    method = "mle", n.obs = 1634)
+     est <- tcrossprod(fa$loadings) + diag(fa$uniquenesses)
+     ret <- round(druguse - est, 3)
+     colnames(ret) <- rownames(ret) <-
```

```
+          abbreviate(rownames(ret), 3)
+     ret
+ }

> pfun(6)
       cgr    ber    win    lqr    ccn    trn    dsm    hrn    mrj hsh
cgr  0.000 -0.001  0.014 -0.018  0.010  0.001 -0.020 -0.004  0.001   0
ber -0.001  0.000 -0.002  0.004  0.004 -0.011 -0.001  0.007  0.002   0
win  0.014 -0.002  0.000 -0.001 -0.001 -0.005  0.008  0.008 -0.004   0
lqr -0.018  0.004 -0.001  0.000 -0.008  0.021 -0.006 -0.018  0.003   0
ccn  0.010  0.004 -0.001 -0.008  0.000  0.000  0.008  0.004 -0.004   0
trn  0.001 -0.011 -0.005  0.021  0.000  0.000  0.006 -0.004 -0.004   0
dsm -0.020 -0.001  0.008 -0.006  0.008  0.006  0.000 -0.015  0.008   0
hrn -0.004  0.007  0.008 -0.018  0.004 -0.004 -0.015  0.000  0.006   0
mrj  0.001  0.002 -0.004  0.003 -0.004 -0.004  0.008  0.006  0.000   0
hsh  0.000  0.000  0.000  0.000  0.000  0.000  0.000  0.000  0.000   0
inh  0.010 -0.004 -0.007  0.012 -0.003  0.002  0.004 -0.002 -0.006   0
hll -0.005  0.005 -0.001 -0.005 -0.008 -0.008 -0.002  0.020  0.003   0
amp  0.000  0.000  0.000  0.000  0.000  0.000  0.000  0.000  0.000   0
       inh    hll amp
cgr  0.010 -0.005   0
ber -0.004  0.005   0
win -0.007 -0.001   0
lqr  0.012 -0.005   0
ccn -0.003 -0.008   0
trn  0.002 -0.008   0
dsm  0.004 -0.002   0
hrn -0.002  0.020   0
mrj -0.006  0.003   0
hsh  0.000  0.000   0
inh  0.000 -0.002   0
hll -0.002  0.000   0
amp  0.000  0.000   0
```

계산된 차이는 모두 매우 적으며 이는 6-인자 모형이 데이터를 매우 잘 설명하는 것을 보여준다. 이제 [그림 5.3]에 있는 비슷한 방식으로 얻어진 3-인자, 4-인자 해에 대응하는 행렬을 살펴보자. 두 경우 모두 잔차는 상대적으로 작으며 인자 개수에 대한 공식적인 검정은 과대적합(overfit)을 암시한다. 이 데이터에 대해서는 3-인자 모형이 더할 나위 없이 적절한 것으로 보인다.

```
> pfun(3)
       cgr    ber    win    lqr    ccn    trn    dsm    hrn    mrj    hsh    inh    hll    amp
cgr  0.000 -0.001  0.009 -0.013  0.011  0.009 -0.011 -0.004  0.003 -0.027  0.039 -0.017  0.002
ber -0.001  0.000 -0.002  0.002  0.002 -0.014  0.000  0.005 -0.001  0.019 -0.002  0.009 -0.007
win  0.009 -0.002  0.000  0.000 -0.002 -0.004  0.012  0.013  0.001 -0.017 -0.007  0.004  0.002
lqr -0.013  0.002  0.000  0.000 -0.008  0.024 -0.017 -0.020 -0.001  0.014 -0.002 -0.015  0.006
ccn  0.011  0.002 -0.002 -0.008  0.000  0.031  0.038  0.082 -0.002  0.041  0.023 -0.030 -0.075
trn  0.009 -0.014 -0.004  0.024  0.031  0.000 -0.021  0.026 -0.002 -0.016 -0.038 -0.058  0.044
dsm -0.011  0.000  0.012 -0.017  0.038 -0.021  0.000  0.021  0.007 -0.040  0.113  0.000 -0.038
hrn -0.004  0.005  0.013 -0.020  0.082  0.026  0.021  0.000  0.006 -0.035  0.031 -0.005 -0.049
mrj  0.003 -0.001  0.001 -0.001 -0.002 -0.002  0.007  0.006  0.000  0.001  0.003 -0.002 -0.002
hsh -0.027  0.019 -0.017  0.014  0.041 -0.016 -0.040 -0.035  0.001  0.000 -0.035  0.034  0.010
inh  0.039 -0.002 -0.007 -0.002  0.023 -0.038  0.113  0.031  0.003 -0.035  0.000  0.007 -0.015
hll -0.017  0.009  0.004 -0.015 -0.030 -0.058  0.000 -0.005 -0.002  0.034  0.007  0.000  0.041
amp  0.002 -0.007  0.002  0.006 -0.075  0.044 -0.038 -0.049 -0.002  0.010 -0.015  0.041  0.000
> pfun(4)
       cgr    ber    win    lqr    ccn    trn    dsm    hrn    mrj    hsh    inh    hll    amp
cgr  0.000 -0.001  0.008 -0.012  0.009  0.008 -0.015 -0.007  0.001 -0.023  0.037 -0.020  0.000
ber -0.001  0.000 -0.001  0.001  0.000 -0.016 -0.002  0.003 -0.001  0.018 -0.005  0.006  0.000
win  0.008 -0.001  0.000  0.000 -0.001 -0.005  0.012  0.014  0.001 -0.020 -0.008  0.001  0.000
lqr -0.012  0.001  0.000  0.000 -0.004  0.029 -0.015 -0.015 -0.001  0.018  0.001 -0.010 -0.001
ccn  0.009  0.000 -0.001 -0.004  0.000  0.024 -0.014  0.007 -0.003  0.035 -0.022 -0.028  0.000
trn  0.008 -0.016 -0.005  0.029  0.024  0.000 -0.020  0.027 -0.001  0.001 -0.032 -0.028  0.001
dsm -0.015 -0.002  0.012 -0.015 -0.014 -0.020  0.000 -0.018  0.003 -0.042  0.090  0.008  0.000
hrn -0.007  0.003  0.014 -0.015  0.007  0.027 -0.018  0.000  0.003 -0.037 -0.001  0.005  0.000
mrj  0.001 -0.001  0.001 -0.001 -0.003 -0.001  0.003  0.003  0.000  0.000  0.001 -0.002  0.000
hsh -0.023  0.018 -0.020  0.018  0.035  0.001 -0.042 -0.037  0.000  0.000 -0.031  0.055 -0.001
inh  0.037 -0.005 -0.008  0.001 -0.022 -0.032  0.090 -0.001  0.001 -0.031  0.000  0.021  0.000
hll -0.020  0.006  0.001 -0.010 -0.028 -0.028  0.008  0.005 -0.002  0.055  0.021  0.000  0.000
amp  0.000  0.000  0.000 -0.001  0.000  0.001  0.000  0.000  0.000 -0.001  0.000  0.000  0.000
```

[그림 5.3] druguse 데이터에 대해 3-인자 해 그리고 4-인자 해와의 실제 공분산행렬간 차이

5.10 인자분석과 주성분분석의 비교

인자분석은 주성분분석과 같이 원래보다 작은 수의 차원을 이용해서 다변량 데이터셋을 설명하려고 시도한다. 그러나 이 목적을 성취하기 위해서 사용되는 절차는 두 분석법에서 본질적으로 매우 다르다. 둘 사이의 차이점은 다음과 같다.

- 인자분석은 관측된 변수들의 공분산 또는 상관관계를 몇 개의 공통인자를 사용하여 설명하려고 한다. 주성분분석은 주로 관측된 변수들의 분산을 설명하는 것에 관심이 있다.
- 유지되는 주성분의 개수가 증가된다면, 예를 들어, m에서 $m+1$로 증가되는 경우, 처음 m개 주성분은 변화하지 않는다. 이것은 인자의 개수가 변화한다면 모든 인자에서 상당한 변화가 발생하는 인자분석에서는 그렇지 않다.
- 주성분점수의 계산은 복잡하지 않지만 인자점수의 계산은 더 복잡하고 다양한 방법이 제안되었다.
- 보통 표본상관행렬과 표본공분산행렬의 주성분 사이에는 관련이 없다. 그러나 최대우도 인자분석에서 두 행렬의 분석 결과는 본질적으로 동등하다(주성분분석의 경우에는 사실이 아님).

이러한 차이점에도 불구하고 두 유형의 분석으로부터의 결과는 자주 매우 비슷하다. 확실히 특수분산이 작으면 두 형태의 분석이 유사한 결과를 준다고 예상할 수 있다. 그러나 특수분산이 크다면 특수분산은 모두 주성분으로 흡수될 것이다. 반면에 인자분석은 특수분산을 위해 특별한 조정을 한다.

마지막으로 주성분분석과 인자분석 둘 다는 하나의 중요한 면에서-관측된 변수들이 거의 상관성이 없다면 둘 다 무의미하다는- 비슷하다는 것을 기억해야 한다. 이 경우에 인자분석은 설명할 것이 없고 주성분분석은 단순히 원래 변수들과 비슷한 주성분들을 낳는다.

5.11 요약

인자분석은 아마도 다른 어떤 통계적 기법보다 더 신랄한 비판을 받았다. 예를 들어, Hills(1977)는 인자분석이 이해하거나 실행하기에 필요한 시간만한 가치가 없다고 말할 정도였다. Chatfield와 Collins(1980)는 인자분석이 대부분의 실질적인 상황에서 사용되어서는 안된다고 제안한다. 인자분석에 대한 그러한 공개적인 회의적인 관점은 먼저 인자분석 모형에서 잠재변수들의 중심역할에서 발생한다. 두 번째로 인자의 회전 가능성을 제공하는 인자적재값의 유일성의 부족에서 발생한다. 확실히 공통인자들이 특정되거나 관측될 수 없으므로, 가상적인 변수들의 존재는 의심을 받을 여지가 있다. 인자는 그 인자적재값에 의해 기능상 정의되는 구성물로서 지나치게 열광적인 구체화는 추천하지 않는다. 그리고 하나의 인자적재행렬이 주어졌을 때, 명백한 변수들의 분산 공분산을 동등하게 잘 설명할 수 있는 무수한 인자적재행렬이 존재한다. 이런 많은 대안들 집합 중에서 회전 방법은 가장 간단한 구조를 보이는 해를 발견한 후 쉽게 해석될 수 있는 해를 발견하기 위해서 설계되었다.

인자분석은 다변량 데이터의 구조상 특성을 조사하는 데 있어서 유용한 도구일 수 있다. 물론 데이터 분석에서 사용되는 많은 모형과 같이 인자분석에서 사용되는 모형은 단지 사실에 대한 매우 이상화된 근사일 수 있다. 그러나 이러한 근사는 계속되는 분석을 위한, 특히 7장의 주제인 확인적 인자분석 모형을 위한, 가치있는 출발점이 될 수 있다.

3장에서 주성분분석을 위해서 주어진 것과 같이, 탐색적 인자분석을 위해서 확신을 가질 수 있는 결과를 얻기 위해 필요한 n 과 q 의 크기에 대해서도 비슷한 논평이 적용된다. 그리고 인자적재값과 특수분산의 추정을 위한 최대우도 방법은 다변량 정규분포를 갖는 데이터에 대해서만 적절하다(또는 그러한 분포에 적절한 근사를 갖는 경우). 결과적으로 특히 이진(binary) 변수들의 인자분석을 위해서는 특별한 방법이 요구된다. 예를 들어, Muthen(1978)을 참조하기 바란다.

5.12 연습문제

5.1 $\Sigma = \Lambda\Lambda^T + \Psi$가 상관되지 않은 인자들, 특수인자의 독립성, 공통인자들과 특수분산의 독립성으로부터 어떻게 얻을 수 있는지를 보이시오. 인자들이 상관되는 것을 허용한다면 Σ는 어떤 형태를 취하는가?

5.2 인자분석 모형의 공통성이 $\Lambda^* = \Lambda M$ 변환에 의해 변하지 않는다는 것을 보이시오.

5.3 주성분 접근법에 의해 추정되는 j 번째 인자에 의해 설명되는 분산의 비율에 대한 공식을 유도하시오.

5.4 인자분석 모형을 남성과 여성의 수명 예상에 각각 적용하고 결과를 비교하시오.

5.5 다음에 주어진 상관행렬은 220 명의 남학생의 6과목 (1) 불어 (2) 영어 (3) 역사 (4) 산수 (5) 대수 (6) 기하 점수들 2-인자 해로부터 얻었다. 최대우도 인자분석으로부터 2인자 해를 구하시오. 유도된 인자적재값을 그림으로 그리고 결과를 보다 쉽게 해석할 수 있는 직교회전을 구하시오.

$$R = \begin{matrix} French \\ English \\ History \\ Arithmetic \\ Algebra \\ Geometry \end{matrix} \begin{pmatrix} 1.00 & & & & & \\ 0.44 & 1.00 & & & & \\ 0.41 & 0.35 & 1.00 & & & \\ 0.29 & 0.35 & 0.16 & 1.00 & & \\ 0.33 & 0.32 & 0.19 & 0.59 & 1.00 & \\ 0.25 & 0.33 & 0.18 & 0.47 & 0.46 & 1.00 \end{pmatrix}$$

5.6 다음 행렬은 극도의 고통을 겪고 있는 123명에 의해 평가된 고통에 대한 9개의 문장에 대한 평가사이의 상관관계를 보여준다. 각 문장은 동의부터 동의하지 않음까지 1 부터 6 까지 척도로 기록되었다. 9개의 고통에 관한 문장은 다음과 같다.

1. 미래에 내가 고통을 받을지 아닐지는 의사의 기술에 의존한다.
2. 내가 고통을 받을 때마다 그것은 보통 내가 한 것 또는 하지 않은 것 때문이다.
3. 내가 고통을 받을지 아닐지는 의사가 나에게 하는 것에 의존한다.
4. 내가 의학적인 충고를 구하지 않는다면 내 고통에 대한 어떤 도움도 얻을 수 없다.
5. 내가 고통을 받을 때 나는 그것이 내가 적절한 운동을 하지 않았고 올바른 음식을 먹지 않았기 때문이라는 것을 안다.
6. 사람들의 고통은 그들 자신의 부주의함에서 유래한다.
7. 나는 내 고통에 직접적으로 책임이 있다.
8. 고통의 경감은 주로 의사들에 의해 제어된다.
9. 절대 고통을 받지 않는 사람은 단지 운이 좋은 사람이다.

$$\begin{pmatrix} 1.00 & & & & & & & & \\ -0.04 & 1.00 & & & & & & & \\ 0.61 & -0.07 & 1.00 & & & & & & \\ 0.45 & -0.12 & 0.59 & 1.00 & & & & & \\ 0.03 & 0.49 & 0.03 & -0.08 & 1.00 & & & & \\ -0.29 & 0.43 & -0.13 & -0.21 & 0.47 & 1.00 & & & \\ -0.30 & 0.30 & -0.24 & -0.19 & 0.41 & 0.63 & 1.00 & & \\ 0.45 & -0.31 & 0.59 & 0.63 & -0.14 & -0.13 & -0.26 & 1.00 & \\ 0.30 & -0.17 & 0.32 & 0.37 & -0.24 & -0.15 & -0.29 & 0.40 & 1.00 \end{pmatrix}$$

(a) 이 데이터에 대해 주성분분석을 수행하시오. 그리고 적절한 주성분 개수를 정하기 위해 스크리그림을 검토하시오.

(b) 최대우도 인자분석을 수행하시오. 그리고 공통인자의 필요한 개수를 선택하기 위해 이 장에서 기술된 검정방법을 사용하시오.

(c) 선택된 인자 해를 직교회전과 사각회전을 하고 그 결과를 해석하시오.

제6장 군집분석

6.1 서론

지적인(intelligent) 사람은 그가 보는 모든 대상을 세상에 있는 어떤 것과 같지 않은 독특한 개체로서 다루지 않는다. 과거에 만난 유사한 대상에 대해 어렵게 얻은 지식을 현재의 대상에 적용하기 위해 그 대상을 어떤 범주로 분류한다(Pinker 1997).

살아있는 생명체의 가장 기본적인 능력의 하나는 유사한 대상을 분류(classification)하는 것이다. 비슷한 것을 같은 범주로 분류하려는 생각은 분명히 원초적이다. 왜냐하면 예를 들어, 원시인들은 다수의 각 대상에 대해 먹을 수 있는, 독이 있는 또는 사나운 등과 같이 어떤 성질을 공유한다는 것을 인식했기 때문이다. 넓은 의미에서 분류화는 우리가 만나는 다른 유형의 사건, 사물 그리고 사람들을 인식하고 논의하는 것을 돕는 단어들로 구성하는 언어의 발달을 위해서 필요하다. 예를 들면, 언어에서 각 명사(noun)는 현저하게 공통적인 모습을 갖는 사물의 집합을 묘사하는 데 사용되는 호칭(label)이다. 따라서 동물은 고양이, 개, 말 등과 같이 불리며 각 이름은 개체를 그룹으로 나눈다. 이름붙이기(naming)와 분류(classifying)는 본질적으로 동의어이다.

기본적인 인간의 개념적인 활동일 뿐만 아니라, 연구되고 있는 현상에 대한 분류는 사실상 모든 과학적 연구의 중요한 구성요소이다. 예를 들어, 행동과학에서 "현상(phenomena)"은 개인, 사회, 행동(behavior) 또는 인지(perception)의 패턴일 수도 있다. 조사자는 관심있는 항목(item)을 몇 개의 동질그룹(homogeneous group) 또는 군집(cluster)으로 분류하는 데 보통 관심이 있다. 가장 일반적으로 요구되는 분류는 그룹이 겹치기보다는(overlapping, 아이템이 하나 이상의 그룹에 속할 수 있는) 서로 배타적인(mutually exclusive, 하나의 아이템은 하나의 그룹에 속하는) 것이다. 유도된 분류 방법은 크고 복잡한 다변량 데이터셋을 데이터내의 유사성과 차이점을 나타내는 모수 절약적인 방법의 클래스 라벨로 체계화할 수 있는 편리한 방법을 제공해야만 한다. 예를 들어, 시장 조사(market research)에서는 많은 수의 잠재적인 고객을 특정 제품 영역에서 그들의 필요성에 따라서 그룹화하는 것이 도움이 될 것이다. 광고 캠페인은 다른 그룹에 의해 분류된 다른 유형의 고객에 맞추어 조절될 수 있을 것이다.

그러나 분류는 더 기본적인 목적을 다룰 수도 있다. 예를 들어, 정신의학(psychiatry)에서는 증상의 프로필이 다른 정신질환자를 군집으로 분류하는 것은 정신병의 원인을 찾는 데 도움을 줄 수 있으며 향상된 치료 방법으로 이끌기도 한다. 분류에 있어서 예측(prediction, 다른 처리를 필요로 하는 질병으로 구분하는 것)과 병인학(aetiology, 병의 원인을 찾는 것)의 두 목적은 의학의 다른 분야에서도 동일하다.

확실히 다양한 분류는 무엇이 분류되든지 간에 항상 가능할 것이다. 예를 들어, 인간은 경제적인 상태에 따라서 하층, 중산층, 상류층 계급으로 분류될 수 있다. 또한 연간 술 소비량에 의해서 낮은, 중간, 높은 그룹으로 분류될 수 있다. 서로 다른 분류방법에 따라 개체를 동일한 그룹으로 나누지 못할 수도 있지만 어떤 분류방법은 다른 방법보다 더 유용할 수 있다. 이는 인간을 남성과 여성으로 분류하는 것을 고려할 때, Needham(1995)에서 발췌된 다음 인용문에 의해 알 수 있다.

이러한 분류의 유용성은 하나의 의미에서 엄격하게 그것으로부터 추론될 수 있는 것 - 즉 생식 기관에 관한 기술 - 에만 시작하고 끝나지 않는다. 그것은 사람을 남자 또는 여자라고 분류하는 것은 상대적인 크기, 힘의 세기, 어떤 종류의 손재주 등에 대한 훨씬 더 많은 정보를 전달하기 때문에 매우 유용한 분류이다. 우리가 어떤 일에 대해 남자가 여자보다 더 적당하다고 또는 그 반대로 말할 때 단지 우연히 성에 대해 언급하고 있지만 우리의 주된 관심은 힘, 인내력 등이다. 요점은 많은 성질에 대한 정보를 전달하는 사람의 분류를 사용할 수 있었다는 것이다. 반대로 그들의 팔뚝에 있는 털이 3/16과 1/4인치 사이의 털을 가진 사람과 그렇지 않은 사람으로 사람들을 분류하는 것은 그것이 어떤 특별한 사용에는 도움이 될지 모르지만 일반적으로 도움이 되지 않을 것은 확실하다. 왜냐하면 어떤 사람이 첫 번째 클래스에 속한다는 것은 단지 이 성질에 대한 정보만을 전달하기 때문이다. 다른 말로 표현하면, 사람들을 비슷한 방식으로 나누는 알려진 성질이 없다.

비슷한 맥락으로 사전, 소설, 자서전 등등과 같이 주제에 기초해서 책을 분류하는 것은 책 표지의 색에 기초한 분류보다는 훨씬 유용할 것이다. 이러한 예는 다변량 데이터셋에 대한 분류 문제는 결과의 유용성에 의해 판단될 수 있음을 의미한다.

6.2 군집분석

군집분석(cluster analysis)은 다른 그룹과는 구별되는 동질 그룹이나 관측의 군집을 발견하고 찾아내고자 하는 공통적인 목표를 가진 수치적 방법을 표현하는 일반적인 용어이다. 군집 기법은 본질적으로 인간 관측자들이 2차원이나 3차원에서 잘 할 수 있는 것을 공식화하고자 노력한다. 예를 들어 [그림 6.1]의 산점도를 생각해 보자. 세 개의 그룹 또는 군집이 있다는 결론은 의도적인 노력이나 생각 없이 얻을 수 있다. 점들간 상대적 거리에 대한 평가에 의해 군집은 식별된다.

```
R> library("mvtnorm")
R> dat <- rbind(rmvnorm(25, mean = c(3,3)),
               rmvnorm(20, mean = c(10, 8)),
               rmvnorm(10, mean = c(20, 1)))
R> plot(abs(dat), xlab = expression(x[1]), ylab = expression(x[2]))
```

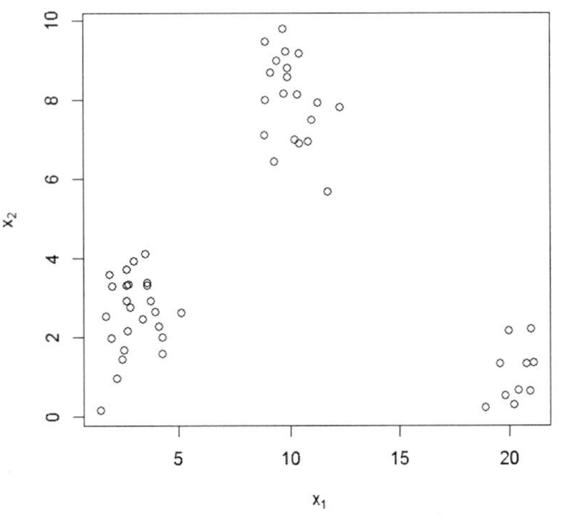

[그림 6.1] 세 개 군집을 보여주는 이변량 데이터

그리고 이 예에서는 각 군집의 상대적인 균일성과 그들의 분리된 정도가 이러한 과제를 매우 쉽게 만든다. 원래의 데이터 또는 데이터에 대한 처음 몇 개의 주성분 점수에 기초한 산점도의 조사는 다변량 데이터셋에 군집분석을 적용하고자 할 때 매우 도움이 되는 첫 단계이다.

군집분석 기법은 Gordon(1987, 1999)과 Everitt, Landau, Leese과 Stahl(2011)에서 자세하게 설명한다. 이 장에서는 군집 방법이 세 가지 형태인 응집형 계층적 방법(agglomerative hierarchical technique), k-평균 군집(k-means clustering), 모형기반 군집방법(model-based clustering)에 대해 비교적 간단한 설명을 한다.

6.3 응집형 계층적 군집방법

응집형 계층적 군집방법(agglomerative hierarchical clustering)은 군집방법의 종류로 데이터에 대해 계층적인 분류(hierarchical classification)를 낳는다. 이러한 계층적인 분류에서는 데이터가 첫 단계에서 특정한 개수의 군집으로 나누어지지 않는다. 대신 이러한 군집방법은 모든 개체를 포함하는 한 개의 군집으로부터 시작해서 각각이 한 개의 개체를 포함하는 n개의 군집으로 나누어지는 일련의 분할과정으로 구성된다. 응집형 계층적 군집방법은 n개의 개체를 일련의 연속적인 결합에 의해서 분할을 생성한다. 이러한 방법은 융합(fusion)과정으로 일단 그룹이 형성되면 되돌릴 수 없다. 응집하는 알고리즘이 두 개체를 동일한 그룹에 놓았다면 이들은 나중에라도 다른 그룹에 포함될 수 없다. 모든 응집형 계층적 기법은 데이터를 궁극적으로 모든 개체를 포함하는 한 개의 군집으로 축소하기 때문에, 가장 적절한 개수의 군집을 갖는 해를 추구하는 조사자는 어떤 분할을 선택할 지를 결정해야 한다. “적절한” 개수의 군집을 결정하는 문제는 나중에 다룬다.

응집형 계층적 군집방법의 절차는 일련의 데이터 분할인 P_n, P_{n-1}, ..., P_1을 낳는다. 처음에는 각각 1개의 구성원을 갖는 n개의 군집으로 구성되는 P_n을 가지며 맨 마지막에는 모든 n개의 개체를 포함하는 하나의 그룹으로 구성되는 P_1을 갖는다. 모든 방법의 기본 작동원칙은 비슷하다.

(시작) 각각 한 개의 개체를 포함하는 군집을 C_1, C_2, $\cdots$, C_n이라 하자.

(1) 군집들 중 가장 가까운 한 쌍, 예를 들어, C_i와 C_j를 발견하면 C_i와 C_j를 합치고(merge) C_j를 제거하여 군집의 개수를 한 개 만큼 감소시킨다.

(2) 군집의 개수가 1 이면 멈추고, 그렇지 않으면 (1)로 돌아간다.

그러나 이러한 과정을 시작하기 전에 개체간 거리행렬 또는 유사성행렬을 계산한다. 개체들 쌍 사이의 거리 또는 유사성을 계산하는 데는 여러 방법이 있지만 여기서는 보통 사용되는 거리척도로 다음과 같이 계산되는 1장에서 정의된 유클리드 거리만을 다룬다.

$$d_{ij} = \sqrt{\sum_{k=1}^{q} (x_{ik} - x_{jk})^2}$$

여기서 d_{ij}는 변수값 x_{i1}, x_{i2}, $\cdots$, x_{iq}을 갖는 개체 i와 변수값 x_{j1}, x_{j2}, $\cdots$, x_{jq}를 갖는 개체 j 사이의 유클리드 거리를 나타낸다.(다른 가능한 거리 측도와 유사성 측도에 대한 자세한 내용은 Everitt et al. 2011에 나와 있다.) 각 개체 쌍 사이의 유클리드 거리는 $d_{ij} = d_{ji}$이므로 대칭이고 주 대각원소가 0 인 행렬이다. 비록 변수들이 매우 다른 척도를 가질 때에는 원시 데이터로부터 유클리드 거리를 계산하는 것이 합리적이지 않을 수도 있지만, 이러한 행렬은 여러 군집방법의 출발점이 된다. 어떤 경우에는 불만족스러울 수도 있지만, 변수는 일반적으로 표준화된(standardized) 후 거리행렬을 계산할 수 있다(자세한 내용은 Everitt et al. 2011을 참조).

개체간 거리행렬이 주어지면, 계층적 군집화는 시작될 수 있다. 군집화의 각 단계에서 군집방법은 가장 가까운(또는 가장 유사한) 개체들이나 이전에 형성된 개체들의 그룹을 합친다. 따라서 그룹이 형성될 때, 한 개체와 여러 개체를 포함한 그룹 사이의 거리와 두 개의 그룹 사이의 거리가 계산되어야한다. 이러한 거리가 정의되는 방법에 따라 다양한 기법이 정의된다. 간단한 척도로서 두 가지 그룹간(inter-group) 척도는 다음과 같다.

$$d_{AB} = \min_{\substack{i \in A \\ j \in B}} (d_{ij})$$

$$d_{AB} = \max_{\substack{i \in A \\ j \in B}} (d_{ij})$$

여기서 d_{AB} 는 두 군집 A 와 B 사이의 거리이며 d_{ij}는 초기 개체간 거리행렬로부터 구한 개체 i 와 개체 j 사이의 거리이다.

첫 번째 그룹간 거리 척도는 최단연결법(single linkage) 군집의 기초가 되며, 두 번째는 최장연결법(complete linkage) 군집의 기초가 된다. 이러한 방법은 원래의 개체간 거리에 대한 단조변환(monotone transformation) 하에서는 불변(invariant)인 즉 거리의 실제 값이 아니라 순위에만 의존한다는, 바람직한 성질을 갖는다.

군집간(inter-cluster) 거리 또는 비유사성(dissimilarity)을 측정하는 또 다른 측도는 다음과 같다.

$$d_{AB} = \frac{1}{n_A n_B} \sum_{i \in A} \sum_{j \in B} d_{ij}$$

여기서 n_A와 n_B는 각각 군집 A 와 B 내의 개체의 개수를 나타낸다. 이 측도는 보통 사용되는 군집절차의 기초가 되며 이에 기반한 군집방법을 평균연결법(group average clustering)이라 한다. 앞서 설명한 세 가지 그룹간 측도는 [그림 6.2]에서 보여준다.

계층적 분류는 덴드로그램(dendrogram)이라는 이차원 그림에 의해 표현될 수 있는데 분석의 각 단계에서 행해지는 융합을 보여준다. 이런 덴드로그램 예는 [그림 6.3]에서 보여준다. [그림 6.3]의 구조는 1859년에 발간된 Darwin의 책, On the Origin of Species by Natural Selection에서 “Tree of Life”라는 용어 하에서 소개된 개념인 진화나무(evolutionary tree)를 닮았다. 그리고 계층적 분류가 가장 적절하고 타당한 것은 생물학적인 적용에서이다(비록 이러한 유형의 군집이 많은 다른 영역에서 사용되어 왔지만).

세 가지 군집 방법인 최단연결법(single linkage), 최장연결법(complete linkage), 평균연결법(group average)에 대한 응용의 첫 번째 예로서 각 방법을 1장의 <표 1.2>에 주어진 20명에 대한 가슴, 허리, 엉덩이 측정 데이터에 적용한다. 우선 다음의 R 코드를 사용하여 비표준화된 측정값에 대해 유클리드 거리를 계산한다.

```
R> set.seed(29)
R> x1 <- c(0.7, 0.8, 0.85, 0.9, 1.1, 1, 0.95)
R> x <- c(x1, x1 + 1.5)
R> y1 <- sample(x1)
R> y <- c(y1, y1 + 1)
R> plot(x, y, main = "single")
R> lines(c(1, 0.7 + 1.5), c(1.1, 0.7 + 1), col = "grey")
```

```
R> set.seed(29)
R> x1 <- c(0.7, 0.8, 0.85, 0.9, 1.1, 1, 0.95)
R> x <- c(x1, x1 + 1.5)
R> y1 <- sample(x1)
```

```
R> y <- c(y1, y1 + 1)
R> plot(x, y, main = "complete")
R> lines(c(0.7, 2.5), c(0.7, 1.1 + 1), col = "grey")

R> set.seed(29)
R> x1 <- c(0.7, 0.8, 0.85, 0.9, 1.1, 1, 0.95)
R> x <- c(x1, x1 + 1.5)
R> y1 <- sample(x1)
R> y <- c(y1, y1 + 1)
R> plot(x, y, main = "average")
R> for (i in 1:7) {
+     for (j in 8:14) lines(x[c(i, j)], y[c(i, j)], col = rgb(0.1, 0.1, 0.1, 0.1))
+ }
```

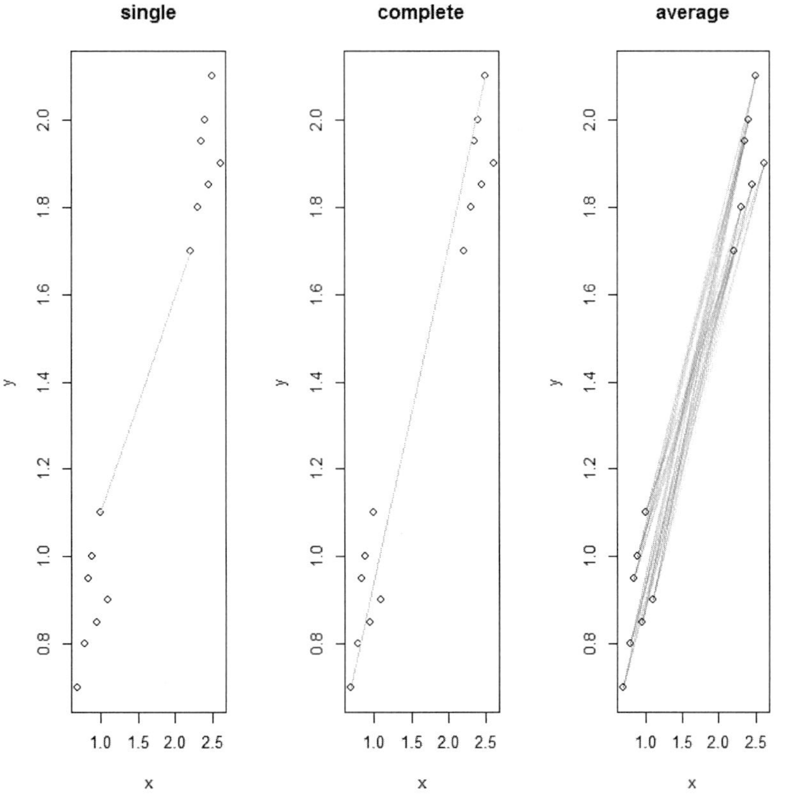

[그림 6.2] 군집간 거리(inter-cluster distance) 척도

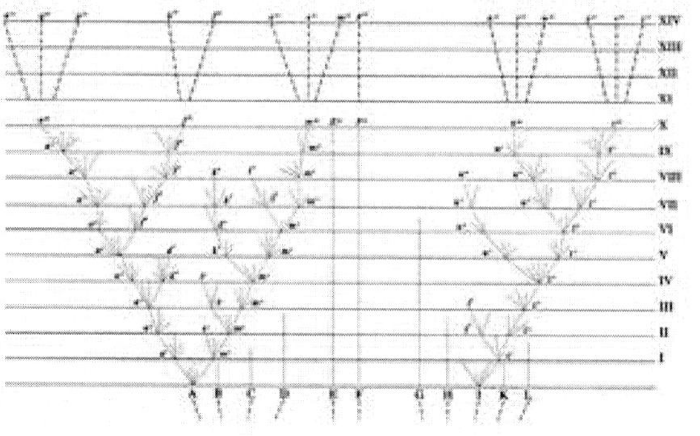

[그림 6.3] Darwin's Tree of Life

```
R> (dm <- dist(measure[, c("chest", "waist", "hips")]))
R> round(dm, 2)
       1     2     3     4     5     6     7     8     9    10
2   6.16
3   5.66  2.45
4   7.87  2.45  4.69
5   4.24  5.10  3.16  7.48
6  11.00  6.08  5.74  7.14  7.68
7  12.04  5.92  7.00  5.00 10.05  5.10
8   8.94  3.74  4.00  3.74  7.07  5.74  4.12
9   7.81  3.61  2.24  5.39  4.58  3.74  5.83  3.61
10 10.10  4.47  4.69  5.10  7.35  2.24  3.32  3.74  3.00
11  7.00  8.31  6.40  9.85  5.74 11.05 12.08  8.06  7.48 10.25
12  7.35  7.07  5.48  8.25  6.00  9.95 10.25  6.16  6.40  8.83
13  7.81  8.54  7.28  9.43  7.55 12.08 11.92  7.81  8.49 10.82
14  8.31 11.18  9.64 12.45  8.66 14.70 15.30 11.18 11.05 13.75
15  7.48  6.16  4.90  7.07  6.16  9.22  9.00  4.90  5.74  7.87
16  7.07  6.00  4.24  7.35  5.10  8.54  9.11  5.10  5.00  7.48
17  7.81  7.68  6.71  8.31  7.55 11.40 10.77  6.71  7.87  9.95
18  6.71  6.08  4.58  7.28  5.39  9.27  9.49  5.39  5.66  8.06
19  9.17  5.10  4.47  5.48  7.07  6.71  5.74  2.00  4.12  5.10
20  7.68  9.43  7.68 10.82  7.00 12.41 13.19  9.11  8.83 11.53
```

```
      11   12   13   14   15   16   17   18   19
2
3
4
5
6
7
8
9
10
11
12  2.24
13  2.83 2.24
14  3.74 5.20 3.74
15  3.61 1.41 3.00 6.40
16  3.00 1.41 3.61 6.40 1.41
17  3.74 2.24 1.41 5.10 2.24 3.32
18  2.83 1.00 2.83 5.83 1.00 1.00 2.45
19  6.71 4.69 6.40 9.85 3.46 3.74 5.39 4.12
20  1.41 3.00 2.45 2.45 4.36 4.12 3.74 3.74 7.68
```

거리행렬에 앞서 설명한 세 가지 군집방법 각각의 적용과 대응하는 덴드로그램은 hclust() 함수를 사용하여 얻을 수 있다.

```
R> plot(cs <- hclust(dm, method = "single"))
R> plot(cs <- hclust(dm, method = "complete"))
R> plot(cs <- hclust(dm, method = "average"))

R> body_pc <- princomp(dm, cor = TRUE)
R> layout(matrix(1:6, nr = 2), height = c(2, 1))
R> plot(cs <- hclust(dm, method = "single"), main = "Single")
R> abline(h = 3.8, col = "lightgrey")
R> xlim <- range(body_pc$scores[,1])

R> plot(body_pc$scores[,1:2], type = "n", xlim = xlim, ylim = xlim,
+      xlab = "PC1", ylab = "PC2")
R> lab <- cutree(cs, h = 3.8)
R> text(body_pc$scores[,1:2], labels = lab, cex=0.6)
```

```
R> plot(cc <- hclust(dm, method = "complete"), main = "Complete")
R> abline(h = 10, col = "lightgrey")

R> plot(body_pc$scores[,1:2], type = "n", xlim = xlim, ylim = xlim,
+      xlab = "PC1", ylab = "PC2")
R> lab <- cutree(cc, h = 10)
R> text(body_pc$scores[,1:2], labels = lab, cex=0.6)

R>plot(ca <- hclust(dm, method = "average"), main = "Average")
R> abline(h = 7.8, col = "lightgrey")
R> plot(body_pc$scores[,1:2], type = "n", xlim = xlim, ylim = xlim,
+      xlab = "PC1", ylab = "PC2")
R> lab <- cutree(ca, h = 7.8)
R> text(body_pc$scores[,1:2], labels = lab, cex=0.6)
```

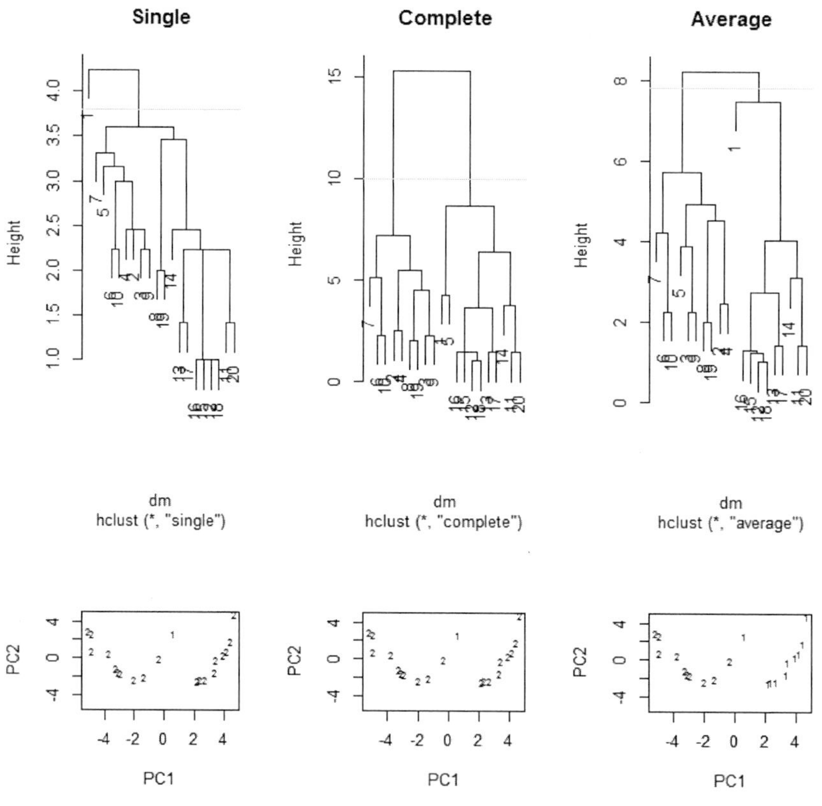

[그림 6.4] measure 데이터의 군집 해 그림. 위 열은 아래 열에서 정하는 군집구분의 절단선을 포함한 군집 덴드로그램, 아래 열은(처음 두 개 주성분 공간에서) 군집을 나타낸다.

결과로 얻는 그림(최단, 최장, 평균연결법에 대한)은 [그림 6.4]의 상반부에서 보여준다. 이러한 덴드로그램으로부터 데이터의 특정한 분할을 어떻게 할 지에 대해 고려하고자한다. 그 답은 덴드로그램을 어떤 높이에서 자르면 특정한 그룹의 개수로 분할되는 것이다. 이때 “어디에서 자를지를 어떻게 정할 것인가?”, 바꾸어 말하면 “데이터에 최적인 특정한 그룹의 개수를 어떻게 정할 것인가?”의 문제가 된다. 이것은 대답하기에 더 어려운 문제이다. 한 가지 비공식적인 접근법은 덴드로그램 높이 변화의 크기를 조사하여 큰 변화가 있는 곳을 적절한 군집의 개수를 나타내는 곳으로 보는 것이다 (더 공식적인 접근법은 Everitt et al. 2011에서 설명). [그림 6.4]의 덴드로그램에 이러한 비공식적인 접근법을 사용할 때에도 어디서 자를 지를 정하는 것이 쉽지 않다.

따라서 대신에 우리는 이 데이터가 10명의 남자와 10명의 여자에게서 얻은 측정값들로 구성되어있다는 것을 알기 때문에 각 군집방법을 적용한 덴드로그램에서 적절한 높이로 잘라서 얻는 두 그룹 해를 살펴보고자 한다. 데이터의 처음 두 개의 주성분점수를 나타내는 그래프에 세 가지 군집 해를 그림으로 나타내고 비교할 수 있다. 여기서 점의 숫자는 군집 번호를 표시한다.

결과로 얻는 그림은 [그림 6.4]의 아래 부분에서 볼 수 있다. 덴드로그램과 주성분 산점도는 `layout()` 함수를 사용하여 하나의 그림으로 결합된다 (완전한 R 코드를 위해서는 장의 demo 부분을 참조할 것). 최단연결법 해와 연관된 그림은 즉시 실제로 이 방법을 사용할 때의 문제들 중 하나를 보여준다. 이는 연쇄현상(chaining)으로 알려진, 군집사이의 중간점을 새로운 군집을 시작하는 대신에 현존하는 군집에 포함시키는 현상을 들 수 있다. 결과로서, 최단연결법 해는 데이터를 유용하게 설명해주지 못하는 종종 긴 “제멋대로 뻗은(straggly)” 군집을 포함한다. [그림 6.4]에서 볼 수 있는 최장연결법과 평균연결법으로부터의 두 그룹 해는 비슷하며 본질적으로 남자들 (관측 1부터 10까지)을 하나의 군집으로 여자들(관측 11부터 20까지)을 다른 하나의 군집으로 분류한다.

6.3.1 제트 전투기 군집화

<표 6.1>에서 보는 데이터는 본래 Stanley와 Miller(1979)와 Hand et al.(1994)에 의해 주어졌는데, 22개의 미국 전투기(jet fighters)에 대한 6개 변수값이다. 각 변수는 다음과 같다.

- FFD : 1940년 1월 이후의 달(month) 수를 나타내는 처음 비행 날짜(first flight date)
- SPR : 단위무게 당 출력에 비례하는 특정한 출력(specific power)
- RGF : 비행범위 요인(flight range factor)

- PLF : 비행기의 총 무게의 일부분으로서의 탑재량(payload)
- SLF : 일관된 무게 요인(sustained load factor)
- CAR : 비행기가 항공모함에 착륙할 수 있으면 1, 그렇지 않으면 0을 갖는 이진(binary) 변수

〈표 6.1〉 jet 데이터. 제트 전투기 데이터

FFD	SPR	RGF	PLF	SLF	CAR
82	1.468	3.3	0.166	0.1	no
89	1.605	3.64	0.154	0.1	no
101	2.168	4.87	0.177	2.9	yes
107	2.054	4.72	0.275	1.1	no
115	2.467	4.11	0.298	1	yes
122	1.294	3.75	0.15	0.9	no
127	2.183	3.97	0	2.4	yes
137	2.426	4.65	0.117	1.8	no
147	2.607	3.84	0.155	2.3	no
166	4.567	4.92	0.138	3.2	yes
174	4.588	3.82	0.249	3.5	no
175	3.618	4.32	0.143	2.8	no
177	5.855	4.53	0.172	2.5	yes
184	2.898	4.48	0.178	3	no
187	3.88	5.39	0.101	3	yes
189	0.455	4.99	0.008	2.64	no
194	8.088	4.5	0.251	2.7	yes
197	6.502	5.2	0.366	2.9	yes
201	6.081	5.65	0.106	2.9	yes
204	7.105	5.4	0.089	3.2	yes
255	8.548	4.2	0.222	2.9	no
328	6.321	6.45	0.187	2	yes

데이터에 두 번째부터 다섯 번째 변수까지만 사용하는 최장연결법을 적용할 것이다. 변수들이 매우 다른 척도로 주어졌으므로 군집화전에 단위분산을 갖도록 표준화한다. 표준

화와 군집화를 위해 필요한 R 코드는 다음과 같다.

```
R> X <- scale(jet[, c("SPR", "RGF", "PLF", "SLF")],
+            center = FALSE, scale = TRUE)
R> dj <- dist(X)
R> plot(cc <- hclust(dj), main = "Jets clustering")
R> cc
Call:
hclust(d = dj)
Cluster method   : complete
Distance         : euclidean
Number of objects: 22
```

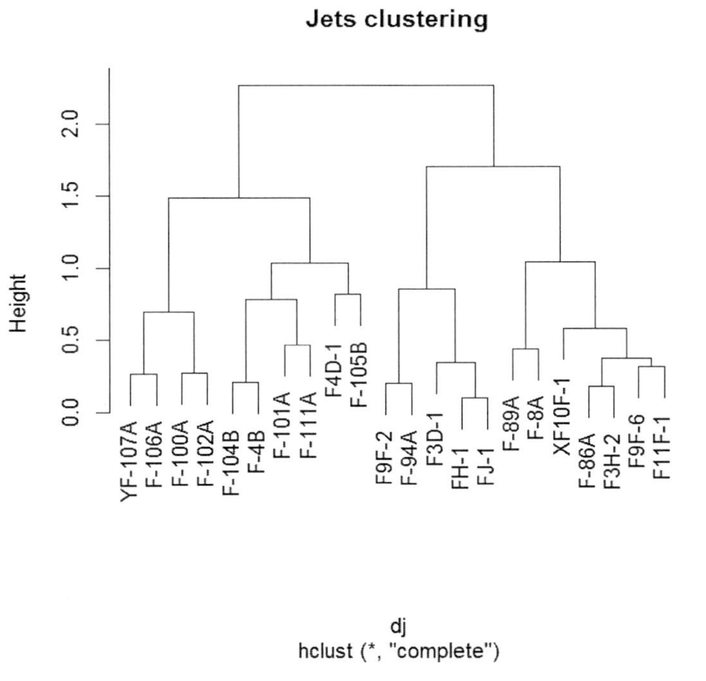

[그림 6.5] jet 데이터에 대한 계층적 군집화(최장연결, complete linkage)

```
R> pr <- prcomp(dj)$x[, 1:2]
R> plot(pr, pch = (1:2)[cutree(cc, k = 2)],
+      col = c("black", "darkgrey")[jet$CAR],
```

```
+       xlim = range(pr) * c(1, 1.5))
R> legend("topright", col = c("black", "black",
+                              "darkgrey", "darkgrey"),
+         legend = c("1 / no", "2 / no", "1 / yes", "2 / yes"),
+         pch = c(1:2, 1:2), title = "Cluster / CAR", bty = "n")
```

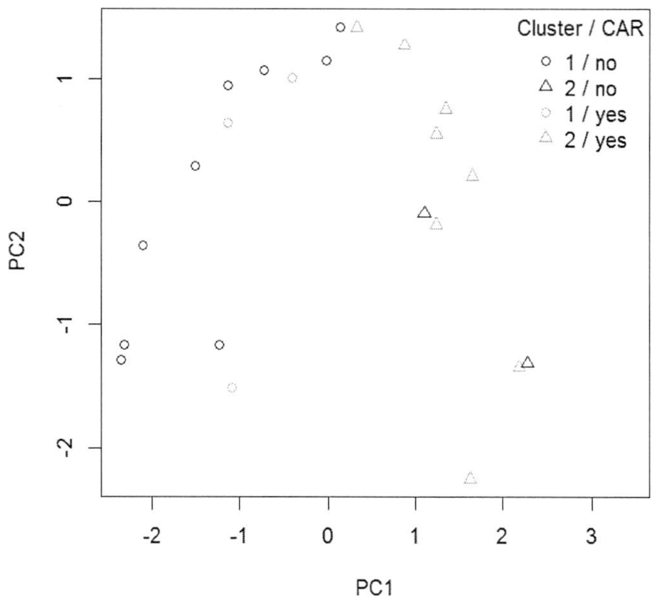

[그림 6.6] PCA 공간에서 점찍은 jet 데이터에 대한 계층적 군집화(최장연결법)

[그림 6.5]의 덴드로그램은 전투기에 대해 두 그룹의 존재를 강하게 암시한다. [그림 6.6]에서는 적절한 변수들(SPR부터 SLF까지)의 상관행렬의 처음 두 개의 주성분 공간상에서 데이터가 표시된다. [그림 6.6]에서 점은 두 그룹 해의 군집 숫자에 의해 표시되고 사용된 색깔은 CAR 변수의 값이다. 두 그룹 해는 주로 항공모함(carrier)에 착륙할 수 있는 비행기와 착륙할 수 없는 비행기에 해당한다.

다시 덴드로그램을 두 그룹이 유지되는 방식으로 자르며, 대응하는 그룹을 처음 두 개의 주성분 공간에 그리면 [그림 6.6]에서 보는 바와 같다.

6.4 K-평균 군집화

k-평균 군집화 기법은 다변량 데이터셋내의 n개의 개체를 $(G_1,\ G_2,\ \cdots,\ G_k)$의 k개 그룹 또는 군집으로 나누고자 한다. 여기서 G_i는 i번째 그룹의 n_i개체들의 집합을 나타내며 k는 적은 값이 "좋은" 해를 나타내는 것으로 간주되는 어떤 수치적인 기준을 최소화하여 주어진다.(또는 가능한 범위가 연구자에 의해 명시된다- k의 "참" 값을 선택하는 문제는 나중에 다룰 것이다.) k-평균 군집화의 가장 일반적으로 사용되는 절차는 모든 변수에 대해서 그룹내 제곱합(WGSS : within-group sum of squares)을 최소화하도록 n개의 개체를 k개 그룹으로의 분할을 찾고자 하는 것이다. 명시적인 기준은 다음과 같다.

$$WGSS = \sum_{j=1}^{q}\sum_{l=1}^{k}\sum_{i\in G_l}(x_{ij}-\overline{x_j}^{(l)})^2$$

여기서 $\overline{x_j}^{(l)} = \frac{1}{n_i}\sum_{i\in G_l} x_{ij}$는 변수 j 에 대한 그룹 G_l 내의 개체들의 평균이다.

그러면 문제는 비교적 단순해 보인다. 즉, n개를 k개 그룹으로 나누는 모든 가능한 분할을 생각하고 가장 적은 그룹내 제곱합을 갖는 것을 선택하면 된다. 불행하게도 실제로는 문제가 그렇게 간단하지는 않다. 모든 가능한 분할을 완전히 열거하기에는 그 경우의 수가 너무 많아 가장 빠른 컴퓨터를 가지고도 불가능하다. 문제의 크기는 <표 6.2>의 숫자를 보면 즉시 명백해진다.

〈표 6.2〉 표본의 크기 n과 군집의 수 k에 따라 가능한 분할의 수

n	k	가능한 분할의 수
15	3	2,375,101
20	4	45,232,115,901
25	8	690,223,721,118,368,580
100	5	10^{68}

모든 가능한 분할을 조사하는 것은 비현실적이므로, 현재의 분할결과를 재배열하고 새로운 분할이 개선된 결과를 줄 때에만 새로운 것을 유지하도록 할 수 있도록 군집 기준의 최소값을 찾고자하는 알고리즘이 개발되었다. 이러한 알고리즘은 물론 군집 기준에 대한 전역에서 최소값(global minimum)을 보장하지는 않는다. 이러한 기법의 기본적인 단계는

다음과 같다.

1. 개체들을 필요한 개수의 그룹으로 나누는 초기 분할을 찾는다.(그러한 초기 해는 이전 절에서 설명한 계층적 군집방법 중 하나로 해를 사용할 수 있다.)
2. 각 개체를 그것이 속한 군집으로부터 다른 군집으로 "이동"함에 의해 발생하는 군집 기준값의 변화를 계산한다.
3. 군집 기준값에서 가장 큰 개선을 주는 변화를 선택한다.
4. 개체를 이동하는 것이 군집기준값이 더 이상 개선되지 않을 때까지 단계 (2)와 (3)을 반복한다.

(전형적인 k-평균 알고리즘의 자세한 설명을 위해서는 Steinley 2008을 참조하기 바란다.)

모든 변수에 대한 그룹내 제곱합의 최소화를 기준으로 하는 k-평균 군집방법은 널리 사용되나 다음의 두 가지 문제점을 가지고 있다. (1) 척도불변성이 아님(즉 원래 데이터를 군집화하는 것과 표준화한 데이터를 군집화하는 것이 다른 결과를 낳을 수 있음) (2) 데이터에 대해 "구형의(spherical)" 구조를 강요함; 즉 데이터의 "참" 군집이 어떤 다른 형태일 지라도 다차원-풋볼공(hyper-football)과 같은 군집으로 발견할 것이다.(후자의 현상의 몇 가지 예에 대해서는 Everitt et al. 2011을 참조) 그럼에도 불구하고 k-평균 군집방법은 아직도 매우 인기가 높다. k-평균 군집에서는 조사자가 데이터를 선택한 특정한 개수의 그룹으로 분할할 수 있다. 실제로 그룹 개수로서 가능한 범위에서 해를 구하여 최적의 또는 "참" 그룹의 개수가 선택되어야만 한다. 그룹의 개수 선택 문제에 대해 몇 가지가 제안되었지만 어떤 것도 완벽하게 만족스럽지는 못하다. 다음 예에서 사용할 방법은 그룹의 개수에 대해 각각 k-평균 방법을 적용하여 그룹내 제곱합(within-group sum of squares)을 그림으로 그리는 것이다. 그룹의 개수가 증가될 때 제곱합은 감소하지만 그림에서의 뚜렷한 "팔꿈치(elbow)"는 조사자가 자세히 살펴보아야 할 유용한 해를 나타낼 것이다.(3장에서 기술된 스크리그림과 비교)

6.4.1 범죄율 프로파일에 기초한 미국의 50개 주에 대한 군집화

미국의 통계요약(Statistical Abstract of the USA: Anonymous 1988, Table 265)은 1986년의 미국 50개 주(state)와 콜럼비아 특별구(워싱턴 D.C.)의 인구 100,000 명당 여러 유형의 범죄율을 제공한다. 데이터는 <표 6.3>에서 주어진다.

〈표 6.3〉 crime 데이터. 범죄 데이터

	Murder	Rape	Robbery	Assault	Burglary	Theft	Vehicle
ME	2	14.8	28	102	803	2347	164
NH	2.2	21.5	24	92	755	2208	228
VT	2	21.8	22	103	949	2697	181
MA	3.6	29.7	193	331	1071	2189	906
RI	3.5	21.4	119	192	1294	2568	705
CT	4.6	23.8	192	205	1198	2758	447
NY	10.7	30.5	514	431	1221	2924	637
NJ	5.2	33.2	269	265	1071	2822	776
PA	5.5	25.1	152	176	735	1654	354
OH	5.5	38.6	142	235	988	2574	376
IN	6	25.9	90	186	887	2333	328
IL	8.9	32.4	325	434	1180	2938	628
MI	11.3	67.4	301	424	1509	3378	800
WI	3.1	20.1	73	162	783	2802	254
MN	2.5	31.8	102	148	1004	2785	288
IA	1.8	12.5	42	179	956	2801	158
MO	9.2	29.2	170	370	1136	2500	439
ND	1	11.6	7	32	385	2049	120
SD	4	17.7	16	87	554	1939	99
NE	3.1	24.6	51	184	748	2677	168
KS	4.4	32.9	80	252	1188	3008	258
DE	4.9	56.9	124	241	1042	3090	272
MD	9	43.6	304	476	1296	2978	545
DC	31	52.4	754	668	1728	4131	975
VA	7.1	26.5	106	167	813	2522	219
WV	5.9	18.9	41	99	625	1358	169
NC	8.1	26.4	88	354	1225	2423	208
SC	8.6	41.3	99	525	1340	2846	277
GA	11.2	43.9	214	319	1453	2984	430
FL	11.7	52.7	367	605	2221	4373	598
KY	6.7	23.1	83	222	824	1740	193
TN	10.4	47	208	274	1325	2126	544
AL	10.1	28.4	112	408	1159	2304	267
MS	11.2	25.8	65	172	1076	1845	150
AR	8.1	28.9	80	278	1030	2305	195
LA	12.8	40.1	224	482	1461	3417	442
OK	8.1	36.4	107	285	1787	3142	649
TX	13.5	51.6	240	354	2049	3987	714
MT	2.9	17.3	20	118	783	3314	215
ID	3.2	20	21	178	1003	2800	181
WY	5.3	21.9	22	243	817	3078	169
CO	7	42.3	145	329	1792	4231	486
NM	11.5	46.9	130	538	1845	3712	343
AZ	9.3	43	169	437	1908	4337	419
UT	3.2	25.3	59	180	915	4074	223
NV	12.6	64.9	287	354	1604	3489	478
WA	5	53.4	135	244	1861	4267	315
OR	6.6	51.1	206	286	1967	4163	402
CA	11.3	44.9	343	521	1696	3384	762
AK	8.6	72.7	88	401	1162	3910	604
HI	4.8	31	106	103	1339	3759	328

```
R> plot(crime, pch = ".", cex = 1.5)
```

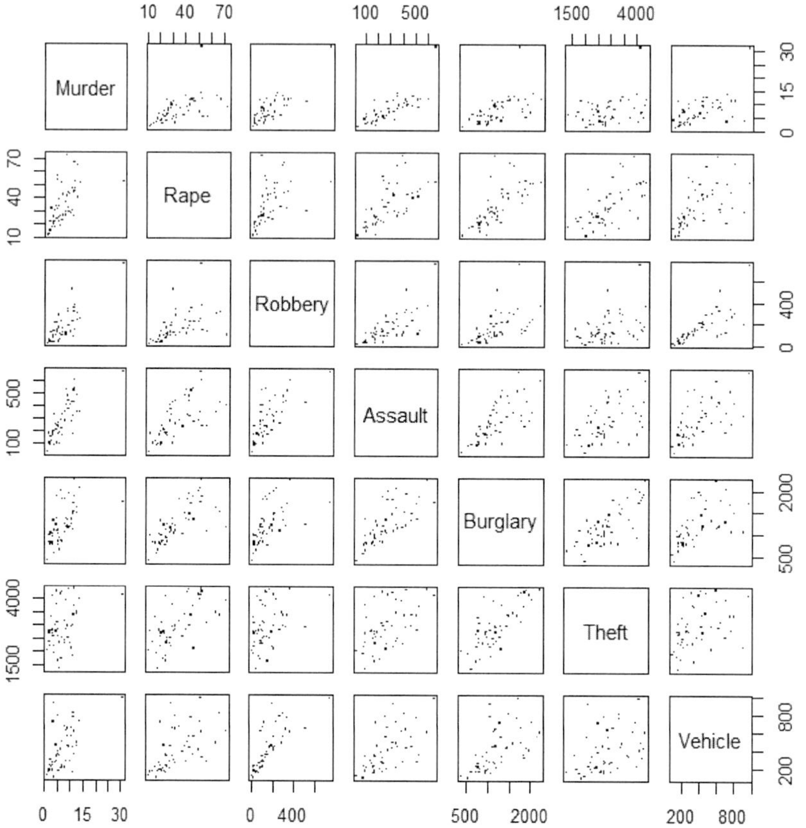

[그림 6.7] crime 데이터에 대한 산점도행렬

```
R> subset(crime, Murder > 15)
   Murder Rape Robbery Assault Burglary Theft Vehicle
DC     31 52.4     754     668     1728  4131     975
```

우선 데이터의 산점도행렬로 [그림 6.7]을 살펴보자. 도시 중 적어도 하나가 살인율(murder rate)에서 다른 도시들과 상당히 다르다는 것을 보여준다. 그 도시는 다음을 사용하여 쉽게 알아낼 수 있다. 즉, 살인율은 콜럼비아 특별구에서 매우 높다. 다른 범죄율도 또한 D.C.에서 높은지를 조사하기 위해서 [그림 6.8]의 산점도행렬에서 대응하는 점을 표시한다. 명백히 D.C.는 대부분의 범죄에서 다소 극단적이다. (명백한 메시지는 D.C.에서 살지 말라는 것이다).

```
R> plot(crime, pch = c(".", "+")[(rownames(crime) == "DC") + 1], cex = 1.5)
```

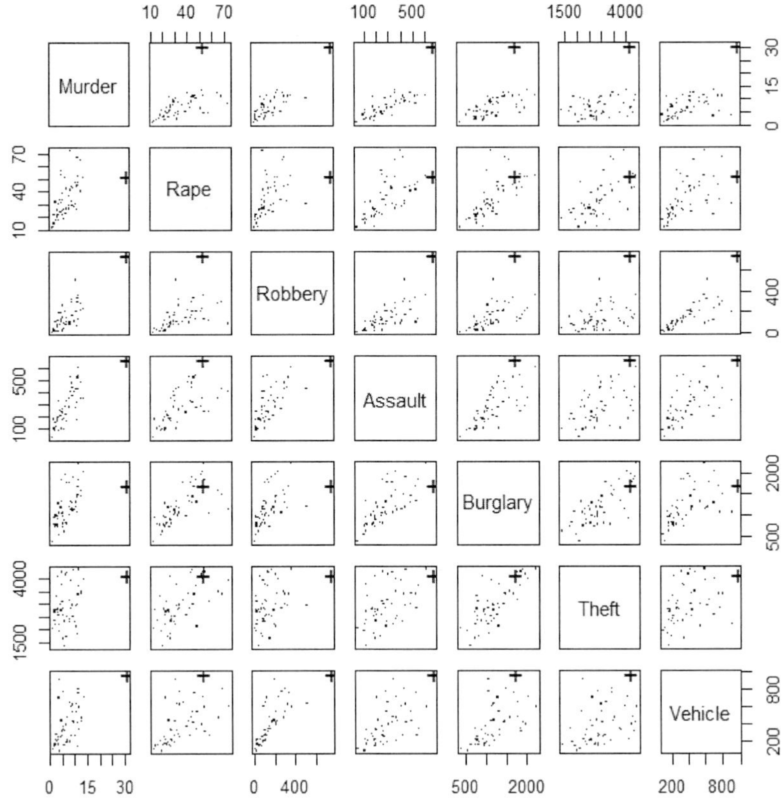

[그림 6.8] DC 관측값을 + 기호로 표시한 범죄데이터에 대한 산점도행렬

이제 k-평균 군집방법을 이상치인 DC를 제거한 후에 범죄율 데이터에 적용할 것이다. 우리가 먼저 다른 유형의 범죄에 대한 범죄율의 분산을 계산한다면 다음을 얻을 수 있다.

```
> round( sapply(crime, var),  digits=1)
  Murder      Rape  Robbery  Assault Burglary     Theft  Vehicle
    23.2     212.3  18993.4  22004.3 177912.8 582812.8  50007.4
```

분산이 매우 다르므로 원래 데이터에 k-평균 군집방법을 적용하는 것은 적절치 않으므로 데이터를 표준화해야 한다. 여기서는 각 변수를 범위(range)에 의해 표준화한다. 표준화한 후 분산은 다음과 같이 된다.

```
R> rge <- sapply(crime, function(x) diff(range(x)))
R> crime_s <- sweep(crime, 2, rge, FUN = "/")
R> round( sapply(crime_s, var), digits=5 )
  Murder     Rape  Robbery  Assault Burglary    Theft  Vehicle
 0.02578  0.05687  0.03404  0.05440  0.05278  0.06411  0.06517

R> kmeans(crime_s, centers = 2)$centers * rge
     Murder     Rape  Robbery    Assault  Burglary    Theft   Vehicle
1 10.359091 567.6133 628.0876 562.400515  52.25841  726.112 1991.5395
2  9.965621 259.7625 311.3398   8.893949 378.99966 1560.437  253.6552
```

표준화된 분산은 매우 비슷하며 이제 데이터의 군집화를 진행할 수 있다. 우선 그룹 개수에 대한 정보를 얻기 위해서 1개 그룹부터 6개 그룹 해에 대한 그룹내 제곱합을 그려본다. 이러한 그림은 [그림 6.9]에서 보여준다. 유일한 "팔꿈치(elbow)"는 2개 그룹에서 나타나므로 2개 그룹 해를 살펴볼 것이다. 2개 그룹에 대한 그룹평균은 다음에 의해 계산된다.

```
R> n <- nrow(crime_s)
R> wss <- rep(0, 6)
R> wss[1] <- (n - 1) * sum(sapply(crime_s, var))
R> for (i in 2:6)
+     wss[i] <- sum(kmeans(crime_s,
+                          centers = i)$withinss)
R> plot(1:6, wss, type = "b", xlab = "Number of groups",
+      ylab = "Within groups sum of squares")
```

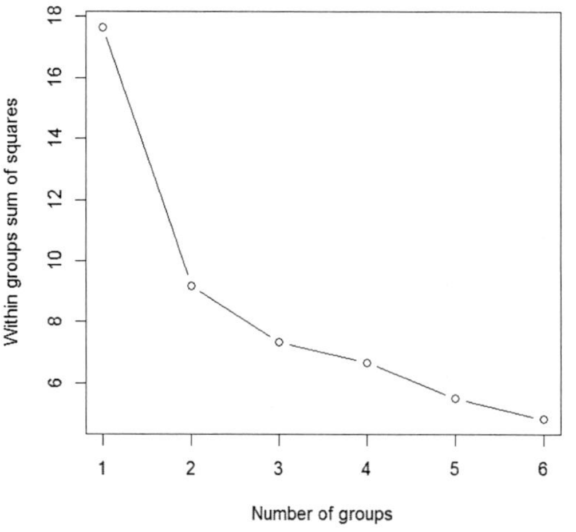

[그림 6.9] 군집 개수에 대한 그룹내 제곱합 그림

상관행렬의 처음 두 개의 주성분 공간에서 두 그룹 해에 대한 그림은 [그림 6.10]에서 보는 바와 같다. 두 개 그룹은 범죄율의 가중평균인 첫 번째 주성분 점수를 기반으로 형성되었다. 아마도 이 데이터에 대해 수행하는 모든 군집분석은 데이터셋을 균일한 두 부분으로 나눌 것이다. Everitt et al.(2011)에서 논의하는 바와 같이 이런 군집 결과는 그럴 가능성이 있는 거다.

[그림 6.10]을 위한 R 코드는 다음과 같다.

```
R> crime_pca <- prcomp(crime_s)
R> plot(crime_pca$x[, 1:2],
+      pch = kmeans(crime_s, centers = 2)$cluster)
```

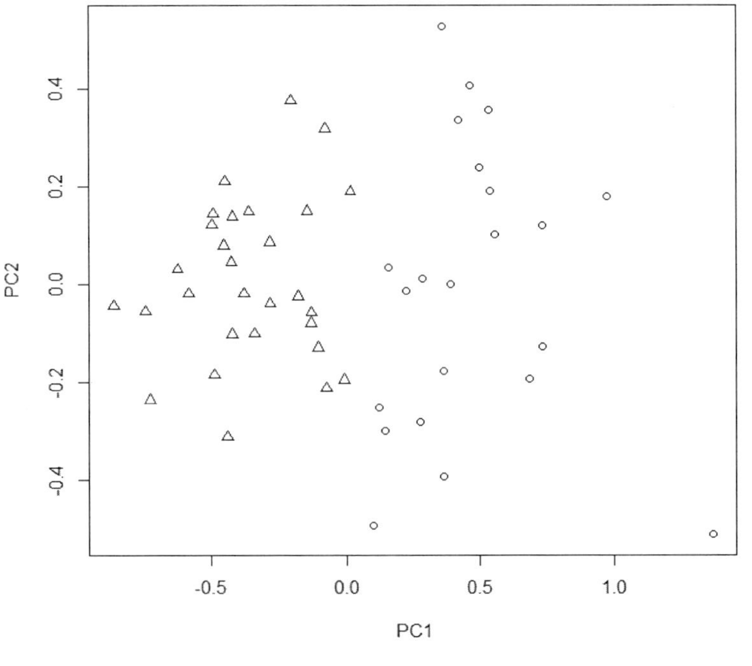

[그림 6.10] 표준화 crime 데이터에 대한 k-평균 군집방법 결과 두 그룹 해 그림

6.4.2 Romano-British 도자기 군집화

k-평균 군집방법의 두 번째 적용으로는 1장에서 주어진 Romano-British 도자기(pottery) 데이터에 대해 수행한다. 45개 단지(pot)의 표준화된 측정값들에 대한 유클리드 거리행렬

계산으로 시작한다. 얻어진 45×45 거리행렬은 lattice 패키지에서 이용가능한 levelplot 함수로 그릴 수 있는 이미지그림(image plot)에서 조사된다. 이러한 그림은 비유사도(dissimilarity) 행렬의 각 셀을 색이나 명암도와 결합시킨다. 거리 0을 갖는 셀(차이 행렬의 대각 요소)에 매우 어두운 회색을 선택하고 큰 값의 유클리드 거리를 갖는 셀에는 옅은 색을 선택한다. [그림 6.11]에서 그룹 간 차이를 약간 보여주므로 적어도 세 개의 그룹에 있다는 인상을 준다(짙은 직사각형). 반면에 나머지 다른 셀들에 대해서는 더 큰 차이가 보인다.

그룹 개수에 대한 정보를 얻을 수 있는지를 알아보기 위해서 1그룹부터 6그룹 k-평균 해에 대한 그룹내 제곱합을 그린다(그림 6.12 참조). 이 그림은 3개의 군집을 포함한다는 비교적 분명한 결론으로 이끈다.

이제 도자기가 발견된 가마(kiln) 장소를 비교하고자 한다.

```
R> set.seed(29)
R> pottery_cluster <- kmeans(pots, centers = 3)$cluster
R> xtabs(~ pottery_cluster + kiln, data = pottery)
               kiln
pottery_cluster  1  2  3  4  5
              1 21  0  0  0  0
              2  0 12  2  0  0
              3  0  0  0  5  5
```

이러한 분할표에서 보면 군집1이 가마장소1에서 발견된 모든 단지(pot)를 포함하며 군집 2는 가마 장소2와 3으로부터의 모든 단지를 포함하고 군집3은 가마 장소4와 5로부터의 10개의 단지를 포함한다. 지역1은 가마1을 포함하며 지역2는 가마2와 3을 지역3은 가마4와 5를 포함한다. 따라서 세 개의 서로 다른 지역으로부터 나온 단지들로 군집을 형성한다.

```
R> pottery_dist <- dist(pots <- scale(pottery[, colnames(pottery) != "kiln"],
+                                     center = FALSE))
R> library("lattice")
R> levelplot(as.matrix(pottery_dist), xlab = "Pot Number",
+            ylab = "Pot Number")
```

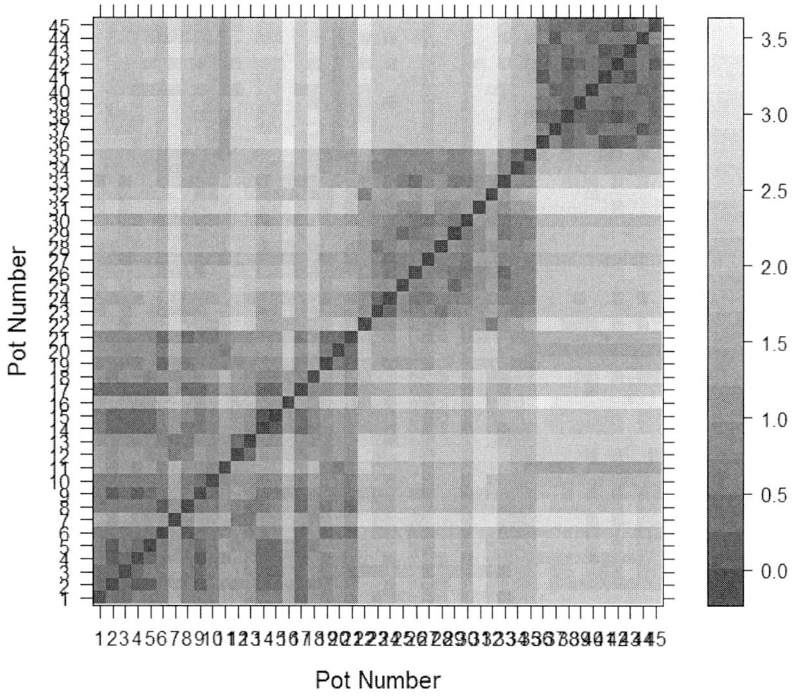

[그림 6.11] pottery 데이터에 대한 비유사성행렬의 이미지그림

6.5 모형기반 군집분석

이전 두 개 절에서 설명한 응집형 계층적 군집방법과 k-평균 군집방법은 주로 체험적(heuristic)이고 직관적(intuitive)으로 타당한 사고 절차에 기초한다. 그러나 군집구조에 대한 공식적인 모형에 기반하지 않으므로 군집방법 중 선택하는 것, 군집의 개수를 추정하는 것 등과 같은 문제를 다루기 어렵게 만든다. 그리고 합리적인 모형 없이는 공식적인 추정이 배제된다. 실제로는 군집분석이 데이터 분석의 "탐색적" 도구로서 매우 자주 사용되기 때문에 이런 문제는 응집적인 군집방법이나 k-평균 군집방법의 사용에 극복하기 어려운 장애물은 아니다. 그러나 만약 군집구조에 대해 받아들여질 만한 모형이 있다면 그 모형에 기초한 군집분석은 더욱 설득력 있는(적어도 통계학자들에게 더 설득력 있는) 해를 줄 수 있다. 이 절에서는 데이터가 추출된 모집단에 대한 공식적인 통계적 모형을 가정하는 군집화 기법을 설명하고자한다. 이 모형은 모집단이 서로 다른 다변량 확률밀도함수를 갖는 변수를 갖는 여러 개의 부분모집단(subpopulation: "군집")으로 구성된다고 가정한다. 그 결과

전체적으로 모집단에 대해 유한 혼합밀도함수(finite mixture density)로서 알려진 분포를 사용한다. 군집분석을 위한 모형으로서 유한 혼합밀도함수를 사용하므로 군집문제는 가정된 혼합밀도함수의 모수를 추정하고 추정된 모수를 이용하여 군집 소속에 대한 사후확률(posterior probability)을 계산하는 문제가 된다. 군집의 개수를 결정하는 것은 객관적인 절차가 존재하는 모형선택(model selection) 문제가 된다.

유한 혼합밀도함수(finite mixture density)는 군집과정을 위한 합리적인 통계적 모형을 제공하며 유한 혼합모형에 기초한 군집분석은 또한 모형기반 군집방법(model-based clustering)으로 알려져 있다; Banfield와 Raftery(1993)를 참조하기 바란다. 유한 혼합모형은 최근에 행동과학, 의학, 유전학, 컴퓨터, 환경과학 그리고 로봇공학과 공학 등을 포함해서 다양한 학문분야에서 데이터를 군집화하기 위해서 점점 더 많이 사용되고 있다. 예를 들어, Everitt와 Bullmore(1999), Bouguila와 Amayri(2009), Branchaud, Cham, Nenadic, Andersen과 Burdick(2010), Dai, Erkkila, YliHarja와 Lahdesmaki(2009), Dunson(2009), Marin, Mengersen과 Roberts(2005), Meghani, Lee, Hanlon과 Bruner(2009), Pledger와 Phillpot(2008), van Hattum과 Hoijtink(2009)를 참조하면 된다.

유한 혼합모형에서는 “부분모집단(subpopulation)”을 나타내는 잠재적인 그룹과 잠재적 범주변수가 혼합밀도함수에서 서로 다른 성분으로 표현되므로 일종의 잠재변수 분석이라고 볼 수 있다(Skrondal과 Rabe-Hesketh 2004를 참조). 결과적으로 그러한 모형에 기초한 군집분석은 또한 잠재그룹 군집분석(latent class cluster analysis)으로 언급된다.

```
R> n <- nrow(pots)
R> wss <- rep(0, 6)
R> wss[1] <- (n - 1) * sum(sapply(pots, var))
R> for (i in 2:6)
+     wss[i] <- sum(kmeans(pots,
+                          centers = i)$withinss)
R> plot(1:6, wss, type = "b", xlab = "Number of groups",
+      ylab = "Within groups sum of squares")
```

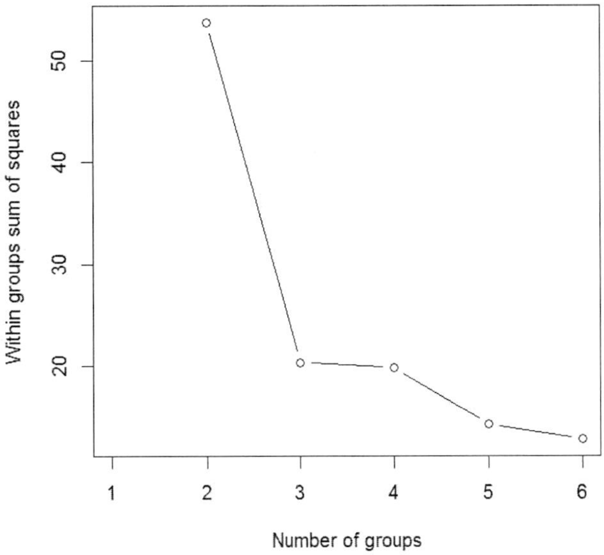

[그림 6.12] pottery 데이터의 군집 개수에 대한 그룹내 제곱합 그림

```
R> pots_pca <- prcomp(pots)
R> plot(pots_pca$x[, 1:2],
+      pch = kmeans(pots, centers = 3)$cluster)
```

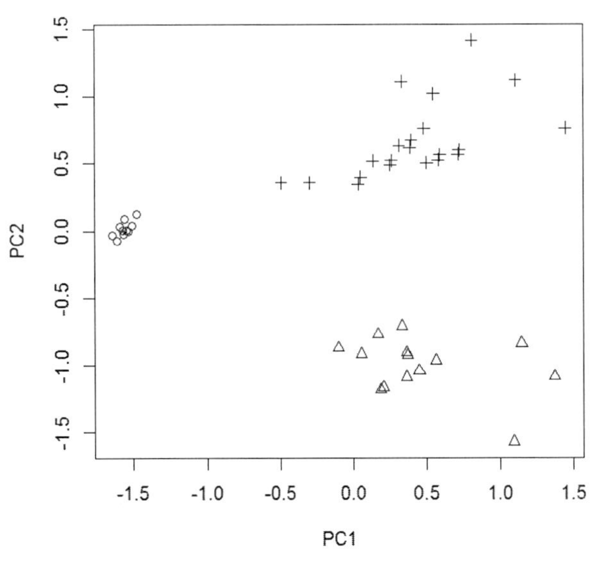

[그림 6.13] 상관행렬을 이용한 처음 두 개 주성분 공간에 그린 pottery 데이터에 대한 k-평균방법 적용 결과로 얻은 세 그룹 군집 그림

6.5.1 유한 혼합밀도함수

유한 혼합밀도함수(finite mixture density)는 Everitt, Hand(1981), Titterington, Smith와 Makov(1985), Mclachlan과 Basford(1988), Mclachlan과 Peel(2000), 그리고 Fruhwirth-Schnatter(2006)에 자세히 설명되어 있으며 다음 형태의 확률밀도함수를 갖는다.

$$f(\boldsymbol{x}; \boldsymbol{p}, \boldsymbol{\theta}) = \sum_{j=1}^{c} p_j \, g_j(\boldsymbol{x}\,; \boldsymbol{\theta}_j) \tag{6.1}$$

여기서 $\boldsymbol{x}$는 p-차원 확률변수이고 $\boldsymbol{p}^T = (p_1, p_2, \ldots, p_{c-1})$, $\boldsymbol{\theta}^T = (\boldsymbol{\theta}_1^T, \boldsymbol{\theta}_2^T, \ldots, \boldsymbol{\theta}_c^T)$, p_j는 혼합비율(mixing proportion), g_j는 성분에 대한 함수로서 $\boldsymbol{\theta}_j$를 모수로 갖는 확률밀도함수를 나타낸다. 혼합비율은 양수이며 $\sum_{j=1}^{c} p_j = 1$ 을 만족한다. 혼합을 구성하는 성분의 수(즉, 가정된 군집의 수)는 c 이다.

만약 관측개체가 포함되는 각 그룹이 모집단에서 서로 다른 확률분포로부터 발생한다고 가정한다면, 유한 혼합모형은 군집분석을 위해 적절한 모형이다. 서로 다른 확률분포는 동일한 분포족(family)에 속하나 분포의 모수는 다르다. 다음 절에서 그러한 예로서 혼합 성분들이 서로 다른 평균벡터를 갖고 그리고 서로 다른 공분산행렬을 갖는 다변량 정규분포를 따르는 경우를 고려한다.

가정된 혼합밀도함수의 모수를 추정한 다음에는 각 관측은 추정된 사후확률의 최대값에 기반하여 특정한 군집으로 분류할 수 있다.

$$\hat{P}(cluster\, j \,|\, \boldsymbol{x}_i) = \frac{\hat{p}_j g_j(\boldsymbol{x}_i\,; \hat{\theta}_j)}{f(\boldsymbol{x}_i\,; \hat{p}, \hat{\theta})}, \quad j = 1, \ldots, c. \tag{6.2}$$

6.5.2 다변량 정규분포를 갖는 유한 혼합밀도함수에서의 최대우도 추정

확률표본 $\boldsymbol{x}_1, \boldsymbol{x}_2, \cdots, \boldsymbol{x}_n$ 이 주어졌을 때 식 (6.1)로 주어진 혼합밀도함수로부터 로그-우도함수 l 은

$$l(\boldsymbol{p}, \boldsymbol{\theta}) = \sum_{i=1}^{n} \ln f(\boldsymbol{x}_i\,; \boldsymbol{p}, \boldsymbol{\theta}) \tag{6.3}$$

이다. 확률밀도함수에 있는 모수에 대한 추정량은 일반적으로 우도방정식(likelihood equation)의 해로 얻는다.

$$\frac{\partial l(\varphi)}{\partial(\varphi)} = 0 \tag{6.4}$$

여기서 $\varphi^T = (\boldsymbol{p}^T, \boldsymbol{\theta}^T)$ 이다. 유한 혼합밀도함수인 경우에 우도함수는 최대화를 위해 보통의 방법을 사용하기에는 너무 복잡하다. 예를 들어, 로그-우도함수 $l(\varphi)$의 경사(gradient) 벡터를 선형 테일러 급수확장(linear Taylor series expansion)에 의해(Everitt, 1984 참조) 근사하는 반복적인 뉴톤-랩슨(Newton-Raphson) 방법을 사용한다.

결과적으로 유한 혼합모형에서 요구되는 모수의 최대우도 추정값은 어떤 다른 방법으로 계산되어야만 한다. j 번째 성분에 대한 밀도함수가 평균벡터 $\boldsymbol{\mu}_j$이고 공분산행렬 $\boldsymbol{\Sigma}_j$인 다변량 정규분포함수의 혼합인 경우에는 최대우도 추정 결과는 일련의 식으로 보여줄 수 있다(자세한 내용을 위해서는 Everitt, Hand 1981을 참조).

$$\hat{p}_j = \frac{1}{n}\sum_{i=1}^{n} \hat{P}(j|\boldsymbol{x}_i) \tag{6.5}$$

$$\hat{\boldsymbol{\mu}}_j = \frac{1}{n\hat{p}_j}\sum_{i=1}^{n} x_i \hat{P}(j|\boldsymbol{x}_i) \tag{6.6}$$

$$\hat{\boldsymbol{\Sigma}}_j = \frac{1}{n}\sum_{i=1}^{n} (\boldsymbol{x}_i - \boldsymbol{\mu}_j)(\boldsymbol{x}_i - \boldsymbol{\mu}_j)^T \hat{P}(j|\boldsymbol{x}_i) \tag{6.7}$$

여기서 $\hat{P}(j|\boldsymbol{x}_i)$ 는 추정된 사후확률로 식 (6.2)이다.

Hasselblad(1966, 1969), Wolfe (1970), Day(1969)는 모두 주어진 우도 방정식을 풀기위해 반복적인 계산방식을 제안했다. 혼합밀도함수에서 모수의 초기값으로 사후확률을 계산하고 다시 식(6.5)부터 (6.7) 까지의 우변항을 평가한다. 이들로부터 사후확률의 새로운 추정값이 계산되며 그 절차는 적절한 수렴기준이 만족될 때까지 반복된다. 이 과정에는 성분으로서의 공분산행렬이 제약되지 않는다면 문제점을 갖게 된다. 예를 들어, 군집별 공분산행렬이 모두 동일하다고 가정한다(자세한 내용을 위해서는 Everitt, Hand 1981을 참조).

이 절차는 불완전한 데이터(incomplete data) 문제에 대한 최대우도(maximum likelihood) 추정의 맥락에서 Dempster, Laird와 Rubin(1977)가 설명한 반복적인 기대값 최대화(Expectation Maximization: EM) 알고리즘의 특별한 예이다. 혼합모형에서 모수를 추정할 때, 관측이 발생하는 성분 밀도함수의 "라벨"이 결측으로 간주된다. EM 알고리즘의 대안으로서 깁스 샘플러(Gibbs sampler)를 사용하는 베이지안 추정 방법과 다른 몬테칼로 마코프 체인(MCMC) 방법이 점점 더 인기를 얻고 있다. Marin et al.(2005)과 McLachlan과 Peel(2000)을 참조하기 바란다.

Fraley와 Raftery(2002, 2005)는 공분산행렬의 전부는 아니지만 다른 것은 동일하도록 제약하면서 일부 특성(뒤에서 설명할 방향, 크기, 모양 등)이 군집별로 변화하는 것을 허용하는 다변량 정규밀도함수를 성분으로 갖도록 하는 유한 혼합밀도모형을 개발하였다. 이러한 새로운 기준은 다음과 같이 공분산행렬 Σ_j 를 자체 고유값을 사용하여 다시 표현할 수 있으므로 가능해진다.

$$\Sigma_j = D_j \Lambda_j D_j^T$$

여기서 D_j는 고유벡터의 행렬이고 Λ_j는 Σ_j의 고유값을 대각선상에 갖는 대각행렬이다(이것은 단순히 주성분 변형이다- 3장 참조). Σ_j의 주성분 방향은 D_j에 의해 정해지며 Λ_j는 밀도함수 등고선의 크기와 모양을 명시한다. 특히 λ_j가 Σ_j의 가장 큰 고유값이고 $A_j = diag(1, \alpha_2, \cdots, \alpha_p)$가 λ_j로 나뉜 후의 고유값 비율을 포함할 때 $\Lambda_j = \lambda_j A_j$로 쓸 수 있다. 따라서 λ_j는 j번째 군집의 크기를 제어하고 A_j는 군집의 모양을 제어한다.(여기서 용어 "크기"는 군집내의 개체의 수가 아니라 공간에서 점유되는 부피를 언급한다.) 2차원에서는 각 군집에 대한 모수는 두 변수 사이의 상관관계와 그들의 표준편차의 크기를 반영한다. 더 자세한 내용은 Banfield와 Raftery(1993)과 Celeux와 Govaert(1995)에 나와 있다. 그러나 <표 6.4>는 공분산행렬에 부과된 다양한 제약식에 대응하는 모형을 보여준다. 이러한 모형은 Fraley와 Raftery(2003, 2007)이 "MCLUST"라고 부르는 혼합모형집합을 구성한다. 모수 추정을 위해 EM 알고리즘에 기초한 혼합우도 접근은 R 패키지 `mclust`에서 `Mclust()` 함수에 의해서 구현되며 <표 6.4>에 기술된 MCLUST 패밀리에 속한 모형을 적합할 수 있다.

〈표 6.4〉 혼합모형의 mclust 패밀리. 모형이름은 모형의 제한조건으로 부피 λ_j, 모양 A_j 그리고 발생위치 D_j를 설명한다. V = variable, E = equal, parameter constrained, I = matrix constrained to identity matrix.

간략표현(Abbreviation)	모형(Model)
EII	spherical, equal volume
VII	spherical, unequal volume
EEI	diagonal, equal volume and shape
VEI	diagonal, varying volume, equal shape
EVI	diagonal, equal volume, varying shape
VVI	diagonal, varying volume, shape, and orientation
EEE	ellipsoidal, equal volume, shape, and orientation
EEV	ellipsoidal, equal volume and equal shape,
VEV	ellipsoidal, equal shape,
VVV	ellipsoidal, varying volume, shape, and orientation

모형 선택은 n개의 관측값이 취해진 모집단을 위해 적절한 군집모형을 선택하는 것과(즉 모든 군집이 구형인가, 모두 타원형인가, 모두 다른 형태인가 또는 그 사이의 어떤 형태인가?) 최적의 군집 개수의 조합이다. Fraley와 Raftery(2002)는 베이즈 정보 기준(BIC : Bayesian Information Criterion)에 의한 베이즈 접근법을 사용하였다. 결과는 관측된 데이터에 가능한 잘 "적합"하는 군집 해이다. 이러한 군집 해는, 군집분석이 실제로 데이터에 대해 도움이 되는 기법이 아닐 수도 있는, 단지 "군집"만을 갖는 해를 포함한다.

군집분석을 위한 유한 혼합모형 접근법을 설명하기 위해서 유럽의 위장병학자(gastroenterologist)들이 암(cancer) 환자들에게 말하는 것에 대한 연구 데이터에 적용하고자 한다(Thomsen, Wulff, Martin과 Singer 1993). 새로이 결장암(colon cancer)이라고 진단된 환자들과 이들의 배우자들에게 진단결과에 관해 어떻게 말하는지 물어보는 설문을 27개의 유럽 국가에 있는 약 600명의 위장병학자들에게 보냈다(연구는 대륙의 정지적인 지도가 최근에 바뀌기 전에 행해졌다). 위장병학자들은 간단한 사례의 병력을 읽고 6개의 답변을 예/아니오로 응답하도록 요청되었다. 질문은 다음과 같다.

- Q1 : 그/그녀가 질문을 하지 않을 때 환자에게 그/그녀가 암에 걸렸다고 말하겠는가?
- Q2 : (환자가 없을 때) 환자가 암에 걸렸다고 부인/남편에게 말하겠는가?
- Q3 : 그 또는 그녀가 당신에게 진단을 알려달라고 직접 요청할 때 환자에게 그 또는 그녀가 암에 걸렸다고 말하겠는가? (수술 동안에 외과 의사가 간에서 몇 개의 작은 전이를 발견하였다.)
- Q4 : 환자에게 전이에 대해 말하겠는가? (환자가 수술의 결과에 대해 말해달라고 요청한다고 가정할 때)
- Q5 : 환자에게 상태가 치료 불가능하다고 말하겠는가?
- Q6 : 부인 또는 남편에게 수술 도중 전이를 발견했다고 말하겠는가?

[그림 6.14]에서 데이터를 그래프 형태로 보여준다.(이런 유형의 데이터에 유한 혼합 군집을 사용하는 것이 비평의 여지가 있다는 것을 알며 그것은 통계적인 죄가 될 수도 있을 것이다. 그러나 비평가들조차 이러한 사례가 흥미있는 예를 제공한다고 동의하기를 기대한다.)

각 나라에서 각 질문에 "예" 답변을 한 비율에 유한 혼합모형 접근법을 적용하기위해 `mclust` 패키지에 의해 제공되는 기능을 활용하는 R 코드를 사용하여 계산한다.

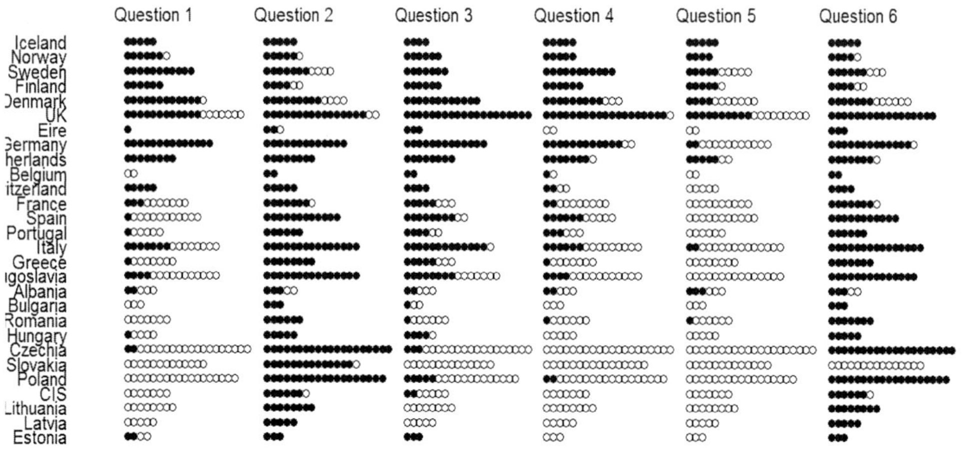

[그림 6.14] Gastroenterologists questionaire 데이터. 어두운 원은 'yes', 밝은 원은 'no'

```
R> library("mclust")
R> (mc <- Mclust(thomsonprop))
  best model : ellipsoidal, equal shape with 3 components
```

여기서 thomsonprop은 MVA이 추가(add-on) 패키지에서 이용가능한 국가에서의 문제 Q1-Q6 에 대한 "예'로 답한 비율 행렬이다(그림 6.14에서 채워진 점의 비율). 우선 그림 6.15에서 BIC 값을 조사한다. 점 기호와 약어(abbreviation)는 <표 6.4>에 정리한 대로 군집의 모양에 대한 가정을 나타낸다.

BIC 기준은 최적해로서 VEV(타원형의, 동일한 형태) 모형과 세 개의 군집을 선택한다. 세 개 군집 해는 그림 6.16에 보여준다. 첫 번째 군집은 응답자의 큰 다수가 문제 1, 2, 3, 4, 6에 "예"로 답하고 문제 5에는 약 반이 "예"로 답을 준 나라들로 구성된다. 이 군집은 모든 스칸디나비아 나라들과 영국, 아이슬란드, 독일, 네덜란드와 스위스를 포함한다. 두 번째 군집에서는 응답자들의 대다수가 질문 1, 4, 5에 "아니오"라고 답하며 질문 2, 3, 6에 "예"라고 답한다. 이들 나라들에서는 임상의들이 환자의 배우자들에게 나쁜 소식을 전달하는 것에 개의치 않는 것처럼 보인다. 그러나 환자로부터 직접 요청받지 않으면 환자에게는 전달하지 않는 것처럼 보인다. 이 군집은 스페인, 포르투갈, 이탈리아와 같은 가톨릭 국가들을 포함한다. 세 번째 군집에서는 응답자의 큰 다수가 질문 1, 3, 4, 5에 "아니오"라고 답하며 또한 응답자의 다수가 질문 2와 6에 "예"라고 답한다. 이들 국가에서는 임상의들은 환자들에 의해 직접 요청하더라도 환자에게 나쁜 소식을 전하려 하지 않는 것처럼 보인다.

```
R> plot(mc, thomsonprop, what = "BIC", col = "black")
```

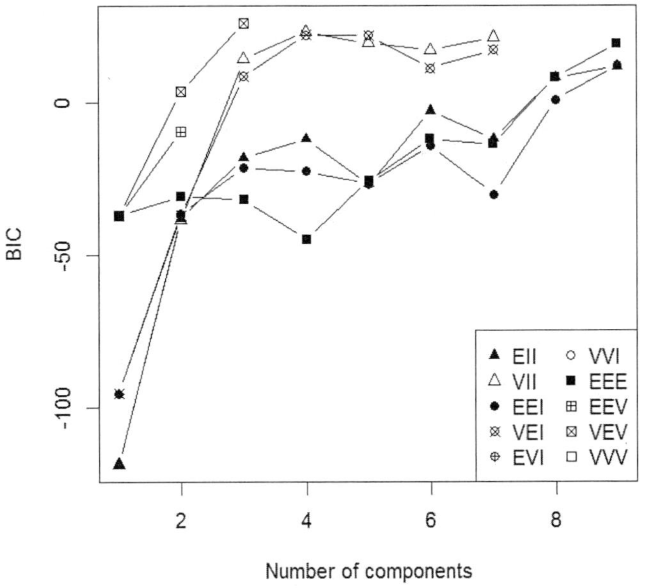

[그림 6.15] 위장병학자 설문지에 대한 BIC 값

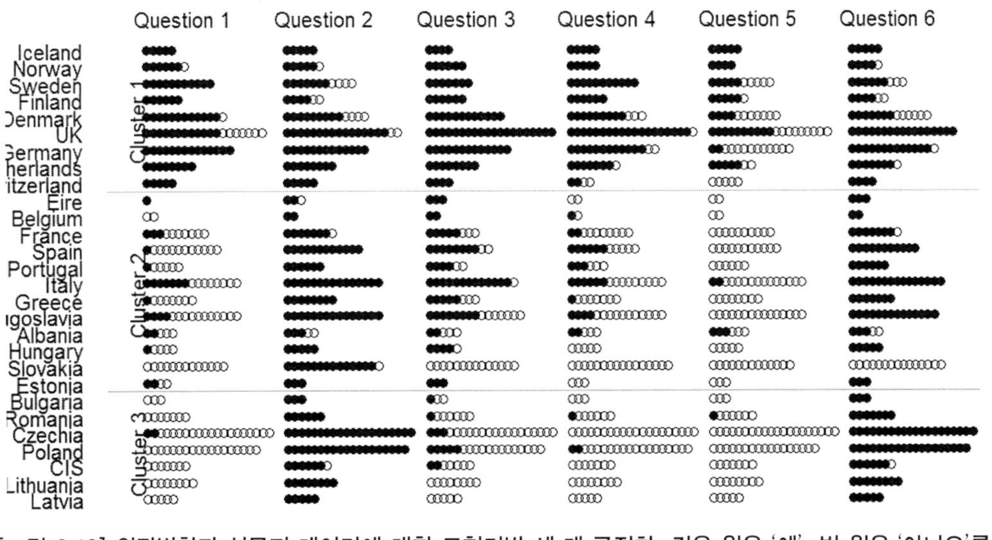

[그림 6.16] 위장병학자 설문지 데이터에 대한 모형기반 세 개 군집화. 검은 원은 '예', 빈 원은 '아니오'를 표시한다.

6.6 군집 해를 그림으로 나타내기

이 장의 앞부분에서 설명한 것과 같이 처음 몇 개의 주성분 공간에서 군집 해를 그림으로 표현하는 것은 군집 해를 보여주는 유용한 방법이다. 그러나 군집 해를 그래프로 표현하는 다른 방법도 이용가능하다. Leisch(2010)은, 예를 들어, 군집분석 결과를 시각화하는 그래프적 표현방법을 설명한다. 이러한 그래프의 기저(basis)는 각 다변량 관측벡터 $\boldsymbol{x}$에 대한 그림자값(shade value) $s(\boldsymbol{x})$ 로 다음과 같이 정의된다.

$$s(\boldsymbol{x}) = \frac{2d(\boldsymbol{x}, c(\boldsymbol{x}))}{d(\boldsymbol{x}, c(\boldsymbol{x})) + d(\boldsymbol{x}, \widetilde{c}(\boldsymbol{x}))}$$

여기서 $d(\boldsymbol{x}, c(\boldsymbol{x}))$는 관측벡터 $\boldsymbol{x}$가 속한 군집의 중심(centroid)으로부터의 거리이고 $d(\boldsymbol{x}, \widetilde{c}(\boldsymbol{x}))$는 관측벡터 $\boldsymbol{x}$ 가 속하지 않은 두 번째로 가까운 군집의 중심(centroid)으로부터의 거리이다. 만일 $s(\boldsymbol{x})$ 값이 0 에 가까우면 관측벡터는 자신이 속한 군집의 중심에 가깝다; 만일 $s(\boldsymbol{x})$ 값이 1 에 가까우면 관측벡터는 두 군집중심으로부터의 거리가 같다(비슷한 접근법은 5 장에서의 실루엣 그림에 대한 정의에서 사용된다). 모든 관측에 대해, 군집 i가 가장 가깝고 군집 j가 두 번째로 가까울 때, 평균 그림자값(shade value)은 군집 유사성에 대한 단순한 측도로서 이용된다.

$$s_{ij} = \frac{1}{n_i} \sum_{\boldsymbol{x} \in A_{ij}} s(\boldsymbol{x})$$

여기서 n_i는 군집 i의 중심에 가장 가까운 관측의 수이고 A_{ij}는 군집 i 의 중심이 가장 가깝고 군집 j의 중심이 두 번째로 가까운 관측들의 집합이다. s_{ij}의 분모는 집합 A_{ij}에 속한 관측의 개수 n_{ij} 보다는 n_i 이다. 이것은 n_{ij}가 작으며 관측들의 집합은 큰 그림자값을 가지며 불완전하게 군집화된 점들로 구성될 때 큰 군집 유사도를 유도할 수 있음을 피하기 위해서다. 이변량 데이터에 대한 군집 해는 두 변수간의 산점도를 활용하여 이웃그림(neighbourhood graph)을 만들어 볼 수 있다. 이러한 두 군집중심에 가까운 관측이 적어도 한 개 존재한다면 두 군집의 중심이 연결되며 두 번째로 가까운 연결선은 해당하는 s_{ij}에 비례하여 두꺼워진다. 데이터셋에 두 개 이상의 변수가 존재하면 이웃그림은 데이터에 대한 2차원으로의 적당한 투영(projection)으로 그린다; 예를 들어, 처음 두 개의 주성분이 사용될 수 있다. 두 개의 사례에서 설명하고자하듯이, 이러한 그림은 어떤 군집이 “진짜”이고 어떤 것이 진짜가 아닌지를 판단하는 데 도움을 줄 수 있다.

첫 번째 예는 세 개의 군집을 포함하도록 발생된 2차원 데이터를 사용한다. k-평균 5개 군집에 대한 이웃그림은 [그림 6.17]에서 보여준다. 군집 1과 5 그리고 군집 2와 4의 중심을 연결하는 선이 두꺼울수록 군집쌍은 상당한 정도 겹치며 아마도 각 군집에서 나뉜 부분을 형성한다.

두 번째 예를 위해서 우리는 앞 장에서 다룬 `pottery` 데이터를 다시 고려한다. k-평균 군집분석으로부터 이러한 데이터는 세 개 군집으로 구성됨이 뚜렷하다; [그림 6.18]은 k-평균 세 개 군집 해에 대해 처음 두 개의 주성분 공간에서의 이웃그림을 보여준다. 이 그림에서 세 개 군집은 뚜렷이 보인다.

군집 해를 보여주는 더 나은 그래프 방법은 줄무늬그림(stripes plot)으로 알려져 있다. 이 그래프는 간단하지만 각 점에서 가장 가까운 군집중심과 두 번째로 가까운 군집중심으로부터의 거리를 효과적으로 시각화한다. 각 군집 $k = 1, \ldots, K$에서 줄무늬그림은 직사각형 면적을 갖는다. 이 직사각형은 수직으로 K개 더 작은 직사각형으로 나뉘고, 이러한 작은 직사각형 i는 두 번째로 가까운 군집으로서 군집 i가 포함한 관측들에 대해 해당하는 정보를 따라 군집중심으로부터 군집 i에 속한 관측들의 거리에 대한 정보를 포함한다. 이러한 그림을 그리는 방법을 설명하는 것은 실제 예를 보면 더욱 명료해진다. 상대적으로 구분되는 5개 군집을 포함하도록 발생한 데이터셋에 대해 5개 군집 해에 대한 그림으로 [그림 6.19]는 `flexclust` 패키지(Leish와 Dimitriadou, 2009)를 사용하여 그린 줄무늬그림을 보여준다. 우선 군집 1의 직사각형을 보면, 군집 2와 3에 있는 관측들은 그들의 두 번째로 가까운 군집 1의 중심을 갖는다. 이러한 관측은 직사각형 내에 두 개의 다른 줄무늬그림을 형성한다. 군집 3의 관측들은 군집 1에서 멀리 있으나, 군집 3에 있는 많은 관측들은 군집 1의 중심으로부터의 거리를 갖는데 군집 1에 속한 관측들에게도 비슷하다. 전반적으로 [그림 6.19]에서의 줄무늬그림은 5개 군집 해가 데이터의 실제 구조에 매우 적절해 보인다. [그림 6.20]에의 상황은 다르다. k-평균 5개 군집 해에 대한 줄무늬그림에서 군집이 잘 분리되지 않게 보여 아마도 5개 군집 해는 이 경우에는 적절해 보이지 않는다. 마지막으로, `pottery` 데이터에 대한 k-평균 3 개 군집 해에 대한 줄무늬그림은 [그림 6.21]에서 보여준다.

줄무늬그림에 포함된 모든 정보는 이웃그림에서도 얻을 수 있으나 줄무늬그림은 차원에 의존하므로 고차원인 경우에는 2차원으로의 투영(projection)에서 정보를 잃게 되므로 잘 맞지 않을 수 있다. 이웃그림이나 줄무늬그림이 전혀 잘못이 없을 수는 없다. 그러나 두 그림 모두 군집분석으로부터 얻는 해에 대한 평가와 유효성 검사라는 어려운 과제에 대해 도움을 준다.

```
R>  library("flexclust")
R> library("mvtnorm")
R> set.seed(290875)
R> x <- rbind(rmvnorm(n = 20, mean = c(0, 0),
+                     sigma = diag(2)),
+           rmvnorm(n = 20, mean = c(3, 3),
+                     sigma = 0.5 * diag(2)),
+           rmvnorm(n = 20, mean = c(7, 6),
+                     sigma = 0.5 * (diag(2) + 0.25)))
R> k <- cclust(x, k = 5, save.data = TRUE)
R> plot(k, hull = FALSE, col = rep("black", 5), xlab = "x", ylab = "y")
```

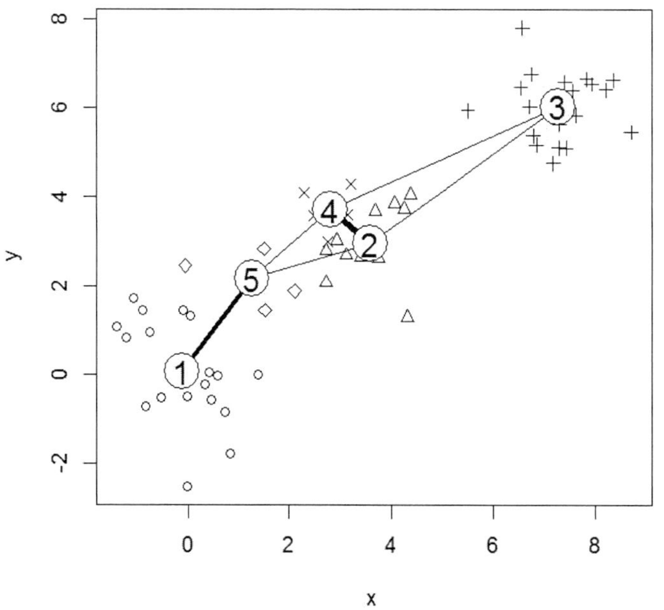

[그림 6.17] 3개 군집을 포함한 이변량 데이터에 대한 k-평균 5개 군집 이웃그림

```
R> k <- cclust(pots, k = 3, save.data = TRUE)
R> plot(k, project = prcomp(pots), hull = FALSE, col = rep("black", 3),
+      xlab = "PC1", ylab = "PC2")
```

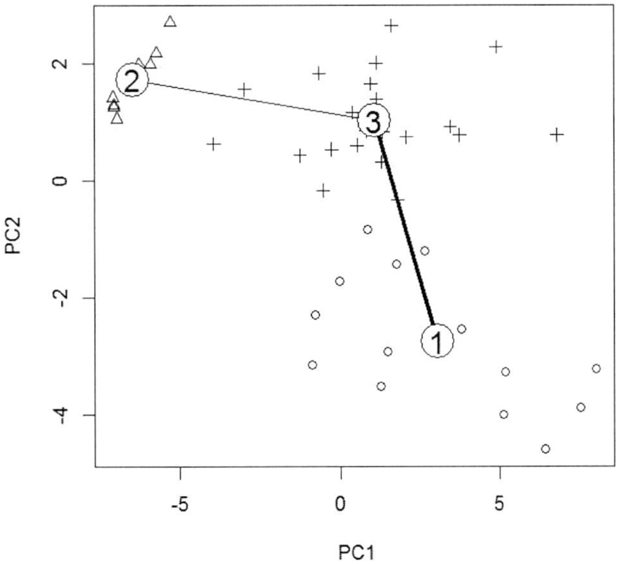

[그림 6.18] pottery 데이터에 대한 k-평균 3개 군집 이웃그림

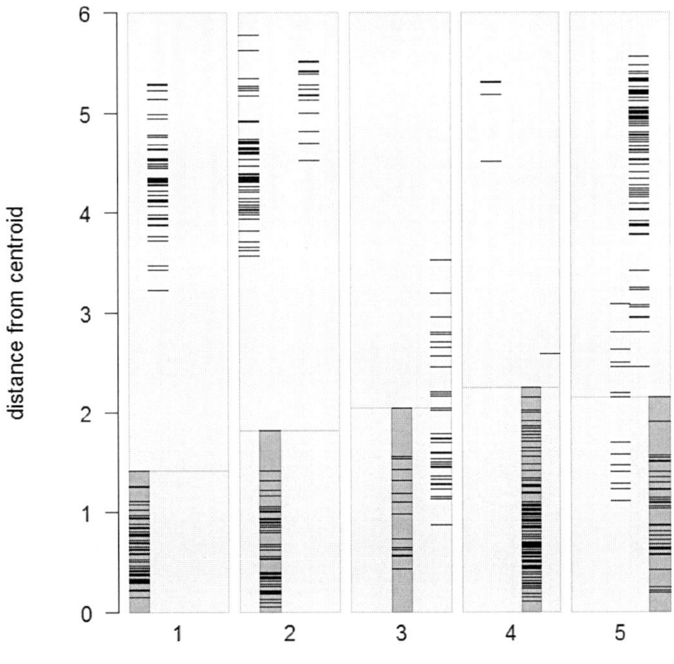

[그림 6.19] 발생시킨 데이터(artificial data)에 대한 k-평균 군집 줄무늬그림(stripes plot)

```
R> set.seed(912345654)
R> x <- rbind(matrix(rnorm(100, sd = 0.5), ncol= 2 ),
```

```
+           matrix(rnorm(100, mean =4, sd = 0.5), ncol = 2),
+           matrix(rnorm(100, mean =7, sd = 0.5), ncol = 2),
+           matrix(rnorm(100, mean =-1.0, sd = 0.7), ncol = 2),
+           matrix(rnorm(100, mean =-4.0, sd = 1.0), ncol = 2))

R> c5 <- cclust(x, 5, save.data = TRUE)
R> stripes(c5, type = "second", col = 1)
R> set.seed(912345654)
R> x <- rbind(matrix(rnorm(100, sd = 2.5), ncol = 2),
+           matrix(rnorm(100, mean = 3, sd = 0.5), ncol = 2),
+           matrix(rnorm(100, mean = 5, sd = 0.5), ncol = 2),
+           matrix(rnorm(100, mean = -1.0, sd = 1.5), ncol = 2),
+           matrix(rnorm(100, mean = -4.0, sd = 2.0), ncol = 2))

R> c5 <- cclust(x, 5, save.data = TRUE)
R> stripes(c5, type = "second", col = 1)
```

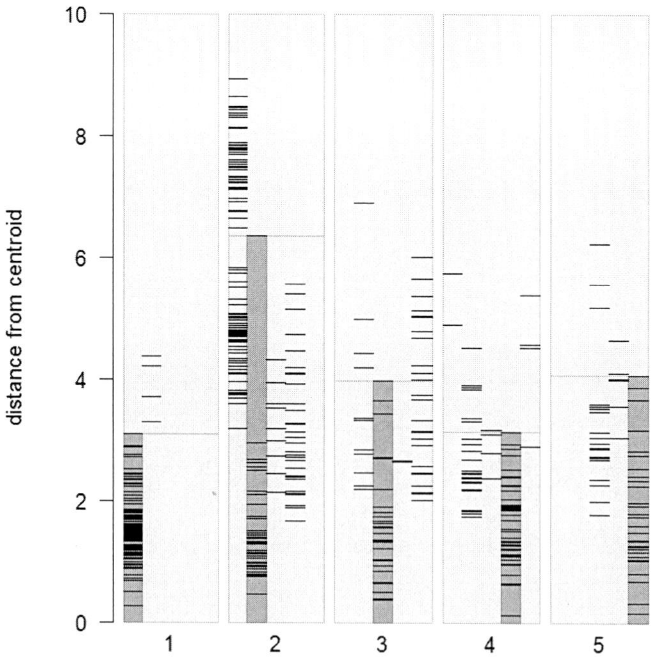

[그림 6.20] 발생시킨 데이터에 대한 k-평균 군집 해 줄무늬그림

```
R> set.seed(15)
R> c5 <- cclust(pots, k = 3, save.data = TRUE)
R> stripes(c5, type = "second", col = "black")
```

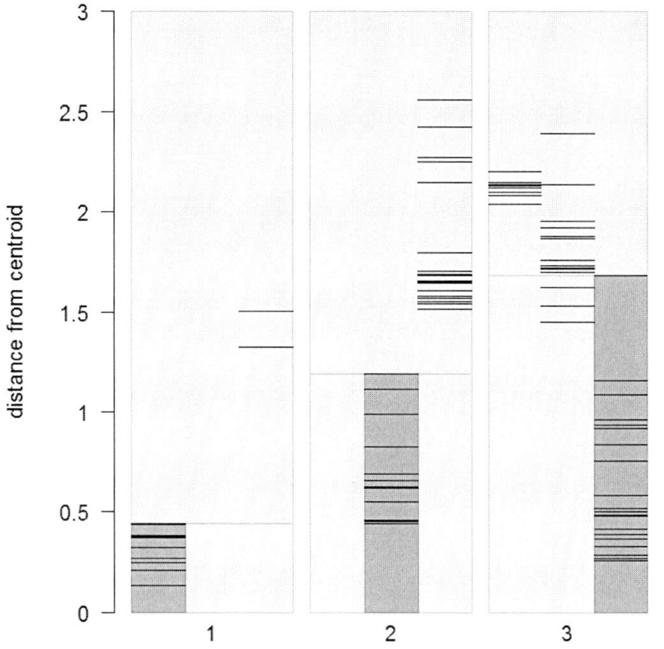

[그림 6.21] pottery 데이터에 대한 k-평균 3개 군집 해 줄무늬그림

6.7 요약

군집분석 기법은 미리 분류되지 않은 다변량 데이터에 대해 군집 또는 그룹을 찾는데 이용된다. 비록 군집분석 기법은 다변량 데이터를 탐색하는데 잠재적으로 매우 유용하지만 잘못된 결론을 피할 수 있도록 군집기법을 적용하도록 주의해야한다. 군집분석의 여러 기법들이 개발되어왔고 대부분의 연구는 여러 종류의 데이터에 대해 어떤 한 가지 방법이 최선이라고 할 수 없다는 것을 보여준다. 그러나 6.5절과 Everitt et al.(2011)에서 자세히 설명한 것과 같은 군집화는 데이터에 대한 분별있는 모형에 근거하기 때문에 좀 더 통계적인 방법으로 명확히 통계적 장점을 갖는다. 실제적으로 군집화를 할 때 고려되어야하는 많은 문제들은 거의 건드리지 못했다. 이러한 문제들에 대한 자세한 토론을 위해서는 Everitt et al.(2011)을 참조하기 바란다.

마지막으로 투영추적방법(projection pursuit)으로 알려진 기법을 언급하고자 한다. 주성분분석과 같이 본질적으로 투영추적방법은 다변량 데이터셋에 대한 저차원 투영을 추구하지만 처음 몇 개의 주성분점수 그림보다 데이터의 군집 구조를 발견하는데 성공적이다. Jones와 Sibson(1987) 그리고 최근 Cook과 Swayne(2007)에서 이러한 방법에 대해 자세히 설명한다.

6.8 연습문제

6.1 범죄율 데이터에서 각 변수에 대해 표준편차를 이용하여 표준화한 후 k-평균 군집분석을 적용하시오. 교재에 있는 범위를 이용하여 표준화한 결과와 비교하시오.

6.2 Romano-British 도자기 데이터에 대해 처음 5개 주성분점수를 계산하고 주성분점수를 이용하여, 각 패널에 대해 추정된 이변량 확률밀도함수의 등고선을 나타내는 그림과 대각선에는 상자그림을 보여주도록, 산점도행렬을 그리시오. 산점도행렬에서 가마 번호를 붙이시오.

6.3 1장에서의 대기오염 데이터에 대해 6개 기후와 생태 변수(즉, sulphur dioxide concentration은 제외)를 기반으로 유한 혼합모형을 사용하여 군집화를 하시오. 찾은 군집 내에서 sulphur dioxide concentration이 어떻게 변화하는지 그래프적으로 조사하고 또한 유의성 검정을 통해서 조사하시오.

제 7 장 확인적 인자분석 및 구조방정식 모형

7.1 서론

5장에서 설명된 탐색적 인자분석은 관측된 변수들 사이의 관계를 모수 절약적으로 설명하므로 인자분석 모형이 유용한지 알기 위해서 다변량 데이터의 초기 조사에 사용된다. 이런 분석은 어떤 관측된 변수가 공통인자와 가장 높게 상관되는지를 그리고 데이터를 적절히 설명하는 데 얼마나 많은 공통인자가 필요한지를 정할 수 있도록 한다. 탐색적 인자분석(exploratory factor analysis)에서는 어떤 변수가 어떤 인자에 적재되는지에 대해 어떤 제약도 하지 않는다. 이 장에서는 어떤 변수가 어느 인자에서 인자적재값 0이 되도록 특정 변수가 특정한 인자와 관련되도록 허용하는 확인적 인자분석 모형(confirmatory factor analysis model)을 고려한다. 확인적 인자분석 모형은 이론적인 고찰로부터 또는 탐색적 인자분석의 결과에 기초하여 설계한다. 조사자가 새로운 데이터셋에 특정한 인자모형을 가정하고자 할 때, 탐색적 인자분석에서 어떤 변수에 대해 어느 인자적재값이 작을 경우 해당 인자적재값을 0으로 고정하여 어떤 인자 쌍은 상관될 수도 있지만 나머지는 상관되지 않도록 한다. 탐색적 인자분석으로부터 시작하여 확인적 인자분석 모형에 도달하는 것이 적절하고 이렇게 결정된 모형은 새로운 데이터셋에 대해 검정해야 한다는 것이 중요하다. 모형이 생성된 동일한 데이터에 대해 검정되어서는 안 된다.

확인적 인자분석 모형은 잠재변수(latent variable)들을 모형화하는 구조방정식 모형

(structural equation modelling) 또는 공분산구조 모형(covariance structure modelling)으로 알려진 일반적인 접근법에 포함된다. 이러한 모형은 선형방정식에 의해 반응변수와 설명적 잠재변수들이 연결되도록 한다. 비록 확인적 인자분석 모형보다는 복잡하지만 구조방정식 모형의 목적도 본질적으로 동일하다. 즉 관측된 변수들과 기저를 이루는 가정된 잠재변수들과의 관계라는 면에서, 그리고 잠재변수들 사이에 가정된 관계라는 면에서 관측된 변수들의 상관관계나 공분산을 설명한다. 구조방정식 모형은 정신분석학(psychiatry), 심리학(psychology), 계량경제학(econometrics), 생물측정학(biometrics) 분야에서 비교적 독립적인 연구의 융합(convergence)으로 활용된다. 심리측정에서 잠재변수라는 아이디어는 일반적인 지능에 대한 Spearman의 초기 연구에서 나타난다. 어떤 변수가 다른 변수들에 대해 동시에 방향성의 영향을 갖는다는 개념은 경제학자들에 의해 수 십 년간 광범위하게 사용되어 왔지만 단지 관측된 변수들에 대해서만 사용되어 왔다. 생물측정학(biometrics) 맥락에서는 변수의 직접적이고 간접적인 영향을 연구하는 방법으로서 경로분석(path analysis)이 Wright(1934)에 의해 소개되었다. 경로분석의 본질적인 모습은 설명변수들이 종속변수에 어떻게 영향을 주는지를 보여주는 다이어그램이다. 경로를 그리는 것은 설명변수들이 상호 관련된 원인(correlated cause)인지, 중재된 원인(mediated cause)인지 또는 독립적인 원인(independent cause)인지를 결정하는 것이다. 경로다이어그램의 몇 가지 예는 이 장의 후반부에서 볼 수 있다(더 자세한 경로분석에 대해서는 Schumaker와 Lomax 1996을 참조).

이후에 경로분석은 Blalock(1961), Blalock(1963), 경로분석적인 표현과 연립방정식 모형을 결합하는 것의 가치를 보여준 Duncan(1969)과 같은 사회학자에 의해 채택되었다. 마지막으로 1970년대에 여러 사람들이, 눈에 띄는 사람으로 Joreskog(1973), Bentler(1980), Browne(1974)은 일반적인 방법으로 만들어 이러한 다양한 접근법을 복잡한 모형도 다룰 수 있도록 확장하였다.

7.2 확인적 인자모형과 구조방정식 모형의 적합성에 대한 추정, 식별과 평가

7.2.1 추정

구조방정식 모형은 명백한 변수들의 공분산행렬 또는 상관행렬로부터 추정되어야 할 많은 모수들을 포함한다. 명백한 변수들의 관측된 공분산행렬 $\boldsymbol{S}$의 요소(element)들과 적합된 모형에 의해 표현되는 공분산행렬인 $\Sigma(\boldsymbol{\theta})$(즉, 행렬의 요소가 모형의 모수 $\boldsymbol{\theta}= (\theta_1, \ldots, \theta_t)^T$

의 함수인 행렬)의 요소들 사이의 차이의 크기를 나타내는 차이함수(discrepancy function)를 최소화하도록 모형의 모수를 추정하는 방법이 있다.

차이함수에 대해서는 여러 종류의 가능한 함수가 있다. 예를 들어, 보통의 최소제곱 차이함수 FLS는 다음과 같다.

$$\mathrm{FLS}(\boldsymbol{S}, \boldsymbol{\Sigma}(\boldsymbol{\theta})) = \sum_{j<j}\sum_{j}(s_{ij} - \sigma_{ij}(\boldsymbol{\theta}))^2$$

여기서 s_{ij}와 $\sigma_{ij}(\boldsymbol{\theta})$는 $\boldsymbol{S}$와 $\boldsymbol{\Sigma}(\boldsymbol{\theta})$의 각각 요소를 나타낸다. 그러나 이 기준은 추정에 적절하지 않은 몇 가지 문제를 갖는다. 예를 들어, FLS는 명백한 변수의 척도에 독립적이지 못하므로 따라서 표본공분산행렬과 표본상관행렬을 이용할 때 모형의 모수들이 서로 다른 추정값으로 계산될 것이다. 최소제곱 기준의 문제점은 Everitt(1984)에서 자세히 설명한다.

확인적 인자와 구조방정식 모형에서 모수들을 추정하는 데 가장 일반적으로 사용되는 방법은 관측된 데이터가 다변량 정규분포를 갖는다는 가정하에서의 최대우도추정량(maximum likelihood estimator)이다. 우도를 최대화하는 것은 다음과 같이 주어진 차이함수 FML를 최소화하는 것과 동일하다는 것을 보여준다(5장의 최대우도 인자분석 참조).

$$\mathrm{FML}(\boldsymbol{S}, \boldsymbol{\Sigma}(\boldsymbol{\theta})) = \log|\boldsymbol{\Sigma}(\boldsymbol{\theta})| - \log|\boldsymbol{S}| + tr(\boldsymbol{S}\boldsymbol{\Sigma}(\boldsymbol{\theta}))^{-1} - q$$

모수 $\theta_1, \ldots, \theta_t$를 변화시키면서 $\boldsymbol{\Sigma}(\boldsymbol{\theta})$가 $\boldsymbol{S}$에 가까울수록 FML이 작게 된다. 모수에 대해 함수 FML을 최소화하기 위해서는 반복적이고 수치해석적인 알고리즘(numerical algorithm)이 필요하다. 자세한 내용은 Everitt(1984)와 Everitt와 Dunn(2001)을 참조하면 된다.

7.2.2 모형에 대한 식별

세 개의 명백한 변수 x, x', y와 두 개의 잠재변수 u, v를 가지며 명백한 변수들과 잠재변수들 사이에 다음의 관계를 갖는 간단한 예제를 생각하자.

$$x = u + \delta$$
$$y = v + \epsilon$$
$$x' = u + \delta'.$$

만약 $\delta, \delta', \epsilon$이 기대값 0을 가지며 δ와 δ'이 서로 상관되지않고 u와도 상관없고 ϵ이 v와 상관없다면 세 개의 명백한 변수에 대한 상관행렬은 잠재변수의 분산과 공분산을 나타내는 모수로 다음과 같이 표현된다.

$$\boldsymbol{\Sigma}(\boldsymbol{\theta}) = \begin{pmatrix} \theta_1 + \theta_2 & 0 & 0 \\ \theta_3 & \theta_4 + \theta_5 & 0 \\ \theta_3 & \theta_4 & \theta_4 + \theta_6 \end{pmatrix}$$

여기서 $\boldsymbol{\theta}^T = (\theta_1, \theta_{2c}, \theta_3, \theta_4, \theta_5, \theta_6)$이며 $\theta_1 = Var(v)$, $\theta_2 = Var(\epsilon)$, $\theta_3 = Cov(v, u)$, $\theta_4 = Var(u), \theta_5 = Var(\delta), \theta_6 = Var(\delta')$이다. 이 모형에서 모수를 추정할 때 문제가 발생함을 바로 알 수 있다. 두 개의 모수 θ_1과 θ_2가 유일하게 정해지지 않는다. 예를 들어, 모형에 의해 추정된 공분산행렬이 변하지 않더라도 모수 하나를 동일한 양만큼 감소시키면 다른 하나를 일정 양만큼 증가시킬 수 있게 된다. 다시 말하면, 이 예에서 모수값의 다른 집합(즉 다른 $\boldsymbol{\theta}$)이 동일한 공분산행렬 $\boldsymbol{\Sigma}(\boldsymbol{\theta})$를 가질 수 있다. 이러한 모형은 '식별할 수 없다(unidentifiable)'고 한다. $\boldsymbol{\Sigma}(\boldsymbol{\theta}_1) = \boldsymbol{\Sigma}(\boldsymbol{\theta}_2)$이면 $\boldsymbol{\theta}_1 = \boldsymbol{\theta}_2$이고 또한 $\boldsymbol{\theta}_1 = \boldsymbol{\theta}_2$이면 $\boldsymbol{\Sigma}(\boldsymbol{\theta}_1) = \boldsymbol{\Sigma}(\boldsymbol{\theta}_2)$일 경우에만 모형은 식별된다. 5장에서 탐색적 인자분석 모형에서 어떤 제약식이 도입되지 않는다면 인자적재값의 다른 조합이 동일한 공분산행렬을 추정할 수 있기 때문에 모수는 식별되지 않는다고 지적되었다. 확인적 인자분석 모형에서 그리고 더 일반적인 공분산구조 모형에서 식별가능성은 모형의 선택과 함께 모수에 대해 고정(fixed)하거나, 제약조건(constrained, 예를 들어 두 모수가 서로 같다고 제약되는 것처럼)에 두거나 또는 자유로운(free, 고정하지 않은) 모수 선택에 의존한다. 모수가 식별되지 않는다면 일치성을 갖는 추정값(consistent estimate)을 얻을 수 없다. 확인적 인자분석 모형에서(그리고 구조방정식 모형에서) 모형식별은 어렵다. 비록 모형식별을 위해 즉 모형에서 모수의 개수 t가 $q(q+1)/2$보다 적어야한다는 간단한 필요조건이 있지만, 모형식별을 위한 간단하고 실제적이며 일반적으로 적용될 수 있는 규칙은 없기 때문이다. 식별가능성 문제에 대해 더 자세한 설명을 위해서는 Bollen과 Long(1993)을 참조하기 바란다.

7.2.3 모형의 적합성 평가

일단 모형이 식별되고 모형의 모수들이 추정되었다면, 다음 단계는 모형이 추정한 공분산행렬이 명백한 변수들의 공분산행렬을 얼마나 잘 적합하는가를 평가하는 것이다. 모형 적합성에 대한 일반적인 측도는 $X^2 = (N-1)FML_{\min}$으로 우도비(likelihood ratio) 통계량에 의해 제공된다. 여기서 N은 표본의 크기이며 $FML_{\min}$는 7.2.1 절에서 주어진 최대우도 차이함수를 최소화하는 값이다. 공분산행렬에 대한 제한조건 없는 대립가설과 모집단 공분산행렬이 적합된 모형에 의한 공분산행렬과 동일하다는 귀무가설에 대한 검정문제에 대해, 만약 표본의 크기가 충분히 크면 X^2 통계량으로 검정을 할 수 있다. 귀무가설 하에서

X^2은 자유도 ν가 $\frac{1}{2}q(q+1)-t$로 주어지는 카이제곱분포를 따른다. 여기서 t는 모형에서 자유로운 모수의 개수를 나타낸다.

우도비 통계량은 적합된 모형을 설명하는 유일한 적합성 측도이나 그 자체로 제한성을 갖는다. 왜냐하면 큰 표본에서는 귀무가설로부터 비교적 사소하게 벗어나도 귀무가설을 기각하게 된다. 결과적으로 큰 표본에서는 대부분의 모형이 기각되어 통계적으로 지지가 능하지 않게 된다. 좀 더 만족스러운 검정 방법은 일련의 지분된(nested) 모형을 비교하는 것이다. 두 모형에 대한 자유도의 차이와 비교했을 때 두 모형에서의 통계량의 큰 차이는, 추가된 모수들이 모형적합에서 실질적인 향상에 기여함을 나타낸다.

우도비 통계량의 다른 문제는 비정규분포(non-normal distribution)를 갖는 모집단으로부터 관측 변수를 얻을 때 발생한다. Brouwne(1982)는, 상당한 첨도(kurtosis)를 갖는 분포의 경우, 귀무가설하에서 X^2는 카이제곱분포로 근사가 불충분하다는 것을 제시했다. Browne는 검정을 사용하기 전에 Mardia의 다변량 첨도계수를 사용하여(Mardia et al. 1979 참조) 데이터의 첨도 정도를 평가하는 것이 바람직하다고 권한다. Browne의 제안은 실제로는 잘 사용되지 않는 것 같다.

모형의 적합도를 평가하는 가장 좋은 방법은 다음 절차 중 하나 또는 그 이상과 더불어 X^2 통계량을 사용하는 것이다.

- 잔차 공분산에 대한 시각적인 검토(즉 변수들의 공분산과 적합된 모형에 의해 추정된 공분산의 차이). 이 잔차들은 관측된 공분산이나 상관계수와 비교할 때 크기가 작아야만 한다.
- 모수의 표준오차와 모수 추정량들의 상관성에 대한 검토. 상관관계가 크다면 적합된 모형이 거의 식별할 수 없음을 나타낸다.
- 추정된 모수값이 가능한 범위 밖에 있는 경우 : 즉 음의 분산이나 절대값이 1 보다 큰 상관계수를 얻게 되면 적합된 모형이 근본적으로 데이터에 대해 옳지 않다는 것을 나타낸다.

경우에 따라 도움이 되는 여러 적합도지수가 제안되어 왔다. 예를 들어, 적합도지수(goodness-of-fit index : GFI)는 관측된 행렬과 모형의 공분산에 의해 재생된 행렬 사이의 거리 제곱합의 비(ratio)에 기초한다.

GFI는 추정되는 모형에 의해, 즉 단순화를 위해 $\boldsymbol{\Sigma}$로 표현하는 $\boldsymbol{\Sigma}(\boldsymbol{\theta})$에 의해, 추정되는 공분산행렬에 의해 설명되는 $\boldsymbol{S}$내의 분산과 공분산의 양을 측정한다. 최대우도 추정에 의해 GFI는 다음과 같다.

$$\mathrm{GFI} = 1 - \frac{tr(\boldsymbol{S}\hat{\boldsymbol{\Sigma}}^{-1} - \boldsymbol{I})(\boldsymbol{S}\hat{\boldsymbol{\Sigma}}^{-1} - \boldsymbol{I})}{tr(\boldsymbol{S}\hat{\boldsymbol{\Sigma}}^{-1}\boldsymbol{S}\hat{\boldsymbol{\Sigma}}^{-1})}$$

GFI는 0(적합이 안 됨)과 1(완전한 적합) 사이의 값을 취할 수 있는 데, 실제로는 약 0.9 또는 0.95 이상의 값만이 받아들일 만한 수준의 적합을 나타낸다.

조정된 적합도 지수(adjusted goodness-of-fit index : AGFI)는 변수의 개수에 대비된 모형의 자유도에 의해 GFI 지수를 조정한다. AGFI는 다음과 같이 계산된다.

$$\mathrm{AGFI} = 1 - (k/df)(1 - GFI)$$

여기서 k는 $\boldsymbol{S}$ 내의 유일한 값의 수이며 df는 모형의 자유도이다. GFI와 AGFI는 동일한 데이터에 대해 두 개의 서로 다른 모형의 적합도를 비교하기 위해서 사용될 수 있다. 또한 다른 데이터를 가지고, 예를 들어, 남성과 여성의 데이터셋을 가지고, 모형의 적합도를 비교할 수 있다.

또 다른 적합도지수는 $\boldsymbol{S}$와 $\hat{\boldsymbol{\Sigma}}$내의 요소들 사이의 평균제곱거리의 제곱근을 나타내는 잔차의 평균제곱근(root-mean-square residual : RMSR)이다. 이것은 동일한 데이터에 대해 두 개의 서로 다른 모형에 대한 적합성을 비교하는데 사용될 수 있다. RSMR<0.05이면 일반적으로 타당한 적합을 나타낸다고 간주된다.

Tucker-Lewis 지수와 표준화된 적합도 지수(normed fit index) 이외에도 다른 적합도 지수가 제안되었다. 자세한 내용을 위해서는 Bollen과 Long(1993)을 참조하기 바란다.

7.3 확인적 인자분석 모형

확인적 인자분석에서 공통인자들 중 정해진 몇 개의 공통인자에 대한 적재값을 0 으로 놓는다. 추가적으로 인자간 상관관계를 0으로 놓는다. 이러한 모형은 자유모수(free parameter) 즉 0으로 간주되지 않은 모수에 대한 추정으로 적합된다. 주로 FML 차이 함수를 이용한 최대우도에 의해 모수를 추정한다.

두 개의 예를 통해 확인적 인자분석의 적용을 설명하고자한다.

7.3.1 능력과 야망

Calsyn과 Kenny(1977)은 556명의 백인 8학년 학생들에 대해 다음의 6개 변수를 측정하였다.

- SCA: self-concept of ability
- PPE: perceived parental evaluation
- PTE: perceived teacher evaluation
- PFE: perceived friend's evaluation
- AE: Educational aspiration
- CP: college plans

Calsyn과 Kenny(1977)는 관측된 변수들 사이에서 발생하는 두 개의 근원적인 잠재변수로서 능력(ability)과 야망(aspiration)을 가정했다. 변수들 중 처음 4개는 능력을 표시하고 나머지 2개는 야망을 나타낸다고 가정한다. 가정된 모형을 나타내는 회귀식과 같은 식은 다음과 같다.

$$\begin{aligned} SCA &= \lambda_1 f_1 + 0 f_2 + u_1 \\ PPE &= \lambda_2 f_1 + 0 f_2 + u_2 \\ PTE &= \lambda_3 f_1 + 0 f_2 + u_3 \\ PFE &= \lambda_4 f_1 + 0 f_2 + u_4 \\ AE &= 0 f_1 + \lambda_5 f_2 + u_5 \\ CP &= 0 f_1 + \lambda_6 f_2 + u_6 \end{aligned}$$

여기서 f_1은 능력 잠재변수, f_2는 야망 잠재변수를 나타낸다. 탐색적 인자분석과는 달리 여러 개의 인자적재값은 0으로 고정하여 추정과정에서의 역할이 전혀 없다. 이 모형은 13개의 모수를 가지며 6개 인자적재값 (λ_1, ..., λ_6)과 6개 특수인자 (ψ_1, ..., ψ_6)와 능력과 야망의 상관계수(ρ) 1개를 갖는다. [그림 7.1]에서 보여주는 상관행렬은 6개 분산과 15개 상관계수를 포함하여 총 21개 항을 갖는다. 결과적으로 가정된 모형은 자유도 $21 - 13 = 8$을 갖게 된다. 각 상관계수는 타원으로 표현되며 상관계수는 1 에 가까울수록 기울기 1 인 직선 방향이고 상관계수가 0으로 갈수록 원 모양이 되며 음수 -1 에 다가갈수록 음의 기울기 -1을 가진 직선 방향이 된다. 추가적으로 상관계수의 100배 값이 타원 안에 쓰이고 색깔은 강한 음수(어두운 색, dark)로부터 강한 양수(밝은 색, light)까지 나타낸다.

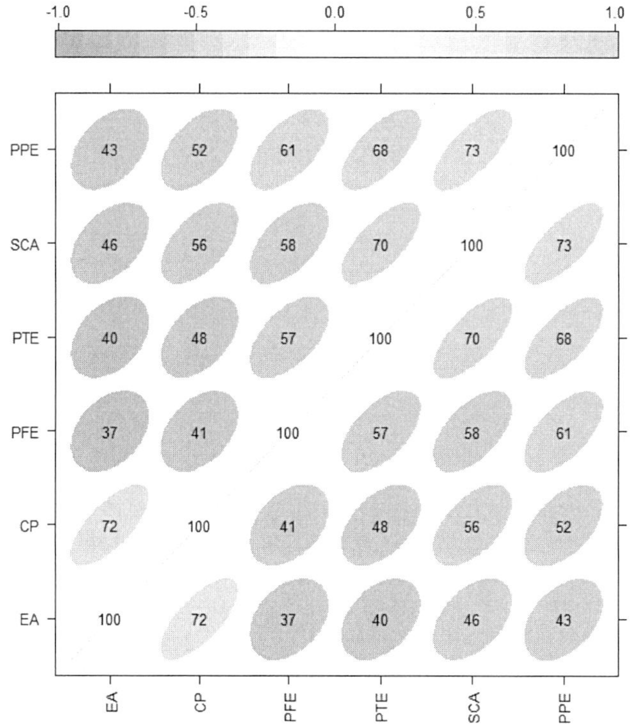

[그림 7.1] ability 데이터에 대한 상관행렬: 값은 상관계수×100

sem 패키지에 포함된 함수로 모형적합을 위한 R 코드는 다음과 같다.

```
R> ability_model <- specifyModel(file = "ability_model.txt")
R> ability_sem <- sem(ability_model, ability, 556)
```

텍스트 파일(ability_model.txt) 에 다음의 내용을 포함한 모형으로 명시되어있다.

```
Ability     -> SCA, lambda1, NA
Ability     -> PPE, lambda2, NA
Ability     -> PTE, lambda3, NA
Ability     -> PFE, lambda4, NA
Aspiration  -> EA, lambda5, NA
Aspiration  -> CP, lambda6, NA
Ability    <-> Aspiration, rho, NA
```

```
SCA        <-> SCA, theta1, NA
PPE        <-> PPE, theta2, NA
PTE        <-> PTE, theta3, NA
PFE        <-> PFE, theta4, NA
EA         <-> EA, theta5, NA
CP         <-> CP, theta6, NA
Ability    <-> Ability, NA, 1
Aspiration <-> Aspiration, NA, 1
```

화살표에 의해 명시된 모형 소위 그물모양 활동모형(reticular action model, RAM)으로 표현되었다. 텍스트는 세 개의 열로 구성된다. 첫 번째 열은 화살표 표기를 나타내는데 한 개 머리 또는 방향성(directional) 화살표는 회귀계수를 나타내며 두 개 머리 또는 양방향(bidirectional) 화살표는 분산 모수를 나타낸다. 두 번째 열은 모수 이름을 나타내며 세 번째 열은 고정된 모수에 할당된 값이다. **sem** 패키지에 대한 편람을 보면 자세한 설명이 있다.

관측된 상관계수에 대한 능력과 야망 모형의 적합 결과는 다음에서 보여준다.

```
R>  summary(ability_sem)

 Model Chisquare =  9.255732   Df =  8 Pr(>Chisq) = 0.3211842
 AIC =  35.25573
 BIC =  -41.31041
 Normalized Residuals
      Min.    1st Qu.     Median       Mean    3rd Qu.       Max.
-0.4410000 -0.1870000 -0.0000018 -0.0131000  0.2107000  0.5333000
 R-square for Endogenous Variables
   SCA    PPE    PTE    PFE     EA     CP
0.7451 0.7213 0.6482 0.4834 0.6008 0.8629

 Parameter Estimates
         Estimate  Std Error  z value   Pr(>|z|)
lambda1 0.8632049 0.03514508 24.561188 3.284552e-133 SCA <--- Ability
```

```
lambda2 0.8493226 0.03545022 23.958178 7.593661e-127 PPE <--- Ability
lambda3 0.8050861 0.03640470 22.114892 2.272503e-108 PTE <--- Ability
lambda4 0.6952671 0.03863370 17.996387  2.079489e-72 PFE <--- Ability
lambda5 0.7750850 0.04035675 19.205834  3.307658e-82 EA <--- Aspiration
lambda6 0.9289304 0.03940959 23.571177 7.615270e-123 CP <--- Aspiration
rho     0.6663697 0.03095414 21.527645 8.578257e-103 Aspiration <--> Ability
theta1  0.2548772 0.02336722 10.907470  1.061704e-27 SCA <--> SCA
theta2  0.2786512 0.02412754 11.549097  7.460043e-31 PPE <--> PPE
theta3  0.3518366 0.02691875 13.070321  4.865973e-39 PTE <--> PTE
theta4  0.5166036 0.03472534 14.876847  4.659431e-50 PFE <--> PFE
theta5  0.3992432 0.03819583 10.452535  1.426604e-25 EA <--> EA
theta6  0.1370884 0.04350459  3.151126  1.626425e-03 CP <--> CP

 Iterations =  29
```

(여기서 두 개 잠재변수의 분산은 1로 고정한 것을 주목하기 바란다. 중요한 것은 고정한 값 자체가 아니고 고정한다는 것이다: 이들의 분산은 추정에서 자유모수가 될 수 없다.) z 값(z value)으로 모수가 0과 유의하게 다른지에 대한 검정을 할 수 있는데 모두가 매우 작은 p-값을 갖는다. 모수 추정값 중 특별한 점은 "참(true)" 능력과 "참(true)" 야망 사이의 상관계수이다. 이 값은 감소되지않은 상관계수(disattenuated correlation)로서 두 개의 잠재변수 사이 관측된 지수에서 발생하는 측정오차에 의해 오염되지 않는다. 이 경우에 추정값은 0.666이고 표준오차 0.031을 갖는다. 감소되지 않은 상관계수에 대한 근사적인 95% 신뢰구간은 [0.606, 0.727] 이다.

상관성있는 두 개 인자모형에 대한 경로다이어그램(path diagram, Everitt과 Dunn 2001 참조)은 [그림 7.2]에서 보여준다. R 함수인 `path.diagram()` 은 `ability_sem.dot` 파일에 있는 그래프를 나타내는 대한 문자로 표현(textual representation)만을 출력한다. graphviz 그래프는 시각화 소프트웨어(Gansner와 North 2000)로 해당 PDF 파일을 컴파일하기 위해 설치(install)되어야한다.(Graphviz 웹사이트에서 다운로드해야함)

```
R> pathDiagram(ability_sem)
```

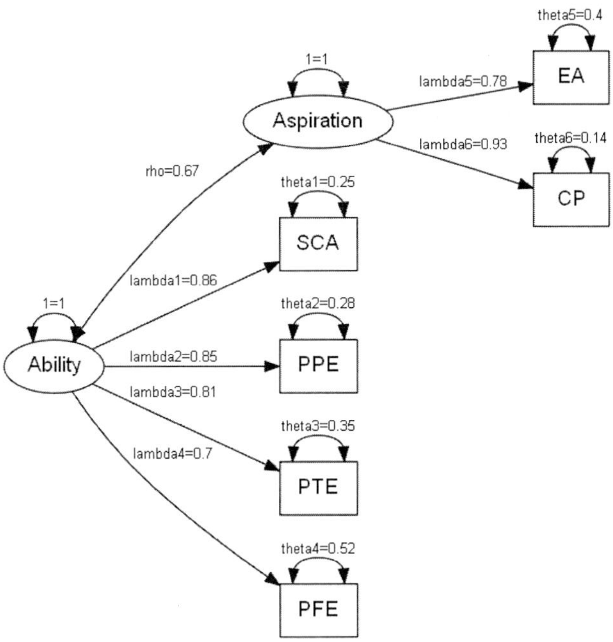

[그림 7.2] ability 경로다이어그램

모형에 대한 적합은 7.2.3 절의 카이제곱 통계량을 사용하여 부분적으로 판단한다. 이 경우에는 통계량값 9.256, 자유도 8이며 p-값은 0.321이라서, 귀무가설을 기각하지 않으므로, 가정된 모형이 데이터를 잘 적합한다고 여겨진다.(귀무가설 모형에 대한 카이제곱검정은 관측변수들에 대한 모집단 공분산행렬이 대각행렬 즉 관측변수들이 서로 독립인 모형에 대한 단순한 검정이다. 대부분의 경우 귀무가설은 기각된다. 기각되지 않는다면 모형적합 작업은 시간 낭비이다.) 여러 종류의 적합도값은 모형이 데이터에 대해 적절한 적합임을 나타낸다. 또한 정규 잔차에 대한 요약 통계량은 모형의 적합에 대한 평가를 하는데 도움이 된다. 여기서 정규 잔차는 $\boldsymbol{S}$와 $\hat{\boldsymbol{\Sigma}}(\boldsymbol{\theta})$의 요소들 사이의 차이이며 관측변수들의 분산 차에 영향을 받지 않도록 조정된다. 정규 잔차 r_{ij}^*는 다음과 같이 정의 된다:

$$r_{ij}^* = \frac{s_{ij} - \widehat{\sigma_{ij}}}{((\widehat{\sigma_{ij}}\widehat{\sigma_j^2} + \widehat{\sigma_{ij}^2})/n)^{1/2}} .$$

일반적으로 정규 잔차의 절대값은 모두 2 보다 작아야 현재 모형이 데이터를 잘 적합한다고 할 수 있다. 능력과 야망 예에서는 그러한 경우로 보인다. (확인적 인자모형에서 모수의 오차는 중요하다. 왜냐하면 조사자는 데이터에 대해 적절한 적합을 제공하는 좀 더 절약적인 모형을 찾기 위해 변수를 모형에서 뺄 수 있는지를 평가하도록 하기 때문이다. 탐색적

인자분석에서는 인자적재값의 표준오차가 계산되지만 별로 사용되지 않는다. 대신 인자들에 대한 비공식적인 해석을 한다.)

7.3.2 약물 사용 데이터에 대한 확인적 인자분석

확인적 인자분석 모형을 적합한 두 번째 예로는 5장에서 소개된 학생들의 약물 사용 데이터에 대해 적용하고자한다. Huba et al.(1981)에 의하면 이러한 데이터에 대한 독창적인 조사에서 확인적 인자분석 모형을 가정하였고 이는 이전 연구로부터 제안된 모형이다. 이 모형은 다음의 세 개 잠재변수를 포함 한다:

f_1: Alcohol use로 beer, wine, spirits, cigarette use에 0이 아닌 적재값을 갖는 잠재변수.

f_2: Cannabis use로 marijuana, hashish, cigarette, wine use에 0이 아닌 적재값을 갖는 잠재변수.
때때로 알코올과 마리화나 동시 사용이 발생하기 때문에 cigarette 변수는 첫 번째와 두 번째 잠재변수 모두에 적재된다고 가정한다. 와인은 종종 마리화나와 같이 사용되고 결과적으로 와인에 대한 사용이 cannabis 사용을 하는 경향을 보여주는 지표가 될 수 있다는 보고가 있으므로 와인에 대한 0 이 아닌 적재값이 허용된다.

f_3: Hard drug use로 amphetamines, tranquilizers, hallucinogenics, hashish, cocain, heroin, drug store medication, inhalants, spirits use에 0이 아닌 적재값을 갖는 잠재변수.
이러한 물질에 대한 사용은 정신에 영향을 미치는 약물사용(psychoactive drug use) 측면에서 강력 범행(strong commitment)으로 간주된다.

각 잠재변수의 쌍은 상관성이 있다고 가정하므로 이러한 상관성은 추정해야할 자유모수를 허용한다. 각 잠재변수의 분산은 고정으로 해야 한다-추정될 수 있는 자유모수가 아니다- 여기서 통상적으로 각 분산은 1을 갖는다고 명시한다. 그러므로 제안하는 모형은 다음의 일련의 방정식에 의해 명시된다:

$$\begin{aligned}
\text{cigaretts} &= \lambda_1 f_1 + \lambda_2 f_2 + 0 f_3 + u_1 \\
\text{beer} &= \lambda_3 f_1 + 0 f_2 + 0 f_3 + u_2 \\
\text{wine} &= \lambda_4 f_1 + \lambda_5 f_2 + 0 f_3 + u_3 \\
\text{spirits} &= \lambda_6 f_1 + 0 f_2 + \lambda_7 f_3 + u_4 \\
\text{cocaine} &= 0 f_1 + 0 f_2 + \lambda_8 f_3 + u_5 \\
\text{tranquilizers} &= 0 f_1 + 0 f_2 + \lambda_9 f_3 + u_6
\end{aligned}$$

$$\begin{aligned}
\text{drug store medication} &= 0f_1 + 0f_2 + \lambda_{10}f_3 + u_7 \\
\text{heroine} &= 0f_1 + 0f_2 + \lambda_{11}f_3 + u_8 \\
\text{marijuana} &= 0f_1 + \lambda_{12}f_2 + 0f_3 + u_9 \\
\text{hashish} &= 0f_1 + \lambda_{13}f_2 + \lambda_{14}f_3 + u_{10} \\
\text{inhalants} &= 0f_1 + 0f_2 + \lambda_{15}f_3 + u_{11} \\
\text{hallucinogenics} &= 0f_1 + 0f_2 + \lambda_{16}f_3 + u_{12} \\
\text{amphetamines} &= 0f_1 + 0f_2 + \lambda_{17}f_3 + u_{13}.
\end{aligned}$$

제안하는 모형은 잠재변수들 간에 0 이 아닌 상관성을 허용하므로 총 33개 모수를 갖는다. 17개 적재값(λ_1 부터 λ_{17}), 13개 특수분산(ψ_1 부터 ψ_{13}) 그리고 3개 잠재변수간 상관계수(ρ_1 부터 ρ_3)을 추정해야한다. 결과적으로, 모형의 자유도는 $91-33=58$이다. 우선 변수의 이름을 요약한다.

```
R> rownames(druguse) <- colnames(druguse) <- c("Cigs",
+      "Beer", "Wine", "Liqr", "Cocn", "Tran", "Drug",
+      "Hern", "Marj", "Hash", "Inhl", "Hall", "Amph")
```

모형적합을 위해 다음의 R코드를 사용한다.

```
R> druguse_model <- specifyModel(file = "druguse_model.txt")
R> druguse_sem <- sem(druguse_model, druguse, 1634)
```

여기서 텍스트(text) 파일에 저장된 `druguse_model.txt`는 다음과 같다.

```
Alcohol   -> Cigs, lambda1, NA
Alcohol   -> Beer, lambda3, NA
Alcohol   -> Wine, lambda4, NA
Alcohol   -> Liqr, lambda6, NA
Cannabis  -> Cigs, lambda2, NA
Cannabis  -> Wine, lambda5, NA
Cannabis  -> Marj, lambda12, NA
Cannabis  -> Hash, lambda13, NA
Hard      -> Liqr, lambda7, NA
```

```
Hard      -> Cocn, lambda8, NA
Hard      -> Tran, lambda9, NA
Hard      -> Drug, lambda10, NA
Hard      -> Hern, lambda11, NA
Hard      -> Hash, lambda14, NA
Hard      -> Inhl, lambda15, NA
Hard      -> Hall, lambda16, NA
Hard      -> Amph, lambda17, NA
Cigs     <-> Cigs, theta1, NA
Beer     <-> Beer, theta2, NA
Wine     <-> Wine, theta3, NA
Liqr     <-> Liqr, theta4, NA
Cocn     <-> Cocn, theta5, NA
Tran     <-> Tran, theta6, NA
Drug     <-> Drug, theta7, NA
Hern     <-> Hern, theta8, NA
Marj     <-> Marj, theta9, NA
Hash     <-> Hash, theta10, NA
Inhl     <-> Inhl, theta11, NA
Hall     <-> Hall, theta12, NA
Amph     <-> Amph, theta13, NA
Alcohol  <-> Alcohol, NA, 1
Cannabis <-> Cannabis, NA, 1
Hard     <-> Hard, NA, 1
Alcohol  <-> Cannabis, rho1, NA
Alcohol  <-> Hard, rho2, NA
Cannabis <-> Hard, rho3, NA
```

제안된 모형을 적합한 결과는 다음과 같다.

```
R> summary(druguse_sem)

 Model Chisquare =  324.0925   Df =  58 Pr(>Chisq) = 1.235035e-38
```

```
AIC =  390.0925
BIC =  -105.0371
Normalized Residuals
    Min.    1st Qu.     Median       Mean    3rd Qu.       Max.
-3.045000 -0.880200 -0.000004 -0.021660  0.999100  4.577000
R-square for Endogenous Variables
 Cigs   Beer   Wine   Liqr   Marj   Hash   Cocn   Tran   Drug   Hern   Inhl   Hall   Amph
0.3885 0.6266 0.6217 0.5920 0.8324 0.4531 0.2159 0.4564 0.1285 0.2265 0.2948 0.3822 0.5827

Parameter Estimates
          Estimate  Std Error  z value    Pr(>|z|)
lambda1    0.3575805 0.03449514 10.366111  3.536263e-25 Cigs <--- Alcohol
lambda3    0.7915901 0.02260262 35.022049 1.039003e-268 Beer <--- Alcohol
lambda4    0.8758735 0.03756709 23.314913 3.129592e-120 Wine <--- Alcohol
lambda6    0.7217658 0.02354357 30.656600 2.158169e-206 Liqr <--- Alcohol
lambda2    0.3320291 0.03526810  9.414430  4.756541e-21 Cigs <--- Cannabis
lambda5   -0.1520153 0.03655839 -4.158150  3.208349e-05 Wine <--- Cannabis
lambda12   0.9123678 0.03047197 29.941213 5.725962e-197 Marj <--- Cannabis
lambda13   0.3954852 0.02959390 13.363740  9.848900e-41 Hash <--- Cannabis
lambda7    0.1234728 0.02265080  5.451145  5.004658e-08 Liqr <--- Hard
lambda8    0.4646712 0.02572687 18.061707  6.381854e-73 Cocn <--- Hard
lambda9    0.6755413 0.02396935 28.183549 9.303590e-175 Tran <--- Hard
lambda10   0.3584154 0.02637140 13.591067  4.524344e-42 Drug <--- Hard
lambda11   0.4759077 0.02564864 18.554891  7.445865e-77 Hern <--- Hard
lambda14   0.3819913 0.02921791 13.073873  4.643934e-39 Hash <--- Hard
lambda15   0.5429705 0.02514240 21.595806 1.966826e-103 Inhl <--- Hard
lambda16   0.6182490 0.02449921 25.235464 1.635564e-140 Hall <--- Hard
lambda17   0.7633558 0.02313058 33.002015 7.599336e-239 Amph <--- Hard
theta1     0.6115448 0.02368057 25.824750 4.676388e-147 Cigs <--> Cigs
theta2     0.3733853 0.01993123 18.733678  2.630938e-78 Beer <--> Beer
theta3     0.3783449 0.02357626 16.047707  5.931491e-58 Wine <--> Wine
theta4     0.4079844 0.01911313 21.345765 4.269162e-101 Liqr <--> Liqr
```

```
theta5   0.7840810 0.02920276 26.849545 8.538340e-159 Cocn <--> Cocn
theta6   0.5436448 0.02340857 23.224174 2.595195e-119 Tran <--> Tran
theta7   0.8715385 0.03151490 27.654809 2.442888e-168 Drug <--> Drug
theta8   0.7735118 0.02892780 26.739395 1.640351e-157 Hern <--> Hern
theta9   0.1675850 0.04399750  3.808968  1.395482e-04 Marj <--> Marj
theta10  0.5469253 0.02223430 24.598265 1.318341e-133 Hash <--> Hash
theta11  0.7051826 0.02718102 25.943940 2.128411e-148 Inhl <--> Inhl
theta12  0.6177685 0.02505500 24.656490 3.135156e-134 Hall <--> Hall
theta13  0.4172883 0.02118597 19.696442  2.313143e-86 Amph <--> Amph
rho1     0.6331668 0.02713453 23.334355 1.986950e-120 Cannabis <--> Alcohol
rho2     0.3132033 0.02932779 10.679403  1.270865e-26 Hard <--> Alcohol
rho3     0.4989311 0.02711492 18.400608  1.298989e-75 Hard <--> Cannabis

 Iterations =  34
```

모형적합에 대한 카이제곱 검정통계량값은 324.092 이고 자유도 58 이며 매우 작은 p-값을 갖는다; 모형은 매우 잘 적합해보이지 않는다. 그러나 적합한 모형이 적당하지 않은지 결정하기 전에 다른 방법으로 이 데이터에 대한 적합성을 조사해 보아야한다. 여기서 관측된 공분산행렬과 적합한 모형에 대한 공분산행렬의 요소별 차(difference)를 검토할 수 있다. 다음의 R 코드를 사용해 이러한 차를 구한다.

```
R> round(druguse_sem$S-druguse_sem$C, 3)
       Cigs   Beer   Wine   Liqr   Cocn   Tran   Drug   Hern   Marj   Hash   Inhl   Hall   Amph
Cigs  0.000 -0.002  0.010 -0.009 -0.015  0.015 -0.009 -0.050  0.003 -0.023  0.094 -0.071  0.033
Beer -0.002  0.000  0.002  0.002 -0.047 -0.021  0.014 -0.055 -0.012  0.025  0.068 -0.065  0.010
Wine  0.010  0.002  0.000 -0.004 -0.039  0.005  0.039 -0.028 -0.002  0.005  0.075 -0.049  0.032
Liqr -0.009  0.002 -0.004  0.000 -0.047  0.022 -0.003 -0.069  0.009  0.029  0.065 -0.077  0.026
Cocn -0.015 -0.047 -0.039 -0.047  0.000  0.035  0.042  0.100 -0.026  0.034  0.020 -0.008 -0.077
Tran  0.015 -0.021  0.005  0.022  0.035  0.000 -0.021  0.034  0.007 -0.014 -0.044 -0.051  0.029
Drug -0.009  0.014  0.039 -0.003  0.042 -0.021  0.000  0.030 -0.013 -0.045  0.115  0.010 -0.042
Hern -0.050 -0.055 -0.028 -0.069  0.100  0.034  0.030  0.000 -0.063 -0.057  0.030  0.026 -0.049
Marj  0.003 -0.012 -0.002  0.009 -0.026  0.007 -0.013 -0.063  0.000 -0.001  0.054 -0.077  0.047
```

```
Hash -0.023  0.025  0.005  0.029  0.034 -0.014 -0.045 -0.057 -0.001  0.000 -0.013  0.010  0.025
Inhl  0.094  0.068  0.075  0.065  0.020 -0.044  0.115  0.030  0.054 -0.013  0.000  0.004 -0.022
Hall -0.071 -0.065 -0.049 -0.077 -0.008 -0.051  0.010  0.026 -0.077  0.010  0.004  0.000  0.039
Amph  0.033  0.010  0.032  0.026 -0.077  0.029 -0.042 -0.049  0.047  0.025 -0.022  0.039  0.000
```

잔차들의 일부는 상관계수 면에서 보면 매우 커 보인다; 예를 들어, drug store medication과 inhalants에 해당하는 것을 보면 그렇다. 표준화 잔차에 대한 요약 통계량은 가장 큰 것이 허용값 2 보다 훨씬 크고, 가장 작은 것은 허용값 -2 보다 훨씬 작다. 적합도 측도에 대한 전반적인 메시지를 보면 적합된 모형이 전반적으로 관측변수들의 관계에 대해 적절한 적합을 제공하지 않는다는 것이다. 독자들은 개선된 모형을 얻기 위해 모형이 어떻게 변하는지에 대한 세부사항을 위해서 Huba et al.(1981)의 논문을 참조하면 된다.

7.4 구조방정식 모형

확인적 인자분석 모형은 잠재변수들에 대한 모형화를 위한 일반적이고 비교적 간단한 모형 예이며 일반적인 모형으로는 구조방정식 모형(structural equation model) 또는 공분산 구조모형(covariance structure model)이 알려져 있다. 이러한 모형에서 관측변수는 내재하는 잠재변수들의 지시변수로서 다시 가정되고 이러한 잠재변수들을 연결하는 회귀방정식(regression equation)을 통합시킨다. 이러한 모형은 7.2.1 절에서 설명된 방식으로 적합한다. 이러한 복잡한 모형에 대해서 예를 들어 설명하고자한다.

7.4.1 소외의 안정성

구조방정식 모형에 대한 적합을 설명하고자 Wheaton, Muthen, Alwin와 Summers(1977)의 연구로 소외(alienation)와 같은 태도가 갖는 안정성(stability)과 이러한 태도가 교육(education)과 직업(occupation)과 같은 배경변수와 갖는 관련성에 관한 연구를 살펴보고자 한다. 이러한 목적을 위해 1966, 1967, 1971년도 세 개의 시점에서 일리노이(Illinois) 주의 시골 지역에서 932명으로부터 태도 측도에 관한 데이터가 수집되었다. 여기서 1967년부터 1971년까지의 데이터를 고려한다. 건망성실어증(anomia) 척도와 무기력(powerlessness) 척도는 가정된 잠재변수인 소외됨(alienation)의 지표로 고려되었다. 반응자의 학력과 던컨의 사회경제적 지수(Duncan's socioeconomic index)는 응답자의 사회경제적 상태를 나타내는 지표로 가정된다. 관측된 변수 6개의 상관행렬은 [그림 7.4]에서 보여준다. 적합된 모형의 경로다이어그램(path diagram)은 [그림 7.5]에서 보여준다. 잠재변수인 사회경제적 상태는 두 시점 즉 1967년과 1971년에서의 소외됨에 영향을 준 것으로 고려된다.

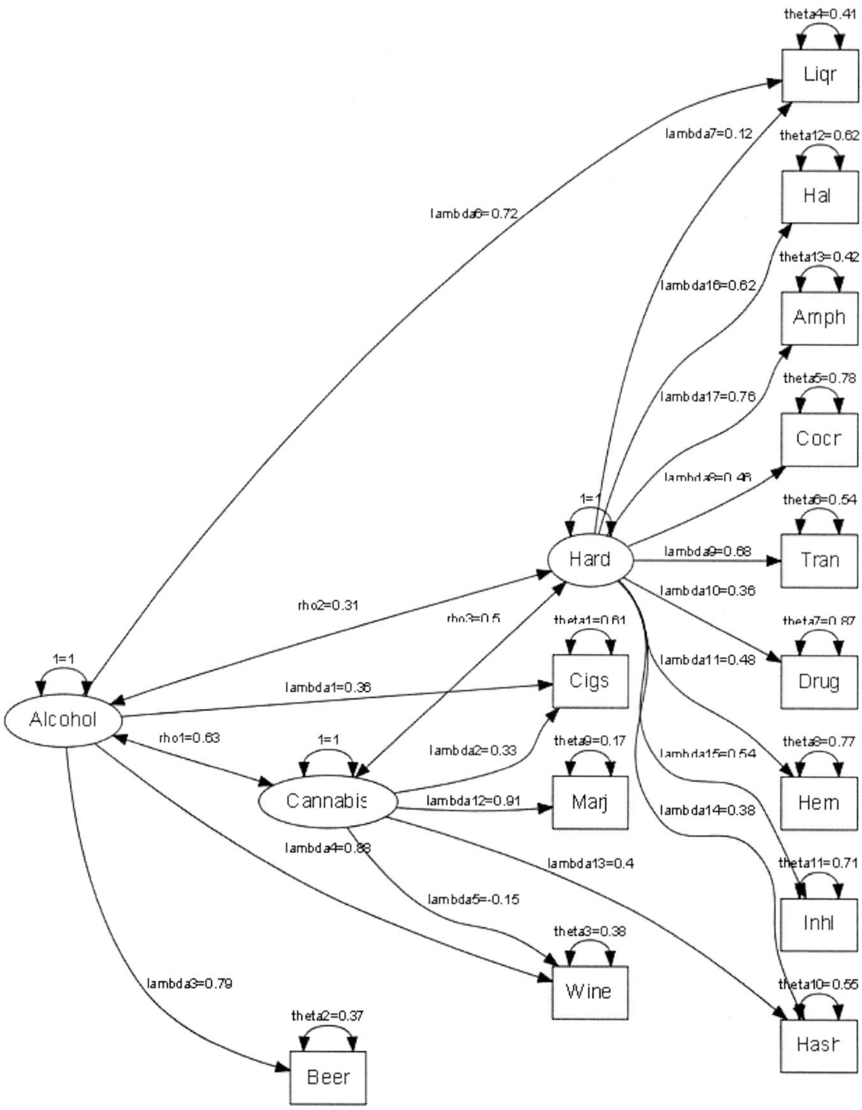

[그림 7.3] 약물사용에 대한 경로다이어그램

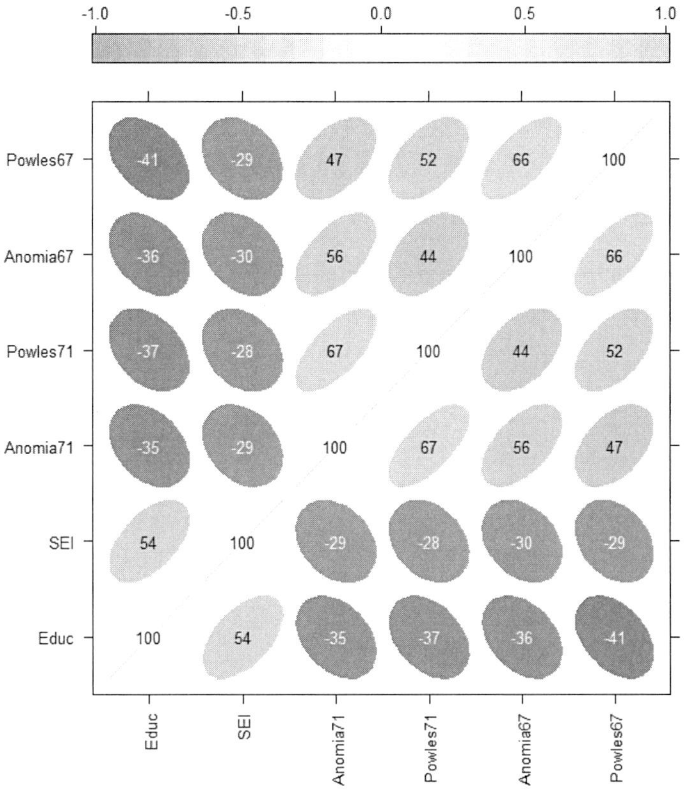

[그림 7.4] alienation 데이터에 대한 상관행렬; 값은 상관계수×100

세 개의 잠재변수 SES, alienation67, alienation71의 척도는 임의적이지만 모형식별을 위해서는 어떤 방식으로든 고정해야한다. 여기서 해당하는 회귀계수를 1로 고정하여 각 잠재변수는 지시변수들 중 한 개의 척도(scale)로 놓는다. 결과적으로, 적합하고자하는 모형을 정의하는 방정식은 다음과 같다:

$$\text{Education} = SES + u_1$$
$$SEI = \lambda_1 SES + u_2$$
$$\text{Anomia67} = \text{Alienation67} + u_3$$
$$\text{Powerlessness67} = \lambda_2 \text{Alienation67} + u_4$$
$$\text{Anomia71} = \text{Alienation71} + u_5$$
$$\text{Powerlessness71} = \lambda_3 \text{Alienation71} + u_6$$
$$\text{Alienation67} = \beta_1 SES + u_7$$
$$\text{Alienation71} = \beta_2 SES + \beta_3 \text{Alienation67} + u_8$$

이러한 방정식의 6개 회귀계수에 더하여, 이 모형에서 8개 오차항 $u_1, \ldots, u_8$의 분산과 잠재변수 SES의 오차항의 분산을 추정해야한다. 이러한 모형적합에 필요한 R 코드는 다음과 같다.

```
R> alienation_model <- specifyModel(
+     file = "alienation_model.txt")
R> alienation_sem <- sem(alienation_model, alienation, 932)
```

적합된 모형은 다음과 같다.

```
SES           -> Educ, NA, 1
SES           -> SEI, lambda1, NA
Alienation67  -> Anomia67, NA, 1
Alienation67  -> Powles67, lambda2, NA
Alienation71  -> Anomia71, NA, 1
Alienation71  -> Powles71, lambda3, NA
SES           -> Alienation67, beta1, NA
SES           -> Alienation71, beta2, NA
Alienation67  -> Alienation71, beta3, NA
Educ         <-> Educ, theta1, NA
SEI          <-> SEI, theta2, NA
SES          <-> SES, delta0, NA
Anomia67     <-> Anomia67, theta3, NA
Powles67     <-> Powles67, theta4, NA
Anomia71     <-> Anomia71, theta5, NA
Powles71     <-> Powles71, theta6, NA
Alienation67 <-> Alienation67, delta1, NA
Alienation71 <-> Alienation71, delta2, NA
```

모수 추정값은 다음과 같이 얻는다.

```
R> summary(alienation_sem)

 Model Chisquare =  71.53195   Df =  6 Pr(>Chisq) = 1.982524e-13
 AIC =  101.5319
 BIC =  30.50795
 Normalized Residuals
      Min.    1st Qu.     Median       Mean    3rd Qu.       Max.
-1.2570000 -0.2088000 -0.0000069 -0.0151100  0.2443000  1.3350000
 R-square for Endogenous Variables
        Educ          SEI Alienation67    Anomia67     Powles67 Alienation71
      0.6942       0.4205       0.3210      0.6602       0.6594       0.5764
    Anomia71     Powles71
      0.7045       0.6372

 Parameter Estimates
        Estimate    Std Error   z value    Pr(>|z|)
lambda1    5.3305353  0.42975427  12.403682  2.495858e-35
lambda2    0.8888211  0.04152973  21.402042 1.278819e-101
lambda3    0.8489192  0.03996468  21.241735 3.931026e-100
beta1     -0.6136152  0.05644081 -10.871836  1.570095e-27
beta2     -0.1744650  0.05389655  -3.237036  1.207783e-03
beta3      0.7046334  0.05353176  13.162903  1.434649e-39
theta1     2.9361311  0.49937115   5.879657  4.111174e-09
theta2   260.9318007 18.23870850  14.306485  1.993383e-46
delta0     6.6638722  0.64055693  10.403247  2.396250e-25
theta3     4.0230266  0.34338879  11.715661  1.059619e-31
theta4     3.1893597  0.27155932  11.744615  7.526443e-32
theta5     3.7031276  0.37338360   9.917756  3.485019e-23
theta6     3.6233506  0.29207858  12.405396  2.443009e-35
delta1     5.3068669  0.47262874  11.228405  2.957694e-29
delta2     3.7399808  0.38745205   9.652758  4.785120e-22
```

```
lambda1 SEI <--- SES
lambda2 Powles67 <--- Alienation67
lambda3 Powles71 <--- Alienation71
beta1   Alienation67 <--- SES
beta2   Alienation71 <--- SES
beta3   Alienation71 <--- Alienation67
theta1  Educ <--> Educ
theta2  SEI <--> SEI
delta0  SES <--> SES
theta3  Anomia67 <--> Anomia67
theta4  Powles67 <--> Powles67
theta5  Anomia71 <--> Anomia71
theta6  Powles71 <--> Powles71
delta1  Alienation67 <--> Alienation67
delta2  Alienation71 <--> Alienation71

 Iterations =  86
```

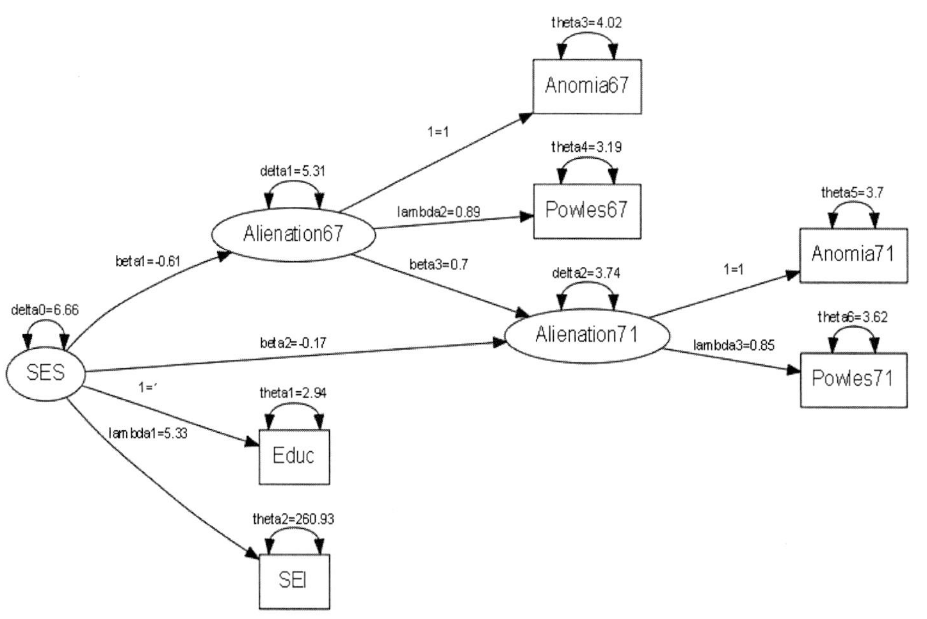

[그림 7.5] 소외에 대한 경로다이어그램

카이제곱 적합도 통계량값은 71.532 이고 자유도 6이며 p-값이 작아 귀무가설을 기각하므로 이 모형은 잘 적합하지 않음을 나타낸다. Jöreskog와 Sörbom(1981)은 1967년과 1971년의 anomia에 대한 측정오차(measurement error)를 허용하여 이 모형을 개선할 수 있다고 제안했다. 이와 같은 모형을 적합하기 위해서는 R에서 다음 명령어 한 줄을 추가해야 한다.

```
Anomia67 <-> Anomia71, psi, NA
```

카이제곱 적합도 통계량값은 6.359 이고 자유도 5이다. anomia에 대한 두 개 측정오차에 대해 상관성이 있는 측정오차를 도입하여 모형적합도는 크게 개선되었다. 그러나 이러한 사례에 대한 토론에서 Bentler(1982)는 모형적합 후 설명해야하도록 남은 부분이 실제적으로 매우 작아야하는 구조의 중요성을 시사하였고 Browne(1982)는 모형적합에 대한 개선을 위해 특정한 오차항이 관련되어있다는 이론적 이유가 없는데도 오차항이 상관되도록 허용하는 경향을 비판하였다.

7.5 요약

잠재변수들에 관한 원인적인 추론을 하는 가능성은, 그들이 가장 관심있는 개념은 직접적으로 측정가능하지 않으므로, 사회과학자와 행동과학자에게는 특별한 매력이 있다. 그리고 이러한 모형은 비교적 쉽게 적합될 수 있기 때문에 연구자들은 좀 더 복잡한 모형을 조사하고자한다. 그러나 20여년 전 Cliff(1983)로부터 제기된 경고는 이러한 분석과 아직도 관련이 있다:

> 상관성이 있는 데이터는 여전히 상관성이 있으며 어떤 프로그램도 분석에 포함되지 않은 변수들을 고려할 수는 없다. 원인적인 관계를 찾기 위해서는 관련성있는 모든 변수에 대해 인내심있게 고심하며 주의력있는 연구를 통해서만 이루어질 수 있으며, 최종적인 확인으로서 실질적인 분석을 해야한다.

이 장에서 설명한 최대우도 추정법은 데이터가 다변량 정규성을 따른다는 가정에 기반한다. 다변량 정규성 가정을 할 수 없다면, 예를 들어, 범주형 변수에 대해 최대우도법 적용은 치우친(biased) 결과를 가져올 수 있다. 비록 5개 또는 그 이상의 반응 범주가 있더라도 변수의 범주적 특성을 무시하는데서 발생하는 문제를 최소화해야한다(Marcoulides 2005 참조). Muther(1984)은 데이터가 연속, 순서, 이분적 변수가 혼합되어 구성될 경우에 사용할 수 있는 구조방정식모형에 대한 매우 일반적인 접근을 설명하였다.

구조방정식모형에서 표본크기 문제는 MacCullum, Browne와 Sugawara(1996)에 의해 고려되었고 그리고 Muthen과 Muthen(1984)는 표본크기와 검정력(power)을 결정하는데 도움을 주기위해 몬테칼로 기법을 활용하는 방법에 대해 설명하였다.

7.6 연습문제

7.1 다음의 행렬은 극도의 통증(extreme pain)으로 고생하는 123명에게서 조사한 것으로 통증(pain)에 관한 9개 문항간 상관계수를 보여준다. 각 서술은 1(agreement, 일치) 부터 6(disagreement, 불일치) 점까지 점수가 매겨진다. 9개 문항은 다음과 같다:

내가 어떠한 통증에 있건 나의 미래는 의사의 기술에 달려있다.
내가 통증을 받을 때마다 통증은 주로 내가 했던 것과 하지 않았던 무언가 때문이다.
내가 통증에 있는지 아닌지는 의사가 나에게 하라는 것에 달려있다.
의료적 도움 없이는 통증으로부터 어쩔 수 없다.
내가 통증을 받을 때는, 적절한 운동 또는 올바른 음식 섭취를 하지 않았기 때문이다.
사람들의 통증은 그들 자신의 부주의(carelessness)로부터 기인한다.
내 통증에 나는 직접적으로 책임이 있다.
통증의 완화는 주로 의사에 의해 조절된다.
통증을 느껴보지 않았던 사람은 아주 운이 좋다.

$$\begin{pmatrix} 1.00 \\ -0.04 & 1.00 \\ 0.61 & -0.07 & 1.00 \\ 0.45 & -0.12 & 0.59 & 1.00 \\ 0.03 & 0.49 & 0.03 & -0.08 & 1.00 \\ -0.29 & 0.43 & -0.13 & -0.21 & 0.47 & 1.00 \\ -0.30 & 0.30 & -0.24 & -0.19 & 0.41 & 0.63 & 1.00 \\ 0.45 & -0.31 & 0.59 & 0.63 & -0.14 & -0.13 & -0.26 & 1.00 \\ 0.30 & -0.17 & 0.32 & 0.37 & -0.24 & -0.15 & -0.29 & 0.40 & 1.00 \end{pmatrix}$$

문항 1,3,4 와 8은 잠재변수로 의사의 책임성(Doctor's responsibility)의 지표이고 문항 2, 5, 6과 7은 잠재변수로 환자의 책임성(Patient's responsibility)을 나타낸다. 이러한 잠재변수를 갖는 2개 인자모형을 적합하시오. 두 개의 잠재변수간 상관계수에 대한 95% 신뢰구간을 구하시오.

7.2 stability of alienation 예제에서 1967년 anomia에 대한 측정오차와 1971년 anomia에 대한 측정오차가 서로 상관되어있다고 허용한 모형을 적합하시오.

7.3 Meyer와 Bending(1961)은 8학년인 49명 남자아이(boy)와 61명 여자아이(girl)에 대해 5가지 Thurstone Primary Mental Ability test로서 verbal meaning(V), space(S), reasoning(R), numerical(N), word fluency(W)를 측정하였다. 3년 반이 지난 후 11학년이 된 다음 다시 검사를 진행하였다. 시점1에서의 인자가 시점2에서의 인자와의 상관성을 가정한 한 개 인자모형(single-factor model)을 적합하시오.

$$\begin{pmatrix} & V & S & R & N & W & V & S & R & N & W \\ V & 1.00 \\ S & 0.37 & 1.00 \\ R & 0.42 & 0.33 & 1.00 \\ N & 0.53 & 0.14 & 0.38 & 1.00 \\ W & 0.38 & 0.10 & 0.20 & 0.24 & 1.00 \\ V & 0.81 & 0.34 & 0.49 & 0.58 & 0.32 & 1.00 \\ S & 0.35 & 0.65 & 0.20 & -0.04 & 0.11 & 0.34 & 1.00 \\ R & 0.42 & 0.32 & 0.75 & 0.46 & 0.26 & 0.46 & 0.18 & 1.00 \\ N & 0.40 & 0.14 & 0.39 & 0.73 & 0.19 & 0.55 & 0.06 & 0.54 & 1.00 \\ W & 0.24 & 0.15 & 0.17 & 0.15 & 0.43 & 0.24 & 0.15 & 0.20 & 0.16 & 1.00 \end{pmatrix}$$

제8장 반복측정데이터 분석

8.1 서론

이전 장들에서 고려된 다변량 데이터는 연구에서 각 개체 또는 개인에 대해 서로 다른 변수에 대한 측정값 또는 관측값이다. 이번 장에서는 서로 다른 상태(different nature)에 대한 다변량 데이터 즉, 각 단위에서 같은 변수에 대해 반복측정을 통해 얻은 데이터이다. 이러한 데이터의 예는 여러 분야에서 흔히 볼 수 있다. 그러나 실제 반복측정데이터에 대해 소개하기 전에 이러한 데이터가 주로 저장되고 다루어지는 형식으로 두 가지 다른 "포멧(format)"에 대해 설명하기위해 지엽적인 얘기를 하고자한다. 가장 간단한 방법은 데이터 셋 예를 활용하여 설명하는 것이다.

```
R> ex_wide
  ID group Day.1 Day.2 Day.5 Day.7
1  1     1    15    15    10     7
2  2     1    10     9    11    12
3  3     1     8     7     6     9
4  4     2    11     8    13     7
5  5     2    11    12    11    11
6  6     2    12    12     6    10
```

이러한 데이터는 각 개인이 2개 처치 그룹(treatment group)에 할당되고 1, 2, 5, 그리고 7일 째에 각각 반응변수를 갖는 임상시험(clinical trial) 데이터라 하자. 이러한 데이터는 가로로 넓은(wide) 형태(이전 장들에서 데이터 형태의 대부분)을 가지며, 데이터의 각 행(row)은 개인을 나타내며 각 개인에 대한 그룹 정보 등 다른 변수값 뿐만 아니라 개인에 대한 반복측정 변수값도 보여준다. R에서 **reshape()** 함수를 사용하여, 이러한 넓은(wide) 형태 데이터를 각 행이 세로로 긴(long) 형태 즉 데이터의 각 행이 변수의 반복측정값과 이와 관련된 다른 변수가 되도록 놓을 수 있다(예를 들어, 측정 시점을 택한다). **ex_wide** 데이터를 긴(long) 형태로 재배열하는 코드는 다음과 같다:

```
R> reshape(ex_wide, direction = "long", idvar="ID",
+          varying = colnames(ex_wide)[-(1:2)])
    ID Group time Day
1.1  1     1    1  15
2.1  2     1    1  10
3.1  3     1    1   8
4.1  4     2    1  11
5.1  5     2    1  11
6.1  6     2    1  12
1.2  1     1    2  15
2.2  2     1    2   9
3.2  3     1    2   7
4.2  4     2    2   8
5.2  5     2    2  12
6.2  6     2    2  12
1.5  1     1    5  10
2.5  2     1    5  11
3.5  3     1    5   6
4.5  4     2    5  13
5.5  5     2    5  11
6.5  6     2    5   6
1.7  1     1    7   7
2.7  2     1    7  12
```

```
3.7 3    1   7  9
4.7 4    2   7  7
5.7 5    2   7 11
6.7 6    2   7 10
```

여기서 `varying`은 반복측정값을 포함한 변수의 이름을 갖는다. 변수의 이름은 변수이름 자체와 .(마침표점, dot)에 의해 분리된 시점으로 구성된다. 비록 가로로 넓은(wide) 형태가 데이터를 그림으로 표현하고 요약통계량을 계산할 경우에는 편리하지만 8.2절에서 설명된 모형에 적용할 때는 반복측정데이터의 세로로 긴(long) 형태가 사용된다.

관심있는 데이터로 두 개의 반복측정 데이터셋을 살펴보고자 한다. 첫 번째는 <표 8.1>의 긴(long) 형태 데이터로 Crowder(1998)에서 가져온 것으로 clamp에서 timber specimen에 대한 slippage x를 요구하는 loads를 보여준다. 8개 표본시료(specimen)에 대해 15번씩 반복측정값이 있다. 두 번째 데이터셋은 Zerbe(1979)와 Davis(2003)에서 보고된 것으로 <표 8.2>에서 보여주며 대조그룹(control)에 속한 13명과 비만환자(obese patient) 20명에 대해 oral glucose challenge 이후 0, 0.5, 1, 1.5, 2, 그리고 3시간 경과 후 각각 plasma inorganic phosphate 측정값이다. 이러한 두 데이터셋은 반복측정이 시간의 경과에 따라 발생하지만(longitudinal data) 항상 그렇지는 아님을 설명한다.

〈표 8.1〉 `timber` 데이터. 8개 timber 시료로부터 slippage에 필요한 loads로 세로로 긴 형태 데이터

specimen	slippage	loads	specimen	slippage	loads
spec 1	0.0	0.00	spec 5	0.7	12.25
spec 2	0.0	0.00	spec 6	0.7	12.85
spec 3	0.0	0.00	spec 7	0.7	12.13
spec 4	0.0	0.00	spec 8	0.7	12.21
spec 5	0.0	0.00	spec 1	0.8	12.98
spec 6	0.0	0.00	spec 2	0.8	14.08
spec 7	0.0	0.00	spec 3	0.8	13.18
spec 8	0.0	0.00	spec 4	0.8	12.23
spec 1	0.1	2.38	spec 5	0.8	13.35
spec 2	0.1	2.69	spec 6	0.8	13.83
spec 3	0.1	2.85	spec 7	0.8	13.15
spec 4	0.1	2.46	spec 8	0.8	13.16
spec 5	0.1	2.97	spec 1	0.9	13.94
spec 6	0.1	3.96	spec 2	0.9	14.66
spec 7	0.1	3.17	spec 3	0.9	14.12

spec 8	0.1	3.36
spec 1	0.2	4.34
spec 2	0.2	4.75
spec 3	0.2	4.89
spec 4	0.2	4.28
spec 5	0.2	4.68
spec 6	0.2	6.46
spec 7	0.2	5.33
spec 8	0.2	5.45
spec 1	0.3	6.64
spec 2	0.3	7.04
spec 3	0.3	6.61
spec 4	0.3	5.88
spec 5	0.3	6.66
spec 6	0.3	8.14
spec 7	0.3	7.14
spec 8	0.3	7.08
spec 1	0.4	8.05
spec 2	0.4	9.20
spec 3	0.4	8.09
spec 4	0.4	7.43
spec 5	0.4	8.11
spec 6	0.4	9.35
spec 7	0.4	8.29
spec 8	0.4	8.32
spec 1	0.5	9.78
spec 2	0.5	10.94
spec 3	0.5	9.72
spec 4	0.5	8.32
spec 5	0.5	9.64
spec 6	0.5	10.72
spec 7	0.5	9.86
spec 8	0.5	9.91
spec 1	0.6	10.97
spec 2	0.6	12.23
spec 3	0.6	11.03
spec 4	0.6	9.92
spec 5	0.6	11.06
spec 6	0.6	11.84
spec 7	0.6	11.07
spec 8	0.6	11.06
spec 4	0.9	13.24
spec 5	0.9	14.54
spec 6	0.9	14.85
spec 7	0.9	14.09
spec 8	0.9	14.05
spec 1	1.0	14.74
spec 2	1.0	15.37
spec 3	1.0	15.09
spec 4	1.0	14.19
spec 5	1.0	15.53
spec 6	1.0	15.79
spec 7	1.0	15.11
spec 8	1.0	14.96
spec 1	1.2	16.13
spec 2	1.2	16.89
spec 3	1.2	16.68
spec 4	1.2	16.07
spec 5	1.2	17.38
spec 6	1.2	17.39
spec 7	1.2	16.69
spec 8	1.2	16.24
spec 1	1.4	17.98
spec 2	1.4	17.78
spec 3	1.4	17.94
spec 4	1.4	17.43
spec 5	1.4	18.76
spec 6	1.4	18.44
spec 7	1.4	17.69
spec 8	1.4	17.34
spec 1	1.6	19.52
spec 2	1.6	18.41
spec 3	1.6	18.22
spec 4	1.6	18.36
spec 5	1.6	19.81
spec 6	1.6	19.46
spec 7	1.6	18.71
spec 8	1.6	18.23
spec 1	1.8	19.97
spec 2	1.8	18.97
spec 3	1.8	19.40
spec 4	1.8	18.93

spec 1	0.7	12.05	spec 5	1.8	20.62
spec 2	0.7	13.19	spec 6	1.8	20.05
spec 3	0.7	12.14	spec 7	1.8	19.54
spec 4	0.7	11.10	spec 8	1.8	18.87

〈표 8.2〉 plasma 데이터. 33명으로부터 plasma inorganic phosphate level을 보여주는 세로로 긴 형태의 데이터

subject	group	time	plasma	subject	group	time	plasma
id01	control	1	4.3	id01	control	5	2.2
id02	control	1	3.7	id02	control	5	2.9
id03	control	1	4.0	id03	control	5	2.9
id04	control	1	3.6	id04	control	5	2.9
id05	control	1	4.1	id05	control	5	3.6
id06	control	1	3.8	id06	control	5	3.8
id07	control	1	3.8	id07	control	5	3.1
id08	control	1	4.4	id08	control	5	3.6
id09	control	1	5.0	id09	control	5	3.3
id10	control	1	3.7	id10	control	5	1.5
id11	control	1	3.7	id11	control	5	2.9
id12	control	1	4.4	id12	control	5	3.7
id13	control	1	4.7	id13	control	5	3.2
id14	control	1	4.3	id14	control	5	2.2
id15	control	1	5.0	id15	control	5	3.7
id16	control	1	4.6	id16	control	5	3.7
id17	control	1	4.3	id17	control	5	3.1
id18	control	1	3.1	id18	control	5	2.6
id19	control	1	4.8	id19	control	5	2.2
id20	control	1	3.7	id20	control	5	2.9
id21	obese	1	5.4	id21	obese	5	2.8
id22	obese	1	3.0	id22	obese	5	2.1
id23	obese	1	4.9	id23	obese	5	3.7
id24	obese	1	4.8	id24	obese	5	4.7
id25	obese	1	4.4	id25	obese	5	3.5
id26	obese	1	4.9	id26	obese	5	3.3
id27	obese	1	5.1	id27	obese	5	3.4
id28	obese	1	4.8	id28	obese	5	4.1
id29	obese	1	4.2	id29	obese	5	3.3
id30	obese	1	6.6	id30	obese	5	4.3
id31	obese	1	3.6	id31	obese	5	2.1
id32	obese	1	4.5	id32	obese	5	2.4

id33	obese	1	4.0
id01	control	2	3.3
id02	control	2	2.6
id03	control	2	4.1
id04	control	2	3.0
id05	control	2	3.8
id06	control	2	2.2
id07	control	2	3.0
id08	control	2	3.9
id09	control	2	4.0
id10	control	2	3.1
id11	control	2	2.6
id12	control	2	3.7
id13	control	2	3.1
id14	control	2	3.3
id15	control	2	4.9
id16	control	2	4.4
id17	control	2	3.9
id18	control	2	3.1
id19	control	2	5.0
id20	control	2	3.1
id21	obese	2	4.7
id22	obese	2	2.5
id23	obese	2	5.0
id24	obese	2	4.3
id25	obese	2	4.2
id26	obese	2	4.3
id27	obese	2	4.1
id28	obese	2	4.6
id29	obese	2	3.5
id30	obese	2	6.1
id31	obese	2	3.4
id32	obese	2	4.0
id33	obese	2	4.4
id01	control	3	3.0
id02	control	3	2.6
id03	control	3	3.1
id04	control	3	2.2
id05	control	3	2.1
id06	control	3	2.0
id07	control	3	2.4
id33	obese	5	3.8
id01	control	6	2.5
id02	control	6	3.2
id03	control	6	3.1
id04	control	6	3.9
id05	control	6	3.4
id06	control	6	3.6
id07	control	6	3.4
id08	control	6	3.8
id09	control	6	3.6
id10	control	6	2.3
id11	control	6	2.2
id12	control	6	4.3
id13	control	6	4.2
id14	control	6	2.5
id15	control	6	4.1
id16	control	6	4.2
id17	control	6	3.1
id18	control	6	1.9
id19	control	6	3.1
id20	control	6	3.6
id21	obese	6	3.7
id22	obese	6	2.6
id23	obese	6	4.1
id24	obese	6	3.7
id25	obese	6	3.4
id26	obese	6	4.1
id27	obese	6	4.2
id28	obese	6	4.0
id29	obese	6	3.1
id30	obese	6	3.8
id31	obese	6	2.4
id32	obese	6	2.3
id33	obese	6	3.6
id01	control	7	3.4
id02	control	7	3.1
id03	control	7	3.9
id04	control	7	3.8
id05	control	7	3.6
id06	control	7	3.0
id07	control	7	3.5

id08	control	3	2.8
id09	control	3	3.4
id10	control	3	2.9
id11	control	3	2.6
id12	control	3	3.1
id13	control	3	3.2
id14	control	3	3.0
id15	control	3	4.1
id16	control	3	3.9
id17	control	3	3.1
id18	control	3	3.3
id19	control	3	2.9
id20	control	3	3.3
id21	obese	3	3.9
id22	obese	3	2.3
id23	obese	3	4.1
id24	obese	3	4.7
id25	obese	3	4.2
id26	obese	3	4.0
id27	obese	3	4.6
id28	obese	3	4.6
id29	obese	3	3.8
id30	obese	3	5.2
id31	obese	3	3.1
id32	obese	3	3.7
id33	obese	3	3.8
id01	control	4	2.6
id02	control	4	1.9
id03	control	4	2.3
id04	control	4	2.8
id05	control	4	3.0
id06	control	4	2.6
id07	control	4	2.5
id08	control	4	2.1
id09	control	4	3.4
id10	control	4	2.2
id11	control	4	2.3
id12	control	4	3.2
id13	control	4	3.3
id14	control	4	2.6
id15	control	4	3.7
id08	control	7	4.0
id09	control	7	4.0
id10	control	7	2.7
id11	control	7	3.1
id12	control	7	3.9
id13	control	7	3.7
id14	control	7	2.4
id15	control	7	4.7
id16	control	7	4.8
id17	control	7	3.6
id18	control	7	2.3
id19	control	7	3.5
id20	control	7	4.3
id21	obese	7	3.5
id22	obese	7	3.2
id23	obese	7	4.7
id24	obese	7	3.6
id25	obese	7	3.8
id26	obese	7	4.2
id27	obese	7	4.4
id28	obese	7	3.8
id29	obese	7	3.5
id30	obese	7	4.2
id31	obese	7	2.5
id32	obese	7	3.1
id33	obese	7	3.8
id01	control	8	4.4
id02	control	8	3.9
id03	control	8	4.0
id04	control	8	4.0
id05	control	8	3.7
id06	control	8	3.5
id07	control	8	3.7
id08	control	8	3.9
id09	control	8	4.3
id10	control	8	2.8
id11	control	8	3.9
id12	control	8	4.8
id13	control	8	4.3
id14	control	8	3.4
id15	control	8	4.9

id16	control	4	3.9	id16	control	8	5.0
id17	control	4	3.1	id17	control	8	4.0
id18	control	4	2.6	id18	control	8	2.7
id19	control	4	2.8	id19	control	8	3.6
id20	control	4	2.8	id20	control	8	4.4
id21	obese	4	4.1	id21	obese	8	3.7
id22	obese	4	2.2	id22	obese	8	3.5
id23	obese	4	3.7	id23	obese	8	4.9
id24	obese	4	4.6	id24	obese	8	3.9
id25	obese	4	3.4	id25	obese	8	4.0
id26	obese	4	4.0	id26	obese	8	4.3
id27	obese	4	4.1	id27	obese	8	4.9
id28	obese	4	4.4	id28	obese	8	3.8
id29	obese	4	3.6	id29	obese	8	3.9
id30	obese	4	4.1	id30	obese	8	4.8
id31	obese	4	2.8	id31	obese	8	3.5
id32	obese	4	3.3	id32	obese	8	3.3
id33	obese	4	3.8	id33	obese	8	3.8

반복측정 연구에서 구별되는 특징은 관심있는 반응변수가 각 개체에 대해 여러 번 기록되는 것이다. 각 개체에 대해 이용가능한 설명변수 집합이 있다; 설명변수 중 어떤 것은 각 개체에 대해 한 번만 기록되고 매 반복측정인 경우마다 같은 값을 갖게 된다. 예를 들어, 임상시험에서 처리그룹 변수를 들 수 있다. 서로 다른 반응변수에 따라 다른 값을 가질 수 있는 설명변수도 있다. 예로서, 나이(age)를 들 수 있으며 이러한 변수는 시간에 따라 변하는 공변량(time-varying covariate)으로 불린다.

이러한 연구의 주요 목적은 반응변수의 반복적인 측정값의 변화를 특징짓고 어떠한 변화와 가장 많은 연관성이 있는 설명변수를 결정하는 것이다. 같은 개체에 대해 반응변수에 대한 여러 개 관측값이 측정되므로 측정값은, 설명변수에 조건부로 하더라도, 독립적이기보다는 상관성이 있게 된다. 필연적으로 반복측정데이터에 대해서는 특별한 분석 방법과 설명변수와 반복측정을 연결하는 모수, 다중회귀모형에서 회귀계수와 유사한 모수와 더불어 반복측정의 상관성 구조를 설명하는 모수를 포함한 모형이 필요하다. 일반적으로 주된 관심 모수는 전자이고, 후자는 장애모수(nuisance parameter)로 간주된다. 그러나 연구자에게 가장 중요한 관심 모수에 대한 잘못된 추론을 피하도록 반복측정의 상관성 구조에 대한 적절한 모형을 제공하는 것이 필요하다.

최근 10년 동안 반복측정데이터에 대한 분석 방법은 많은 연구와 개발의 주제였고 현재 사용가능한 여러 강력한(powerful) 방법이 있다. Diggle, Heagerty, Liang과 Zeger(2003), Davis(2003) 그리고 Skrondal과 Rabe-Hesketh(2004)에 의해 이러한 방법에 대한 이해력을 높이도록 고려되었다. 여기서 한 가지 방법으로 선형 혼합효과모형(linear mixed-effects model)에 집중하고자한다.

8.2 반복측정데이터에 대한 선형 혼합효과모형

반복측정데이터에 대한 선형 혼합효과모형(linear mixed-effects model)은 각 개인의 반응 패턴이 관측되지 않은(unobserved) 부분까지 포함한 여러 가지 특성에 의존하여 표현될 수 있다는 아이디어에 기초한다. 이러한 관측되지 않은 변수는 확률변수(random variable) 즉 변량효과(random effect)로서 모형에 포함된다. 이 모형에서 필수적인 특징은 같은 단위에서 반복측정 간에 존재하는 상관성이다. 변량효과값에 대한 조건부로, 반복측정값들이 서로 독립이라고 가정하며 소위 국소적 독립(local independence) 가정이라 한다.

주로 사용되는 두 개 모형, 변량절편(random intercept) 모형과 변량절편과 변량기울기(random intercept and random slope) 모형을 설명하고자하며 <표 8.1>의 timber slippage 데이터에 대한 선형 혼합효과모형을 다음 절에서 설명하고자한다.

8.2.1 timber slippage 데이터에 대한 변량절편 모형과 변량절편과 기울기 모형

y_{ij}는 x_j의 slippage에 대해 필요한 i번째 시료(specimen)에 대한 적재량(loads)을 나타낸다. $i=1, \ldots, 8$이고 $j=1, \ldots, 15$이다. 데이터의 반복측정 구조를 무시한다면 단순선형회귀모형

$$y_{ij} = \beta_0 + \beta_1 x_j + \epsilon_{ij} \tag{8.1}$$

으로 적합할 수 있다. 모형 (8.1)은 R에서 `lm()` 함수와 관련한 형태로 다음과 같이 적합할 수 있다.

```
R> summary(lm(loads~slippage,data=timber))
Call:
lm(formula = loads ~ slippage, data = timber)
```

```
Residuals:
    Min      1Q  Median      3Q     Max
-3.5158 -0.9810  0.4075  1.2982  2.4907

Coefficients:
            Estimate Std. Error t value Pr(>|t|)
(Intercept)   3.5158     0.2644   13.30   <2e-16 ***
slippage     10.3726     0.2835   36.59   <2e-16 ***

Residual standard error: 1.65 on 118 degrees of freedom
Multiple R-squared:  0.919,     Adjusted R-squared:  0.9183
F-statistic:  1339 on 1 and 118 DF,  p-value: < 2.2e-16

Residual standard error: 1.68 on 118 degrees of freedom
Multiple R-squared:  0.916,     Adjusted R-squared:  0.9152
F-statistic:  1286 on 1 and 118 DF,  p-value: < 2.2e-16
```

slippage 효과가 크고 매우 유의함을 알 수 있다.

그러나 이와 같은 모형은 대부분의 반복측정데이터에 대해 완전히 비현실적인 가정으로, 반복적인 관측값들이 서로 독립이라고 가정한다. 좀 더 현실적인 모형은 변량절편모형(random intercept model)으로 전체 잔차(total residual)가 개체-특정한 변량성분(subject-specific random component) u_i로 나누어지며 u_i는 slippage에는 상수인 것과 slippage에서는 랜덤하게 변하는 오차항 ϵ_{ij}가 더해진 형태이며, 반복측정데이터에 대한 상관성구조가 도입된다. 변량절편모형(random intercept model)은

$$y_{ij} = (\beta_0 + u_i) + \beta_1 x_j + \epsilon_{ij} \tag{8.2}$$

(모형 (8.1)과 (8.2)에서의 오차항과 모수는 당연히 같지 않다.) u_i는 평균 0과 분산 σ_u^2을 가진 정규분포를 따른다고 가정하고, ϵ_{ij}는 평균 0과 분산 σ^2을 가진 정규분포를 따른다고 가정한다. ϵ_{ij}는 u_i와 서로 독립이고, x_j와도 서로 독립이다. 개체-특정한 변량효과는 각 개체에서 slippage에 대한 loads 회귀적합에서의 절편의 차이를 허용한다. 각 timber specimen에 대한 반복측정은 specimen 고유의 회귀적합선에서 변하며, 절편에서 차이가 날 수 있지만

다른 specimen의 회귀적합선의 기울기에서는 차이가 나지 않는다. 변량효과모형에서 절편에서의 비균일성(heterogeneity)이 가능하다. 이런 모형에서 slippage는 고정효과(fixed effect)를 갖는다.

변량절편모형에서 상관구조를 어떻게 도입할 것인가? 첫 번째로, 변량절편 모형은 각 반복측정에 대해 전체분산(total variance)은

$$\mathrm{Var}(u_i + \epsilon_{ij}) = \sigma_u^2 + \sigma^2$$

이다.(전체 잔차분산이 개체간 성분 σ_u^2 과 개체내 성분 σ^2 으로 분해되므로, 이 모형은 분산성분모형(variance component model)으로도 불린다.) 같은 specimen에서 두 개의 slippage j와 j'에서의 전체 잔차들간 공분산은

$$\mathrm{Cov}(u_i + \epsilon_{ij},\ u_i + \epsilon_{ij'}) = \sigma_u^2.$$

으로 개체-특정한 변량 효과가 영(0)이 아니라면 공분산은 영이 아니다.(공분산은 변량절편에 의해 유도된다; 예를 들어, $u_i > 0$ 인 specimen에 대해 전체 잔차는 평균보다 클 것이고 $u_i < 0$ 인 specimen에 대해 전체 잔차는 평균보다 작을 것이다.) 이러한 두 관계로부터 잔차 상관계수가

$$\mathrm{Cor}(u_i + \epsilon_{ij},\ u_i + \epsilon_{ij'}) = \frac{\sigma_u^2}{\sigma_u^2 + \sigma^2}$$

로 주어진다. 이것은 급내상관(intra-class correlation)이며 전체 잔차분산에서 개체간 잔차 변동에 의해 차지하는 비율로 해석된다. 그러므로 변량절편모형은 각 반복측정의 분산이 같고 반복측정간 어떤 쌍(pair)간의 공분산이 같다고 제한한다. 이러한 가정을 복합대칭구조(compound symmetry) 가정이라 한다. 이러한 제한은 때로는 반복측정데이터에 대해 비현실적이다. 예를 들어, 경시적데이터(longitudinal data)에서 보면, 가까운 시점간 측정끼리는 먼 시점간 측정보다 좀 더 상관관계가 큰 것이 일반적이다. 결과적으로, 이러한 데이터셋에 대한 변량절편모형은 반복측정간 공분산에 대해 관측된 패턴을 바르게 나타내지 못할 수 있다.

공분산에 대한 좀 더 현실적인 모형은 절편과 기울기 모두에게 비균일성을 허용하는 변량절편과 변량기울기 모형(random intercept and slope model)이다.

이러한 모형에서는 두 가지 변량효과가 있다. 절편 u_1의 비균일성에 대한 첫 번째 모형과 기울기 u_2의 비균일성에 대한 두 번째 모형이다. 명확한 모형은

$$y_{ij} = (\beta_0 + u_{i1}) + (\beta_1 + u_{i2})x_j + \epsilon_{ij} \tag{8.3}$$

으로 여기서 모수는 모형 (8.1)의 모수와 다르다. 두 개의 변량효과는 평균 0과 각각 분산 $\sigma^2_{u_1}$와 $\sigma^2_{u_2}$, 공분산 $\sigma_{u_1u_2}$를 갖는 이변량 정규분포를 따른다고 가정한다. 이러한 모형에서 전체 잔차는 $u_{i1} + u_{i2}x_j + \epsilon_{ij}$ 으로 분산

$$\mathrm{Var}(u_{i1} + u_{i2}x_j + \epsilon_{ij}) = \sigma^2_{u_1} + 2\sigma_{u_1u_2}x_j + \sigma^2_{u_2}x_j^2 + \sigma^2$$

을 가지며 서로 다른 x_j에 대해 더 이상 상수가 아니다. 마찬가지로, 같은 개체에서 두 개의 전체 잔차간 공분산은

$$\mathrm{Cov}(u_{i1} + x_j u_{i2} + \epsilon_{ij},\ u_{i1} + x_{j'} u_{i2} + \epsilon_{ij'}) = \sigma^2_{u_1} + \sigma_{u_1u_2}(x_j + x_{j'}) + \sigma^2_{u_2}x_j x_{j'}$$

으로 j와 j' 번째 쌍에 대해 같다고 제한할 수 없다. 변량절편과 변량기울기 모형에서는 반복측정이 서로 다른 분산을 가지며 서로 다른 공분산을 가질 수 있다.

선형 혼합효과모형은 최대우도함수에 의해 추정될 수 있다. 그러나 이 방법은 분산성분을 과소추정하는 경향이 있다. 최대우도함수에 대한 수정된 형태로 제한된 최대우도함수(restricted maximum likelihood) 방법이 있으며 이 방법이 추천 된다; 이 방법이 일치성있는 분산성분추정량을 제공하기 때문이다. 자세한 사항은 Diggle et al.(2003), Longford(1993) 그리고 Skrondal과 Rabe3-Hesketh(2004)에 있다.

경쟁해야하는 선형 혼합효과모형은 우도비검정으로 비교할 수 있다. 그러나 제한된 최대우도함수에 의해 모형이 추정되었다면, 우도비검정은 두 모형이 같은 고정효과를 가진 경우에만 사용할 수 있다(Longford, 1993).

8.2.2 timber slippage 데이터에 대한 변량절편 모형과 변량절편과 변량기울기 모형 적합

모형적합을 하기 전에 몇 가지 정보를 주는 그래프를 보는 것이 좋은 데이터 분석 연습이다. 우선 각 timber specimen에 대해 slippage level에 대한 사영 그림(trajectory plot)을 그려 보고자 한다; [그림 8.1]을 보라.

[그림 8.1]은 주어진 slippage level에 도달하기위한 load가, 점진적인 level 변화와 함께 증가하며, slippage value에 따라 증가함을 보여준다; 이것은 데이터에 단순선형회귀를 적용할 때 초기에 나타난 큰 slippage 효과를 설명한다.

앞 절에서 설명한 선형 혼합효과모형 (8.2)와 (8.3)는 `nlme` 패키지로부터 `lme()` 함수를 사용하여 적합할 수 있다(Pinheiro, Bates, DebRoy, Sarkar, 그리고 R Development Core Team 2010):

```
R> timber.lme=lme(loads~slippage,
+                   random=~1|specimen,
+                   data=timber,method="ML")
R> timber.lme1=lme(loads~slippage,
+                   random=~slippage|specimen,
+                   data=timber,method="ML")
R> xyplot(loads~slippage|specimen,data=timber,
+         layout=c(4,2))
```

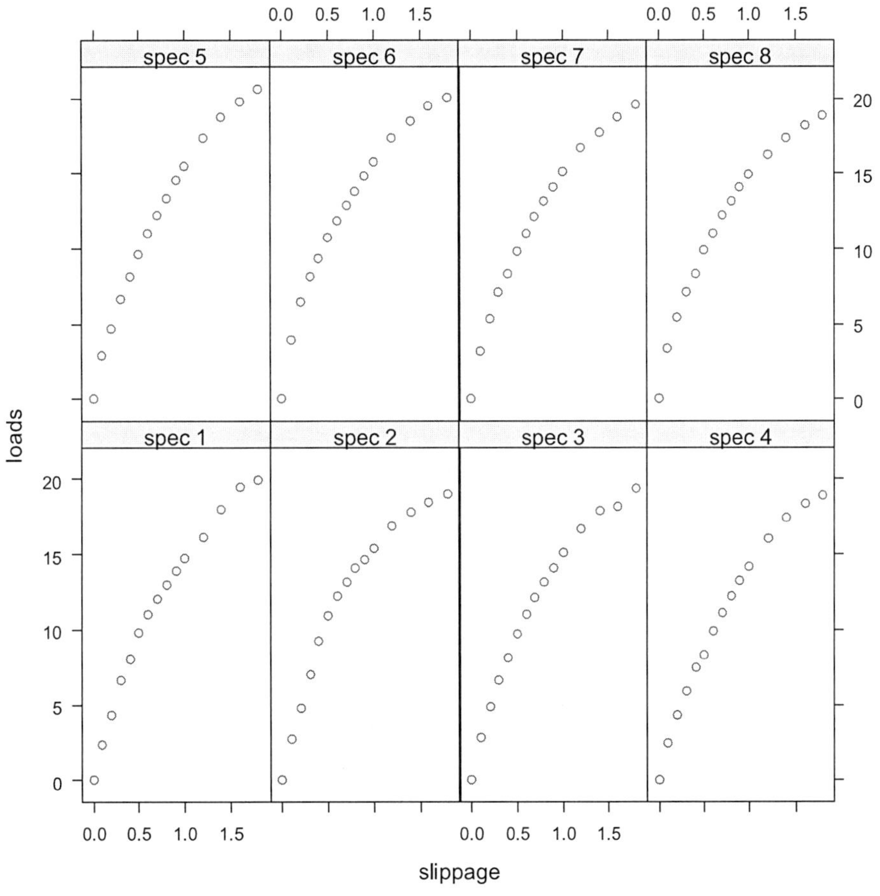

[그림 8.1] timber 데이터의 8개 시료에 대한 그림

lm() 함수를 사용하여 적합한 모형과 비슷하게 lme() 함수는 고정효과와 연관된 반응변수와 설명변수를 모형식에 포함한다. 추가로 변량효과를 표시하는 두 번째 식이 필요하다(random argument 로 특정되는). 첫 번째 모형은 specimen의 각 수준에 변량절편을 할당한 반면 두 번째 모형은 specimen의 각 level에 대한 slippage 변수에 대해 변량절편과 변량 기울기 모수를 적합한다.

첫 번째로 변량효과 모수의 분산 0에 대해 우도비검정으로 단순선형회귀모형에 대한 변량절편 모형에 대한 검정을 할 수 있으며 RLRsim패키지로부터 exactLRT() 함수로 적용한다(Scheipl 2010, Scheipl, Greven과 Kűchenhoff 2008):

```
R> library("RLRsim")
R> exactRLRT(timber.lme)
Using restricted likelihood evaluated at ML estimators.
 Refit with method="REML" for exact results.

        simulated finite sample distribution of RLRT.  (p-value based on 10000 simulated values)

data:
RLRT = 0, p-value = 0.4352
```

결과에서 알 수 있듯이 변량절편모형이 단순선형모형보다 더 향상되지는 않았다. 그럼에도 불구하고 이 데이터에서는 반복측정구조로 인해 관측값이 독립이라고 가정할 수 없으므로 혼합효과모형을 이용한 작업을 계속해야한다.

이제 두 개의 변량효과 모형에 대해 같은 작업을 하고자한다.

```
R> anova(timber.lme,timber.lme1)
            Model df      AIC      BIC    logLik  Test       L.Ratio     p-value
timber.lme      1  4 466.6631 477.8131 -229.3316
timber.lme1     2  6 470.6631 487.3881 -229.3316  1 vs 2  2.345132e-08        1
```

이러한 데이터에 대한 우도비검정과 관련된 p-값은 매우 작으며, 변량절편과 변량기울기 모형이 좀 더 간단한 변량절편모형에 대해 선호됨을 나타낸다. 이 모형에 대한 적합 결

과는 다음과 같다 :

```
R> summary(timber.lme1)
Linear mixed-effects model fit by maximum likelihood
 Data: timber
       AIC      BIC    logLik
  470.6631 487.3881 -229.3316

Random effects:
 Formula: ~slippage | specimen
 Structure: General positive-definite, Log-Cholesky parametrization
            StdDev       Corr
(Intercept) 0.0003244377 (Intr)
slippage    0.0000109748 0
Residual    1.6358421671

Fixed effects: loads ~ slippage
                Value Std.Error  DF  t-value p-value
(Intercept)  3.515758 0.2644018 111 13.29703       0
slippage    10.372598 0.2834685 111 36.59172       0
 Correlation:
         (Intr)
slippage -0.822

Standardized Within-Group Residuals:
       Min          Q1         Med          Q3         Max
-2.1492039 -0.5996683  0.2491274  0.7935870  1.5225692

Number of Observations: 120
Number of Groups: 8
```

(데이터가 균형(balanced)이고 모형이 단순한 형태를 띠고 있지 않다면, 앞의 결과에서

주어진 t-값에 대한 자유도를 정하는 것은 쉽지 않다. Kenward와 Roger(1997)는 이와 관련하여 근사하는 방법을 설명한다.) 설명변수 slippage에 대한 회귀계수는 매우 유의하다. 다음의 R 코드를 이용해, 이러한 모형 하에서 추정값을 계산하고 가공하지 않은 원래 데이터 그림과 나란히 놓아보자.

```
R> timber$pred1 <- predict(timber, lme1)
```

이렇게 그린 결과로는 [그림 8.2]에서 보여준다. 적합정도는 좋지 않아 보인다. 사실 변량절편과 변량기울기 모형에서 각 specimen에 대한 추정값은 거의 동일했으며, 변량효과에 대한 추정된 분산이 0 임을 반영한다. [그림 8.2]에서 관측값에 대한 그림에서 보면 slippage가 증가함에 따라 loads가 증가하다가 수평을 유지하려함을 보여준다. 즉 이 데이터에 대한 모형에서 slippage에 대한 이차항(quadratic term)이 필요함을 암시한다. 고정효과로 이차항을 포함하는 모형은

$$y_{ij} = (\beta_0 + u_{i1}) + (\beta_1 + u_{i2})x_j + \beta_2 x_j^2 + \epsilon_{ij} \tag{8.4}$$

이다. 이러한 모형을 적합하고 이전의 변량절편과 변량기울기 모형에 대해 검정하기위한 R 코드는 다음과 같다.

```
R> timber.lme2=lme(loads~slippage+I(slippage^2),
+                  random=~slippage|specimen,
+                  data=timber,method="ML")
R> anova(timber.lme1,timber.lme2)
            Model df      AIC      BIC     logLik   Test  L.Ratio p-value
timber.lme1     1  6 470.6631 487.3881 -229.33156
timber.lme2     2  7 213.5439 233.0564  -99.77197 1 vs 2 259.1192  <.0001
```

우도비검정결과 p-값은 0.0001 보다 작아 이차항을 포함한 모형이 더 향상된 적합을 제공함을 알 수 있다. slippage에 대한 선형효과와 이차효과 모두 매우 유의하다.

```
R> pfun=function(x,y){
+       panel.xyplot(x,y[1:length(x)])
```

```
+         panel.lines(x,y[1:length(x)+length(x)],lty=1)
+ }
R> plot(xyplot(cbind(loads,pred1)~slippage|specimen,
+             data=timber,panel=pfun,layout=c(4,2),
+             ylab="loads"))
```

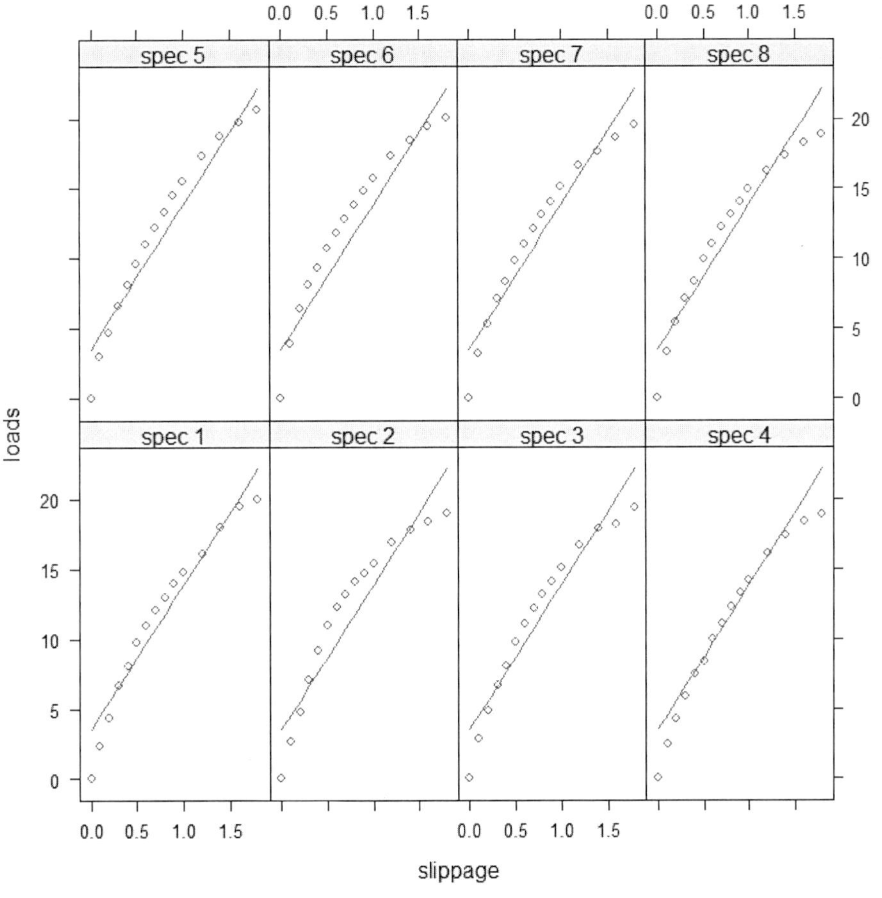

[그림 8.2] timber 데이터의 변량절편 모형에서 추정값 그림

[그림 8.2]와 비슷한 그림이지만 모형 (8.4)로부터의 추정값을 보여주는 그림을 그리고자 한다. R 코드는 앞서 보여준 것과 비슷하다. 결과는 [그림 8.3]에서 보여준다. 비록 연습문제 8.1에서 풀어야하는 문제가 남아있긴 하지만 이번 모형은 데이터를 좀 더 만족스럽게 설명한다.

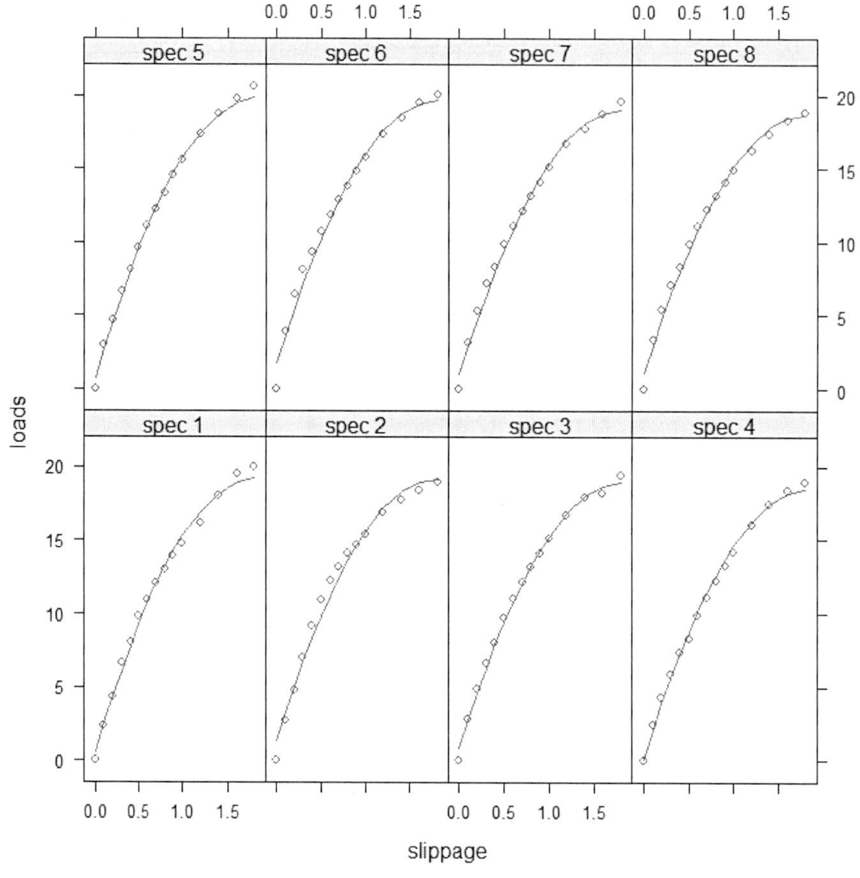

[그림 8.3] timber 데이터에서 이차항을 포함한 변량절편 모형에서 추정값 그림

8.2.3 glucose challenge 데이터에 대한 변량효과 모형 적합

이번에는 <표 8.2>에 주어진 세로로 긴 형태의 glucose challenge 데이터를 고려하고자 한다. 어떤 선형 혼합효과모형이 적절한지에 대한 아이디어를 얻고자, 데이터를 그림으로 표현해보는 것으로 다시 시작한다. 첫 번째로 대조그룹(control group)과 비만그룹(obese group)에 대해 각각 원래 데이터를 [그림 8.4]에서 그려본다. 첫 번째, 세로로 긴 형태의 데이터로부터 가로로 넓은 형태의 plasma 데이터로 변환하고 평행좌표그림(parallel coordinate plot)을 그리기위해 lattice 패키지에 있는 parallel() 함수를 사용한다.

두 그룹의 프로파일은 모형에서 시간에 대한 이차 효과가 필요한 곡선(curvature) 경향을 보여준다. 두 그룹에서 곡선모양은 다르지만 group×time 상호작용효과를 고려할 필요가 있어 보인다. 다음의 코드를 사용하여 두 그룹에서 반복측정에 대한 산점도행렬을 [그림

8.5]에서 그려본다.

```
R> x=reshape(plasma, direction="wide",timevar="time",
+              idvar="subject", v.names="plasma")
R> parallelplot(~x[,-(1:2)]|group,data=x,horizontal=FALSE,
+              col="black",scales=list(x=list(labels=1:8)),lty=1:8,
+              ylab="Plasma inorganic phosphate",
+              xlab="Time(hours after oral glucose challenge)")
```

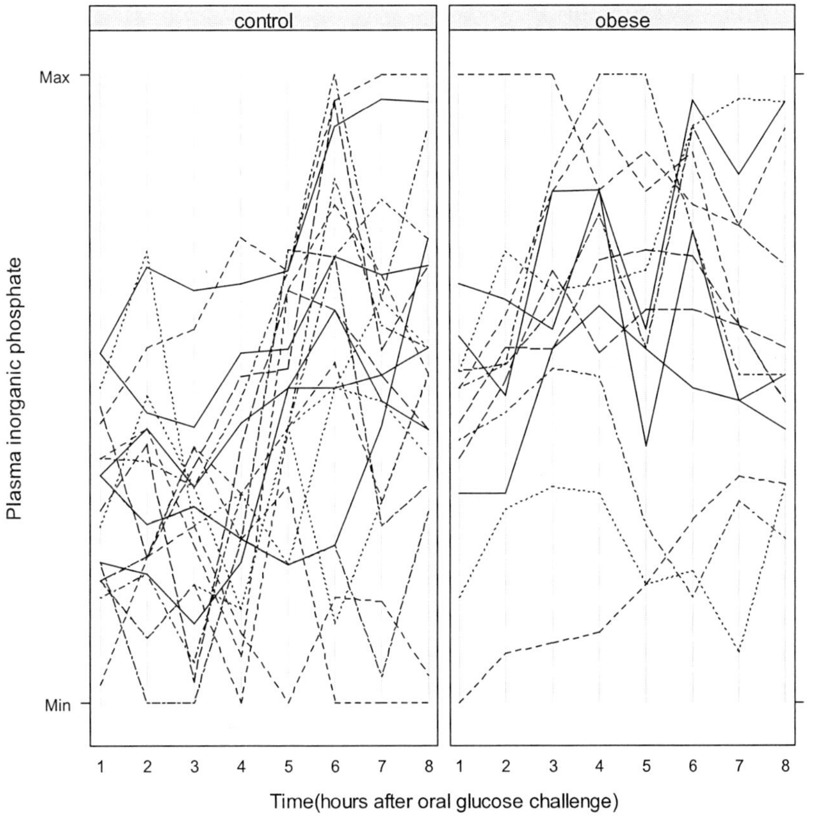

[그림 8.4] 시간에 따른 대조그룹과 비만그룹의 glucose challenge 데이터. 각 선은 각 개인에 대한 궤적을 나타낸다.

[그림 8.4]에서 보면 서로 다른 시점에서 측정값 쌍들간 상관성이 서로 달라 복합대칭구조는 적절해 보이지 않는다.

이러한 그림을 근거로 할 때, 임시 공변량(covariate) 즉 개체가 속한 그룹을 표시하는 가변수(dummy variable) 등을 추가하여 모형 (8.4)를 적합하는 것으로 시작한다. 필요한 모형을 다음의 코드를 사용하여 적합한다.

```
R> plasma.lme1=lme(plasma~time+I(time^2)+group,
+                        random=~time|subject,
+                        data=plasma,method="ML")
R> summary(plasma.lme1)
R> plot(splom(~x[,grep("plasma",colnames(x))]|group,data=x,    #그림 8.5
+                     cex=1.5,pch=".",pscales=NULL,varnames=1:8))
```

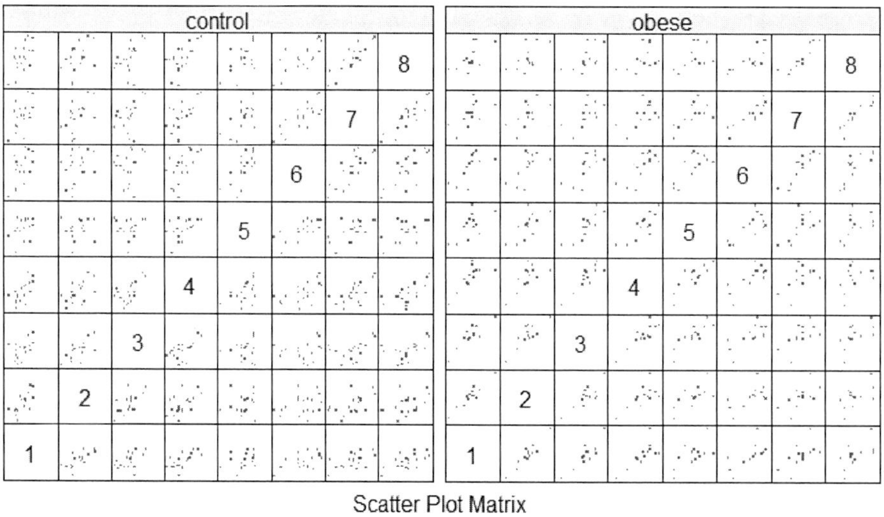

[그림 8.5] glucose challenge 데이터에 대한 산점도행렬

```
Linear mixed-effects model fit by maximum likelihood
 Data: plasma
       AIC      BIC    logLik
  390.4724 419.08 -187.2362

Random effects:
```

```
 Formula: ~time | subject
 Structure: General positive-definite, Log-Cholesky parametrization
            StdDev     Corr
(Intercept) 0.69771527 (Intr)
time        0.09382651 -0.7
Residual    0.38480107

Fixed effects: plasma ~ time + I(time^2) + group
                Value Std.Error  DF    t-value p-value
(Intercept)  4.879775 0.17090659 229  28.552295  0.0000
time        -0.803283 0.05075453 229 -15.826820  0.0000
I(time^2)    0.084668 0.00520763 229  16.258479  0.0000
groupobese   0.437054 0.18588679  31   2.351181  0.0253
 Correlation:
           (Intr) time   I(t^2)
time       -0.641
I(time^2)   0.457 -0.923
groupobese -0.428  0.000  0.000

Standardized Within-Group Residuals:
         Min           Q1          Med           Q3          Max
-2.771508466 -0.548688207 -0.002764541  0.564434549  2.889632993

Number of Observations: 264
Number of Groups: 33
```

시간에 대한 선형항과 이차항을 포함한 회귀계수는 모두 매우 유의하다. 그룹효과도 유의하고 그룹효과에 대한 근사적인 95% 신뢰구간은 $0.437 \pm 1.96 \times 0.186$ 으로 계산하여 $[-3.209, 4.083]$ 을 얻는다.

만약 반복측정의 상관구조에 대해 매우 잘못된 가정을 한다면 어떤 일이 발생하는가에 대해 설명하고자 반복측정값이 서로 독립이라고 가정하고 얻은 결과와 비교하고자한다. 독립 가정 모형은 `lm()` 함수를 사용하여 일반적인 방법으로 모형을 적합할 수 있다.

```
> summary(lm(plasma~time+I(time^2)+group,data=plasma))

Call:
lm(formula = plasma ~ time + I(time^2) + group, data = plasma)

Residuals:
     Min       1Q   Median       3Q      Max
-1.63231 -0.44010  0.03475  0.47499  2.01696

Coefficients:
             Estimate Std. Error t value Pr(>|t|)
(Intercept)  4.857611   0.166860  29.112  < 2e-16
time        -0.803283   0.083350  -9.637  < 2e-16
I(time^2)    0.084668   0.009041   9.365  < 2e-16
groupobese   0.493317   0.084788   5.818 1.74e-08

Residual standard error: 0.6731 on 260 degrees of freedom
Multiple R-squared:  0.3278,    Adjusted R-squared:   0.32
F-statistic: 42.26 on 3 and 260 DF,  p-value: < 2.2e-16
```

독립 가정 하에서, 그룹효과에 대한 표준오차는 plasma.lme1 모형에 대한 것에 비해 대략 반이고, 대조그룹과 비만그룹 사이 차에 대해 더욱 강한 증거를 보인다.

각 그룹에 대해 적합된 선형 혼합효과모형으로부터 추정값에 대한 그림을 R 코드와 함께 [그림 8.5]에서 보여준다.

모형은 대조그룹의 프로파일을 잘 보여주나 비만그룹에 대해서는 그렇지 않음을 알 수 있다. group×time 상호작용효과를 포함한 심층적인 모형을 고려해야한다.

```
R> plasma.lme2=lme(plasma~time*group+I(time^2),
+                     random=~time|subject,
+                     data=plasma,method="ML")
```

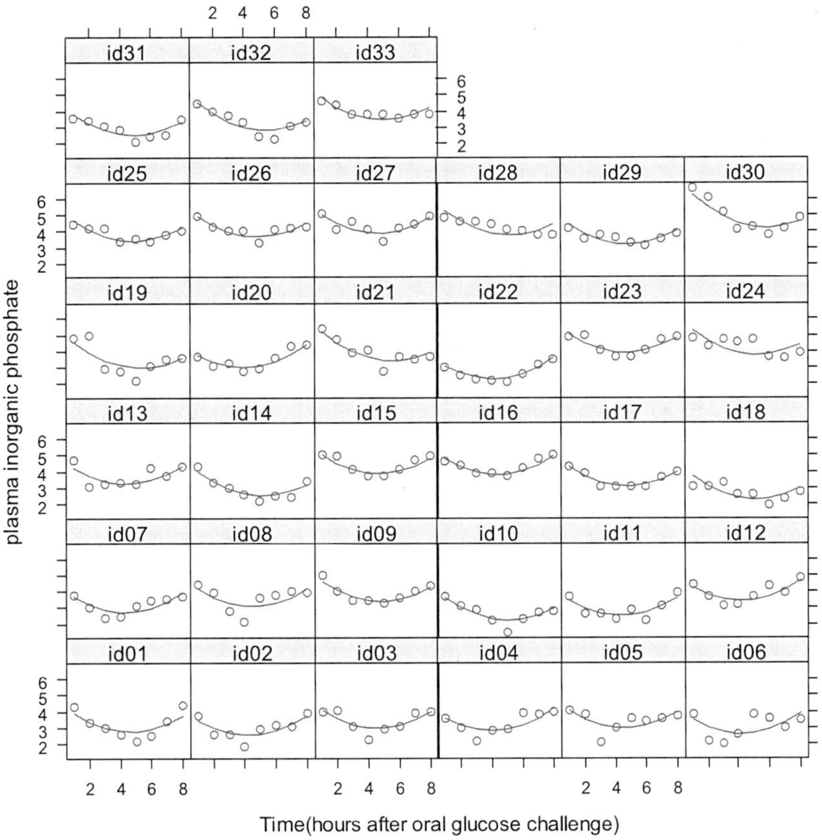

[그림 8.6] glucose challenge 데이터에 대한 추정

다음의 R 코드를 사용하여 필요한 모형을 적합하고 이전 모형에 대한 검정을 할 수 있다.

```
R> anova(plasma.lme1,plasma.lme2)
            Model df      AIC      BIC    logLik   Test  L.Ratio p-value
plasma.lme1     1  8 390.4724 419.0800 -187.2362
plasma.lme2     2  9 383.3149 415.4984 -182.6575 1 vs 2 9.157478  0.0025
```

우도비검정결과 p-값은 0.0025 로서 상호작용항을 포함한 모형이 선호된다. 이 모형에 대한 결과는 다음과 같다.

```
R> summary(plasma.lme2)
Linear mixed-effects model fit by maximum likelihood
```

```
 Data: plasma
       AIC      BIC    logLik
  383.3149 415.4984 -182.6574

Random effects:
 Formula: ~time | subject
 Structure: General positive-definite, Log-Cholesky parametrization
            StdDev     Corr
(Intercept) 0.64189613 (Intr)
time        0.07626156 -0.631
Residual    0.38480124

Fixed effects: plasma ~ time * group + I(time^2)
                    Value Std.Error  DF    t-value p-value
(Intercept)      4.659307 0.17806317 228  26.166598  0.0000
time            -0.759215 0.05178067 228 -14.662138  0.0000
groupobese       0.996703 0.25482651  31   3.911302  0.0005
I(time^2)        0.084668 0.00521767 228  16.227175  0.0000
time:groupobese -0.111864 0.03476379 228  -3.217818  0.0015
 Correlation:
                (Intr) time   gropbs I(t^2)
time            -0.657
groupobese      -0.564  0.181
I(time^2)        0.440 -0.907  0.000
time:groupobese  0.385 -0.264 -0.683  0.000

Standardized Within-Group Residuals:
        Min          Q1         Med          Q3         Max
-2.72435938 -0.53605293 -0.01071313  0.58567768  2.95029213

Number of Observations: 264
Number of Groups: 33
```

상호작용효과는 매우 유의하다. 이 모형으로부터 적합된 값은 [그림 8.7]에서 보여준다 (코드는 [그림 8.6]에서 주어진 것과 유사하다). 이 그림에서는 [그림 8.4]에서 보여주는 원래 데이터에 대해 새로운 모형이 좀 더 정확하게 반영하는 추정값을 얻을 수 있음을 보여준다.

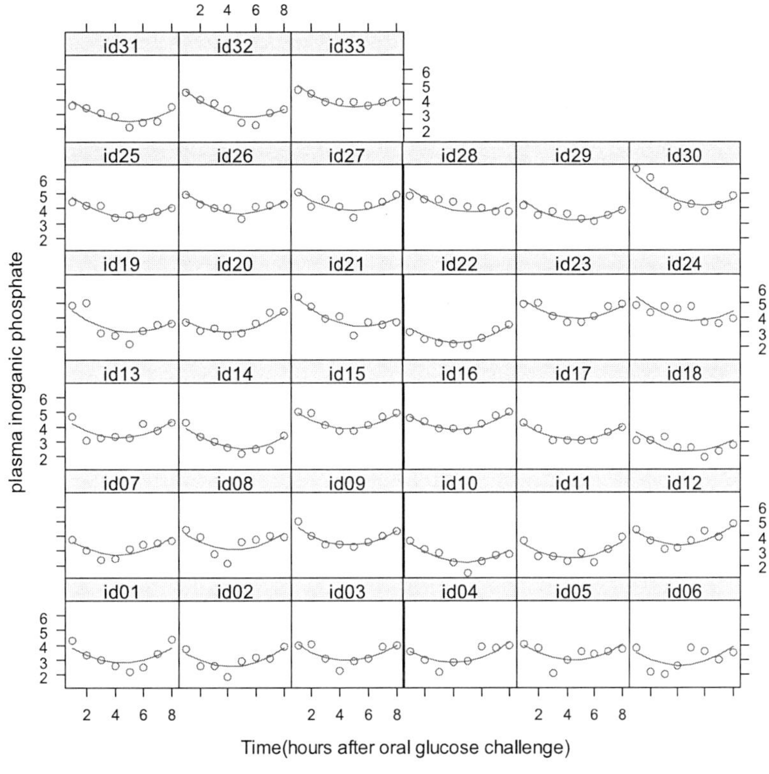

[그림 8.7] glucose challenge 데이터에 대한 추정

glucose challenge 데이터에 적합한 최종모형에 대한 가정을 점검할 수 있는데(즉 변량효과와 잔차에 대한 정규성) `random.effects()` 함수를 이용하여 추정을 할 수 있고 `resid()` 함수를 이용하여 관측값과 적합값간 차이를 계산하여 정규확률그림을 그린다. 8.3절에서는 변량효과가 어떻게 예측되는지 간단하게 설명한다. 효과, 잔차 그리고 이러한 값에 대한 그림을 얻기 위해 필요한 R 코드는 다음과 같다:

```
R> res.int=random.effects(plasma.lme2)[,1]
R> res.slope=random.effects(plasma.lme2)[,2]
```

결과적으로 얻은 그림은 [그림 8.8]에서 보여준다. 잔차에 대한 그림은 가정한대로 선형이긴하지만 추정된 변량효과에 대한 선형성은 약간 벗어남이 보인다.

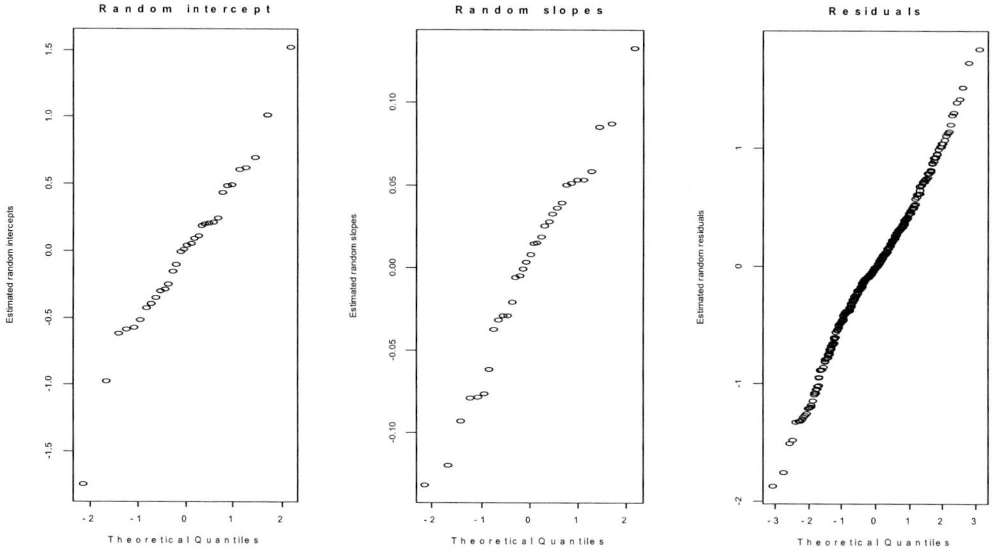

[그림 8.8] glucose challenge 데이터에 대해 추정된 변량절편, 변량기울기, 그리고 최종모형의 잔차에 대한 확률그림

8.3 변량효과에 대한 추정

변량효과는 모형의 부분으로 추정되지 않는다. 그러나 모형에 대한 추정을 통해 변량효과값을 추정할 수 있다. 베이즈 정리(Bayes' theorem)에 따르면, 변량효과에 대한 사후확률은

$$\Pr(u|y,\, x) = f(y|u,\, x)g(u)$$

여기서 $f(y|u,x)$ 는 변량효과와 공변량이 주어진 상황에서 반응변수에 대한 조건부 확률밀도함수(정규분포의 곱)이고 $g(u)$는 변량효과에 대한 사전확률밀도함수(다변량정규분포)이다. 이러한 사후분포의 평균은 변량효과의 추정값으로 사용되고 경험적 베이즈 추정값(empirical Bayes estimates)으로 알려져 있다. 추정된 변량효과가 고정효과를 추정한 경우보다 작게 추정되므로 경험적 베이즈 추정량(empirical Bayes estimator)은 또한 축소 추정량(shrinkage estimator)으로 알려져 있다. 최적 선형 불편추정(Best linear unbiased predictions:

BLUPs)는 반응변수들의 선형조합으로 변량효과에 대한 불편추정량(unbiased estimator)으로 평균제곱오차(mean square error)를 최소화한다.

8.4 경시적데이터에 대한 중도탈락

경시적데이터를 수집하는 과정에서 자주 발생하는 문제는, 어떤 이유에서든지 얻고자하는 측정값을 얻지 못하는 것이다(dropouts in longitudinal data). 임상시험에서, 예를 들어, 처리가 시작된 이후 어떤 환자들이 한 개 또는 그 이상의 협약된 예정된 방문을 놓쳐 필요한 결과 측정을 얻는데 실패하는 경우이다. 어떤 이유로 프로토콜(protocol)에서 명시된 날짜 전에 예정된 추적검사(follow-up)를 완성하지 못하여 연구에서 탈락되는 환자도 발생한다. 이러한 상황은 성과 측정에 결측값(missing value)을 발생시킨다. 첫 번째의 경우, 간헐적으로 발생하지만, 연구에서 제외되는 것은 어떤 특정한 시점에서의 관측이 결측이 되면 나머지 계획된 관측도 결측으로 처리될 수 있다. 여러 연구에서 두 형태의 결측값을 포함하지만 실제로 데이터 분석에서 대부분 문제를 일으키는 경우는 중도탈락(dropout)이다.

환자의 대부분이 중도탈락한 경시적데이터셋 예를 <표 8.3>에서 보여준다. 이 데이터는 Proudfoot, Goldberg, Mann, Everitt, Marks and Gray(2003)에서 자세하게 설명하고 있는 임상시험의 본질적인 부분집합이다. 이 시험은 우울한(depressed) 환자에 대해 인지(cognitive) 행동 치료를 제공하기 위해 멀티미디어(multimedia) 기술을 사용하는 대화식(interactive) 프로그램의 효과를 평가하기위한 설계된 임상시험으로 Beat and Blues(BtB)로 알려져 있다. 확률화 조절된 시험에서 우울증 환자들은 1차 진료에서 모집되었고 BtB 프로그램 또는 Treatment as Usual(TAU)에 랜덤하게 배정되었다. 이 시험에서 사용된 결과측정값은 Beck Depression Inventory II(Beck, Steer, and Brown 1996을 참조)로 우울증이 심할수록 높은 점수를 나타낸다. 이러한 변수에 대한 측정은 5 번 기회에 이루어졌는데, 처리시작 전에 한 번 그리고 처리 후 두 달마다 한 번씩 측정되었다. 추가적으로 이 시험에 참여자가 이미 항우울제(anti-depressant medication)를 복용했더라도 투약상황은 우울증이 지속된 시간과 함께 기록되었다.

〈표 8.3〉 BtheB 데이터. Beats of Beat the Blues 효과에 대한 랜덤화 시행 데이터

drug	length	treatment	bdi.pre	bdi.2m	bdi.3m	bdi.5m	bdi.8m
No	>6m	TAU	29	2	2	NA	NA
Yes	>6m	BtheB	32	16	24	17	20
Yes	<6m	TAU	25	20	NA	NA	NA
No	>6m	BtheB	21	17	16	10	9
Yes	>6m	BtheB	26	23	NA	NA	NA
Yes	<6m	BtheB	7	0	0	0	0
Yes	<6m	TAU	17	7	7	3	7
No	>6m	TAU	20	20	21	19	13
Yes	<6m	BtheB	18	13	14	20	11
Yes	>6m	BtheB	20	5	5	8	12
No	>6m	TAU	30	32	24	12	2
Yes	<6m	BtheB	49	35	NA	NA	NA
No	>6m	TAU	26	27	23	NA	NA
Yes	>6m	TAU	30	26	36	27	22
Yes	>6m	BtheB	23	13	13	12	23
No	<6m	TAU	16	13	3	2	0
No	>6m	BtheB	30	30	29	NA	NA
No	<6m	BtheB	13	8	8	7	6
No	>6m	TAU	37	30	33	31	22
Yes	<6m	BtheB	35	12	10	8	10
No	>6m	BtheB	21	6	NA	NA	NA
No	<6m	TAU	26	17	17	20	12
No	>6m	TAU	29	22	10	NA	NA
No	>6m	TAU	20	21	NA	NA	NA
No	>6m	TAU	33	23	NA	NA	NA
No	>6m	BtheB	19	12	13	NA	NA
Yes	<6m	TAU	12	15	NA	NA	NA
Yes	>6m	TAU	47	36	49	34	NA
Yes	>6m	BtheB	36	6	0	0	2
No	<6m	BtheB	10	8	6	3	3
No	<6m	TAU	27	7	15	16	0
No	<6m	BtheB	18	10	10	6	8
Yes	<6m	BtheB	11	8	3	2	15
Yes	<6m	BtheB	6	7	NA	NA	NA
Yes	>6m	BtheB	44	24	20	29	14
No	<6m	TAU	38	38	NA	NA	NA
No	<6m	TAU	21	14	20	1	8
Yes	>6m	TAU	34	17	8	9	13
Yes	<6m	BtheB	9	7	1	NA	NA
Yes	>6m	TAU	38	27	19	20	30
Yes	<6m	BtheB	46	40	NA	NA	NA

No	<6m	TAU	20	19	18	19	18
Yes	>6m	TAU	17	29	2	0	0
No	>6m	BtheB	18	20	NA	NA	NA
Yes	>6m	BtheB	42	1	8	10	6
No	<6m	BtheB	30	30	NA	NA	NA
Yes	<6m	BtheB	33	27	16	30	15
No	<6m	BtheB	12	1	0	0	NA
Yes	<6m	BtheB	2	5	NA	NA	NA
No	>6m	TAU	36	42	49	47	40
No	<6m	TAU	35	30	NA	NA	NA
No	<6m	BtheB	23	20	NA	NA	NA
No	>6m	TAU	31	48	38	38	37
Yes	<6m	BtheB	8	5	7	NA	NA
Yes	<6m	TAU	23	21	26	NA	NA
Yes	<6m	BtheB	7	7	5	4	0
No	<6m	TAU	14	13	14	NA	NA
No	<6m	TAU	40	36	33	NA	NA
Yes	<6m	BtheB	23	30	NA	NA	NA
No	>6m	BtheB	14	3	NA	NA	NA
No	>6m	TAU	22	20	16	24	16
No	>6m	TAU	23	23	15	25	17
No	<6m	TAU	15	7	13	13	NA
No	>6m	TAU	8	12	11	26	NA
No	>6m	BtheB	12	18	NA	NA	NA
No	>6m	TAU	7	6	2	1	NA
Yes	<6m	TAU	17	9	3	1	0
Yes	<6m	BtheB	33	18	16	NA	NA
No	<6m	TAU	27	20	NA	NA	NA
No	<6m	BtheB	27	30	NA	NA	NA
No	<6m	BtheB	9	6	10	1	0
No	>6m	BtheB	40	30	12	NA	NA
No	>6m	TAU	11	8	7	NA	NA
No	<6m	TAU	9	8	NA	NA	NA
No	>6m	TAU	14	22	21	24	19
Yes	>6m	BtheB	28	9	20	18	13
No	>6m	BtheB	15	9	13	14	10
Yes	>6m	BtheB	22	10	5	5	12
No	<6m	TAU	23	9	NA	NA	NA
No	>6m	TAU	21	22	24	23	22
No	>6m	TAU	27	31	28	22	14
Yes	>6m	BtheB	14	15	NA	NA	NA
No	>6m	TAU	10	13	12	8	20
Yes	<6m	TAU	21	9	6	7	1
Yes	>6m	BtheB	46	36	53	NA	NA

No	>6m	BtheB	36	14	7	15	15
Yes	>6m	BtheB	23	17	NA	NA	NA
Yes	>6m	TAU	35	0	6	0	1
Yes	<6m	BtheB	33	13	13	10	8
No	<6m	BtheB	19	4	27	1	2
No	<6m	TAU	16	N	NA	NA	NA
Yes	<6m	BtheB	30	26	28	NA	NA
Yes	<6m	BtheB	17	8	7	12	NA
No	>6m	BtheB	19	4	3	3	3
No	>6m	BtheB	16	11	4	2	3
Yes	>6m	BtheB	16	16	10	10	8
Yes	<6m	TAU	28	NA	NA	NA	NA
No	>6m	BtheB	11	22	9	11	11
No	<6m	TAU	13	5	5	0	6
Yes	<6m	TAU	43	NA	NA	NA	NA

분석의 시작을 위해 5개 반복측정에 대해 각 처리그룹별로 상자그림을 그려보고자 한다. 데이터프레임 BtheB에서 사용할 수 있는 데이터에 대해 필요한 코드는 [그림 8.9]와 같이 주어진다.

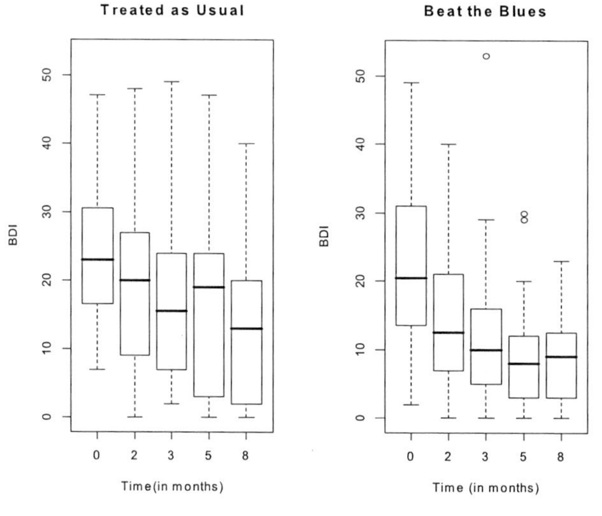

[그림 8.9] BtheB 데이터의 반복측정에 대한 상자그림

[그림 8.9]는 두 그룹 모두 BDI 값의 감소를 보여주는데 각 post-randomization visit에서 BtheB 그룹에서의 값이 작아보인다. pre-BDI값, 처리(treatment) 그룹, 약(drug), 고정효과

공변량으로서 기간(length)을 포함한 데이터에 대해 변량절편모형과 변량절편과 변량기울기 모형을 적합하고자한다. 우선 다음의 코드를 사용하여 데이터를 재배열해야한다.

```
R> BtheB_long=reshape(BtheB,idvar="subject",
        varying=c("bdi.2m","bdi.3m","bdi.5m","bdi.8m"),
        direction="long")
R> BtheB_long$time=rep(c(2,3,5,8),rep(nobs,4))
R> BtheB_long$treatment=factor(BtheB_long$treatment,levels=c('TAU','BtheB'))
```

결과적으로 얻는 데이터프레임 BtheB_long은 다수의 결측값을 포함하는데 lme() 함수를 적용하여 이러한 값을 탈락시킨다. 제거되는 것은 결측값 뿐이며 결측값을 가진 참여자가 제거되는 것은 아님을 주목하기 바란다. 모든 사용가능한 데이터는 모형적합과정에서 활용된다. 두 개 모형을 적합하고자하며 다음의 코드를 사용하여 더욱 적합한 모형을 위한 검정을 할 수 있다.

```
R> BtheB_lme1=lme(bdi~bdi.pre+time+treatment+drug+
+ length, random=~1|subject,data=BtheB_long,
+ na.action=na.omit)
R> BtheB_lme2=lme(bdi~bdi.pre+time+treatment+drug+
+ length, random=~time|subject,data=BtheB_long,
+ na.action=na.omit)
R> anova(BtheB_lme1,BtheB_lme2)
           Model df      AIC      BIC    logLik   Test  L.Ratio p-value
BtheB_lme1     1  8 1882.903 1911.808 -933.4513
BtheB_lme2     2 10 1886.336 1922.467 -933.1681 1 vs 2 0.566461  0.7533

> ylim=range(BtheB[,grep("bdi",names(BtheB))],
+ na.rm=TRUE)
> tau=subset(BtheB,treatment=="TAU")[,
+ grep("bdi",names(BtheB))]
> par(mfrow=c(1,2))
```

```
> boxplot(tau,main="Treated as Usual",ylab="BDI",
+ xlab="Time(in months)",names=c(0,2,3,5,8),
+ ylim=ylim)
> btheb=subset(BtheB,treatment=="BtheB")[,
+ grep("bdi",names(BtheB))]
> boxplot(btheb,main="Beat the Blues",ylab="BDI",
+ xlab="Time (in months)",names=c(0,2,3,5,8),
+ ylim=ylim)
```

이 데이터에 대해서는 단순 변량절편모형이 더 적절하다. 이 모형에 대한 적합 결과는 다음의 R 코드를 사용한다.

```
R> summary(BtheB_lme1)
Linear mixed-effects model fit by REML
 Data: BtheB_long
      AIC      BIC    logLik
  1882.903 1911.808 -933.4513

Random effects:
 Formula: ~1 | subject
        (Intercept) Residual
StdDev:    7.206358 5.028555

Fixed effects: bdi ~ bdi.pre + time + treatment + drug + length
                    Value Std.Error  DF   t-value p-value
(Intercept)      5.573746 2.2995442 182  2.423848  0.0163
bdi.pre          0.640351 0.0799164  92  8.012758  0.0000
time            -0.701598 0.1469407 182 -4.774702  0.0000
treatmentBtheB -2.315105 1.7151530  92 -1.349795  0.1804
drugYes         -2.815994 1.7729198  92 -1.588337  0.1156
length>6m        0.179015 1.6816346  92  0.106453  0.9155
 Correlation:
```

```
                (Intr) bdi.pr time   trtmBB drugYs
bdi.pre         -0.683
time            -0.232  0.019
treatmentBtheB -0.390  0.121  0.017
drugYes         -0.074 -0.236 -0.022 -0.323
length>6m       -0.244 -0.241 -0.036  0.002  0.157

Standardized Within-Group Residuals:
       Min         Q1         Med         Q3         Max
-2.6869948 -0.5084732 -0.0608478  0.4206731  3.8141401

Number of Observations: 280
Number of Groups: 97
```

이 연구에서 가장 관심있는 효과는 물론 처리효과이며 5% 유의수준에서 유의하지 않음을 보여준다. 유일하게 유의한 효과는 시간(time)이며 BDI에 대한 회귀계수가 음수라서 연구기간 8개월 동안 BDI 값은 감소함을 알 수 있다.

이제 앞서 보고한 분석에서 중도탈락이 어떻게 분석에 영향을 미치는지 간단하게 생각해볼 필요가 있다. 경시적데이터에서 환자들이 중도탈락하여 데이터분석에서 야기되는 문제를 이해하기위해 Rubin(197)에 의해 도입된 중도탈락 매커니즘(mechanism)을 분류해 고려해 보아야한다. 관련된 매커니즘 형태는 분석에 대한 어떤 접근이 적절한지 아닌지를 내포한다.

• **완전 랜덤 중도탈락**(Dropout completely at random: DCAR)

환자가 중도탈락할 확률은 반응변수의 관측값 또는 결측값에 의존하지 않는다. 결과적으로 관측값은 모든 개체에서 얻은 값에 대해 단순임의표본(simple random sample)을 구성한다. 가능한 예들 들면, 시험튜브의 누락으로 결측된 실험실 측정값(측정값에 대한 정보때문에 탈락되지않는다면), 연구기간 중 사고로 인한 참여자의 죽음 또는 다른 지역으로 이사간 참여자 등을 들 수 있다. 경시적데이터에서 때때로 일어날 수 있는 결측값으로 환자가 일시적인 이유로 병원방문을 놓친 경우는 DCAR로 가정할 수 있다. 완전히 랜덤한 중도탈락은 데이터 분석에 거의 문제를 일으키지 않지만 이러한 가정은 매우 강한 가정이 된다.

• **랜덤 중도탈락(Dropout at random: DAR)**

랜덤 중도탈락은 중도탈락 확률이 결과측정에 의존할 경우 발생한다. 과거에 관측된 결과 측정에는 의존하지만 이러한 정보가 주어진 경우 중도탈락이후 미래 관측에 대해서는 조건부 독립이 성립하는 경우이다. 여기서 "결측(missingness)"은 관측된 값에만 의존하며, 만약 정해진 시점까지 같은 공변량과 같은 과거 이력을 갖는다면, 특정 시점에서 중도탈락한 개체의 미래 관측에 대한 분포는 그 당시 계속 남아있는 개체에 대한 미래 관측에 대한 분포와 동일하다고 가정한다. Muray와 Findlay(1988)는 결과측정을 이완기 혈압(diastolic blood pressure)으로 측정하는 고혈압 약 연구에서 이러한 결측값에 대한 종류 예를 제공한다. 이 연구의 프로토콜에서는 혈압이 너무 큰 환자는 연구에서 제거하는 것으로 명시한다. 여기서 참여자가 중도탈락하기 전 중도탈락 시점에서의 혈압이 측정되므로 비록 혈압값에 의존하더라도 이러한 중도탈락 매커니즘은 DCAR이 아니고 중도탈락이 데이터의 관측된 부분에 의존하므로 DAR이다. DAR 매커니즘의 다른 예는 반응 측정이 체질량지수(body mass index: BMI)인 연구로 Heitjan(1997)이 제공한다. 초기 방문시 BMI 값이 높은 사람이 중간에 체중이 줄거나 늘거나에 관계없이 당황스러움으로 인해 이후 측정을 피한 경우로 결측값을 얻었다고 하자. 여기서의 결측값은 DCAR이 아니고 DAR이다; 따라서 DCAR 매커니즘으로 데이터에 적용된 방법은 잘못된 결론을 이끌 수 있다.

• **무시할 수 없는 중도탈락(Non-ignorable, 때로는 informative)**

중도탈락 매커니즘에 대한 마지막 종류는 중도탈락확률이 기록되지 않은 결측값에 의존하는 것이다 - 관측된 결과값이 보통의 경우보다 체계적으로 크거나 작을 경우 관측값은, 환자가 탈락하지 않더라도, 결측이 될 수 있다(아마도 이러한 경우는 조건에 따라 매우 악화되거나 매우 향상된 경우일 수 있다). 의학적이 아닌 예를 들면, 적은 수입(income) 수준을 가진 개인 또는 매우 높은 수준의 수입을 가진 개인이 인터뷰에서 개인의 수입을 제공하지 않을 수 있다. 임상 시험의 경시적 연구에서 혈압이 매우 높을 경우 이러한 값을 관측값에 포함하지 않는다거나 고통(pain)이 과도한 경우 관련된 고통점수를 기록하지 않는 경우로 중도탈락하는 예가 있다. BDI 사례에서 보면, 개체는 마지막 방문이후로 체중이 늘어났을 경우 측정받기를 피하는 경향이 있었으며 이러한 데이터는 무시할 수 없는(non-ignorable) 결측이다. 이러한 중도탈락 매커니즘으로 발생한 결측값을 포함한 데이터를 다루는 것은 어렵다. 이러한 데이터에 대한 정확한 분석은 결측값이 발생하는 결측 확률에 대한 의존성을 추정해야만 한다. 이러한 추정을 시도하는 모형과 소프트웨어가 사용가능하지만 (예를 들어, Diggle과 Kenward 1994) 기계적인 순서로 분석할 수 있지 않으며 또한 관련된 모수추정값이 비현실적일 수 있음을 기억해야한다.

어떤 중도탈락 매커니즘에서 혼합효과모형이 유효하다고 할 수 있을까? 중도탈락 매커니즘이 DAR인 경우 상대적으로 약한 가정에서 이런 모형은 유효한 결과를 준다고 알려져 있다(Carpenter, Pocock과 Lamm 2002). 결측값이 정보를 주는 경우(informative) 어떤 분석이든지 잠재적으로 문제점을 갖게 된다. 그러나 Diggle과 Kenward(1994)는 정보형 중도탈락을 포함한 경시적데이터에 대한 모형화 방법을 개발하였다. 랜덤 또는 완전히 랜덤 중도탈락 매커니즘의 경우는 모형으로 명시할 수 있다. 이러한 과정의 중요한 특성은 중도탈락 확률에 대한 로지스틱 회귀모형(logistic regression model)으로, 설명변수들이 반응변수의 이전 값을 포함하며 중도탈락에서 관측되지않은 값은 잠재변수로 간주한다. 다시 말해서, 중도탈락 확률은 관측된 측정 이력과 중도탈락에서 관측되지않은 값에 의존한다. 이러한 관점은 중도탈락 매커니즘에 대한 평가와 관심있는 효과 추정을 허용한다. 예를 들어, 중도탈락 매커니즘에 대한 서로 다른 가정하에서의 처리 효과 추정을 할 수 있다. Diggle과 Kenward(1994)에서 이러한 모형에 대한 자세한 기술적인 설명을 하며 이러한 접근법을 사용한 구체적인 예는 Carpenter et al.(2002)에서 보여준다.

데이터셋에서 중도탈락 매커니즘을 확인하고자 노력하는 조사자에게 발생하는 문제 중 하나는, 비록 주로 이 문제에 관해 활용되는 그래프적 기법이 있더라도, 도움을 받을 수 있는 일상적인 방법이 없다는 것이다.

중도탈락 매커니즘을 평가하고자 Carpenter et al.(2002)에서 소개된 한 가지 매우 간단한 그래프 기법을 설명하고자 한다. 환자에 대한 두 개 범주: 다음 예정된 방문을 한 경우와 방문을 하지 않은 경우를 두 범주로 구별하여 각 시점에서 각 처리그룹에 대한 관측값을 점찍는다. 두 범주 데이터의 분포간에 뚜렷한 차이가 있다면 중도탈락이 완전히 랜덤(CAR)이 아님을 의미한다. Beat and Blues 데이터의 이러한 두 범주에 대한 분포는 [그림 8.10]에서 보여준다. 예정된 방문을 한 환자들(circles)과 방문하지 않은 환자들(bullets)에 대한 BDI 값에 대한 분포를 비교할 경우, 명백한 차이가 보이지 않으므로 여기서의 중도탈락 매커니즘은 완전히 랜덤(CAR)으로 가정하는 것이 적당하다.

```
> bdi=BtheB[,grep("bdi",names(BtheB))]
> plot(1:4,rep(-0.5,4),type="n",axes=FALSE,
+        ylim=c(0,50),xlab="Months",ylab="BDI")
> axis(1,at=1:4,labels=c(1,2,3,5))
> axis(2)
```

```
> for(i in 1:4){
+               dropout=is.na(bdi[,i+1])
+               points(rep(i,nrow(bdi))+ifelse(dropout,0.05,-0.05),
+                      jitter(bdi[,i]),pch=ifelse(dropout,20,1))
+ }
```

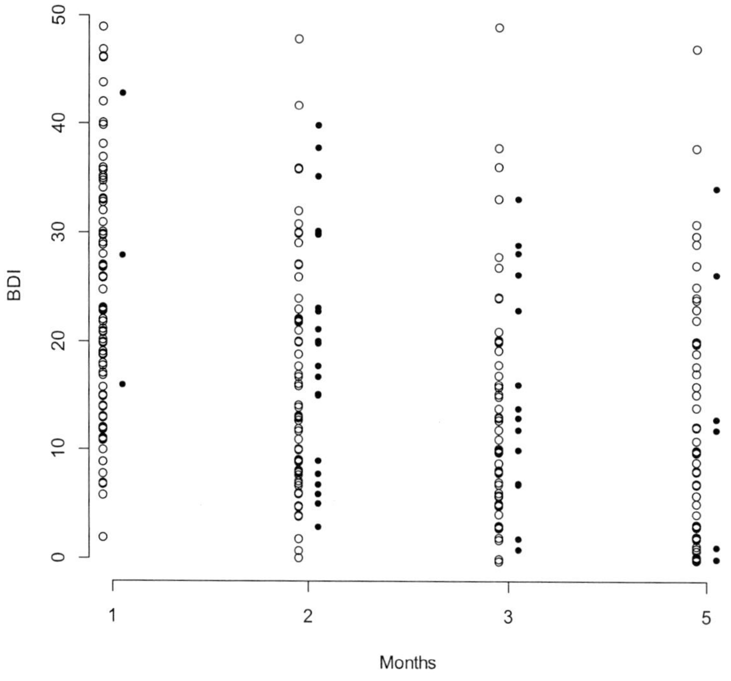

[그림 8.10] 환자들의 BDI 값 분포. 원은 다음 예정된 방문을 행한 사람, 점은 행하지 않은 사람을 나타낸다.

8.5 요약

일반적으로 선형 혼합효과모형은 특별히 경시적데이터와 반복측정데이터 모형화에 대단히 유용하다. 이러한 모형에서는 반복측정간 상관성을 설명할 수 있어 반복측정된 반응값에 대한 관심있는 공변량에 관련하여 정확한 추론을 할 수 있도록 한다. 이번 장에서는 연속형 반응값과 설명변수에 의해 조건화된 반응값과 정규분포를 따르는 변량효과에 대해 집중하였다. 그러나 변량효과모형은 비정규분포(non-normal) 반응변수에도 응용될 수 있으며 예를 들어, 이진(binary) 변수의 경우에는 Everitt(2002)과 Skrondal과 Rabe-Hesketch(2004)

를 참조하면 된다.

반복측정데이터에서 독립성 결여(lack of independence)는 그러한 데이터에 대한 모형화를 도전적인 문제로 만든다. 그러나 반응에 대한 한 번 측정의 경우에도, 어떤 상황에서는, 서로 다른 개체간 상관성이 존재하여 반복측정데이터와 유사한 문제가 발생한다. 예를 들어, 여러 연구센터에서 각 환자를 모집하여 시행하는 확률화 임상시험을 고려해보자. 다중센터 설계는 적절한 표본크기를 구하고 결과의 일반성을 높이는데 도움이 된다. 그러나, 환자 특성과 의학적 진료 패턴 등과 같이 센터마다 변동하는 요인(factor)이 있는 경우, 군집성(clustering)을 무시한 추론은 심각하게 잘못될 수 있다. 그러므로 센터에 대한 변량효과를 분석에 통합시키는 것이 필수적이다.

8.6 연습문제

8.1 `timber` 데이터에 적합된 최종 모형은, 비록 필요하지만, 적합선이 원점을 지나도록 제한하지 않았다. 이러한 조건이 만족되도록 수정된 모형을 적합하고 새롭게 추정값에 대한 그림을 그리시오.

8.2 `glucose challenge` 데이터에 대해 변량 이차 효과(random quadratic effect)를 허용한 모형에 대해 조사하시오.

8.3 `Beat and Blues` 데이터에 대해 독립성 모형을 적합하고 교재에서 설명한 변량절편모형으로 추정된 처리효과 신뢰구간을 비교하시오.

8.4 `Beat and Blues` 연구에서 두 처리 그룹에 대해, 평균 프로파일과 이 장에서 사용한 모형하에서 추정된 평균 프로파일 그림을 그리시오. 시간 효과만 포함한 모형에 대해서도 같은 작업을 하시오.

8.5 `Beat and Blues` 데이터에 대해 처리(treatment)와 시간(time)의 상호작용에 대한 증거가 있는지 조사하시오.

참고문헌

Affifi, A. A. , Clark, V. A., and May, S. (2004), *Computer-Aided Multivariate Analysis*, London, UK: Chapman & Hall, 4th edition. Cited on p.99.

Anonymous (1988), "Statistical abstract of the USA," Technical Report 159, U.S. Department of Commerce, Washington, DC. Cited on p.186, 188.

Banfield, J. D. and Raftery, A. E. (1993), "Model-based Gaussian and non Gaussian clustering," *Biometrics*, 49, 803-821. Cited on p.186, 188.

Barlow, R. E., Bartholomew, D. J., Bremner, J. M., and Brunk, H. D. (1972), *Statistical Inference under Order Restrictions*, New York: John Wiley & Sons. Cited on p. 123.

Bartholomew, D. J. and Knott, M. (1987), *Latent Variable Models and Factor Analysis*, London, UK: Griffin. Cited on p. 147.

Bartholomew, D. J. (2005). "History of factor analysis: A statistical perspective," *in Encyclopedia of Statistics in Behavioral Science*, eds. B. S. Everitt and D. Howell, Chichester, UK: John Wiley & Sons. Cited on p. 136.

Bartlett, M. S. (1947), "Multivariate analysis," *Journal of the Royal Statistical Society*, Series B, 9, 176-197. Cited on p. 103.

Beck, A., Steer, R. and Brown, G. (1996), BDI-II Manual, The Psychological Corportation, San Antonio, TX, 2nd edition, Cited on p. 248.

Becker, C. and Gather, U. (2001), " The largest nonidentifiable outlier: A comparison of multivarite simultaneous outlier identification rules," *Computational Statistics & Data Anlaysis*, 36, 119-127, Cited on p. 23.

Bellman, R. (1961), *Adaptive Control Processes*, Princeton, NJ:Princeton University Press, Cited on p. 61.

Bentler, P. (1980), "Multivariate analysis with latent variables: Causal modeling," *Annual Review of Psychology*, 31, 419-456. Cited on p. 202.

Bentler, P. (1982), "Linear systems with multiple levels and types of latent variables" *in Systems under Indirect Observation*, eds. K. G. Jöreskog and H. Wold, Amsterdam: North-Holland, pp.101-130. Cited on p. 222.

Benzecri, J. (1992), *Correspondence Analysis Handbook*, New York: Marcel Dekker Inc. Cited on p. 127.

Blackith, R. E. and Reyment, R. A. (1971), *Multivariate Morphometrics*, London, UK: Academic Press. Cited on p. 144.

Blalock, H. M. J. (1961), "Correlation and causality: The multivariate case," *Social Forces*, 39, 246-251. Cited on p. 202.

Blalock, H. M. J. (1963), "Making causal inferences for unmeasured variables from correlations among indicators," *The American Journal of Sociology*, 69, 53-62. Cited on p. 202.

Bollen, K. and Long, J. (1993), *Testing Structural Equation Models*, Newbury Park, CA: Sage Publications. Cited on p. 204, 205.

Bouguila, N. and Amayri, O. (2009), "A discrete mixture-based kernel for SVMs: Application to spam and image categorization," *Information Processing and Management*, 45, 631-642. Cited on p. 186.

Branchaud, E. A., Cham, J. G., Nenadic, Z., Andersen, R. A., and Burdick, J. (2010), "A miniature robot for autonomous single neuron recordings," *Proceedings of the 2005 IEEE International Conference on Robotics and Automation*, pp. 1920-1926. Cited on p. 186.

Browne, M. (1982), "Covariance structures," *in Topics in Applied Multivariate Analysis*, ed. D. M. Hawkins, London, UK: Cambridge University Press. Cited on p. 204, 222.

Browne, M. W. (1974), "Generalized least squares estimates in the analysis of covariance structures," *South African Statistical Journal*, 8, 1-24. Cited on p. 202.

Calsyn, J. R. and Kenny, D. A. (1977), "Self-concept of ability and perceived evaluation of others. Cause or effect of academic achievement?" *Journal of Educational Psychology*, 69, 136-145. Cited on p. 206.

Carpenter, J., Pocock, S., and Lamm, C. J. (2002), "Coping with missing data in clinical trials: A model-based approach applied to asthma trials," *Statistics in Medicine*, 21, 1043-1066. Cited on p. 255.

Carroll, J., Clark, L., and DeSarbo, W. (1984), "The representation of three-way proximity data by single and multiple tree structure models," *Journal of Classification*, 1, 25-74. Cited on p. 106.

Carroll, J. B. (1953), "An analytical solution for approximating simple structure in factor analysis," *Psychometrika*, 18, 23-38. Cited on p. 146.

Carroll, J. D. and Arabie, P. (1980), "Multidimensional scaling," *Annual Review of Psychology*, 31, 607-649. Cited on p. 106.

Cattell, R. B. (1966), "The scree test for the number of factors," *Multivariate Behavioral Research*, 1, 245-276. Cited on p. 72.

Celeux, G. and Govaert, G. (1995), "A classification EM algorithm for clustering and two stochastic versions," *Computational Statistics & Data analysis*, 14, 315-332. Cited on p. 188.

Chambers, J. M., Cleveland, W. S., Kleiner, B., and Tukey, P. A. (1983), *Graphical Methods for Data Analysis*, London, UK: Chapman & Hall/CRC. Cited on p. 25.

Chatfield, C. and Collins, A. (1980), *Introduction to Multivariate Analysis*, London, UK: Chapman & Hall. Cited on p. 159.

Chernoff, H. (1973), "The use of faces to represent points in k-dimensional space graphically," *Journal of the American Statistical Association*, 68, 361-368. Cited on p. 38.

Cliff, N. (1983), "Some cautions concerning the application of causal modeling methods," *Multivariate Behavioral Research*, 18, 115-126. Cited on p. 222.

Cook, D. and Swayne, D. F. (2007), *Interactive and Dynamic Graphics for Data Analysis*, New York: Springer-Verlag. Cited on p. 26, 199.

Corbet, G. B., Cummins, J., Hedges, S. R., and Krzanowski, W. J. (1970), "The taxonomic structure of British water voles, genus *Arvicola*," *Journal of Zoology*, 61, 301-316. Cited on p. 117.

Crowder, M. J. (1998), "Nonlinear growth curve," in *Encyclopedia of Biostatistics*, eds. P. Armitage and T. Colton, Chichester, UK: John Wiley & Sons. Cited on p. 226.

Dai, X. F., Erkkila, T., Yli-Harja, O., and Lahdesmaki, H. (2009), "A joint finite mixture model for clustering genes from independent Gaussian and beta distributed data," *BMC Bioinformatics*, 10. Cited on p. 186.

Dalgaard, P. (2002), *Introductory Statistics with R*, New York: Springer-Verlag. Cited on p. viii.

Davis, C. S. (2003), *Statistical Methods in the Analysis of Repeated Measurements*, New York: Springer- Verlag. Cited on p. 226, 232.

Day, N. (1969), "Estimating the components of a mixture of normal distributions," *Biometrika*, 56, 463-474. Cited on p. 187.

de Leeuw, J. (1983), "On the prehistory of correspondence analysis," *Statistica Neerlandica*, 37, 161-164. Cited on p. 127.

Dempster, A., Laird, N., and Rubin, D. (1977), "Maximum likelihood from incomplete data via the EM algorithm," *Journal of the Royal Statistical Society, Series B*, 39, 1-38. Cited on p. 255.

Diggle, P. J. (1998), "Dealing with missing values in longitudinal studies," in *Statistical Analysis of Medical Data*, eds. B. S. Everitt and G. Dunn, London, UK: Arnold. Cited on p. 255.

Diggle, P. J., Heagerty, P. J., Liang, K. Y., and Zeger, S. L. (2003), *Analysis of Longitudinal Data*, Oxford, UK: Oxford University Press. Cited on p. 232, 235.

Diggle, P. J., and Kenward, M. G. (1994), "Informative dropout in longitudinal data analysis," *Journal of the Royal Statistical Society, Series C*, 43, 49-93. Cited on p. 255.

Duncan, O. (1969), "Some linear models for two-wave, two-variable panel analysis," *Psychological Bulletin*, 72, 177-182. Cited on p. 202.

Dunson, D. B. (2009), "Bayesian nonparametric hierarchical modeling," *Biometrical Journal*, 51, 273-284. Cited on p. 186.

Everitt, B. (1984), *An Introduction to Latent Variable Models*, London, UK: Chapman & Hall. Cited on p. 142, 187, 203.

Everitt, B. (1987), *Introduction to Optimization Methods and Their Application in Statistics*, London, UK: Chapman & Hall. Cited on p. 142.

Everitt, B. and Bullmore, E. (1999), "Mixture model mapping of brain activation in functional magnetic resonance images," *Human Brain Mapping*, 7, 1-14. Cited on p. 186.

Everitt, B. and Hand, D. (1981), *Finite Mixture Distributions*, Chapman & Hall/CRC. Cited on p. 186, 187, 188.

Everitt, B. S. (2002), *Modern Medical Statistics*, London, UK: Arnold. Cited on p. 255, 257.

Everitt, B. S. and Dunn, G. (2001), Applied Multivariate Data Analysis, London, UK,: Arnold, 2nd edition. Cited on p. 203, 209.

Everitt, B. S., Landau, S., Leese, M., and Stahl, D. (2011), *Cluster Analysis*, Chichester, UK: John Wiley & Sons, 5th edition. Cited on p. 165, 166, 171, 176, 180, 198.

Everitt, B. S., and Rabe-Hesketh, S. (1997), *The Analysis of Proximity Data*, London, UK:Arnold. Cited on p. 106.

Farmer, S. A. (1971), "An investigation into the results of principal components analysis of data derived from random numbers," *Statistician*, 20, 63-72. Cited on p. 72.

Fayyad, U. M., Piatetsky-Shapiro, G., Smyth, P., and Uthurusamy, R., eds. (1996), *Advances in Knowledge Discovery and Data Mining*, Menlo park, CA: AAAI Press/The MIT Press. Cited on p. 4.

Fisher , N. I. and Switzer, P. (1985), "Chi-plots for assessing dependence," *Biometrika*, 72, 253-265. Cited on p. 34.

Fisher , N. I. and Switzer, P. (2001), "Graphical assessment of dependence: Is a picture worth a 100 tests?" *The American Statistician*, 55, 233-239. Cited on p. 34.

Fox, J., Kramer, A., and Friendly, M. (2010), sem: Structural Equation Models, URL http://CRAN.R-project.org/package=sem, R package version 0.9-21. Cited on p. 207.

Fraley, C. and Raftery, A. (2010), mclust: Model-Based Clustering / Normal Mixture Modeling, URL http://CRAN.R-project.org/package=mclust, R package version 3.4.8. Cited on p. 191.

Fraley, C. and Raftery, A. E. (2002), "Model-based clustering, discriminant analysis, and density estimation," *Journal of the American Statistical Association*, 97, 611-631. Cited on p. 188.

Fraley, C. and Raftery, A. E. (2003), "Enhanced model-based clustering, density estimation, and discriminant analysis software: MCLUST," *Journal of Classification*, 20, 263-286, Cited on p. 188.

Fraley, C. and Raftery, A. E. (2007), "Bayesian regulazation for normal mixture estimation and model-based clustering," *Journal of Classification*, 24, 155-181. Cited on p. 188.

Frets, G. P. (1921), "Heredity of head form in man," *Genetica*, 3, 193-384. Cited on p. 96.

Fruhwirth-Schnatter, S. (2006), *Finite Mixture and Markov Switching Models*, New York: Springer-Verlag. Cited on p. 186.

Gabriel, K. R. (1971), "The biplot graphic display of matrices with application to principal component analysis," *Biometrika*, 58, 453-467. Cited on p. 92.

Gabriel, K. R. (1981), "Biplot display of multivariate matrices for inspection of data and diagnosis," in *Interpreting Multivariate Data*, ed. V. Barnett, Chichester, UK: John Wiley & Sons. Cited on p. 93.

Ganesalingam, J., Stahl, D., Wijesekera, L., Galtrey, C. E., Leigh, P. N., and Al-Chalabi, A. (2009), "Latent cluster analysis of ALS phenotypes identifies prognostically differing groups," *PLoS One*, 4. Cited on p. 186.

Gansner, E. and North, S. (2000), "An open graph visualization system and its applications to software engineering," *Software-Practice & Experience*, 30, 1203-1233. Cited on p. 210.

Goldberg, K. and Iglewicz, B. (1992), "Bivariate extensions of the boxplot," *Technometrics*, 34, 307-320. Cited on p. 28, 31.

Gordon, A. (1999), *Classification*, Boca Raton, FL: Chapman & Hall/CRC, 2nd edition. Cited on p. 165.

Gordon, A. D. (1987), "A review of hierarchical classification," *Journal of the Royal Statistical Society, Series A*, 150, 119-137. Cited on p. 165.

Gorsuch, R. L. (1983), Factor Analysis, Hillsdale, NJ: Lawrence Erlbaum Associates, 2nd edition. Cited on p. 93.

Gower, J. (1966), "Some distance properties of latent root and vector methods used in multivariate analysis," *Biometrika*, 53, 325-338. Cited on p. 109.

Gower, J. C. and Hand, D. J. (1996), *Biplots*, London, UK: Chapman & Hall/CRC. Cited on p. 93.

Gower, J. C. and Ross, G. J. S. (1969), "Minimum spanning trees and single linkage cluster analysis," *Applied Statistics*, 18, 54-64. Cited on p. 121.

Greenacre, M. (1992), "Correspondence analysis in medical research," *Statistical Methods in Medical Research*, 1, 97. Cited on p. 129, 131.

Greenacre, M. (2007), *Correspondence Analysis in Practice*, Boca Raton, FL: Chapman & Hall/CRC, 2nd edition. Cited on p. 128.

Guadagnoli, E. and Velicer, W. F. (1988), "Relation of sample size to the stability of component patterns," *Psychological Bulletin*, 103, 265-275. Cited on p. 93.

Hand, D. J., Daly, F., Lunn, A. D., McConway, K. J., and Ostrowski, E. (1994), A *Handbook of Small Datasets*, London, UK: Chapman & Hall/CRC. Cited on p. 79, 171.

Hand, D. J., Mannila, H. and Smyth, P. (2001), *Principles of Data Mining*, Cambridge, MA: The MIT Press. Cited on p. 4.

Hasselbald, V. (1966), "Estimation of parameters for a mixture of normal distributions," *Technometrics*, 8, 431-444. Cited on p. 187.

Hasselblad, V. (1969), "Estimation of finite mixtures of distributions from the exponential family," *Journal of the American Statistical Association*, 64, 1459-1471. Cited on p. 187.

Hatcher, L. (1994), *A step-by-step Approach to Using the SAS System for Factor Analysis and Structural Equation Modeling*, Cary, NC: SAS Institute. Cited on p. 93.

Heitjan, D. F. (1997), "Annotation: What can be done about missing data? Approaches to imputation," *American Journal of Public Health*, 87, 548-550, Cited on p. 254.

Hendrickson, A. and White, P. (1964), "Promax: A quick method for ratation to oblique simple structure," *British Journal of Mathematical and Statistical Psychology*, 17, 65-70. Cited on p. 147.

Hershberger, S. L. (2005), "Factor score estimation," in *Encyclopedia of Behavioral Statistics*, eds. B. S. Everitt and D. C. Howell, Chichester, UK: John Wiley & Sons. Cited on p. 148.

Heywood, H. (1931), "On finite sequences of real numbers," *Proceedings of the Royal Society of London, Series A, Containing Papers of a Mathematical and Physical Character*, 134, 486-501. Cited on p. 142.

Hills, M. (1977), "Book review," *Applied Statistics*, 26, 339-340. Cited on p. 159.

Hotelling, H. (1933), "Analysis of a complex of statistical variables into principal components," *Journal of Educational Psychology*, 24, 417-441. Cited on p. 101.

Huba, G. J., Wingard, J. and Bentler, P. (1981), "A comparision of two latent variable causal models for adolescent drug use," *Journal of Personality and Social Psychology*, 40, 180-193. Cited on p. 151, 211, 216.

Hyvarinen, A. (1999), "The fixed-plot algorithm and maximum likelihood estimation for independent component analysis," Neural Processing Letters, 10, 1-5. Cited on p. 102.

Hyvarinen, A., Karhunen, L., and Oja, E. (2001), *Independent Component Analysis*, New York: John Wiley & Sons. Cited on p. 102.

Izenman, A. J. (2008), *Modern Multivariate Techniques*, New York: Springer-Verlag. Cited on p. 102.

Jennrich, R. and Sampson, P. (1966), "Rotation for simple loadings," *Phychometrika*, 31, 313-323. Cited on p. 146.

Jolliffe, I. (1972), "Discarding variables in a principal component analysis. I: Artificial data," *Journal of the Royal Statistical Society*, Series C, 21, 160-173. Cited on p. 72.

Jolliffe, I. (1989), "Rotation of ill-defined principal components," *Journal of the Royal Statistical Society, Series C*, 38, 139-148. Cited on p. 147.

Jolliffe, I. (2002), *Principal Component Analysis*, New York: Springer-Verlag. Cited on p. 63, 64, 66, 71, 89, 90, 142.

Jones, M. C. and Sibson, R. (1987), "What is projection pursuit?" *Journal of the Royal Statistical Society*, Series A, 150, 1-38. Cited on p. 199.

Joreskog, K. G. (1973), "Analysis of covariance structures," in *Multivariate Analysis, Volume II*, ed. P. R. Krishnaiah, New York: Academic Press. Cited on p. 202.

Joreskog, K. G. and Sorbom, D. (1981), "Analysis of linear structural relationships by maximum likelihood and least squares," Technical Report 81-8, University of Uppsala, Uppsala, Sweden. Cited on p. 221.

Kaiser, H. (1958), "The varimax criterion for analytic rotation in factor analysis," *Psychometrika*, 23, 187-200. Cited on p. 72, 146.

Kaufman, L. and Rousseeuw, P. J. (1990), *Finding Groups in Data: An Introduction to Cluster Analysis*, New York: John Wiley & Sons. Cited on p. 133.

Kenward, M. G. and Roger, J. H. (1997), "Small sample inference for fixed effects from restricted maximum likelihood," *Biometrics*, 53, 983-997. Cited on p. 238.

Keyfitz, N. and Flieger, W. (1971), *Population: Facts and Methods of Demography*, San Francisco, CA: W.H. Freeman. Cited on p. 148.

Kruskal, J. B. (1964a), "Multidimensional scaling by optimizing goodness-of-fit to a nonmetric hypothesis," *Psychometrika*, 29, 1-27. Cited on p. 121.

Kruskal, J. B. (1964b), "Nonmetric multidimensional scaling: A numerical method," *Psychometrika*, 29, 115-129. Cited on p. 123.

Krzanowski, W. J. (1988), *Principles of Multivariate Analysis*, Oxford, UK: Oxford University Press. Cited on p. 95.

Krzanowski, W. J. (2010), "Canonical correlation," in *Encyclopaedic Companion to Medical Statistics*, eds. B. Everitt and C. Palmer, Chichester, UK: John Wiley & Sons, 2nd edition. Cited on p. 96, 99, 101.

Lawley, D. and Maxwell, A. (1963), *Factor Analysis as a Statistical Method*, London, UK: Butterworths. Cited on p. 142.

Leisch, F. (2010), "Neighborhood graphs, stripes and shadow plots for cluster visualization," *Statistics and Computing*, 20, 457-469. Cited on p. 191.

Leisch, F. and Dimitriadou, E. (2009), flexclust: Flexible Cluster Algorithms, URL http://CRAN.R-project.org/package=flexclust, R package version 1.3-1. Cited on p. 194.

Ligges, U. (2010), scatterplot3d: 3D Scatter plot, URL http://CRAN.R-project.org/package=scatterplot3d, R package version 0.3-31. Cited on p. 47.

Little, R. (2005), "Missing data," in *Encyclopedia of Statistics in Behavioral Science*, eds. B. S. Everitt and D. Howell, Chichester, UK: John Wiley & Sons, pp. 1234-1238. Cited on p. 6.

Little, R. and Rubin, D. (1987), *Statistical Analysis with Missing Data*, New York: John Wiley & Sons. Cited on p. 6.

Longford, N. T. (1993), *Random Coefficient Models*, Oxford, UK: Oxford University Press. Cited on p. 235.

MacCullum, R. C., Browne, M. W., and Sugawara, H. M. (1996), "Power analysis and determination of sample size for covariance structure models," *Psychological Methods*, 1, 130-149. Cited on p. 222.

MacDonnell, W. R. (1902), "On criminal anthropometry and the identification of criminals," *Biometrika*, 1, 177-227. Cited on p. 102.

Marchini, J. L., Heaton, C., and Ripley, B. D. (2010), fastICA: FastICA Algorithms to perform ICA and Projection Pursuit, URL http://CRAN.R-project.org/package=fastICA, R package version 1.1-13. Cited on p. 102.

Marcoulides, G. A. (2005), "Structural equation Modeling: Nontraditional alternatives," in *Encyclopedia of Statistics in Behavioral Science*, eds. B. S. Everitt and D. Howell, Chichester, UK: John Wiley & Sons. Cited on p. 222.

Mardia, K. V., Kent, J. T., and Bibby, J. M. (1979), *Multivariate Analysis*, London, UK: Academic Press. Cited on 64, 65, 95, 109, 142, 146, 205.

Marin, J. M., Mengersen, K., and Roberts, C. (2005), "Bayesian modeling and Inferences on mixtures of distribution," in *Bayesian Thinking, Modeling and Computation*, eds. D. Dey and C. R. Rao, Amsterdam: Elsevier, pp. 15840-15845. Cited on p. 186, 188.

Marriott, F. (1974), *The Interpretation of Multiple Observations*, London, UK: Academic Press. Cited on p. 88.

McLachlan, G. and Basford, K. (1988), *Mixture Models : Inference and Applications to Clustering*, New York: Marcel Dekker Inc. Cited on p. 186.

McLachlan, G. and Peel, D. (2000), *Finite Mixture Models*, New York: John Wiley & Sons. Cited on p. 186, 188.

Meghani, S. H., Lee, C. S., Hanlon, A. L., and Bruner, D. W. (2009), "Latent class cluster analysis to understand heterogeneity in prostate cancer treatment utilities," *BMC Medical Informatics and Decision Making*, 9. Cited on p. 186.

Meyer, W. and Bendig, A. (1961), "A longitudinal study of the primary mental abilities test," *Journal of Educational Psychology*, 52, 50-60. Cited on p. 223.

Morrison, D. (1990), *Multivariate Statistical Methods*, New York: McGraw-Hill, 3rd edition. Cited on p. 64.

Murray, G. D. and Findlay, J. G. (1988), "Correcting for bias caused by dropouts in hypertension trials," *Statistic in Medicine*, 7, 941-946. Cited on p. 254.

Muthen, B. O. (1978), "Contributions to factor analysis of dichotomous variables," *Psychometrika*, 43, 551-560. Cited on p. 159.

Muthen, B. O. (1984), "A general structural equation model with dichotomous, ordered categorical, and continous latent variable indicators," *Psychometrika*, 49, 115-132. Cited on p. 222.

Muthen, L. K. and Muthen, B. O. (2002), "How to use a Monte Carlo study to decide on sample size and determine power," *Structural Equation Modeling*, 9, 599-620. Cited on p. 222.

Needham, R. M. (1965), "Computer methods for classification and grouping," in *The Use of Computers in Anthropology*, ed. J. Hymes, The Hague: Mouton, pp. 345-356. Cited on p. 164.

Osborne, J. W. and Costello, A. B. (2004), "Sample size and subject to item ratio in principal components analysis," *Practical Assessment, Research & Evaluation*, 9, URL http://www.pareonline.net/getvn.asp?v=9&n=11. Cited on p. 93.

Gascuel, O., Heibl, C., Lawson, D., Lefort, V., Legendre, P., Lemon, J., Noel, Y., Nylander, J., Opgen-Rhein, R., Schliep, K., Strimmer, K., and de Vienne, D. (2010), ape: Analyses of Phylogenetics and Evolution, URL http://CRAN.R-project. org/package=ape, R package version 2.6-2. Cited on p. 121.

Pearson, K. (1901), "LIII. on lines and planes of closest fit to systems of points in space," *Philosophical Magazine Series 6*, 2, 559-572. Cited on p. 101.

Pett, M., Lackey, N., and Sullivan, J. (2003), *Making Sense of Factor Analysis: The Use of Factor Analysis for Insrument Development in Health Care Research*, Thousand Oaks, CA: Sage Publications. Cited on p. 146.

Pinheiro, J., Bates, D., DebRoy, S., Sarkar. D., and R Development Core Team (2010), nlme:Linear and Nonlinear Mixed Effects Models, URL http://CRAN.R- project.org/package=nlme, R package version 3.1-97. Cited on p. 235.

Pinker, S. (1997), *How the Mind Works*, London, UK: The Penguin Press. Cited on p. 163.

Pledger, S. and Phillpot, P. (2008), "Using mixtures to model heterogeneity in ecological capture-recapture studies," *Biometrical Journal*, 50, 1022-1034. Cited on p. 163

Prim, R. C. (1957), "Shortest connection networks and some generalizations," *Bell System Technical journal*, 36, 1389-1401. Cited on p. 121.

Proudfoot, J., Goldberg, D., Mann, A., Everitt, B. S., Marks, I., and Gray, J. A. (2003), "Computerized, interactive, multimedia cognitive-behavioral program for anxiety and depression in general practice," *Psychological Medicine*, 33, 217-227. Cited on p. 248.

Rencher, A. (2002), *Methods of Multivariate Analysis*, New York: John Wiley & Sons. Cited on p. 63, 71.

Rencher, A. C. (1995), *Methods of Multivariate Analysis*, New York: John Wiley & Sons. Cited on p. 148.

Rocke, D. and Woodruff, D. (1996), "Identification of outliers in multivariate data," *Journal of the American Statistical Association*, 91, 1047-1061. Cited on p. 23.

Romesburg, H. C. (1984), *Cluster Analysis for Researchers*, Belmont, CA: Lifetime Learning Publications. Cited on p. 123.

Rubin, D. (1976), "Inference and missing data," *Biometrika*, 63, 581-592. Cited on p. 253.

Rubin, D. (1987), *Multiple Imputation for Survey Nonresponse*, New York: John Wiley & Sons. Cited on p. 7.

Rubin, D. B. and Thayer, D. T. (1982), "EM algorithms for ML factor analysis," *Psychometrika*, 47, 69-76. Cited on p. 142.

Sarkar, D. (2008), *Lattice: Multivariate Data Visualization with R*, New York: Springer-Verlag. Cited on p. 51, 52, 57, 180.

Sarkar, D. (2010), lattice: Lattice Graphics, URL http://CRAN.R-project.org/package =lattice, R package version 0.19-13. Cited on p. 51, 180.

Schafer, J. (1999), "Multiple imputation: A primer," *Statistical Methods in Medical Research*, 8, 3-15. Cited on p. 7.

Scheipl, F. (2010), RLRsim: Exact (Restricted) Likelihood Ratio Tests for Mixed and Additive models., URL http://CRAN.R-project.org/package=RLRsim, R package version 2.0-5. Cited on p. 236.

Scheipl, F., Greven, S., and Kuchenhoff, H. (2008), "Size and power of tests for a zero random effect variance or polynomial regression in additive and linear mixed models," *Computational Statistics & Data Analysis*, 52, 3283-3299. Cited on p. 236.

Schmid, D. F. (1954), *Handbook of Graphic Presentation*, New York: Ronald Press. Cited on p. 25.

Schumaker, R. E. and Lomax, R. G. (1996), *A Beginner's Guide to Structural Equation Modeling*, Mahwah, NJ: Lawrence Erlbaum Associates. Cited on p. 202.

Shepard, R. N. (1962a), "The analysis of proximities: Multidimensional scaling with unknown distance function, Part Ⅰ," *Psychometrika*, 27, 125-140. Cited on p. 202.

Shepard, R. N. (1962b), "The analysis of proximities: Multidimensional scaling with unknown distance function, Part Ⅱ," *Psychometrika*, 27, 219-246. Cited on p. 121.

Sibson, R. (1979), "Studies in the robustness of multidimensional scaling. Perturbational analysis of classical scaling," *Journal of the Royal Statistical Society, Series B*, 41, 217-229. Cited on p. 109.

Silverman, B. (1986), *Density Estimation*, London, UK: Chapman & Hall/CRC. Cited on p. 42, 43, 46.

Skrondal, A. and Rabe-Hesketh, S. (2004), *Generalized Latent Variable Modeling: Multilevel, Longitudinal and Structural Equation Models*, Boca Paton, FL: Chapman & Hall/CRC. Cited on p. 186, 232, 235, 257.

Sokal, R. R. and Rohlf, F. (1981), *Biometry*, San Francisco, CA: W. H. Freeman. 2nd edition. Cited on p. .

Spearman, C. (1904), "General intelligence objectively determined and measured," *The American Journal of Psychology*, 15, 201-293. Cited on p. 136.

Stanley, W. and Miller, M. (1979), "Measuring technological change in jet fighter aircraft," Technical Report R-2249-AF, Rand Corporation, Santa Monica, CA, Cited on p. 171.

Steinley, D. (2008), "Stability analysis in k-means clustering," *British Journal of Mathematical and Statistical Psychology*, 61, 255-273. Cited on p. 176.

Thomsen, O. O., Wulff, H. R., Martin, A., and Singer, P. A. (1993), "What do gastronenterologists in Europe tell cancer patients?" The Lancet, 341, 473-476. Cited on p. 189.

Thorndike, R. M. (2005), "History of factor analysis: A psychological perspective," in *Encyclopedia of Statistics in Behavioral Science*, eds. B. S. Everitt and D. Howell, Chichester, UK: John Wiley & Sons. Cited on p. 136.

Thurstone, L. L. (1931), "Multiple factor analysis," *Psychology Review*, 39, 406-427. Cited on p. 145.

Titterington, D., Smith, A., and Makov, U. (1985), *Statistical Analysis of Finite Mixture Distributions*, John Wiley & Sons. Cited on p. 186.

Tubb, A., Parker, N. J., and Nickless, G. (1980), "The analysis of Romano-British pottery by atomic absorption spectrophotometry ," *Archaeometry*, 22, 153-171. Cited on p. .

Tufte, E. R. (1983), *The Visual Display of Quantitative information*, Cheshire, CT: Graphics Press. Cited on p. 25, 26.

van Hattum, P. and Hoijtink, H. (2009), "Market segmentation using brand strategy research: Bayesian inference with respect to mixtures of log-linear models," *Journal of Classification*, 26, 297-328. Cited on p. 186.

Vanisma, F. and De Greve, J. P. (1972), "Close binary systems before and after mass transfer," *Astrophysics and Space Science*, 87, 377-401. Cited on p. 46.

Velleman, P. and Wilkinson, L. (1993), "Nominal, ordical, interval, and ratio typologies are misleading," *The American Statistician*, 47, 65-72. Cited on p. 5.

Venables, W. and Ripley, B. D. (2010), MASS: Support Functions and Datasets for Venables and Ripley's MASS, URL http://CRAN.R-project.org/package=MASS,
R package version 7.3-9. Cited on p. 123.

Venables, W. N. and Ripley, B. D. (2002), Modern Applied Statistics with S, New York: Springer-Verlag, 4th edition. Cited on p. 123.

Verbyla, A., Cullis, B., Kenward, M., and Welham, S. (1999), "The analysis of designed experiments and longitudinal data by using smoothing splines," *Journal of the Royal Statistical Society, Series C*, 48, 269-311. Cited on p. 50.

Wand, M. and Ripley, B. D. (2010), KernSmooth: Functions for Kernel Smoothing, URL http://CRAN.R-project.org/package=KernSmooth, R package version 2.23-4, Cited on p. 46.

Wand, M. P. and Jones, M. C. (1995), *Kernel Smoothing*, London, UK: Chapman & Hall/CRC. Cited on p. 42.

Wheaton, B., Muthen, B., Alwin, D., and Summers, G. (1977), "Assessing reliability and stability in panel models," Sociological Methodology, 7, 84-136. Cited on p. 216.

Wolfe, J. (1970), "Pattern clustering by multivariate mixture analysis," *Multivariate Behavioral Research*, 5, 329-350. Cited on p. 187.

Wright, S. (1934), "The method of path coefficients," *The Annals of Mathematical Statistics*, 5, 161-215. Cited on p. 202.

Young, G. and Householder, A. S. (1938), "Discussion of a set of points in terms of their mutual distances," *Psychometrika*, 3, 19-22. Cited on p. 107.

Zerbe, G. O. (1979), "Randomization analysis of the completely randomized design extended to growth and response curves," *Journal of the American Statistical As Association*, 74, 215-221. Cited on p. 226.

찾아보기

역자 소개

김재희

덕성여자대학교 정보통계학과 교수

jaehee@duksung.ac.kr

국광호

서울과학기술대학교 글로벌융합산업공학과 교수

khkook@seoultech.ac.kr

An Introduction to Applied Multivariate Analysis with R

R을 활용한 응용 다변량 분석 입문

2014년 8월 25일 초판 발행
2023년 6월 15일 초판 2쇄 발행

저　자 / Brian S. Everitt · Torsten Hothorn
역　자 / 김재희 · 국광호
발행자 / 오판근
발행처 / 교우사

주　소 / 서울특별시 동대문구 약령시로 8 교우빌딩 2층
전　화 / 925-2861(代), 편집부 / 925-2825
팩　스 / 925-2860

E-mail / kyowoo@kyowoo.co.kr
http://www.kyowoo.co.kr

등록 / 1994. 3. 24 제6-0256호

ISBN 979-11-251-0058-4 (93310)

값 24,000 원